O DOM DA LEI:
Kant e o enigma da ética

Coordenação: Milton Meira do Nascimento
Projeto gráfico: Guilherme Rodrigues Neto
Diagramação: Selma Mª Consoli Jacintho MTb 28.839
Capa: Maria Helena G. Rodrigues MTb 28.840
Revisão de provas: Lilian Aquino
Tiragem: 3.000 exemplares

Dados Internacionais de Catalogação na Publicação (CIP)
(Câmara Brasileira do Livro, SP, Brasil)

Rogozinski, Jacob
O dom de si: Kant e o enigma da ética / Jacob Rogozinski; tradução de Sílvio Rosa Filho. – São Paulo: Discurso Editorial, Paulus, 2008.
ISBN 978-85-86590-78-8

Título original: Le don de la loui: Kant et l'enigme de l'éthique

1. Direito – Filosofia – História – Século 18 2. Ética – história – Século 18 3. Kant, Immanuel, 1724-1804 – Ética I. Título

06-1028 CDD-142.3

Índices para catálogo sistemático:
1. Ética kantiana: Filosofia crítica 142.3
2. Kant: Ética: Filosofia crítica 142.3

discurso editorial
Av. Prof. Gualberto, 315 (sala 1.033)
05508-900 - São Paulo - SP
Telefone: (11) 3814-5383
Telefax: (11) 3034-2733
E-mail: discurso@org.urp.br
Homepage: www.discurso.com.br

PAULUS
Rua Francisco Cruz, 229
04117-091 - São Paulo (Brasil)
Fax: (11) 5579-3627
Tel: (11) 5087-3700
editorial@paulus.com.br
www.paulus.com.br

JACOB ROGOZINSKI

O DOM DA LEI:
Kant e o enigma da ética

Tradução de

Sílvio Rosa Filho

discurso editorial

PAULUS

SUMÁRIO

TERCEIRA PARTE - OS *PARERGA* DA LEI

PRIMEIRA PARTE
REVELAÇÃO DA LEI

O abismo da metafísica (da oposição)

Uma experiência ética originária? – A objeção de Mani e a lei de Rousseau – A ontodicéia de Leibniz – Introdução do conceito de grandeza negativa: a oposição-real da Lei e do mal – Os traços essenciais da oposição: obstância e co-pertinência dos opostos – O passo-para-trás cético – Da inconstância do sentimento moral – A lição de Rousseau: evidência da Consciência, passagem da teodicéia à antropodicéia – A oposição-real no pensamento kantiano: da tábua do Nada ao mal radical.

O enigma da Crítica (da possibilidade da filosofia prática)

Tópica transcendental e anfibolia – O problema da unidade da razão – Da possibilidade da liberdade: liberdade e causalidade – A "solução" da terceira antinomia – Um uso transcendental das categorias: o lance forçado da segunda *Crítica* – Da temporalidade prática – "Só nos resta a analogia" – Da síntese prática – O conceito kantiano de "lei": objetividade, universalidade, posição do Sujeito – Um uso orgânico da lógica – Do primado da razão prática.

A ilusão da Lei (da possibilidade da síntese prática)

A questão da aparência prática – A aporia do *Cânon*: a ilusão da liberdade – A impossibilidade da dedução da síntese prática – Fracasso da "solução" pelo conceito de autonomia – Ambigüidade da "solução" pelo conceito de mundo inteligível – A aporia final da *Fundamentação* – A "solução" da segunda *Crítica*: o fato da razão pura – O dom da Lei – Por uma crítica da razão prática pura – O equívoco do *factum* – Por uma crítica do "senso comum prático" – Submissão e obediência à Lei.

SEGUNDA PARTE
EXPOSIÇÃO DA LEI

O paradoxo da ética

A revolução copernicana da ética – *Lex*, *logos*, *nomos* – Que o dom da Lei pertence à Lei – A ex-posição da Lei – Que não há Sujeito da Lei – O paradoxo da instauração: aquém do bem e do mal? – A angústia de Adão – A angústia de Abraão – Um imperativo singular.

Forma dat esse rei (equívoco do formalismo)

Por uma determinação integral da Lei: insuficiência de sua determinação pelo modo imperativo – A forma é o dom da Lei – Ambigüidade dos conceitos kantianos de matéria e forma – Redução da forma à universalidade lógica – Origem do conceito formalista de forma: a dominação da forma pelo *eidos* – Universalidade, restrição figural e instrumentalidade – Rumo a um conceito não figural de forma: singularidade, infinitude e autodoação.

O equívoco do imperativo categórico (da possibilidade do esquematismo prático)

Rumo a um conceito não formalista de universalidade: a *univesalitas* – *Communauté* e *communité* – Validade lógica, validação transcendental, prevalência na oposição – As três fórmulas do imperativo – A "dificuldade particular" do esquematismo prático – O tipo, substituto de um esquematismo impossível – Nem esquema nem símbolo? Insuficiência da "solução" kantiana – Significação lógica e siginificação ontológica do tipo – O imperativo primordial: que haja o mundo – Recaída na ontodicéia – Limitação da primeira fórmula do imperativo.

O rosto da pessoa (equívoco do fim em si)

Um passo além do formalismo – As quatro determinações do fim em si: existência real, autoconsistência, singularidade, caráter limitativo – Evidência da pessoa – A antinomia do fim em si – Que o fim em si não é um "fim" – O fim em si como vontade autônoma? – O fim em si como limite da vontade autônoma – Equívoco da personalidade – Quem é "ninguém"? – A interpretação de Ricoeur: outrem como fim em si – Crítica dessa interpretação – Personalidade e humanidade – *Dawider* e *Zuwider*: o fim em si como limite transcendental.

"Ao lugar do Soberano ninguém poderia pretender" (equívoco da autonomia)

A autonomia como princípio prático supremo? – A autonomia como "círculo vicioso" – Resistência da Lei ao princípio de autonomia – A obrigação como sujeição originária – O Soberano do reino dos fins – Que o legislador não é o autor da Lei – A interpretação de Krüger: a autonomia como submissão incondicionada – Quem é o Deus de Kant? A autonomia como auto-afecção – O paradoxo do "duplo eu" – A autonomia como auto-heteronomia – A lei como "sujeito" do sujeito.

O traço do excesso (do respeito)

O afeto da Lei – Um "sujeito" inencontrável – Um "objeto" indeterminado – Respeito pelo Si ou respeito pelo Outro? – Respeito pelo Outro ou respeito pela Lei? – *Achtung* e *Hochachtung*, ou a patologia do respeito – O "misticismo prático" de Lévinas – Por uma "patética" reflexionante – Repulsão e atração: o respeito e o amor.

O equívoco do Soberano Bem (da possibilidade do fim último)

Ultrapassagem da ética ou passagem a uma "segunda ética"? – A "segunda fase" da ética kantiana e o imperativo do Soberano Bem – Desfalecimento da Lei formal – Reintrodução dos princípios materiais: a felicidade e Deus – Equívoco da soberania – O Soberano Bem, condição da Lei? – Em que sentido a Lei é o Soberano Bem.

TERCEIRA PARTE

OS *PARERGA* DA LEI

Para além do princípio de felicidade (equívoco do prazer)

Entre a aceitação e a exclusão da felicidade: do *Cânon* à *Fundamentação* – A posição rigorista: seu caráter insustentável – Passagem do rigorismo ao eudemonismo: o retorno do princípio de felicidade – A dualidade afetiva do respeito – A interpretação de Hegel: um gozo da Lei? – Felicidade, gozo, beatitude – A apologia da caça: Lei e liberdade-para-a-morte – Que a morte não é o Senhor absoluto.

Addendum: de Freud a Kant?

Além do princípio de prazer: o desejo ou a Lei? – Redução freudiana da Lei ao supereu – Distinção lacaniana da Lei e do supereu: rumo a uma ética da psicanálise – Kant com Sade: limites da "vontade de gozo" – Kant com Sade: a antinomia da Lei e do desejo – Sade contra Kant: o ponto cego da ética.

Um mal demasiado humano (do mal radical I)

O sítio do mal radical: uma ambigüidade essencial – Oposição-real e dedução transcendental do mal – A humanização do mal – Um enxerto impossível – A hipótese

INTRODUÇÃO

O GUARDIÃO DA PORTA

"Diante da Lei, está o guardião da porta. Um homem do campo se apresenta e pede para entrar na Lei. Mas o guardião diz que agora não pode permitir-lhe a entrada. O homem do campo reflete e depois pergunta se então não pode entrar mais tarde. 'É possível', diz o guardião, 'mas agora não'"... Assim começa o apólogo que o sacerdote, no final de *O Processo*, conta a Joseph K. para lhe fazer compreender que ele "se engana" acerca da Justiça. O relato parece ilustrar uma "ilusão", a do camponês que acredita que a Lei deva ser "acessível a todos e sempre", e, perante a recusa do guardião, permanece cativo nesse limiar ao longo de toda a sua vida; até o momento em que, prestes a morrer, pergunta ao guardião como é possível que, "se cada um deseja tanto se aproximar da Lei", somente ele tenha pedido para entrar, ao que obtém a seguinte resposta: "Aqui, ninguém mais, além de você, pediu para entrar, pois esta porta estava destinada só a você. Agora, vou-me embora e fecho a porta". Sentença enigmática que conclui o apólogo. Ela será seguida por uma longa discussão entre Joseph K. e o sacerdote sobre a questão de saber se o guardião enganou ou não o homem ao lhe revelar, tarde demais, o segredo da porta. A não ser que o próprio guardião tenha se enganado, cedido à tentação de desvelar a Lei, fazer-se o seu porta-voz ao divulgar-lhe o segredo, enquanto dá as costas e quase não vê a "gloriosa cintilância" que brilha através da porta. Ou ainda, sugere o sacerdote, a não ser que "duvidar da dignidiade do guardião" equivalha a duvidar da própria Lei, e não tenhamos que tomar como verdadeiro o seu dizer, "mas somente tomá-lo como necessário". – "Triste opinião", retorque K.: "ela converte a mentira em regra do mundo", dela faria uma lei universal. Hipótese que é a mais inquietante, em que o engano acerca da Lei não seria o fato devido nem ao homem nem ao guardião, mas à própria Lei – sua "mentira", *a ilusão da Lei*, a ilusão de que haja a Lei. Negra noite da dúvida, momento do niilismo, que parece encerrar o debate, embora K. não esteja convencido e oculte o seu julgamento. A última palavra cabe no entanto ao sacerdote, nesse ponto final de *O Processo* em que ele lhe revela o seu engano: "A Justiça não quer nada de você, ela o acolhe quando você vem e o deixa quando você vai."

Não pretendemos tentar um "comentário filosófico" de um texto cuja límpida densidade desafia todo comentário, até porque ele nos previne ironicamente contra a vaidade de tal tentativa: "Não dê muita importância às glosas", declara o sacerdote. "A Escritura é imutável e as glosas são muitas vezes apenas a expressão do desespero dos glosadores." Assim, perante o relato de Kafka, nos achamos na mesma posição que o camponês perante a porta proibida, desejosos de forçar o acesso a um texto cujo sentido nos escapa, em busca de uma verdade que só parece oferecer-se a nós para se diferir ao infinito. No apólogo kafkiano, esse requerimento é o de uma lei, ou melhor, d'*A* Lei como tal, anônima e neutra, sem nenhuma determinação religiosa, jurídica ou moral que pudesse qualificá-la – e que nem por isso deixa de ser singular, "destinada só a você". Que essa Lei possa faltar, que ela se furte a ponto de aparecer como uma ilusão ou uma mentira, é isso que constitui nossa miséria e parece nos condenar a uma espera sem fim, no limiar da Lei.

A demanda de um "suplemento compensatório", religioso ou estético não deve nos enganar: nossa época está, antes de tudo, em busca é de uma ética. Mais do que nunca, ela está à espera de uma lei, uma regra, um critério que nos permitiria julgar, decidir novamente acerca do justo e do injusto. Pois já não sabemos o que é o bem. Chegou ao fim, para nós, o tempo dos mandamentos divinos, das normas transcendentes no céu dos Princípios. Nosso único Bem, a partir de então, deveria ser terreno, e é na imanência da História, da "práxis", que acreditáramos encontrar o sentido que nos fazia falta. Mas nossos ídolos modernos passaram mais rapidamente do que os deuses de outrora. Como determinar o que é justo quando os "signos da história" que despertavam entusiasmo e esperança se turvam e se apagam? Como escapar à *crise da ética*, à perda de toda referência, de toda regra que nos ajudaria a nos orientarmos na existência?

São essas questões que me conduziram na direção de Kant, desse filósofo que foi sem dúvida o primeiro entre os modernos a apreender tal crise e tentar encontrar-lhe uma saída – esforçando-se em re-fundar a ética não mais sobre o Bem, mas sobre a Lei. Uma certeza guiava minha pesquisa: a de que, nesses textos incansavelmente comentados, sob tais palavras-fetiche empregados por tantos exegetas escolares, uma parte enigmática ainda estava por ser descoberta; certeza de que a fonte secreta da ética kantiana não estava esgotada. Para Kant, o paradoxo da razão prática é que não podemos partir da Idéia do Bem para dela derivar leis morais, mas é preciso, pelo contrário, determinar o que é bem a partir da Lei. Sendo proibido para nós todo conhecimento de um Bem inteligível, doravante apenas será "bem" o que a Lei prescrever. Uma Lei semelhante àquela evocada pelo sacerdote de *O Processo*, puramente formal, indeterminada, que tiver deixado de ser a lei de Deus ou do Bem para guardar somente o nome de "lei", a forma pura da *legalidade*, daquilo que a toda lei confere o caráter de ser uma Lei. Mas podemos sequer compreender o que ordena tal Lei? O retraimento do Bem não priva a ética de todo fundamento estável? "Aqui vemos nós", escreve Kant, "a filosofia em má postura, situação em que se deve [*soll*] ser firme, sem que se possa encontrar, nem no céu nem na terra, qualquer coisa em que se agarrar ou um ponto de apoio".[1] Esse descompasso da ética deve ser superado: "Aqui, a filosofia deve [*soll*] provar a sua pureza, constituindo-se como a guardiã de suas próprias leis". Para tanto, "é preciso, por mais que nos custe, dar um passo adiante". Dar o passo: trata-se certamente de um *Sollen*, de um imperativo prático que é talvez o imperativo primeiro da ética kantiana, sua condição de possibilidade última.[2] Ao se fazer "guardiã de suas próprias leis", ao assegurar – como no apólogo de Kafka – a guarda da Lei, a razão prática daria a si mesma um alicerce, escaparia à má postura da ética, à tentação de achar para si um ponto de apoio em domínio estrangeiro, submeter-se a um Bem celeste ou terrestre. Superaria sua incessante oscilação entre o dogmatismo e o ceticismo, entre aquele "misticismo prático" reivindicado por uma instituição imediata do Bem e o "empirismo prático" que rebaixa o Bem ao bem-estar, ao prazer sensível.

Assim, uma Lei nos é dada, impõe-se à nossa vontade "como um fato", num imperativo categórico. E essa Lei, cuja revelação é a "pedra angular de todo o sistema da razão pura",

---

1 *Fundamentação da metafísica dos costumes* (1785), in Kant, *Oeuvres philosophiques*, Gallimard, Pléiade, 1985, t. 2, p. 290 (trad. Delbos, Delgrave, p. 145).

2 Notemos que, às vezes, Kant apresenta esse "passo adiante" como o "terceiro passo" da razão: sua fase propriamente "crítica" sucedendo-se a uma fase "dogmática", seguida de uma fase "cética" (cf., particularmente, seu texto inacabado sobre *O progresso da metafísica na Alemanha*).

nos apresenta um critério objetivo de juízo que permite diferenciar o bem e o mal, definir um bem inteiramente distinto da felicidade sensível. Com a Lei e com as diferentes fórmulas do imperativo categórico, enfim um "princípio regulador de nossas ações" nos é dado, um critério válido para todos os seres racionais. A existência encontra para si um ponto de referência, torna-se possível uma reviravolta em que nossa liberdade, orientando-se segundo a Lei, liberta-se do mal. Graças à Lei nos é concedido um valor absoluto, uma dignidade, a da pessoa como fim em si; nos é assinalada uma meta final, o advento do Soberano Bem possível neste mundo. Nossa história reencontra um sentido, um horizonte de futuro. Enfim, ao aplicar as fórmulas do imperativo categórico aos dados empíricos da natureza humana, tornar-se-ia possível deduzir rigorosamente nossos deveres concretos e nossos direitos, "determinar exatamente o que se há de fazer". Assim, Kant acreditou que fosse possível formular os princípios de um senso comum moral, que cada um de nós acabaria reconhecendo como os únicos legítimos.

Como sabemos, nada disso ocorreu. A "nova fórmula da moralidade", acessível "até mesmo para o entendimento mais vulgar", aquela de cuja introdução Kant se vangloriava, não conseguiu se impor; e a crise da ética que pensara ter superado não deixou de se agravar. É esse fracasso do projeto kantiano que convém interrogar. Dirão que nesse caso se trata apenas de uma questão de fato, que ela não afeta em nada a legitimidade do imperativo categórico, um princípio universal da razão, válido *a priori* mesmo que nunca devesse ter lugar uma ação conforme a esse princípio. A questão não deixa de dar testemunho dos limites de tal princípio, de sua ausência de evidência ou de força obrigatória, do caráter equívoco ou precário da problemática que ele expõe. A filosofia prática kantiana não terá sabido assegurar a guarda da Lei. Terá extraviado estes "homens do campo" que somos, na medida em que ela própria teria se equivocado sobre a Lei. A menos que esse extravio seja inerente à própria posição da Lei: que a mentira do guardião seja de fato a da Lei, que esta última seja apenas (às vezes Kant o sugere) uma "simples ilusão de nossa razão"...

Não se trata de reduzir o apólogo kafkiano a uma explicação com Kant, embora várias alusões – ao "dever" e à "dignidade" do guardião, à "livre decisão" de submeter-se à Lei, à mentira erigida em lei universal – indiquem que esse texto possa *também* ser lido assim. Mas pode-se tentar "ler Kant com Kafka",[3] repertoriar aquilo que, no relato de *O Processo*, reencontra o caminho da questão kantiana, a exigência de "dar o passo" na direção de uma Lei que se retira e que se guarda. É o preconceito do homem, sua presunção ingênua, acreditar que é possível forçar essa guarda, "ingressar na Lei" para controlá-la, possui-la, fazer-se o livre Sujeito dessa Lei. Com efeito, ele a representa como *universal*, "sempre acessível a todos", lei intemporal da razão pura, válida para todos os seres racionais, e como lei de *autonomia*: é, como dirá o sacerdote, "por meio de uma livre decisão voluntária" que ele está "vinculado à Lei". A ingenuidade do homem seria então a da ética kantiana, e sua história poderia ilustrar a impostura de uma ética fundada numa Lei transcendente, que obriga a consciência moral a avançar indefinidamente na direção de um ideal inacessível. É esse *mau infinito* que o apólogo descreve, ao figurá-lo simultaneamente num plano temporal, como promessa cujo cumprimento sempre permanecerá diferido – "é possível", diz o guardião, "mas não agora" – e de um ponto

---

3 Assim como nos convidava Deleuze: cf. *Présentation de Sacher-Masoch*, Minuit, 1967; ou ainda, "Quatre formules poétiques qui pourraient résumer la philosophie kantienne", in *Critique et clinique*, Minuit, 1993.

de vista espacial, nesse pesadelo de um mortal estiramento do espaço, uma proliferação sem fim das guardas da Lei: "De sala em sala, há guardiões cada vez mais poderosos...".

Assim compreendido, de *O Processo* estaria simplesmente retomando uma antiga tradição. "Antes da vinda da Fé, estávamos presos sob a guarda da Lei", uma Lei de morte que nos mantinha sob a dominação da Falta – porém, pela Fé, eis-nos mortos para a Lei, a fim de renascermos segundo a Graça que liberta da Lei... Tradição secular que, desde as *Epístolas* de São Paulo, não deixou de instruir o processo da Lei: dela, a fábula kafkiana só daria uma versão mais ruidosa e mais sombria, em que nenhuma Graça viria suspender a velha maldição. Na verdade, os termos do requisitório pouco variam, e nós os reencontramos naqueles que, desde Hegel, se ativeram ao "formalismo" da ética kantiana. Com efeito, não param de incriminar a universalidade abstrata da Lei, a de um princípio transcendente se opondo à vontade do indivíduo, a sua sensibilidade e paixões, a sua aspiração à felicidade. Tirania de uma Lei cujos interditos arbitrários reprimem nossos desejos e entravam nossas ações; indeterminação dessa Lei cuja abstração formal não nos oferece nenhum critério de julgamento, condena todos os nossos atos, indiferentemente, e nos designa como culpados, desde sempre culpados, o que quer que façamos. Dessa loucura da Lei, de sua louca crueldade, Kafka ainda dá testemunho quando descreve essa grade da Colônia penitenciária, obra do "Antigo Mandamento" – do Deus da Antiga Aliança? – cujas pontas aceradas gravam, com letras de sangue, rente à carne do condenado, os arabescos de uma prescrição ilegível. Mas a Era da Lei já estaria revolta, e quando seu último servo tenta aplicar a sentença a si mesmo, a Máquina de tortura se desconjunta, não consegue mais inscrever em seu corpo o imperativo "seja justo" e acaba por se deslocar...

Isso deveria cunhar com a estampa da nulidade toda tentativa de reconstruir a ética de Kant. Seria preciso simplesmente tomar em conta o fracasso de sua filosofia prática, a deficiência de seu princípio, que agravam ainda mais a crise que ele pretendia superar. Não se trata somente de uma deficiência conceitual. No século que se acaba, a crise da ética remete a uma experiência fundamental, mal tão extremo que ele escapa a todas as categorias tradicionais do juízo moral, um mal que não se deixa reduzir às figuras clássicas do vício, do egoísmo, da tirania, que põe em questão o conjunto das "morais" conhecidas (inclusive a de Kant), incapazes de dar conta dele e de tomar a sua medida. De fato, nenhuma época esteve tão pouco preparada quanto a nossa para reconhecer esse mal, para confrontar-se com ele, pois aos poucos a questão do mal esvaziara o seu sentido: o declínio de todas as figuras conhecidas do Bem acabara arrastando consigo o mal, até o nada. A menos que ela não volte sob os traços do Rebelde, naquela sombria exaltação que, dirigida contra as fastios do Bem e a crueldade da Lei, reivindica o partido do mal. "Tudo se equivale. Não há bem nem mal", diz a *doxa* deste tempo. "O 'bem' deles é o mal: somente o mal é Bem", responde em eco o Rebelde. Talvez um dia compreenderemos que esses dois enunciados dão no mesmo, que eles atestam, apesar de sua aparente discordância, um idêntico esgotamento, como as duas faces passiva e ativa de um mesmo niilismo. Ao apagar toda demarcação entre o bem e o mal, ao negar que *haja* mal e que ele seja o Mal *como tal*, a modernidade comete injúria a suas vítimas, seus vencidos e seus mortos. Ela achincalha a sua própria experiência do mal, de um mal desmesurado, infinitamente mais monstruoso que as selvagerias de outrora. De tal experiência, Adorno dizia que ela legou aos homens um novo imperativo categórico kantiano – o de pensar e agir de tal sorte que *isso* nunca mais se repita.[4] Se o imperativo kantiano

4 T. W. Adorno, "Après Auschwitz", in *Dialectique négative* (1966), Payot, 1978, p. 284.

apelava para a Lei da razão prática, de que "Lei" poderia se reclamar tal prescrição? Ainda faz algum sentido invocar "a Lei", quando esse mal parece precisamente se consumar *em nome da Lei*, ou ao menos daquelas "leis" todo-poderosas da História e da Natureza cujo implacável decreto preside aos extermínios? Mas o imperativo de Adorno, cuja exigência ressurge mais premente diante de cada novo ossuário, não tem realmente nada a ver com o imperativo categórico enunciado por Kant, único filósofo da tradição ocidental a tentar conceber e nomear um *mal radical*? Não é a ética de Kant, e somente ela, que saberia nos dar o critério, a Lei que permite demarcar o bem do mal, revelar, sob suas múltiplas máscaras, o mal radical de nosso tempo, e assim resistir a ele?

É permitido duvidar disso. Com efeito, é um paradoxo muito notável o fato de que essa ética parece às vezes se comprometer a serviço do mal mais extremo. Disso, Hannah Arendt nos oferece uma ilustração intrigante. Ela conta que, interrogado por seus juízes, Eichmann teria afirmado "que vivera toda sua vida segundo os princípios morais de Kant e particularmente segundo a definição que Kant dá do dever".[5] Com isso, entendia não somente obedecer à "legalidade" do Estado totalitário ou à ordem de seus chefes, mas à própria Lei em sentido kantiano: ao imperativo de dar às máximas de suas ações a forma da universalidade de uma lei sem admitir a menor exceção particular. É por isso que ainda se sentia, diante de seus juízes israelenses, "culpado" de haver transgredido a "lei" de extermínio por salvar alguns judeus. "À primeira vista", comenta Arendt, "isso era um ultraje a Kant"; no entanto, "em certo sentido, Eichmann seguia efetivamente os preceitos de Kant: a Lei era a Lei; não se podia abrir exceção". Entretanto ele devia pressentir que a "lei" de Hitler não tinha

---

5 H. Arendt, *Eichmann à Jérusalem* (1963); Gallimard, 1991, p. 222-5.

nada a ver com a Lei ética kantiana, visto que declarava igualmente "que a partir do momento em que fora encarregado de implementar a Solução final, deixara de viver segundo os princípios de Kant". Mas ainda assim, sublinha ela, ainda permanecia "kantiano": "Não afastara simplesmente a fórmula kantiana, ele a deformara", substituira-lhe o "imperativo" hitleriano: "Age de tal maneira que o *Führer*, se tivesse conhecimento de teus atos, os aprovaria". Ora, para Arendt, essa formulação, por mais "deformada" que seja, conservaria ainda algo do imperativo kantiano, sua exigência de *autonomia* que manda superar a simples obediência passiva para "identificar sua própria vontade com o princípio da Lei, com a fonte de toda lei". Que pensar desse paradoxal "kantismo" de Eichmann? Não há estritamente nada de comum entre a Lei de Kant e a "lei" nazista de extermínio, ou então, a estrutura fundamental da Lei ética se mantém através da deformação monstruosa? Será preciso ver o indício de uma deficiência radical da ética kantiana e de sua Lei? Tais questões não cessaram de acompanhar minha leitura de Kant.

A não ser que o erro esteja em levar a sério as profissões de fé "kantianas" de um Eichmann: elas não dariam testemunho de uma falência da Lei kantiana, mas de um équivoco sobre o sentido dessa Lei. Contra-senso tão maciçamente difundido para o qual, vários anos antes da publicação do livro de Arendt, o filósofo alemão Ebbinghaus já tentara oferecer uma resposta. Ele se propunha a refutar a "interpretação equivocada do imperativo categórico", segundo a qual "a Lei de Kant exprime precisamente aquela propensão prussiana ou alemã à disciplina e à submissão [...], aquela insensibilidade perante os mais nobres movimentos do espírito, que celebraram seu horrível triunfo durante os anos de terror".[6] Convi-

[6] J. Ebbinghaus, "Deutung und Missdeutung des kategorischen Imperativs", *Studium Generale*, nº 7, Springer Verlag, 1948.

dava-nos a reconhecer, na origem desse equívoco, a crítica hegeliana do "formalismo" de Kant, que considera o princípio kantiano do dever uma abstração vazia, permitindo elevar arbitrariamente ao patamar de "lei universal" qualquer ordem absurda ou criminosa. Ao contrário, é a própria universalidade da Lei que proíbe de nos submetermos à vontade arbitrária de um tirano, justamente porque suas máximas criminosas não podem ser universalizadas sem contradição. É a autonomia por ela requerida que proíbe de sujeitarmos nossa vontade à do tirano: com efeito, prossegue Ebbinghaus, a máxima que prescreve tal submissão "não pode ter o caráter de uma lei para nossa vontade e, assim, não pode ser um imperativo categórico". Ela "não pode ser querida por nós; pois é contraditório que uma vontade possa querer aniquilar a si mesma com a necessidade de uma lei em cada exercício possível de sua própria volição".

O caso Eichmann, em meio a tantos outros, recusa no entanto o argumento de Ebbinghaus. Atesta que um homem pode submeter-se sem reservas ao domínio de um outro a ponto de considerar a vontade desse como sua própria vontade e sua Lei. E, de maneira alguma, o caráter "contraditório" de sua máxima deterá a paixão de nada de um sujeito que goza ao "aniquilar-se", ao identificar-se imaginariamente com a vontade onipotente do Outro. Sequer é certo que a análise de Ebbinghauss permaneça fiel à Kant, à letra do texto kantiano, que freqüentemente se furta às evidências bem conhecidas do kantismo e questiona as interpretações tradicionais da "universalidade" da Lei e da "autonomia" do sujeito moral. Talvez seja preciso admitir, a partir de então, a possibilidade de uma cegueira radical, desfiguração da Lei que levaria uma vontade dominada a se dobrar à vontade má de um outro *como se* fosse "a Lei". A oposição entre a Lei e o mal suporia assim, estranhamente, sua co-pertinência, sua co-implicação, que ameaça torná-las indiscerníveis. O paradoxo de Eichmann apontado por Arendt remeteria, com certeza, a uma aporia inerente à posição da Lei.

Vacilam então todas as determinações da ética e, doravante, nada mais parece assegurado, nem a origem do imperativo, nem a sua destinação, nem o seu sentido. Nada prova, com efeito, que a obrigação a mim endereçada proceda da própria Lei ética, e não de uma pseudolei impura e louca cuja injunção patológica simularia a voz da Lei. Supondo – mas como ter certeza disso? – que essa prescrição provenha mesmo da Lei, nada me garante que eu compreenda o seu sentido, nem mesmo que ela me seja verdadeiramente destinada. Ninguém explorou esses paradoxos e impasses melhor que Blanchot: quer ao evocar, em *La folie du jour*, a possibilidade de uma divisão da Lei e a estranha figura de uma "outra lei", feminina, sedutora, que enlouquece o sujeito e o cega; quer ao descerver, em *Aminadab*, uma existência inteiramente orientada pelo engano inicial de um chamado, talvez ilusório, em que "você foi vítima de uma ilusão; acreditou que e o chamavam, mas não havia ninguém e o chamado provinha de você".[7] No entanto, é com uma questão dirigida Àquela que chama que termina a narrativa de Blanchot, como se ele se recusasse, no instante em que a existência se afunda nas trevas, a expelir o enigma do Chamado, vendo nele somente um "terrível mal-entendido". Assim também, era uma interrogação persistente e não um "juízo definitivo" que, em *O Processo*, vinha encerrar a longa discussão entre Joseph K. e o sacerdote: deixa assim aberta a possibilidade de que o guardião não tenha mentido, que a porta da Lei não seja um simples

---

7 M. Blanchot, *Aminadab* (1942), Gallimard, 1972, p. 177. Cf., também, p. 220-1: "Nenhuma ordem o chamou e um outro era esperado [...]. Você cometeu um erro; eu não sou aquela por quem você procura e não é você que deveria ter vindo [...]. É um terrível mal-entendido."

engodo em que nosso desejo cai em uma cilada; que assim, no limiar, nossa espera não foi em vão; que na verdade a Lei já fora dada; que ela sempre se dá, de novo, no esplendor de sua Promessa.

Desse modo, seria possível que, nesse processo secular intentado contra a Lei, a acusação não detivesse necessariamente a última palavra. Que seja possível revelar sob a ilusão que a desfigura, sob a aparência de uma "mentira" do guardião, a enigmática verdade da Lei. Que a singularidade de sua prescrição – o fato de que esteja "destinada só a você" – seja a própria condição do juízo ético, de uma ética liberta da forma lógica da universalidade. É por esse caminho, ainda inexplorado, que tentei me empenhar. Tratava-se inicialmente de questionar os enganos clássicos que alteram o sentido da Lei. Os que a denunciam ritualmente como "abstrata", "formal" e "vazia" compreenderam bem o que é, para Kant, o dom a Lei, sua doação como forma pura, sua exposição paradoxal? Ao concebê-la como uma norma transcendente que se impõe à vontade ou ao desejo para os reprimir – a "moral ascética" estigmatizada por Nietzsche, o "imperativo catégorico do supereu" de que falará Freud –, não desconhecem um traço essencial de sua doação, a imanência da Lei à vontade que ela determina? Ao liberar a ética kantiana desses enganos, seria possível salvaguardar uma certa determinação da Lei a despeito de sua essencial indeterminação, e assim traçar uma demarcação entre o justo e o injusto, o bem e o mal – demarcar a ética de Kant do "kantismo" de Eichmann.

Eis o que está em jogo neste trabalho: mostrar que a ética kantiana da Lei pode nos dar esse Oriente, esse critério de juízo, mais seguramente que as outras abordagens da ética hoje dominantes. Mais radicalmente do que essas éticas da imanência absoluta em que o único critério reside em variações de intensidade internas – na intensificação e no decréscimo do *conatus* ou da vontade de potência –, o que reduz a oposição do bem e do mal a uma simples diferença de grau no seio do Mesmo. E mais rigorosamente do que uma ética da alteridade ou do rosto que, na falta de Lei, não consegue libertar o sujeito da dominação obsedante de outrem, porque se funda dogmaticamente na pressuposição de uma bondade e de uma veracidade originais do Outro. Assim, sob formas novas, a crise contemporânea da ética nos leva à antinomia do empirismo e do misticismo da razão prática que a posição kantiana da Lei tinha por vocação transpor. É na esperança de escapar a essa oscilação sem fim, transpor o *niilismo ético*, a dissolução de todo critério de juízo prático, que apelamos para o pensamento da Lei: que nós desejamos *dar sua chance* à ética kantiana.

Entretanto, sem que se trate de um novo "retorno" a Kant, à pureza mítica de um kantismo de escola – antes, de uma releitura, reinterpretação forçosamente violenta, que corra o risco de pensar com Kant para além de Kant. A isso nos autoriza o autor da *Crítica*, ao considerar sua própria interpretação da *Monadologia*, tão abrupta, tão pouco canônica que fora, como mais fiel a Leibniz do que as glosas de seus discípulos, incapazes de reconhecer para além dos enunciados explícitos da obra o que ela *quer dizer*. Usou-se e abusou-se de seu apelo para compreender os filósofos "melhor do que eles próprios se haviam compreendido". Terão observado, entretanto, que ele enuncia tal regra de leitura no momento preciso em que capta o sítio da ilusão transcendental na razão pura? O que acontece com essa Aparência que vem transir todo pensamento, impedi-lo de aceder por si mesmo à verdade de sua questão. É o retorno da Aparência na evidência da Lei que apela para uma repetição ou para uma *reconstrução transcendental* da instauração kantiana da ética: se não tem a pretensão de compreendê-la melhor que o seu autor, ao menos se esforçará para compreender *de maneira distinta* da que ele compreendeu a si mesmo. Em todo caso, recusando-se a assinalar-lhe um lugar antecipadamente determinado por meio de um plano preestabelecido da história do ser, simples fase de errância, etapa provisória no advento da metafísica moderna do Sujeito. O paradoxo da Lei ética implica, ao contrário, que ela se alforrie de toda pré-consignação aos Princípios do ente, que não seja a Lei do Bem ou de Deus, do Sujeito ou do Homem. E se ocorre que a Lei não condiz com nenhum ente, nada mais podemos presumir de sua situação no que respeita ao ser. Com isso, o sítio da Lei ética e da própria ética, sua situação histórica, sua relação com a ontologia, sua diferença para com a moral, tudo isso se torna problemático.

O que não deixará de afetar o estatuto da interpretação e do andamento deste trabalho: se for concedido que a repetição de um pensamento não deve se apegar excluisivamente a suas proposições explícitas mas visar o impensado desse pensamento, a partir de então nada nos permite circunscrever antecipadamente o domínio desse impensado. Nenhum ponto de vista "superior", nenhuma posição de supremacia – quer ela se reclame do saber absoluto do Espírito, de uma decifração genealógica ou psicanalítica, ou mesmo do desvendamento da verdade do ser – nos é mais acessível como se, de pronto, garantissem a violência da interpretação contra os riscos do arbítrio. Eis-nos coagidos, mais sobriamente, a voltar a Kant, à própria letra do texto em sua ambigüidade, sem no entanto ceder à ingenuidade do comentário dogmático, ao sonho nostálgico do "retorno" que soubesse esposar sem distância o sentido último da obra. É a abertura inicial da Questão kantiana que se trata de reencontrar, a livre audácia de um pensamento que se põe a caminho sem pressagiar o término de sua viagem, que avança rumo ao desconhecido, rumo ao que o jovem Kant denominava o "abismo da metafísica", "sombrio oceano sem margens nem faróis".

O objeto desta busca é, portanto, a questão da Lei ética no pensamento de Kant, naquelas obras bem conhecidas, constantemente invocadas e nunca verdadeiramente compreendidas, que são, notadamente, a *Fundamentação da metafísica dos costumes*, a segunda *Crítica* ou a *Religião nos limites da simples razão*. Ao designar essa questão como "ética", entende-se sublinhar que ela se refere ao *ethos*, ao *sítio* da existência – e não a problemas morais concernentes à imposição de valores e normas, deveres concretos e interditos determinados; entende-se sublinhar que ela põe em questão a *situação* problemática, talvez insituável, dessa "Lei ética" (*Sittengesetz*) que não é a regra de uma moral particular, mas a "Lei de todas as leis", a forma pura de sua "legalidade" em que toda lei encontra o seu sítio e recebe força de lei. Espera-se marcar, ao mesmo tempo, o que distingue este trabalho dos diversos empreendimentos em que a obra de Kant se acha elencada em nome do retorno à Moral e ao senso comum por comentários que desconhecem a sua radicalidade. Aparece rapidamente que não se trata somente de uma noção determinada, tendo seu lugar preciso no interior de um sistema filosófico: indaga-se acerca de uma *questão* que opera em um *pensamento* e é o próprio de uma questão-de-pensamento não deixar de empenhar todo o horizonte do pensamento assim como quem questiona permanece tomado na questão. Veremos, com efeito, que a questão da Lei – "pedra angular" de todo o sistema kantiano – não se deixa reduzir a um lugar preestabelecido nesse sistema, que ela entra em ressonância com toda uma gama de outras questões que lhe fazem eco. A partir de então, a unidade efetiva da obra já não poderia se confundir com a coerência explícita de sua arquitetônica. Só poderia tratar-se de uma coerência *esquivada*, semelhante àquela unidade transcendental ou "qualitativa" que Kant compara com a "unidade do tema em um drama, em um discurso, em uma fábula" – a unidade de um *motivo* (termo a ser compreendido também em um sentido musical ou pictórico): fio de Ariadne do labirinto, ora visível como em filigrana e ora dissimulado em sua própria evidência. Schlegel dizia que a "musicalidade" dos escritos de Kant consiste na "repetição constante do tema", na retomada insistente de uma questão nunca inteiramente elucidada.[8] Tal questão seria a da Lei, cuja clandestina ressonância eu tentei, aqui, restituir.

ACERCA DAS OBRAS DE KANT CITADAS:

Em nota, utilizei as seguintes abreviações:

Crítica da razão pura (1781 e 1787): *CRP*.

Fundamentação da metafísica dos costumes (1785): *FM*.

Crítica da razão prática (1788): *CRp*.

Crítica da faculdade de julgar (1790): *CJ*.

Os algarismos arábicos remetem à edição da Pléiade: *Oeuvres philosophiques*, em 3 volumes, Gallimard, 1980-1986. No caso das três *Críticas*, da *Fundamentação da metafísica dos costumes* e de certos textos, tratei de fazer com que viessem acompanhados pela referência, entre parênteses, às edições correntes: PUF, para a primeira (tradução de Trémesaygues e Pacaud; abreviação: *TP*), Delagrave para a *Fundamentação* (trad. Delbos: *D*)., Vrin para as duas últimas *Críticas* e demais textos.

Os algarismos romanos remetem ao original alemão da edição dita "acadêmica", indicada somente quando havia al-

---

8 "A constante repetição do tema, em filosofia, tem duas causas diferentes. Ou o autor descobriu algo, mas ainda não sabe exatamente o quê; e nesse sentido os escritos de Kant são bastante musicais. Ou entendeu algo de novo, sem tê-lo exatamente percebido, e nesse sentido os kantianos são os maiores músicos da literatura (F. Schlegel, *Fragments de l'Athenaeum* (1798), frag., 322, in Ph. Lacoue-Labarthe e J. L. Nancy, *L'absolu littéraire*, Seuil, 1978, p. 146-7).

guma tradução da passagem citada (sobretudo no caso das *Reflexões*, da *Doutrina filosófica da religião* e de certas passagens do *Opus Postumum*, traduzidas por mim). Renunciei ao uso secular que consiste em assinalar a paginação das duas edições originais da *Crítica da razão pura*, contentando-me em assinalar a edição de 1781 pela letra (A), a de 1787 pela letra (B), mas somente quando houvesse diferença entre os textos.

Eu me permiti, enfim, modificar freqüentemente as traduções existentes sem assinalar, a cada vez, tais modificações.

PRIMEIRA PARTE
REVELAÇÃO DA LEI

O ABISMO DA METAFÍSICA (DA OPOSIÇÃO)

Numa passagem da *Antropologia*, Kant evoca a "fundação de um caráter", que constitui a "unidade absoluta do princípio interno da conduta de vida". Ele precisa que "o ato que funda esse caráter, semelhante a um segundo nascimento", permanece "inesquecível, como o início de uma nova era"; essa "metamorfose" não se opera gradualmente, mas "por meio de uma espécie de explosão que se segue, subitamente, à repugnância pelo estado flutuante do instinto. Talvez só haja poucos homens que tentaram essa revolução antes de completar trinta anos, e menos ainda, os que tentaram lhe dar sólidos alicerces antes dos quarenta".[1] Pode-se perguntar se esse texto evoca uma experiência efetiva, que teria realmente sobrevindo na vida de Kant, fração de uma *experiência ética originária*. Na *Religião*, ao analisar a "nova escolha do caráter inteligível", essa conversão em que a existência se volta para a Lei, veremos que ele a descreve em termos análogos: como uma "brecha" no curso da vida, a cesura violenta de uma "revolução ética", semelhante a um "segundo nascimento".[2] Essa "explosão" de que fala a *Antropologia*

---

1 *Antropologia do ponto de vista pragmático*, 3, p. 1107 (Vrin, p. 141).

2 Mais adiante examinaremos essa obra capital que é *A religião nos limites da simples razão*. Precisemos somente que a fundação de um

não poderá correponder à sua própria conversão ética, no momento em que aquilo que ele chama a "Lei" lhe teria sido revelada? Experiência que não se limitaria a uma descoberta intelectual, à elaboração do *conceito* de "Lei ética", mas seria a revelação *da própria Lei* na existência de Immanuel Kant. Seria possível encontrar seu traço na obra? Há pelo menos um texto, um dos primeiros em que ele evoca "a Lei", que poderia dar testemunho de tal experiência, e ocorre precisamente que ele foi redigido em 1764, quando o filósofo tinha quarenta anos... Trata-se de uma observação manuscrita à margem de seu exemplar das *Observações sobre o sentimento do belo e do sublime*: "Newton foi o primeiro a ver que a ordem e a regularidade estavam ligadas a uma grande simplicidade, ali onde antes só havia desordem e multiplicidade mal arrumadas; desde então, os cometas seguem trajetórias geométricas. Rousseau foi o primeiro a descobrir, sob a multiplicidade das formas revestidas pelo homem, sua natureza profundamente oculta e a lei oculta segundo a qual a Providência pode ser justificada segundo suas observações. Até então ainda valia a objeção de Alfonso e de Mani. Depois de Newton e de Rousseau, Deus está justificado".[3]

Essa nota não nos diz em que consiste a "lei oculta" descoberta por Rousseau, como se fosse preciso, no próprio enunciado de sua revelação, preservar a sua parte de segredo. Tal seria, como teremos a ocasião de verificá-la novamente, a "lei" da Lei, a regra implícita que, na obra de Kant, rege todo enunciado referente à Lei: retendo-a na reserva de um enigma. Da "lei oculta" não saberemos nada. Salvo que é graças a ela que "Deus está justificado", que sua descoberta permite, ao

---

"caráter moral", descrita na *Antropologia*, não se identifica exatamente com essa "nova escolha do caráter inteligível".

[3] XX, p. 58-9.

lançar luz na "natureza profunda" do homem sob a diversidade de suas formas aparentes, fundar uma teodicéia moral, assim como a lei de Newton permite fundar uma teodicéia física. Dessa misteriosa "lei" de 1764 até a Lei da razão prática enunciada em 1785, a distância é grande. Tudo leva a pensar que esse texto se inscreve na perspectiva da *Teodicéia* leibniziana, como aliás o confirmam as alusões a Mani e ao rei Alfonso:[4] até a descoberta da "lei" por Rousseau, ainda valiam não somente a objeção de Alfonso de Castilha, que sustentava que Deus poderia ter feito melhor – apesar de tudo, juízo compatível com a fé em um Deus de bondade, Criador do universo –, mas também a visão, diversamente inquietante, do dualismo maniqueu em que luzes e trevas estão em confronto como dois princípios de igual potência, onde a natureza sensível é a obra do deus mau. Crença no "antagonismo eterno de dois seres originais" que Kant atribuirá em texto ulterior à "antiga religião persa, a de Zoroastro", esse Zaratustra cuja figura atravessa furtivamente toda a sua obra.[5] Quem é então o Zaratustra de Kant? Digamos simplesmente que, por enquanto, sob os nomes de "Manes" (ou Mani) e de Zoroastro, perfila-se a mais radical objeção jamais endereçada aos sistemas de teodicéia. A descoberta da "lei" assume todo o seu relevo ao ter sabido triunfar sobre semelhante adversário. Porém, o sentido de tal descoberta, a significação da "lei", ainda nos escapa.

Esse texto suscita, com efeito, diversas dificuldades. Deve-se interrogar, primeiramente, sobre o alcance aqui atri-

---

4 Sobre o "famoso Alfonso, rei de Castilha", que se vangloriava de "que se Deus o tivesse convocado em seu conselho quando fez o mundo, dar-lhe-ia bons conselhos". Cf. Leibniz, *Essais de théodicée*, II, § 193 (1710).

5 Desde a *Nova Elucidatio* (1755) até os últimos textos: cf. as numerosas ocorrências levantadas por J.L. Bruch, *A filosofia religiosa de Kant*, Aubier-Montaigne, 1968, p. 63 (nota).

buído à "objeção de Mani": de onde vem que a afirmação de uma oposição irredutível entre o bom e mau princípio apareça então, para Kant, como mais fundamentada que a teodicéia de Leibniz, da qual no entanto ele próprio se reclamava, alguns anos antes? E como a revelação da "lei" consegue "refutar" uma objeção tão poderosa? O que Kant descobre em Rousseau que permite justificar a Deus? Se abala a fé de Cândido no otimismo do parvo preceptor, o terremoto de 1755 em nada afeta a adesão de Kant ao sistema de Leibniz: esse mesmo abalo que aniquilara Lisboa terá feito brotar em Teplitz fontes de água termal, e assim a parte culpada, cuja imperfeição nos aparecia como um mal, concorre para a harmonia do Todo. Adesão reafirmada em 1759, nas *Considerações sobre o otimismo*, as que esposam fielmente o pensamento de Leibniz: para este último, a passagem da possibilidade à existência repousa em um *princípio de perfeição*. Visto que "só existe o que é mais perfeito", toda essência tende à existência "em proporção de sua quantidade de essência ou de realidade, isto é, de seu grau de perfeição", "pois a perfeição não é outra senão a quantidade de essência".[6] O que preside a tese teológica sobre a escolha divina do melhor é, portanto, uma tese ontológica que identifica a *realidade* à *perfeição* e, dessa maneira, ao *Bem*, visto que, para Leibniz, o mais perfeito ou o mais "positivo" se identifica com o mais alto grau de bem. Nesse princípio de perfeição enuncia-se que todo ente, na medida em que ele é, é bom, que o ser do ente e o Bem são o mesmo. A teodicéia depende, portanto, de uma *ontodicéia*, em que se entrelaçam indissocialvelmente uma tese ontoteológica (sobre o ser do ente) e uma tese ética (sobre o bem e o mal). Afirmar a identidade ou

---

[6] Leibniz, *De l'origine radical des choses*, in Gerhardt, *Die Philosophischen Schriften von G. W. Leibniz*, reed. Olms, 1965, t. VII, p. 303, e *Oeuvres*, Aubier-Montaigne, 1972, p. 340. Sobre o "princípio de perfeição", cf. também *Textes inédits*, (ed. Grua) Vrin, 1948, t. I, p. 285-302.

a sinonímia do Bem e do ser – isto é, neste ponto, do ente – equivale a sustentar que somente o Bem é, e que tudo o que existe está bem: absolver o ente em totalidade e rejeitar o mal para fora do ente, no "nada". Donde se segue que o mal não é "nada", que ele *nada mais* é que o Bem – seu predicado, seu limite, seu grau menor, seu momento... – e, entre eles, toda diferença se esvancesse. Anulação ontológica do mal, apagamento da oposição ética em que vemos a marca do *niilismo ético*. Aí se reconhecerá um dos principais temas da *Teodicéia* leibniziana: com efeito, a fim de dar conta da existência do mal no melhor dos mundos – a fim de desculpar a Deus –, importa atenuar a diferença do bem e do mal, porque "um mal menor é uma espécie de bem, assim como um bem menor é uma espécie de mal".[7] É por isso que Leibniz assimila unicamente o mal necessário, o "mal metafísico", a uma imperfeição, a um grau menor de perfeição, isto é, à *limitação* original da criatura, à finitude inerente a seu estatuto de criatura, "pois Deus não podia lhe dar tudo sem dela fazer um deus". Do bem ao mal – que nunca é um mal menor, isto é, um bem menor e o meio para um bem maior –, haveria somente uma diferença de grau, de modo que eles se tocam e se confundem segundo a lei de continuidade, como a elipse e a parábola, ou como um movimento continuamente decrescente "enfim se perde no repouso", ao passo que o repouso se revela "um movimento infinitamente pequeno ou uma lentidão infinita".[8]

Assim, o projeto da *Teodicéia* mobiliza um cálculo e uma dinâmica das forças, e uma lógica, ou antes, uma ontológica. O que é preciso evitar a todo custo é a posição "maniquéia", a que erigeria o mal como potência positiva, realmente oposta

---

7 Segundo o axioma *Minus bonum habet rationem mali*, cf. *Théodicée*, I, § 7, 11m § 194, etc.

8 *Animadversiones*, Gerhardt, t. IV, p. 373.

ao bem. Ela será assimilada, portanto, à *inércia* natural dos corpos, força passiva de resistência que não é uma contra-força real distinta da força motriz, mas o grau-zero de sua atividade; por conseguinte, pode ser considerada "uma perfeita imagem ou mesmo uma amostra da limitação original das criaturas". Um navio que desce o rio irá tanto mais lentamente quanto mais pesada a sua carga, não porque a sua massa maior diminuirá "por si mesma" a sua velocidade, "pois isso seria agir", mas em virtude de sua maior inércia, concebida como passividade, "tardiabilidade" ou "privação de velocidade".[9] Comparemos agora o empuxo da corrente com a ação contínua de Deus dando às criaturas "perfeição, ser e força", e a inércia da matéria com sua essencial limitação: segue-se que "Deus é tão pouco a causa do pecado quanto a corrente do rio é a causa do retardo do navio, que ele é causa da perfeição relativa das criaturas, que é sua essência e seu bem, ao passo que a sua finitude é causa de sua imperfeição relativa, de seu "mal" que não é senão privação de bem. É o que permite dar conta do mal, *aparência* de que o mal existe, sem lhe conceder a menor realidade positiva. Leibniz insere justamente sua *Teodicéia* em uma antiga e poderosa tradição, de que essa obra representa um dos pontos terminais: *tradição da ontodicéia* que esposa uma orientação dominante da filosofia ocidental, a que põe que o ser e o bem são o mesmo; que portanto o mal não é nada, simples negação e privação de ser; ou, se ele existe, que labora a serviço do bem e se deixa converter em um bem. Na verdade, essa tese é tardia e só consegue se impor ao vir contra e ao recobrir outra linhagem da Tradição, para a qual "o Bem é causa de poucas coisas", não a essência de *tudo*

[9] Cf. o texto essencial de *Theodicée*, I, § 30-31, e o comentário oferecido por M. Guéroult, *Leibniz, dynamique et métaphysique* (1934), reed. Aubier-Montaigne, 1967, p. 168-70.

o que é.[10] No entanto, que se separe o Bem na mais elevada região do ente ou que se identifique o Bem com o ente em totalidade, em todos os casos trata-se de absolver o ser do ente, guardá-lo a salvo: visada da *absolvição* do ser que caracteriza a metafísica como ontodicéia.

Medimos melhor o que está em jogo na ruptura de Kant em relação a Leibniz. Quando celebra a "lei oculta" enfim capaz de "justificar a Providência", nenhuma dúvida de que o jovem Kant se inscreve, por sua vez, na perspectiva da ontodicéia. Mas a descoberta dessa lei só tem o valor de uma revelação, viragem de importância capital, enquanto promete reatar uma filiação interrompida, anunciar a refundação da ontodicéia posta em perigo pela "objeção de Mani", pela afirmação de uma realidade positiva do mal. De onde vem que tal hipótese, ausente em 1759, a ele se imponha, cinco anos mais tarde, com tamanha força, a ponto de desfazer o fio de Ariadne leibniziano? O que iria arruinar o otimismo do jovem Kant, sua submissão inicial às evidências da ontoteodicéia, não é um acontecimento empírico, abalo telúrico ou drama pessoal, mas um acontecimento de pensamento: sua tentativa para introduzir em filosofia um novo conceito, o de *grandeza negativa*, que dá deu título ao *Ensaio* de 1763.[11] Mediante essa noção, com efeito, Kant se propõe a importar para a filosofia uma concepção do "conflito real" ou da "oposição real" oriunda da física de Newton. Ora, o que se apresenta como uma inovação de ordem lógica ou epistemológica vai engajar uma subversão mais radical, uma decisão ética e ontológica

---

10 Platão, *República*, II, 379 b – 380 c. Sobre essa "gigantomaquia" do Ser e do Bem, cf. J.-L. Marion, *Dieu sans l'être*, Fayard, 1982, p. 109-23.

11 *Ensaio para introduzir em filosofia o conceito de grandezas negativas*, 1, p. 261-302 (Vrin, 1972).

em que se repõe em jogo o sentido do ser e da existência, de Deus, da Lei e do mal. O aporte do *Ensaio* consiste em diferenciar dois modos de oposição anteriormente confundidos, distinguir da *oposição lógica* por contradição – única reconhecida pela lógica geral clássica – a *oposição real* "sem contradição". O primeiro tipo de oposição, em que se afirma e se nega simultaneamente o predicado de um sujeito (S é P e não-P) não confina senão em um *nonsense* e lógico, no "absolutamente-nada" (*nihil negativum*). No segundo caso, tem que se haver com a oposição de duas tendências "possíveis ao mesmo tempo" e que reciprocamente se anulam: por exemplo, o encontro em um corpo de duas forças iguais de direções opostas. "A conseqüência disso é igualmente Nada, mas em sentido distinto do que na contradição",[12] no sentido de um "nada relativo", de um "nada = 0", ou *nihil privativum:* – ou seja, em nosso exemplo, o repouso daquele corpo devido ao equilíbrio das forças, um repouso concebido como zero-de-movimento, mas um zero *que existe*, "que é algo [*Etwas*]".

Torna-se então possível dar um sentido novo, não-leibniziano, ao conceito de privação: doravante, ele designará o nada-que-existe, o Zero como efeito real de uma oposição real, por ser distinguido da *falta*, do simples efeito de uma ausência (por exemplo, o repouso não mais como resultado de forças que se anulam, mas por ausência de força motriz). O divórcio com Leibniz está agora consumado: (– A) já não será concebido como limitação, falta de grandeza, mas como uma grandeza negativa, uma verdadeira grandeza oposta a (+ A). Do navio da *Teodicéia*, então, será dito que sua massa freia "por si mesma" sua velocidade, opondo-se ativamente à corrente. Donde se segue, segundo a analogia leibniziana, que o mal não é nada, não se reduz forçosamente a um grau-me-

12 *Ensaio*, p. 265-7 (Vrin, p. 19-21).

nor de bem, mas que é preciso distinguir desse "mal por falta" um "mal por privação", determinado como "bem negativo", ou ainda, como escreverá Kant de maneira mais abrupta, como "não-bem" (*Nicht-gute*):[13] que o mal é "princípio positivo da oposição" ao bem, que ele não é nada, mas, segundo a expressão de Malebranche, *pior que o nada*.[14] Cá estamos de volta àquilo que Leibniz se esforçara por afastar, a hipótese adversa a toda ontodicéia, que ressurge como conseqüência necessária do conceito de grandeza negativa – a "objeção de Mani", o Zaratustra de Kant. É nesse contexto que, precisamente após a análise do mal por privação, pela primeira vez, aparece na obra de Kant a noção de uma Lei ética: "O vício (*Untugend, demeritum*) não é simplesmente uma negação, mas uma *virtude negativa*. O vício não pode existir senão na medida em que, num ser, há uma Lei interior (seja simplesmente a Consciência – *Gewissen* – seja a consciência – *Bewußtsein* – de uma lei positiva) que ele infringe. Essa Lei interior é um fundamento positivo de uma ação boa, e sua consciência pode ser simplesmente zero, visto que só seria suprimida a resultante da consciência da Lei. Aqui, portanto, há uma privação, uma oposição real, e não uma simples falta [...]. Suponham um homem que não socorre quem ele vir em necessidade [...]. Nele, assim como no coração de cada homem, há uma lei positiva do amor ao próximo. Esta deve ser abafada. É preciso uma verdadeira ação interior engendrada por móbiles, para que a omissão seja possível. Esse zero é a conseqüência de uma oposição real".[15] Para dar conta da ausência ou antes da

---

13 p. 277 (Vrin, p. 33), termo retomado trinta anos mais tarde na *Religião nos limites da simples razão*, 3, p. 33 (Vrin, p. 41).

14 Cf. os textos citados e comentados por M. Guéroult em seu *Malebranche*, t. III, Aubier, 1959, p. 235-40.

15 *Ensaio*, 1, p. 278 (Vrin, p. 34-5).

privação de ações boas ou más, na lógica da oposição real, a existência de uma "não-virtude" como oposta da virtude requer a posição de uma contra-força capaz de reduzir seu efeito a zero, de um não-mal ou de um antimal que constitua lei contra o mal e que é a própria Lei como princípio positivo da ação boa. É porque há o mal, mal real e "positivo", que há a Lei e a Lei não seria nada, *não haveria Lei*, se não houvesse o mal, mal que só existe em função da Lei que ele transgride, nesse nó da oposição ética em que as duas instâncias adversas se convocam reciprocamente, se revelam e se afirmam uma através da outra. Na *Religião*, Kant qualificará como "rigorista" essa oposição ética que caracteriza a relação da Lei e do mal como oposição real. O que implica que a neutralização dos Opostos permanece aparente e precária, em estado de equilíbrio instável, armistício provisório no coração do conflito: que não haja ação "moralmente indiferente" (nem boa nem má, ou simultaneamente boa e má), mas que sempre a liberdade já tenha escolhido, tenha originariamente se decidido a favor da ou contra a Lei, de modo que a ausência de decisão e a aparência de uma neutralidade ética supõem uma decisão prévia e *má*, uma má escolha inicial do caráter inteligível, um mal radical.

Assim, com sua determinação da Lei e do mal, a ética kantiana aparece indissociável da ontológica da oposição real. Ora, é precisamente a esse princípio da Oposição que Hegel se aferra. A *Ciência da Lógica* sublinhará, com efeito, sua impotência para superar a metafísica da identidade: visto que as grandezas negativas, como insiste Kant, "não são negações de grandeza", pois que os termos opostos são "ambos positivos", é de maneira inteiramente arbitrária que se qualifica um ou outro como "positivo" ou "negativo", que se caracteriza a dívida como um capital negativo ou o capital como uma dívida negativa. Simples signo convencional, o "negativo" das grandezas negativas não seria senão uma pseudonegatividade e o *nihil privativum*, o Zero da Oposição, um pseudonada, a resultante nula de duas realidades positivas, exteriores, indiferentes entre si, cujo encontro permanece puramente contingente.[16] Quando não mais se reduzir a oposição a uma justaposição de "dois diversos indiferentes", quando se conceber cada um dos opostos como *negação determinada* do outro, a oposição se radicalizará em contradição (*Widerspruch*) em que o positivo e o negativo não se relacionam com nada mais senão com *seu* Outro, eles não existem fora dessa relação. O conflito intransponível que caracteriza a oposição kantiana dará lugar à "pulsação imanente do automovimento e da vida",[17] em que cada um dos dois termos se põe em e *como* seu outro, "é essencialmente o Parecer de si no Outro", embora ambos se ponham como *momentos* do processo em que sua contradição se dissolve, em que positivo e negativo, "impelidos ao ponto extremo da contradição" se revelam idênticos.

Tal é o fundamento ontológico da *Aufhebung* hegeliana do mal em que, tornando-se o mal um momento do bem, o bem deixa de ser um bem e o mal um mal.[18] Assim Hegel nos conduz, por outro caminho, à neutralização leibniziana da diferença ética. É para se pôr contra isso que Kant antecipava seu conceito de oposição real: sua principal audácia sendo justamente afirmar uma "*verdadeira* oposição" em que "ambas as

---

[16] Cf., nesse sentido, as análises de G. Lebrun, em *Kant et la fin de la métaphysique,* A. Colim, 1970, p. 193-201, e *La patience du concept*, Gallimard, 1972, p. 283-93. Uma perspectiva diferente que, ao contrário, valoriza o caráter crítico e inovador da oposição real kantiana perante a "regressão especulativa" de Hegel, será encontrada em L. Colletti, *Le marxisme et Hegel* (1971), Champ Libre, 1976, p. 99-106.

[17] Hegel, *Ciência da Lógica. Doutrina da Essência* (1812), Aubier-Montaigne, 1976, p. 85.

[18] "Sendo o mal a mesma coisa que o bem, o mal já não é mal e o bem já não é bem, mas ambos estão suprimidos [relevados: *aufgehoben*]" (*Fenomenlogia do espírito*, Aubier-Montaigne, II, p. 282).

tendências são verdadeiros predicados", o que significa que a negação lógica (ou, como escreve Kant, a "negação no sentido metafísico") não *sustenta* a oposição, não finge dar acolhida ao Outro, ao Diferente, senão para melhor reconduzi-los ao idêntico. Com essa meta, a fim de pôr os predicados como "verdadeiros" Opostos, ele os determinava como sendo "ambos positivos", "algo de verdadeiramente positivo em si": compreendera que uma verdadeira oposição não podia se fundar na contradição lógica do positivo e do negativo, porque o negativo não se sustém; ele se nega ou se anula necessariamente, se *renega* e se inverte em positividade. Assim, a crítica kantiana das "anfibolias" de Leibniz pode se aplicar à dialética hegeliana. Com efeito, a anfibo-lógica leibniziana se caracteriza por um duplo gesto equívoco que consiste em: (A) *dissociar* o positivo do negativo, fixar conceitualmente sua diferença reconduzindo-os a dois princípios contrários; e simultaneamente (B), em reconduzi-los a um princípio único, operar uma *neutralização do negativo*, reduzindo-o a um grau-menor ou uma "limitação", assim como Hegel o reduzirá a um "momento". A *dissociação lógica* dos contrários, sua dupla exclusão recíproca que Hegel tematizará como "contradição dialética" permite fundar sua *co-implicação lógica* em e por meio de sua diferença, seja por conversão quantitativa segundo o princípio de continuidade, seja por "salto qualitativo" segundo uma *Aufhebung* dialética. O que vale para Leibniz ou para Hegel, também valeria para Espinosa, reduzindo a oposição entre bem e mal a uma diferença quantitativa entre graus de intensidade da potência de ser ou, mais exatamente, à diferença entre a intensificação dessa potência e sua baixa de intensidade. E o mesmo valeria para Nietzsche, para quem ela conduz à demarcação entre os "tipos" (afirmativo ou negativo) da vontade de potência, isto é, afinal de contas, a uma mesma dife-rença quantitativa entre o crescimento dessa vontade e seu enfraquecimento.[19] O bem e o mal – ou antes, o *bom* e o *mau* – remeteriam então a duas orientações contrárias de uma mesma força, *conatus* ou *Wille zur Macht*, e sua diferenciação exprimiria, ocultando-a sob a aparência de uma "oposição" moral, a unicidade e a identidade de seu substrato formal.

A cada vez, segundo estilos certamente diferentes, tenta-se neutralizar a alteridade ontológica do mal, reconduzindo-a a uma simples negação, àqueles diversos modos de negação que são a privação, a limitação, a subtração, a contradição. Põe-se então que o negativo não é nada – que ele não existe e/ou que ele se converte em positivo – e o ser do não-ser, o *nihil privativum* da oposição real, se esvanesce no absolutamente-nada, o nada lógico do *nihil negativum*. Logo, Kierkegaard tinha razão ao denunciar a "confusão" hegeliana do mal e do negativo, que torna a lógica ilógica, pois o negativo se torna um mal e torna a ética "a-ética", pois o mal não é senão negativo.[20] Porém, tal confusão já está instalada muito tempo antes de Hegel, desde que se representa a oposição do bem e do mal como uma relação extrínseca entre duas determinações conceituais, o que permite simultaneamente dissociá-las (assimilando uma ao positivo e outra ao negativo), neutralizando sua diferença. Ao que responde o princípio kantiano da Oposição, "real", isto é, *não conceitual*: nesse sentido, diz respeito a uma *outra lógica* distinta da "lógica geral" clássica (inclusive em sua reforma hegeliana) e opera com

---

19 "Que é bom? – Tudo o que no homem eleva o sentimento da potência, a vontade de potência, a própria potência. Que é mau? – Tudo o que nasce da fraqueza. Que é a felicidade? O sentimento de que a potência *cresce* – que uma resistência é ultrapassada" (*O Anti-Cristo*, § 2).

20 Cf. *Le concept d'angoisse* (1844), Gallimard, 1976, p. 19.

outro conceito de diferença distinto da (pseudo-)diferença conceitual: oposição "sem contradição" – *ohne Widerspruch* dizia Kant –, isto é, sem dissociação lógica do positivo e do negativo, sem elisão do negativo: sem "negação da negação", porque ela é sem negatividade, porque ela afirma a dupla afirmação dos Opostos.

Somente no caso da *oposição empírica* (entre o claro e o escuro, o calor e o frio, entre duas forças físicas de direções opostas...), é que o conflito pode ser reconduzido a uma diferença quantitativa de grau ou de "orientação" no interior de um meio único, de um elemento comum (grau de visibilidade ou de temperatura, grau de intensidade na resultante das forças). Enquanto *oposição transcendental* – e nós veremos que a oposição ética tem uma significação transcendental –, a relação dos opostos deve, ao contrário, ser pensada como afastamento irredutível, "sem graus", entre duas instâncias igualmente afirmativas que só afirmam a si mesmas e só existem ao afirmar sua oposição: relação de *ob-jeção* ou de *obstância* transcendental que não tolera nenhuma implicação lógica, nenhuma identificação dos opostos. Assim, valeria para toda oposição transcendental o que Kant dirá da oposição ética entre bem e mal: seus termos diferem "não como o céu da *terra*, mas como o céu do *inferno*", o que interdita concebê-los (à maneira de Leibniz) "como vizinhos entre si e perdendo-se um no outro por graus e aos poucos, porém, convida a que sejam representados como separados um do outro por um incomensurável abismo".[21] Ora, apesar da "heterogeneidade total dos princípios", é preciso tentar pensar sua relação, a co-doação dos opostos que se evocam e se afirmam, um através do outro, sem o que não haveria nem posição nem oposição possível. Nesse texto, Kant prossegue dizendo que, a

---

21 *Religião*, 3, p. 74-5 (nota).

despeito da distância dos opostos, tal relação aparece como um "parentesco próximo", uma proximidade que nunca é a da simples vizinhança, que ata um ao outro por meio do abismo. É a dificuldade dessa ontológica requerer que se pense o tropeço dos Opostos, sua irredutível obstância, como uma *co-pertinência* originária, que, no entanto, não se deixa reduzir a uma co-implicação lógica em que seu conflito se esvanesceria: co-doação sob um mesmo horizonte, univocidade ontológica que nunca leva à inerência lógica de predicados de um mesmo sujeito.

Na verdade, se tal determinação da relação entre a Lei e o mal como uma oposição-real, uma diferença singular sem conceito, aparece desde 1763, será preciso esperar trinta anos para que Kant a leve em conta com todas as suas implicações: não é isso que devia reter inicialmente sua atenção após a redação do *Ensaio*, mas uma outra linha de fratura, partindo do mesmo conceito de grandeza negativa para se propagar até o foco central da ontoteologia, até o ser e até Deus. O "incomensurável abismo" da oposição precipita então o pensador no *abismo da metafísica*. Conceder às negações o estatuto de *grandezas* negativas equivale, com efeito, a subtraí-las ao "negativo", ao "nada", para considerá-las instâncias reais, "afirmativas": conferir ao sofrimento e ao mal, ao ódio, à morte, e mesmo ao Nada = 0, a dignidade do real e do ente. O que esfacela a equivalência leibniziana entre realidade e perfeição, grau de ser e grau de bem.[22] Desmorona, com o princípio leibniziano de perfeição, aquela certeza de que "o mais perfeito existe necessariamente" – onde se reconhece uma das grandes provas clássicas da existência de Deus, de que a introdução

22 "Há sempre um considerável mal-entendido em identificar a soma da realidade e a grandeza da perfeição. O desprazer, tanto quanto o prazer, é positivo, mas quem poderia chamá-lo uma perfeição?" (*Ensaio sobre as grandezas negativas,* 1, p. 296 (Vrin, p. 54)).

das grandezas negativas revela a inanidade. Compreende-se que, no mesmo ano em que aparece o *Ensaio*, Kant publica o *Único fundamento*, que se esforça para salvar a Deus, o "Deus" da teologia racional, desse desastre que o espreita.[23] "*Há um Deus*", declara ele de saída, "tal é o mais importante de nossos conhecimentos". Porém, se se trata de *provar* sua existência, eis que estamos obrigados a "explorar os abismos sem fundo da metafísica, sombrio oceano sem margens nem faróis em que se deve proceder como o marinheiro sobre um mar desconhecido".[24] Ao distinguir contradição *lógica* e oposição *real*, o *Ensaio* esboçava uma demarcação inédita entre o Lógico e o Real, entre a ordem dos possíveis ou das essências, regida pelo princípio lógico de identidade, e o das existências, o qual já não obedece ao princípio de perfeição, nem aliás a *nenhum* princípio ontológico conhecido. Não é somente a prova ontológica da existência de Deus – a passagem do conceito do ente perfeito à afirmação de sua existência – que se acha comprometida, mas também a evidência de todas as categorias e notadamente a de causalidade: porque "o princípio real nunca é um princípio lógico", o *Ensaio* torna a ligação causal real propriamente ilógica, inconcebível: torna-se impossível "compreender *por que algo é, algo distinto de si*[25]", explicar mediante um raciocínio lógico a maravilha dessa passagem de uma posição absoluta e singular a uma outra posição absoluta igualmente singular.

Ao enigma do existir, é preciso no entanto tentar responder e, na verdade, essa resposta já foi encontrada na evidência do senso comum: se a existência real e a ligação causal

---

23 *O único fundamento possível de uma demonstração da existência de Deus* (1763), 1, p. 317-435 (texto redigido provavelmente após o *Ensaio*).

24 *Ibid.*, 1, p. 318.

25 *Ensaio*, 1, p. 300 (Vrin, p. 60).

dos existentes escapam ao entendimento, não podem ser acessíveis senão pela experiência, e uma experiência "sem conceito", simples coleção de dados sensíveis obtidos pela observação psicológica ou empírica. Sua ruptura com Leibniz engaja assim o jovem Kant em uma orientação marcada pela influência de Hume e do empirismo inglês. É nessa perspectiva de uma metafísica reduzida a uma antropologia, ela própria reconduzida a uma psicologia empírica, que convém situar as *Observações sobre o sentimento do belo e do sublime*: metafísica desiludida, de volta de seus abismos, mas para logo ir abismar-se no senso comum, dissipar-se em um florilégio de "observações", anedotas sobre a coqueteria do belo sexo, a galanteria francesa, a fleuma britânica e a irremediável tolice dos negros... O opúsculo não nos reteria, caso não revelasse, para uma leitura mais atenta, um projeto de outro gabarito. O que então interessa a Kant nos moralistas ingleses é sua tentativa de "penetrar mais adiante na pesquisa dos primeiros princípios da moralidade",[26] princípios "reais" ou "materiais" e não lógicos, que aqueles autores fazem repousar em um *sentimento moral*. É esse "princípio material indemonstrável da obrigação" que ele espera extrair unicamente pela via que a ele se oferece, a da observação psicológica. Mas não há a menor dúvida de que o critério buscado deva ser um princípio *universal* de virtude, com o qual "relacionar a totalidade de (nossos) atos" – uma *Lei ética*: "A virtude verdadeira deve ser enxertada em princípios que a tornem tanto mais nobre e sublime quanto eles forem universais. Esses princípios não consistem em regras especulativas, mas na consciência de um sentimento vivente no coração de todo homem e que se estende bem além dos princípios particulares da piedade e da simpa-

---

26 *Anúncio sobre o programa das aulas para o semestre de inverno 1765-1766*, 1, p. 521.

tia: o *sentimento da beleza e da dignidade da natureza humana*. O sentimento da beleza da natureza humana é um princípio de benevolência universal, o de sua dignidade, um princípio de respeito universal".[27] Impossível de deduzir, de demonstrar logicamente, o princípio de toda moralidade só pode ser mostrado, captado ali onde ele se mostra por si mesmo com a maior evidência, em certas regiões do dado empírico, isto é, nos "temperamentos" psicológicos e nos sentimentos humanos que melhor o exprimem. "Entre as qualidades morais, somente a virtude é sublime": o sublime, o *verdadeiro* sublime, seria portanto o critério distintivo da virtude, o sentimento em que se manifesta mais claramente o Princípio oculto.

Ademais seria preciso que tal "lei" pudesse se *suster*: que o sentimento moral revelado pelo sublime nos desse efetivamente o Princípio buscado, em sua constância invariável. O crucial dessa problemática é que ela revela um princípio universal e não consegue encontrá-lo senão no sentimento, em um "sentimento universal" – o mesmo que dizer um círculo quadrado. Kant bem sabe que os sentimentos são contingentes, "dependentes menos da natureza das coisas exteriores que os suscitam que de nossa própria sensibilidade", que "certos homens encontram prazer onde outros só experimentam desgosto", tanto que nenhum sentimento, sequer o do sublime, poderia nos dar um critério objetivo universal.[28] Mostra-se decididamente impossível passar daquilo que *se faz* para aquilo que *deve* se fazer, extrair um dado empírico dos princípios universais, da diversidade dos tipos antropológicos, uma Lei fundamental. O próprio sublime não cessa de se perverter, se desfigurar: é que ele participa do caráter equívoco e instável

---

27 *Observações sobre o sentimento do belo e do sublime* (1764), 1, p. 463 (Vrin, 1980, p. 27).

28 Cf. *Observações*, p. 451 (Vrin, p. 17).

do sentimento, sempre prestes a "degenerar", mudar-se para o seu contrário. Como decidir se uma ação é *autenticamente* sublime ou se temos de nos haver com o "simulacro da sublimidade?"[29] Na falta da Lei, todas as tentativas para determinar o Princípio, para *fixá*-lo em limites estáveis, parecem votados ao fracasso: eis a ética, a "primeira ética" elaborada por Kant, em má postura, arrebatada no fluxo heraclitiano das aparências: "Tudo se escoa diante de nós como a água de um rio, tanto o gosto inconstante como as diversas formas do homem tornam o jugo incerto e falacioso. Onde encontrar na natureza pontos de apoio que o homem não pudesse mudar e que lhe indicassem em que margem seria preciso se manter?"[30]

Sobrevém então a revelação. Da surpresa, da emoção provocadas em Kant por sua primeira leitura de Rousseau, encontra-se o eco em várias de suas *Anotações* manuscritas nas *Observações*: "A impressão que segue imediatamente [a essa leitura] é a do espanto causado pelas opiniões singulares e paradoxais do autor". – "Eu preciso ler e reler Rousseau até que a beleza da expressão não me turve mais; somente então poderei captá-lo com razão". – "É Rousseau quem me desiludiu".[31] Sem dúvida porque ele acredita ter descoberto na "lei secreta" de Rousseau aquele princípio que lhe fazia falta: princípio universal – nisso análogo à lei de Newton – que desvela a verdade sob o jogo das aparências, a "natureza profunda do homem" por trás da diversidade movente de suas formas contingentes; princípio de uma ontoteodicéia que, ao "justificar a Deus", põe um termo à crise do Fundamento aberta um ano antes pelo *Ensaio*. Qual é então essa "lei"? Sabemos, ou

29 *Ibid*., p. 470 (Vrin, p. 32-3).

30 XX, p. 46.

31 XX, p. 30, 44 etc.

acreditamos saber, que a Lei da razão prática é Lei de autonomia, que a concepção da liberdade como autonomia não foi "inventada" por Kant, mas que ele a tomou de empréstimo ao *Contrato social* de Rousseau – livro I, capítulo 8: "A obediência à lei que se prescreveu a si mesmo é liberdade" – para transferi-la para sua filosofia prática; e essa "transferência", habitualmente, quase não é interrogada. Com isso, é grande a tentação de passar por alto os vinte e cinco anos que separam as *Observações* e a segunda *Crítica*, identificar a "lei secreta" com a Lei de autonomia, como se a filosofia prática acabada já estivesse presente "em germe" no fragmento de 1764. A essa leitura retrospetiva, excelentes comentadores não souberam resistir.[32] Esquecendo-se de que, como lembrava Althusser, é preciso tempo "para que os jovens autores se tornem grandes" e que, nos escritos kantianos desse período, não se nota o menor traço da concepção kantiana da liberdade como autonomia, nem sequer uma leitura aprofundada do *Contrato social*.[33] Logo, não se trata da mesma "lei", nem do mesmo Rousseau. Se considerarmos esse primeiro esboço de filosofia prática apresentado pelas *Observações*, reconheceremos os elementos essenciais da filosofia prática acabada: a busca de uma Lei, de um princípio prático universal, manifestado por um *sentimento* que é o *respeito* pela *dignidade* do homem e se apresenta esteticamente na experiência do *sublime*. À moda de um jogo, todas as peças estão dispostas, salvo a peça principal a determinação da Lei como autonomia

---

32 Por exemplo, Cassirer: para ele, a "lei oculta" de Rousseau de que fala Kant em 1763 "é a lei moral autônoma em sua pura validade imutável" (*Kants Leben und Lehre*, 1910, B. Cassirer, p. 97). Ou ainda, Krüger, que ali vê "a unidade originária da filosofia kantiana" (Cf. *Critique et morale chez Kant* (1931), Beauchesne, 1961, p. 88).

33 À parte uma vaga alusão à "vontade geral" nos *Sonhos de um visionário* (1766), nenhuma influência notável do *Contrato social* pode ser notada em Kant antes de 1783.

da vontade: devido à sua ausência, a definitiva regra do jogo ainda não está estabelecida e o jovem Kant "joga" com os primeiros esboços, os primeiros conceitos de sua obra por vir, um jogo que ainda não é "kantiano", à espera de sua Lei. Essa lei de Rousseau, se não é a do *Contrato social*, a Lei de autonomia, que lei é ela então?

O fragmento credita a Rousseau haver "descoberto a lei oculta graças à qual a Providência é justificada" –, alusão inequívoca à *Profissão de fé do vigário saboiardo*: "Tudo está bem. Onde tudo está bem, nada é injusto [...]. A Providência está justificada".[34] O que revela a Kant a teodicéia do *Vigário* é esse Princípio ético, esse critério universal que em vão ele se esforçara por fundar nas *Observações*: a presença em nós de um "princípio inato de justiça e de virtude", de um "juiz infalível do bem e do mal" que é a *voz da Consciência*. Princípio não especulativo, mas prático, que não nos dá somente a conhecer o bem mas "nos leva a amá-lo". Princípio "real" e "material" (para retomar os termos do jovem Kant), e não lógico ou conceitual, que nos libera das ilusões "de um entendimento desprovido de regra e de uma razão desprovida de princípio": "Demasiado freqüentemente a razão nos engana [...] a consciência, porém, não nos engana jamais". Princípio sensível ao coração enfim, pois é evidente para Rousseau que o que não pertence à razão só pode ser sentimento: "Tudo o que eu sinto ser bem está bem, tudo o que eu sinto ser mal está mal". À primeira vista, compreende-se mal em que essa concepção se distingue das teorias dos ingleses sobre o "sentimento moral" ou da perspectiva antropológica das *Observações*. No entanto, é preciso evitar a confusão entre o sentimento no sentido empírico ou psicológico, "as inclinações secretas de nosso cora-

[34] Rousseau, *Emílio ou da educação* (1762), Garnier-Flammarion, 1966, p. 366-8.

ção que dos desgarram", e "aquele *dictamen* mais secreto, ainda mais interno que [...] nos leva a despeito de nós mesmos à estrada da verdade".[35] É que o Sentimento primordial chamado "consciência" não é uma faculdade psicológica, "humana", mas um princípio transcendental ou ontológico, uma dimensão originária da existência: "existir é sentir". "O próprio Deus é sensível já que ele age". A idéia de um sentimento moral universal deixa então de ser contraditória. Com essa linha de partilha que dos sentimentos empíricos (ilusões do coração) distingue o Sentimento prático puro (verdade da Consciência), enfim um critério objetivo de juízo nos é dado, a maravilha de uma Lei "sensível" ou "sentimental", e entretanto universal; uma Lei estranha à razão teórica e tanto mais "infalível", Lei mais que humana que "torna o homem semelhante a Deus".

A partir do momento em que se admite a universalidade da Consciência e sua evidência irresistível, torna-se difícil explicar a existência de um mal universal que se oponha à Lei a ponto de a recobrir, de a reduzir a Nada. A essa questão, a *Profissão de fé* já havia respondido: se a voz da Consciência "fala a todos os corações, por que há tão poucos que a entendem? Eh! é que nos fala com a língua da natureza, que tudo nos fez esquecer": a voz dos preconceitos "abafa a dela e a impede de se fazer ouvir; o fanatismo ousa contrafazê-la e, em seu nome, ditar o crime. Ela é afastada à força de ser repelida; não nos fala mais, não nos responde mais".[36] O mais importante no "*dictamen* secreto" da consciência reside precisamente em seu caráter Secreto, no retraimento que a dissimula, no silêncio da Voz: essa "lei" que Kant descobre em Rousseau não seria somente a verdade oculta do Sentimento como critério de juízo, mas também a razão de seu ocultamento, o

35 Carta a M. de Franquières, 15/01/1769, *Correspondance*, IV, p. 1139.

36 *Émilio*, p. 378-9.

princípio explicativo da história humana como história de uma corrupção crescente, "esquecimento" inevitável. Pois, no *Vigário*, trata-se de justificar a Providência divina tanto quanto desculpar o Homem, afirmar sua bondade nativa, corrompida pelos malefícios da civilização.[37] O que permite suspender o paradoxo da condição humana, conciliar a bondade original do homem e a dominação presente do mal: pois esse mal que desperta a melancolia do filósofo não era de natureza, mas uma desnaturação. Por isso, ela deveria apaziguar-se quando se houvesse reconhecido, sob os sedimentos que desfiguram a estátua de Glauco, o rosto esquecido do deus. O que a descoberta de Plotino realizara no jovem Agostinho – curá-lo *filosoficamente* do maniqueísmo reduzindo ao nada a hipóstase do mal –, a de Rousseau terá realizado no jovem Kant.

Por mais entusiasta que seja, a adesão do jovem Kant às teses de Rousseau não deixa de repousar em uma compreensão superficial de seu pensamento. Se toma como seu o projeto dos *Discursos* de absolver o Homem, situando a origem do mal na civilização, ainda não se apercebe que essa mesma sociedade, cuja organização faltosa é a causa de nossa queda, também traz consigo a esperança de nossa regeneração e de nossa salvação. Assim, "a solução proposta por Rousseau" ao problema do mal consiste "em criar, de certa maneira, um novo *sujeito* a quem se possa imputar tal responsabilidade"[38] e que, por si mesmo sujeitado ao mal, seja por si mesmo capaz de se liberar desse mal. Para compreender isso, não bastavam a leitura dos *Discursos* ou do *Emílio*: era preciso voltar-

---

37 "É o abuso de nossas faculdades que nos torna infelizes e maus"; "Retirai nossos funestos progressos, retirai nossos erros e vícios, retirai a obra do homem, e tudo estará bem" (*Emílio*, p. 366).

38 Cassirer, *Le problème de J.-J. Rousseau* (1932, Hachette, 1987, p. 56). Cf. também p. 64: "É o homem, e somente ele, que deve ser o seu

se para a obra maior em que se desenham os traços do novo Sujeito, em que este já não se apresenta como regra de juízo ou Consciência, mas como princípio de decisão e de ação, como Vontade; não mais à escuta passiva de uma "voz celeste" tão íntima quanto estranha, mas na autofundação e na autodestinação da Vontade contratanto consigo na forma pura de sua generalidade, "quando todo o povo estatui sobre todo o povo", no ato instituinte da *Vontade geral*. Por esse termo "vontade geral" se enuncia o que há de mais elevado no ente, a absoluta bondade de um Princípio supremo que "não pode errar" (II-3), do Soberano que, "unicamente por ser o que ele dever ser" (I-7), nos desvela o nome do deus mortal e terrestre – *Povo Soberano* –, do qual ela é a "prova invencível": pois "a vontade mais geral também é sempre a mais justa e a voz do povo é com efeito a voz de Deus".[39] Confirma-se que o *Contrato social* não é em nada um tratado de "filosofia política", assim como o *Emílio* não se reduz a um manual de pedagogia: para nosso tempo, ele fixa a marca do ser e o rosto do Bem, designa o sítio do ente supremo que é o bem mais elevado. Se aqui ela se mantém, e mesmo se reforça, a antiga identidade do ser e do Bem se acha no entanto deslocada, assinalada à retidão do novo Príncipe: *passagem da teodicéia à antropodicéia* em que, doravante, vai se tratar de trabalhar para a *absolvição* do Sujeito humano – absolvê-lo de toda dívida e elevá-lo ao Absoluto.

Rousseau teve êxito ao cumprir essa tarefa? Parece antes que o *Contrato social* nos apresenta o espetáculo de uma instauração malsucedida, que fracassa ao instalar seu Princípio

---

próprio redentor e, no sentido *ético*, seu próprio criador [...]. A solução do problema da teodicéia e o meio de chegar a ela é o Estado e somente ele."

39 Rousseau, artigo "Economia política", *Oeuvres*, Pléiade, t. III, p. 246.

no real – a instituição do Pacto é "um empreendimento acima da força humana" (aporia do Legislador: II-7) – ou o expõe a "morrer desde o seu nascimento", degenerar por um "declive natural e inevitável" porque "traz em si mesmo as causas de sua destruição" (III-1). É essa falência do *Contrato*, sua impotência para ultrapassar a corrupção e o mal, que terá levado Rousseau a se redobrar no plano do indivíduo: a impossível absolvição do Homem já não será buscada em uma regeneração política de todos os homens, mas na educação de um só (o *Emílio*), e mesmo, finalmente, apenas na autojustificação de Rousseau (*Les Confessions*).[40] Desfalecimento da antropodicéia, sancionada pelo retorno ao antigo Princípio, o último recurso do *Vigário* à bondade de Deus, por esse retraimento na interioridade da consciência que parece ser a única capaz, após o fracasso do Pacto político, de "tornar o homem semelhante a Deus". Mede-se a cegueira do jovem Kant, o engano subjacente à sua primeira leitura de Rousseau: terá tomado uma posição de redobro como o maior avanço da obra, a confissão de seu fracasso como o enunciado de seu projeto fundamental. Engano provisório: a via distinta da do *Vigário*, aquela outra voz da Lei, Kant deveria acabar por ouvi-la e segui-la. Precisará de mais de vinte anos para que a "lei de Rousseau" lhe mostre afinal sua face mais secreta, para que essa mesma Lei, que inicialmente ele abordara no Sentimento, se manifeste afinal como lei da Vontade na forma universal de sua autonomia. Tudo se passa como se, das *Observações* de 1764 até a *Fundamentação* de 1785, Kant tivesse repetido pelo avesso a instauração rousseauísta da Lei, percorrido a con-

---

40 Cf. a interpretação de Philonenko, em *J.-J. Rousseau et la pensée du malheur*, Vrin, 1984, t. III, p. 64-6, 81-2. Cf. também as p. 201-40, sobre a teodicéia do *Vigário*. Acrescentemos que, doravante, nenhuma abordagem de Rousseau poderá fazer economia do magistral trabalho de Paul Audi, *Rousseau, éthique et passion*, PUF, 1997.

trapelo o caminho de Rousseau, remontando da posição de redobro do *Vigário* ao foco central da obra, com o resultado paradoxal de que a Lei da razão prática parece condensar em um conceito único os estados sucessivos da "lei de Rousseau": afinal de contas, reencontrar sua determinação essencial como lei de autonomia da Vontade e, simultaneamente, interiorizá-la no Sentimento, na consciência moral do indivíduo...

A menos que a Lei ética de Kant não se reduza à "lei de Rousseau", lei do Sujeito da ontodicéia moderna: a menos que a segunda *Crítica* não se limite a nos dar uma versão "alemã" – ajuizada e moralizante – do *Contrato*; que a autonomia originária da Lei kantiana não se reduza à autoposição da vontade do Sujeito. Seria com efeito possível que, em Kant, essa segunda determinação, mais tardia, tenha recoberto e ocultado a experiência ética inicial (e mais autêntica?) de uma Lei de obrigação que se revela na evidência do Sentimento. E que essa ocultação não tenha sido definitiva, que o trabalho da obra, ao pôr em crise a autonomia do Sujeito, nos leve finalmente à oposição ética originária do mal e da Lei. Vamos abrir o *Ensaio sobre o mal radical*, de 1792: após evocar aquele "lamento mais velho que a história", de que "o mundo é mau" e sempre mergulha cada vez mais no mal, ele examina "a heróica opinião contrária", a crença "nova" em um progresso possível da humanidade, "do mal rumo ao bem". Desacreditada por toda experiência histórica, essa hipótese otimista só pode se apoiar na "benevolente pressuposição dos moralistas, de Sêneca a Rousseau",[41] o nome de Rousseau aqui designando claramente uma figura emblemática da antropodicéia moderna. Ora, essa crença em uma bondade original do homem, bondade natural que sempre lhe seria possível restaurar por si mesmo, revela-se falsa. Com efeito, a tese central do *Ensaio* é

41 *Religião*, 3, p. 28-9 (Vrin, p. 38).

a de que *"o homem é mau por natureza"*, um mal que não é simples carência de bem, mas "mal positivo" que se opõe "realmente" à Lei; ademais, então, que esse mal é *radical*, tão enraizado no caráter de nossa espécie que não poderia ser erradicado "unicamente por nossas forças humanas", de modo que a autodeterminação da vontade autônoma já não basta para constituir nossa liberdade e nossa moralidade, tanto a do indivíduo como a da comunidade; de modo que se requer uma *outra instituição* – distinta da auto-instituição autônoma da comunidade pelo *Contrato* –, para nos liberar do "estado de natureza ético". Uma "revolução ética" se mostra então necessária, que nos submeta a uma Lei *heterônoma*, à legislação soberana de um "Outro distinto do povo", que Kant só consegue nomear ao designá-lo com o nome de "Deus". Assim, o que impõe seu limite à autonomia do Sujeito outro não é senão a Oposição ética, a objeção de um mal real ou "afirmativo".

Estranho ressurgimento, nessa obra tardia, o de uma tese de "juventude" que parecia esquecida: da ontológica da oposição real, à qual se vincula, exatamente como em 1763, a afirmação ética de uma positividade do mal. Aquilo mesmo que a "lei de Rousseau", sob suas duas versões sucessivas de lei de bondade natural e de Lei de autonomia, deveria ter afastado para sempre, e que vai reaparecer com uma insistência obsedante em todos os últimos escritos de Kant, em cada uma das vezes vinculada à questão do mal.[42] No final de sua vida, seus adversários pelagianos acusavam Agostinho de recair, tal como o porco das Escrituras, no maniqueísmo de sua juventude. Ocorreria o mesmo com Kant? Como explicar o retor-

---

42 *Religião*, p. 33-4 (nota); *Os progressos da metafísica* (1793), 3, p. 1236-7; *Introdução à Doutrina da Virtude* II (1797), 3, p. 662 (Vrin, p. 54); assim como na *Antropologia*, § 60 (1798), 3, p. 1047 (Vrin, p. 93).

no final da "objeção de Mani", desse quase-maniqueísmo *filosófico* – a posição antileibniziana de um mal "real" em contra-força da Lei – após um silêncio quase total durante trinta anos? Mas talvez esse apagamento seja apenas aparente. A temática da oposição real, com a afirmação do mal que lhe está vinculada, reaparece com efeito na *Crítica da razão pura*, tanto mais desconhecida quanto ela se oferece com mais evidência aos olhos, tal como a carta roubada na chaminé do ministro. E, para reencontrá-la, sequer era necessário colocar os óculos de Dupin: bastava abrir a Crítica naquela passagem (a "Observação sobre a anfibolia" e a "Tábua do Nada") que dá acabamento à *Analítica* e precede imediatamente a *Dialética*. Passagem que desempenha o papel de charneira entre a lógica da verdade e a da ilusão: com efeito, a ilusão constitutiva da metafísica leibniziana é denunciada como "anfibolia", fusão e confusão entre duas fontes do conhecimento, entre sensibilidade e entendimento. In-diferença transcendental de onde derivam, como tantas "conseqüências" ilusórias, o conjunto de teses de Leibniz; notadamente, aquela redução da oposição real a uma simples contradição lógica, do Nada = Zero ao absolutamente-nada, com o resultado de que, "segundo tal princípio, todos os males são apenas conseqüências das barreiras [*Schranken*] das criaturas, isto é, negações".[43] É sempre o mesmo fio vermelho da oposição real que, discretamente, faz o percurso do *Ensaio* de 1763 até a primeira *Crítica* e depois aos últimos escritos,[44] acarretando a mesma afirmação de um mal positivo e a mesma exigência de discriminar os diferentes modos do *nihil*. Daí aquela "Tábua do Nada" que se

---

43 *CRP*, 1, p. 998 (TP, p. 239).

44 Notemos que ela também é reencontrada, discretamente, na segunda e na terceira *Críticas*: sem ela, a determinação do respeito como "contrapeso" das inclinações sensíveis ou a análise do "sublime dinâmico" permaneceriam ininteligíveis.

segue à *Observação sobre a anfibolia.* A distinção do *Ensaio* entre *nihil negativum* (aqui definido como "objeto vazio sem conceito") e *nihil privativum* (ou "objeto vazio de um conceito") será retomada e enriquecida por duas novas determinações do Nada, o *ens rationis* ("conceito vazio sem objeto") e o *ens imaginarium* ("intuição vazia sem objeto"). Assim, cada um dos dois modos iniciais do *nihil* se desdobra com uma partilha que complica e desloca a dicotomia pré-crítica do "lógico" e do "real". Dupla clivagem, imposta inicialmente pela *Analítica*, que leva a distinguir dois modos do Nada "real", a simples ausência de um objeto *possível* na intuição empírica (*nihil privativum*) e a ausência de *todo* objeto na intuição pura, na forma pura do espaço e do tempo (*ens imaginarium*).[45] Clivagem imposta em seguida pela *Dialética*, que, no tratamento de suas antinomias, exige que se diferencie dois modos do Nada "lógico" a partir das duas formas do conflito lógico: a oposição analítica dos contraditórios (onde A é verdadeiro, – A é falso) e a oposição sintética dos contrários (onde A e – A podem ser ambos falsos ou verdadeiros). Da primeira, contradição lógica no sentido estrito e cujos termos se destroem reciprocamente, não resulta nenhum conceito e nenhum objeto concebível, mas a impossibilidade lógica do *nihil negativum*, círculo quadrado ou montanha sem vale. A segunda, em compensação, permite pôr um conceito que não seja mais *Unding* ("não-coisa impensável, absolutamente-nada), mas *Gedankending* ("coisa-de-pensamento"), *ens rationis*, conceito *logicamente* possível, não contraditório mas "vazio", privado de possibilidade *real*, incapaz de se apresentar na intuição: tal é o caso dos números ou

---

45 *CRP*, p. 1010-1 (TP, p. 248-9). Sobre esse texto essencial, cf. o esclarecedor comentário de B. Rousset, *La doctrine kantienne de l'objectivité*, Vrin, 1967, p. 415-21, assim como G. Granel, "Remarques sur le *nihil privativum* em seu texto kantiano", in *Écrtis lógiques et politiques*, Galilée, 1990, p. 163-81.

das Idéias da razão pura, a Alma, Deus, a Liberdade transcendental.

E assim a metafísica está salva: ao dissociar essas duas versões do Nada, a Crítica arranca suas Idéias ao abismo do *nonsense*. Decerto, só as salva para reconduzi-las ao nada, mantendo-as em suspenso no vazio. No entanto, já não é o mesmo vazio, não o "vazio sem conceito", o Nada absoluto da *Unding*, mas o vazio *do* conceito, que só é vazio *relativamente* à intuição no uso teórico desse conceito: portanto, um vazio que será possível cumular, preencher de sentido "para o uso prático". E assim o niilismo pode ser vencido, se é verdade que a metafísica dogmática *já* é niilismo, se é verdade que ao pensar suas Idéias ela não pensa nada – sem jamais conseguir pensar o Nada – e se condena portanto a "recair em seu nada", aniquilar-se em suas antinomias: oscilação sem fim, desespero da razão... Mas justamente essas antinomias não são "nada", não levam ao absolutamente-nada. Enquanto se referem a *entes rationis*, enquanto são oposições sintéticas, não desmoranam no *nonsense*; no caso das antinomias dinâmicas, chegam a se revelar suscetíveis de uma solução positiva. Entretanto, a dificuldade da "solução" kantiana, na qual repousa a filosofia prática, é que, ao se apegar a salvar as Idéias, ela investe em nada; decerto, no "nada" relativo do *ens rationis*, como se, ao mudar simplesmente o seu "uso", fosse possível conferir, enfim, um objeto, uma "objetividade prática", ao "conceito vazio sem objeto": converter seu vazio em plenitude de sentido, ainda que fosse o sentido infinitamente diferido do ideal prático.

No tratamento de suas antinomias, a *Dialética* se funda, com efeito, na demarcação lógica do *nihil negativum* e do *ens rationis* (da oposição analítica e da oposição sintética). Esse primado conferido aos modos de conflito lógico em detrimento do conflito real a conduz a apostar todas as suas fichas no *ens rationis*, na possibilidade de o subtrair ao nada da *Unding*, liberá-lo de *seu próprio* nada pela afirmação prática da Idéia. Procedimento insuficientemente radical e votado ao fracasso: pois a determinação do Nada aqui privilegiada *não é suficientemente "nada"*, não suficientemente negadora ou "nadificante". São sempre as mesmas Idéias, o mesmo *ens* da mesma *ratio* ontoteológica que se conserva "em vazio", em um pseudonada que não é senão o *ne-ens* desse mesmo *ens*, seu "pouco de realidade", seu defeito de apresentação intuitiva. Em compensação, porém, esse modo de nada é *demasiado "nada"*, demasiado negativo ou demasiado vazio para assegurar uma autêntica Afirmação: de uma vacuidade, de uma inconsistência tais, que a re-fundação prática das Idéias não conseguirá salvá-las de seu nada; só conseguirá pô-las como postulados, simples crença, repelindo sua afirmação ao infinito em um ideal inacessível. Ora, tal procedimento não era o único possível, o único autorizado pela Tábua do Nada. Paradoxalmente, o *Ensaio sobre as grandezas negativas* enxergava mais justamente, a despeito de suas ingenuidades pré-críticas, opondo, à ausência de saída do conflito lógico o resultado efetivo do conflito real, a enigmática realidade do Nada = Zero. Na falta de haver seguido essa via, a *Dialética* está reduzida a jogar uma oposição lógica (sintética) contra uma outra (analítica), a possibilidade lógica do *ens rationis* contra a impossibilidade lógica do *nihil negativum*, sem jamais abordar a possibilidade real, isto é, transcendental, oferecida pelo *nihil privativum*. Aquilo de que nos "priva" com efeito o nada privativo é de uma apresentação do objeto na intuição empírica: diferentemente do *ens rationis*, impossível de se apresentar na forma pura de *toda* intuição, o "objeto vazio" do *privativum* pertence à experiência *possível;* poderia, por conseguinte, apresentar-se em uma experiência *real*, se ele não estivesse por ora retido no Nada, neutralizado ou anulado pelo equilíbrio provisório dos opostos. À irremediável vacuidade da Idéia, do "conceito vazio *sem objeto*", opõe-se portanto o *nihil privativum* como "conceito da *falta* do objeto", de uma falta que não é o signo do impossível ou do ideal-indefinidamente-diferido, mas somente privação de um objeto cuja perda nunca é total, cuja ausência ou defeito chegam mesmo a constituir a nossa relação com esse objeto.

Na origem dessa ausência, trata-se certamente de uma *privação* efetiva, obra de uma potência adversa cuja ação se opõe à apresentação – e não somente, como no caso do *ens rationis*, do simples defeito de apresentação de uma coisa-de-pensamento transcendente. Logo, não é mais o *ne-ens* desse *ens*, das Idéias vazias em suspenso no seu próprio nada, mas um *outro* nada, o Zero-que-existe, nem *Unding* nem *Gedankending*: o *Etwas* ainda inominado, como efeito-zero, melhor dizendo, como *signo-zero* de Outra-Coisa, de um Sempre-Possível ainda escondido mas que já "age", se anuncia e se oferece através da falta e da ausência. O defeito do *ens rationis*, sua dupla deficiência, era apresentar uma determinação-de-nada demasiado negativa, demasiado nula para ser "realmente", isto é, *afirmativamente* negadora. Ao apoiar-se nesse modo indigente do *nihil*, só se podia chegar a uma afirmação igualmente indigente, exposta a recair na nulidade de seu princípio, niilismo "incompleto" diria Nietzsche, ainda prisioneiro da ilusão que denuncia. Em compensação, o recurso do *nihil privativum* é ultrapassar essa dupla deficiência por meio de uma afirmação mais radical do nada: mais radicalmente niilista (por privação e não por defeito) e tanto mais "positiva", tanto mais afirmativa de um outro possível. A metafísica dogmática se caracteriza justamente pelo desconhecimento desse possível, por sua confusão anfibólica entre os diferentes modos do *nihil* que o encerra na oposição lógica da "realidade" e de sua "negação", do *ens* e do *ne-ens*, impedindo-o de abordar o Nada como *Etwas*, o ser do não-ser. Assim, por exemplo, para Leibniz: "todas as coisas, metafisicamente consideraadas, deveriam ser compostas de realidade e de negação, ser e não-ser [...] e o fundamento de uma negação não podia ser outra coisa senão [...] a ausência de realidade" – e não o efeito ou o indício de uma realidade *outra*, oposta à primeira: para conceber isso, "deveria admitir direções opostas entre si, que só se deixam representar na intuição e não em simples conceitos". Deficiência "lógica" que constitui o seu pensamento em ontoteodicéia: "Nasceu então esse princípio que choca o bom senso e mesmo a moral, segundo o qual o mal é enquanto fundamento = 0, isto é, simples limitação".[46]

Há, portanto, uma solidariedade essencial entre o niilismo ontológico, que se proibe de pensar o ser do nada, o ser *como* nada, e o niilismo ético, que se recusa a pensar a existência do mal, a oposição real do mal à Lei, que reduz a própria Lei a nada. Outro caminho era possível, outro distinto da via em que se engaja a *Crítica* através das antinomias e do salvamento prático das Idéias. Outra maneira de dar o passo, não mais somente na perspectiva do conflito lógico e do *ens rationis*, mas na dimensão indissociavelmente ontológica e ética do conflito real e do *nihil privativum*: ao desvendar, na raiz do *nihil*, a luta; sob a aparência do Nada, os signos históricos ou éticos da contraforça operante, a chance sempre possível de uma reviravolta.[47] Esse outro caminho, a *Crítica* não o tomou, pois só consagra algumas linhas ao *nihil privativum*. Ademais, só é considerado ausência de objeto em uma intuição *empírica*, como efeito-zero de uma oposição real empírica (o frio como privação do calor, as trevas como privação de

---

46 *O progresso da metafísica...*, 3, p. 1236-7.

47 Um outro caminho ainda poderia ser considerado, o que não privilegiasse nem o *nihil privativum* nem o *ens rationis*, mas o *ens imaginarium*, essas formas puras da sensibilidade que são o espaço e o tempo. É o que será tomado por Heidegger, ao determinar a transcendência ek-stática da temporalidade como *nihil originarium*: "Se [o mundo] é um *nihil*, ele não deve ser um *nihil negativum* [...]. O mundo é o Nada que se temporaliza a si mesmo originariamente, o que surge simplesmente em e pela temporalidade. É por isso que

luz...), sem que se considere a possibilidade de uma oposição-real transcendental, como objeção do objeto-X constitutiva da transcendência finita; sem que se pergunte se tal traço de objeção é reencontrado na estrutura da transcendência prática e qual pode ser a relação do Nada = Zero com a Lei em sua oposição ao mal. O *Ensaio* de 1763 tinha ao menos o mérito de pôr o problema. Na *Crítica da razão pura*, a relação da oposição real com a questão do mal é apenas evocada, e já não se encontrará nenhum traço até a viragem de 1792. A nós pareceu que a determinação do mal como oposto-real desaparecia logo após ter sido enunciada em 1763 para reaparecer a partir de 1792, e nos interrogávamos sobre as razões desse apagamento e desse retorno. A dificuldade cresce ainda mais se se verifica que seu desaparecimento não fora total (como o atesta a *Anfibolia transcendental*), assim como seu retorno não será definitivo; e não temos que dar conta da sucessão de períodos bem delimitados, mas, ao longo da obra, da coexistência de duas problemáticas incompatíveis, como se essa obra se edificasse sobre um equívoco, uma irredutível ambigüidade, simultaneamente ontológica e ética. Ambigüidade de que deveremos dar conta, enquanto ela afeta a própria revelação da Lei, desde sua primeira aparição como oposto-real do mal; em seguida, em suas sucessivas reelaborações como "lei de Rousseau", lei do sentimento; muito tempo mais tarde, lei de autonomia da vontade; até o *Ensaio sobre o mal radical* em que a Lei se achará novamente confrontada com aquilo que é *pior que o nada*.

---

podemos chamar a isso de o *nihil originarium*. Entretanto, o *origo* da transcêndência é a própria temporalidade" (*Metaphysische Anfangsgründe der Logik*, § 12 (1928), *GA*, t. 25, V. Klostermann, 1978, p. 272). Restaria analisar então a relação entre esse Nada originário e o *privativum* kantiano, que Heidegger não leva em conta...

O ENIGMA DA CRÍTICA
(DA POSSIBILIDADE DA FILOSOFIA PRÁTICA)

Se pode haver um desastre para o pensamento, ele sem dúvida não se acha no fracasso ou no impasse aparentes do pensador, mas antes em seu "sucesso", quando seu trabalho segue seu curso e se afasta de seu começo, no lugar de permanecer junto a ele, confrontar-se ao enigma que lhe dá nascimento. Coisa difícil, essa fidelidade inicial: se a sua questão se impõe desde o início, se guia silenciosamente toda a pesquisa, ademais será preciso acolhê-la no pensamento, no bem-conhecido e no já-pensado em que deverá abrir um caminho. Ocorre freqüentemente que palavras envelhecidas lhe dissimulem sua própria novidade e a desgarrem. Pode ocorrer igualmente que, com a ressonância inicial da questão, outras questões despertem e dela desviem o pensamento, ao menos por algum tempo. A emergência da questão da Lei no pensamento de Kant nos dá um exemplo disso. É a introdução do conceito de grandeza negativa que lhe permitira discernir, na oposição real da Lei e do mal, uma questão primeira, a que está em jogo numa experiência ética fundamental. Esse mesmo conceito, porém, já arrastava seu pensamento em uma direção diferente, rumo ao problema da causalidade, da relação entre o lógico e o real, ou da distinção entre entendimento e intuição, e são essas questões novas que viriam a ocupar o primeiro plano, até a "grande luz" de 1769, até a redação da

Crítica da razão pura. Será preciso mais de vinte anos para que o motivo da Lei ética se imponha novamente, cerca de trinta para que volte a interrogação sobre o mal como oposto-real da Lei. Por que uma tão longa espera? Por que esse afastamento da questão inicial – e, uma vez afastada, por que o seu retorno? Em termos mais diretos e triviais: por que a primeira *Crítica* terá sido uma *Crítica da razão pura*? É possível perguntar-se o que advém da questão da Lei na perspectiva da "revolução copernicana", quando Kant se dá como tarefa elucidar a possibilidade do *conhecimento*, e como a refundação transcendental da *ontologia* pode articular-se com a orientação primera rumo à *ética*. Ambas as visadas se excluem completamente ou podem elas se recortar, e em que ponto? Para nós, que chegamos após a batalha, que temos essa chance de estudar a obra como um todo acabado, e realçado por inumerosas glosas, tais interrogações podem parecer extravagantes. Para aquele cuja obra ainda estava por fazer, elas preservam sua força de enigma.

Acerca da relação entre a primeira e a segunda *Crítica*, ou mais exatamente, entre o limite do conhecimento teórico e a suspensão prática desse limite, Kant escreve, com efeito, no prefácio da *Crítica da razão prática*, que essa relação constitui o "enigma da Crítica".[1] E mais enigmática do que tal enigma aparece aqui a certeza de tê-lo enfim resolvido. É nesse mesmo texto que ele declara ter, doravante, "solidamente estabelecido", com o desvelamento da liberdade pelo fato da Lei, "a pedra angular de todo o edifício de um sistema da razão pura, *mesmo de um sistema da razão especulativa*".[2] Isso não equivale a reconhecer o inacabamento da primeira *Crítica,* e mesmo sua ausência de alicerce? É possível contentar-se em considerar a segunda *Crítica* como uma extensão ou um

---

1 *CRp*, V, p. 5, 2, p. 612 (Vrin, p. 17).

2 p. 610 (Vrin, p. 15), grifo nosso.

complemento da primeira, aplicando ao domínio prático as regras universais de objetividade já estabelecidas na ordem teórica? Ou ao contrário, a passagem à filosofia prática representa uma saída, uma resposta possível a uma aporia ou a um impasse da primeira *Crítica*, a sua *falta* de objetividade ou de verdade? O que está em jogo na *Analítica transcendental* é a elucidação da "verdade transcendental" que "precede toda verdade empírica e a torna possível". Seria possível, entretanto, que o modo de transcendência extraído da *Crítica da razão pura* não seja *originário*, que outra transcendência o preceda, que uma outra verdade o torne possível – verdade da Lei, transcendência imanente de uma síntese prática mais "originária" que a transcendência da síntese teórica. O que suscita o problema do modo de doação dessa verdade, mas também de sua relação com uma não-verdade originária, com a possibilidade de uma ilusão prática. O "enigma da Crítica", que Kant fazia alarde de resolver, remeteria a um enigma mais essencial, o do rejunte, o da passagem entre a dimensão ontológica da primeira *Crítica* e a dimensão ética da segunda: entre a questão da possibilidade transcendental do conhecimento e a questão da Lei.

Para Kant, todavia, o problema não se põe nesses termos: com efeito, ele o aborda no quadro tradicional de uma "arquitetônica", uma hierarquia sistemática das faculdades, em que a cada uma delas corresponde um "domínio", a parte do "território" onde ela legifera *a priori*. O entendimento legifera no domínio do sensível, dos conceitos da natureza, com vistas ao conhecimento teórico; a razão, no domínio do supra-sensível, do conceito prático de liberdade, dando uma Lei à nossa vontade. Sem que interrogue por ora sobre a pertinência dessas clivagens, sobre a possibilidade de uma "ponte sobre o abismo", de uma passagem entre os dois domínios: para tanto, será preciso a elaboração de uma terceira *Crítica*... Nesse contexto, nossas questões parecem desprovidas de objeto. Se o domínio da razão prática é inteiramente distinto do domínio do conhecimento teórico, a questão da verdade ética e de sua relação com uma não-verdade, uma ilusão prática, tal domínio se mostra desprovido de sentido. A prevalência possível da verdade ética sobre a verdade ontológica será reconduzida a um problema de hierarquia das faculdades, considerado "primado da razão prática" ou, de maneira mais restrita, primado do "interesse prático" da razão. Nesse quadro constringente – mas que não cessará de se quebrar, se esfacelar, constantemente inundado pelo trabalho da obra –, decide-se doravante a acolhida à questão inicial, joga-se agora o combate pela possibilidade da ética. Digamos agora, nos próprios termos de Kant: pela possibilidade da filosofia prática. Perguntar-se em que condições a filosofia prática é possível equivale a circunscrever seu território, delimitar o domínio de origem dos conceitos práticos.

Posta nesses termos, tal questão deveria dizer respeito àquilo que a primeira *Crítica* designava como uma "tópica transcendental", determinando por reflexão o "lugar que convém a cada conceito", seu "lugar transcendental" no domínio de uma ou outra das faculdades. Na falta de ter elaborado tal tópica, dogmáticos e céticos caem numa *anfibolia* transcendental, uma "confusão do objeto do entendimento puro com o fenômeno". Nivelando a diferença entre nossas fontes de conhecimento, os céticos reduzem, como Locke, o conceito de entendimento a um modo abstrato de sensação; ao passo que os dogmáticos, tal como o "célebre Leibniz", reduzem a intuição sensível a uma representação confusa do entendimento; o que os condena, a todos, a uma "equivocidade" (*Zweideutigkeit*) fundamental, às ilusões da Aparência metafísica.[3] Embora só trate explicitamente da demarcação entre entendimento e sensibilidade, essa tópica deve se estender igualmente à demarcação entre entendimento

---

3 *CRp*, 2, p. 988-1009 (TP, p. 232-48).

e razão. Ao apoiar-se nela, a *Dialética* poderá criticar a ilusão da razão especulativa, sua pretensão de atingir um conhecimento objetivo por meio de puras Idéias. Enquanto previne toda confusão entre o uso transcendental do entendimento e seu uso empírico imanente e enquanto desvenda a Aparência inerente ao uso transcendental da razão, a tópica é, certamente, a base da Crítica.

Logo, seria possível esperar que uma *Crítica da razão prática* também recorresse à tópica, que a aplicasse aos conceitos práticos a fim de os demarcar em relação aos conceitos de entendimento e das Idéias da razão teórica; que se interrogasse sobre sua proveniência, seu estatuto, as condições de seu uso legítimo para dele afastar todo emprego equívoco ou dialético. Tal expectativa será decepcionada: não haverá "anfibolia dos conceitos práticos".[4] Desde as primeiras linhas do prefácio, Kant explica que, no domínio prático, não "é necessário criticar o próprio *poder puro*, a fim de ver se a razão não se *ultrapassa*, arrogando-se simplesmente um poder desse gênero (como acontece decerto à razão especulativa)".[5] A Crítica da razão pura prática nunca será escrita. Tratar-se-á somente de "provar *que existe uma razão pura prática*" e essa "prova", assegurada pelo *factum* da Lei, torna supérflua toda crítica, todo exame de suas condições de possibilidade e de legitimidade: "Se como razão pura ela é realmente prática, ela demonstra sua realidade e a dos conceitos pelo fato". Portanto, é fato indiscutível que uma filosofia prática não somente possível mas real, fundada na absoluta evidência da razão pura prática. É recusada, por princípio a eventualidade de uma *ilusão prática*, ilusão *interna* da

---

4 A "anfibolia dos conceitos morais da reflexão" da *Doutrina da virtude* – § 16-18, 3, p. 732-4 (Vrin, p. 117-9) – é demasiado limitada para assumir tal lugar.

5 *CRp*, p. 610 (Vrin, p. 15).

razão prática *pura*, nisso semelhante à Aparência transcendental analisada na primeira *Crítica*. Se ainda subsistem ilusões, serão simplesmente ilusões empíricas, engendradas pela impureza da razão prática, a influência "patológica" dos interesses sensíveis, do desejo de felicidade. A segunda *Crítica* não é "crítica" senão nesse sentido restrito, como crítica da razão prática *impura*. Sequer se põe a questão da possibilidade da filosofia prática, afastada antecipadamente pela demarcação entre dois "usos" da razão, entre uma razão teórica que divaga, fonte de uma Aparência inevitável, e a autenticidade e a veracidade da razão prática que a Aparência só afeta de fora. Novamente encontramos a questão da *verdade ética*, sua prevalência ou seu "primado" sobre a verdade ontológica, questão inaceitável no quadro estrito do "kantismo", mas que transparece sob essa singular evidência de uma razão prática que não poderia nos enganar ou errar.

É de maneira aguda que se põe então o problema da *unidade da razão*, que aqui parece dividir-se em duas faculdades de estatuto inteiramente distinto, em que enunciados de uma aparecem para a outra "como uma oferta estranha que não brotou de seu próprio solo".[6] Com efeito, descobrimos, "ao lado de uma notável analogia entre a razão pura prática e a razão pura teórica, diferenças não menos notáveis".[7] Suas relações, e mesmo o "plano" respectivo das duas *Críticas*, seriam regidos pela *analogia*, noção por ser entendida rigorosamente em seu sentido kantiano, como "perfeita semelhança de relações entre duas coisas completamente dissemelhantes".[8]

---

6 *CRp*, p. 756 (Vrin, p. 135).

7 p. 718 (Vrin, p. 105).

8 *Prolegômenos*, § 58, 2, p. 142 (Vrin, p. 147), grifo nosso. Sobre a questão da analogia em Kant, é preciso referir-se a F. Marty, *La naissance de la métaphysique chez Kant*, Beauchesne, 1980.

Diante de uma tão profunda dissemelhança, o projeto de "poder talvez chegar um dia a derivá-las de um só princípio"[9] parece desprovido de esperança. Mas ocorre igualmente que, no mesmo livro, a razão seja definida como uma faculdade única: pois "sempre é entretanto a mesma razão una que, do ponto de vista teórico ou prático, julga segundo princípios *a priori*".[10] Dupla determinação, aparentemente contraditória, que supõe de uma só vez uma radical *diferença* de estatuto entre razão teórica e razão prática e, simultaneamente, a *unidade* essencial da Razão – o que exclui a eventualidade de uma anfibolia dos conceitos práticos. No caso de duas faculdades distintas, o risco de confusão, um sobrepujamento dos domínios, transferência equívoca de conceitos poderia ser com efeito considerada; se se trata de uma só e mesma faculdade, sequer se põe a questão. Essa ambigüidade, hesitação entre a afirmação da diferença e a da unidade, está sustentada e mascarada pela noção igualmente ambígua de *uso*: é ela que, ao mesmo tempo em que preserva a unicidade da razão, porá a razão ao abrigo da Aparência. A possibilidade de uma filosofia prática repousa na possibilidade de distinguir dois "usos" diferentes – transcendente e imanente, ilegítimo e legítimo – de *uma mesma* faculdade, sem que a "unidade" dessa faculdade seja comprometida pela diversidade de seus empregos. O que Kant nunca interroga é precisamente a legitimidade dessa noção de "uso legítimo". Para ele, é evidente que todas as nossas faculdades têm forçosamente uma boa natureza e um justo emprego fundado nessa natureza; que a razão se mantém em sua unidade através dos usos inteiramente opostos; enfim, que é possível dissociar o *sentido* autêntico de uma Idéia ou de uma categoria de seu *uso*, de sua "aplicação" por vezes enganosa, "pois não é a Idéia nela mesma, mas simples-

---

9 *CRp*, p. 718 (Vrin, p. 104).

10 *Ibid.*, p. 755-6 (Vrin, p. 135).

mente o uso que dela se faz que [...] pode ser ou *transcendente* ou *imanente*".[11] Parece-lhe evidente que uma utilização não transcendente de uma Idéia transcendente seja possível, um *uso verdadeiro* da ilusão, embora a Aparência se reduza ao desvio especulativo de um interesse prático legítimo, simples mal-entendido facilmente dissipado. Porém, essa certeza de haver posto um termo na ilusão é talvez a pior ilusão, engodo da Aparência em que a segunda *Crítica*, cegada pela evidência da razão pura prática, deixaria ser pega em armadilha. De fato, é bem difícil compreender como uma mesma faculdade, a razão pura, é suscetível de dois "usos" totalmente opostos; como Idéias de que a Crítica "mostrara o nada" recobram consistência ao mudar simplesmente de uso; e como essa Aparência irredutível, que renasce incessantemente nos pensamentos que acreditam superá-la, se esvanesce desde que passamos ao plano prático. Sabe-se que a maior parte dos pós-kantianos julgaram muito severamente a "solução" dada por Kant ao "enigma da Crítica": ela apareceu-lhes como um *coup de force*, salvamento da "moral" da metafísica que dificilmente dissimula uma confissão de impotência – "naquilo que vocês são incapazes de provar", dirá Schelling, "vocês imprimem a estampilha da razão prática".[12] Daí aquele retrato emblemático, pintado por Heine, o de um Kant meio Tartufo, meio bufão, esse irrisório Robespierre da filosofia alemã que partiu para tomar de assalto o céu, assassino de Deus que, para não desesperar seu valete Lampe, ressuscita "praticamente" o Deus que matara...[13]

---

[11] *CRP*, 1, p. 1247 (TP, p. 453). Sobre essa "boa natureza das faculdades", pressuposta por Kant, cf. Deleuze, *La philosophie pratique de Kant*, PUF, 1971, p. 33 e 38.

[12] Schelling, *Lettres sur le dogmatisme et le criticisme* (1795-1796), Aubier-Montaigne, 1950, p. 41; cf. também p. 27-35.

[13] Heine, *De l'Allemagne* (1825), LGF, 1981, p. 121-3.

No entanto, a segunda *Crítica* pretende fundar a filosofia prática *sobre um fato*, esse "fato da razão pura" que é a consciência da Lei. É a partir desse fato que ela "deduz" imediatamente a "realidade objetiva" de uma idéia supra-sensível, a Idéia de liberdade; depois, de maneira indireta, pela mediação dos postulados, a realidade das outras Idéias especulativas, Deus e a imortalidade da alma. Tal é, segundo Kant, "a chave para sair do labirinto" da razão pura.[14] Mas com isso se dá por terminado o seu enigma? Ou o fio de Ariadne da liberdade e da Lei nos mergulha ainda mais profundamente no labirinto? É preciso confessar que cada um dos elementos da "solução" kantiana suscita novos enigmas. Que estatuto reconhecer nesse fato estranho que não é um fato no sentido estrito, um acontecimento empírico, mas o "fato único da razão pura", como se a razão pudesse se apresentar em um *fato* permanecendo ao mesmo tempo *pura*? Se ele se identifica com a "consciência imediata da Lei", o que é que nos garante que tal consciência não é ilusória? Donde provém esse conceito de "lei"? E como essa Lei da razão pode se apresentar na experiência, provar sua realidade em um fato? Quais devem ser enfim as relações da liberdade e da Lei para que essa "prova" de realidade se transmita diretamente de uma à outra? E como a liberdade pode se desvelar assim, sem deixar de ser uma Idéia supra-sensível?

"É *prático* tudo o que é possível por liberdade",[15] e a própria Lei prática se define como "Lei de liberdade". Assim, a possibilidade da filosofia prática repousa na possibilidade do conceito de liberdade, estabelecida na "solução crítica" da terceira antinomia. Nesse ponto, trata-se da *liberdade transcendental*, concebida como "espontaneidade absoluta", "poder de começar por si mesmo um estado" sem depender de

---

14 *CRp*, 2, p. 739 (Vrin, p. 122).

15 *CRP*, 1, p. 1361 (TP, p. 540).

nenhuma causa anterior. E (tese capital) "nessa Idéia *transcendental* da liberdade se funda o conceito prático dessa liberdade",[16] a *liberdade prática* que será definida a partir da *Fundamentação da metafísica dos costumes* como autonomia da vontade, poder de dar a Lei a si mesmo:[17] se o conceito de liberdade "entendido no mais rigoroso sentido, isto é, transcendental"[18] se mostrava impossível, logicamente contraditório, a possibilidade de que exista uma livre vontade autônoma estaria comprometida. Inversamente, com a "prova" da liberdade prática pelo fato da Lei, "doravante também é solidamente estabelecida a liberdade transcendental, tomada no sentido absoluto que era necessário para a razão especulativa".[19] Em suma, os dois caminhos de Kant rumo à liberdade pareciam convergir e as duas *Críticas*, colaborar harmoniosamente ao se prestar serviço mútuo: a primeira desmonstrando a possibilidade *lógica* de um conceito (liberdade transcendental) que funda um conceito derivado (liberdade prática) de que a segunda mostra a possibilidade *real*, o que recai sobre o conceito fundador, devolvendo-lhe uma realidade objetiva. Dito isso, sua articulação nunca é claramente haurida e persistirá uma tensão, uma ambigüidade entre esses dois conceitos de liberdade. É mesmo certo que, como autonomia, a liberdade prática deva se fundar em um conceito teórico, estranho a seu domínio? Inversamente, ao transferi-lo para o plano prático para fundar a autonomia da vontade, não se corre o risco de empobrecer, mutilar o conceito de liberdade transcendental? Que resta de sua dimensão temporal, de sua

---

16 *CRP*, p. 1168 (TP, p. 395).

17 A primeira *Crítica* empregava essa noção de "liberdade prática" em sentido diferente.

18 *CRp*, 2, p. 641 (Vrin, p. 42).

19 *CRp*, 2, p. 610 (Vrin, p. 15).

"potência de começar", na causalidade supra-sensível, isto é, *intemporal,* da liberdade prática? E que resta de seu "poder de espontaneidade absoluta", a partir do momento em que a liberdade se define por uma submissão incondicionada à Lei?

Para Kant, o que assegura a unidade das diferentes determinações da liberdade é sua consignação a uma mesma categoria, à *causalidade.* Quando essa categoria do entendimento é elevada pela razão ao incondicionado, obtém-se o conceito de uma Causa absoluta, próxima da *causa sui* da metafísica clássica, e isto é o que define a Idéia de liberdade transcendental. Idéia "indispensável", segundo a tese da terceira antinomia, "para que possamos conceber uma origem do mundo" ou mesmo a possibilidade, "em meio ao curso do mundo", de um "acontecimento" (*Ereignis*) livre de toda causa antecedente.[20] Que a inicialidade do *Ereignis* como acontecimento de liberdade possa ser pensada em termos distintos que os de causalidade, Kant sequer o considerou. Voltemo-nos agora para a filosofia prática: não é somente a possibilidade, mas a realidade objetiva da liberdade que se apresenta no fato da Lei e exige ser pensada. Realidade inconcebível de uma Idéia, paradoxal facticidade da razão pura. Ao passar pelo entendimento, vai tratar-se de dar um conceito, encontrar entre as categorias do entendimento a que lhe pudesse corresponder: "Eu logo concebo que, como nada posso pensar sem categoria, é preciso inicialmente, para a Idéia racional de liberdade de que me ocupo, buscar uma categoria, que é aqui a categoria de causalidade".[21] A liberdade prática só poderia, portanto, ser concebida como *causalidade por liberdade.* Assim deve ser, porquanto essa liberdade prática é caracterizada como uma "propriedade da vontade" e a própria vontade como uma "es-

20 *CRP*, 1, p. 1106-8 (TP, p. 350).

21 *CRp*, p. 734 (Vrin, p. 116).

pécie de causalidade".[22] Assiste-se portanto, malgrado "o imenso abismo" que as separa, à transferência de uma categoria do domínio do entendimento, do conhecimento teórico, para o da razão prática. O que é que autoriza tal operação? Como assegurar-se de que ela não é "anfibólica", que não comete violência tanto à *liberdade*, doravante reduzida a um modo de causalidade, quanto à *causalidade*, deportada em terra estrangeira, na noção equívoca de uma "causalidade suprasensível"?

O golpe de audácia de Heidegger, em seu seminário de 1930, foi tentar liberar a liberdade da dominação da causalidade. Na *Crítica da razão pura*, a causalidade (Segunda analogia da experiência) é compreendida a partir da permanência da substância (Primeira analogia) e a liberdade como causalidade a partir da presença constante do ente-subsistente.[23] Devido a esse fato, a temporalidade autêntica do agir, a persistência do Si em sua resolução, é perdida, rebatida na intratemporalidade das coisas. A essência da liberdade humana não é pensada "originariamente e a partir de si mesma" – da finitude da existência –, mas mantida dogmaticamente no quadro do "problema cosmológico universal".[24] O projeto de liberar a liberdade exige, portanto, que se produza uma bifurcação dos "dois caminhos" kantianos, dissociar a liberdade prática da liberdade transcendental: somente assim poderemos apreender em sua essência a "práxis ética", o *factum* da liberdade prática como puro querer, vontade que quer a vontade. Curiosamente, Heidegger não se pergunta se é possível disjungir esses dois conceitos de liberdade, nem sequer se isso

---

22 *FM*, 2, p. 315 (D, p. 179).

23 Heidegger, *Sur l'essence de la liberté humaine* (1930), Gallimard, 1987, p. 168-9.

24 *Ibid.*, p. 185-6, 196-7.

é necessário: se a liberdade transcendental, no lugar de ser oposta à liberdade prática, não mereceria ser subtraída também à sua pré-consignação causal, reintegrada enquanto pura potência de começar, de acolher o acontecimento, na temporalidade originária da ética. De toda maneira, não é somente contra a liberdade que se comete violência, ao defini-la como um modo de causalidade, mas também contra a causalidade: cindida entre uma "causalidade segundo a natureza" e uma "causalidade por liberdade", transferida para fora de seu domínio de origem, essa categoria conserva ainda um sentido unívoco? Seria possível que a noção de uma causalidade "em geral", válida para a natureza como para a liberdade, fosse apenas uma abstração vazia, que não houvesse nenhuma unidade, e mesmo nenhuma relação – se não a de simples homonímia – entre a causalidade natural e a pretensa "causalidade por liberdade": que a categoria de causalidade, impotente para ultrapassar o abismo, se mostrasse em seu duplo uso essencialmente equívoco; que a possibilidade da liberdade, da filosofia prática inteira, repousasse sobre uma *Zweideutigkeit*. A noção de "causalidade supra-sensível" aparece na *Dialética transcendental*, no momento decisivo em que se joga a possibilidade da passagem à filosofia prática – quando se trata de dar uma "solução crítica" à terceira antinomia. À tese dogmática que admite uma causalidade livre, essa antinomia opõe uma antítese que denuncia a "ilusão da liberdade" como contrária à lei de causalidade: com essa alforria das leis, desapareceria o encadeamento necessário dos fenômenos que só "distingue a experiência do sonho". Antítese conforme à ciência newtoniana, à *Analítica transcendental* que funda a possibilidade dessa ciência. Desse ponto de vista, não há liberdade na natureza, e a possibilidade de uma filosofia prática parece comprometida. Consegue-se, todavia, resolver a antinomia, "salvar a liberdade", mostrando que essas proposições antitéticas são ambas verdadeiras em perspectivas diferentes. Aqui, contrariamente às antinomias matemáticas que permanecem sem solução, Kant tem de se haver com uma antinomia dinâmica, o que autoriza uma disjunção radical entre a série dos fenômenos condicionados e sua condição heterogênea situada inteiramente fora dessa série. No caso da terceira antinomia, que põe em jogo a causalidade, essa condição incondicionada se define como uma causalidade supra-sensível e a solução crítica consistirá em pensar uma "síntese do heterogêneo", o encontro em um mesmo efeito empírico da causalidade fenomênica e de "uma causalidade que não é fenômeno, embora seu efeito se encontre no fenômeno". A liberdade transcendental é essa causalidade da coisa-em-si, condição dinâmica heterogênea da série das causas, logicamente possível sob o título de hipótese da razão sem romper o vínculo causal dos fenômenos. O erro da tese era afirmar a liberdade *no* mundo dos fenômenos como uma causalidade paralela ou uma anticausalidade que rivalizasse com a causalidade empírica no mesmo terreno. Mas a antítese se enganava ao negar *totalmente* a liberdade, estendendo dogmaticamente a necessidade natural ao supra-sensível.

É para dar conta desse estranho encontro de duas causalidades heterogêneas em um só efeito que Kant elabora a sua teoria do "duplo caráter".[25] Se denominarmos *caráter* a "lei de causalidade" de uma causa eficiente, a regra de encadeamento da causa e do efeito, é preciso distinguir um "caráter no fenômeno" ou *caráter empírico*, submetido às leis naturais, e um caráter da "coisa-em-si" ou *caráter inteligível*, como lei da causalidade por liberdade, que seria a "causa trans-

[25] *CRP*, p. 1171-86 (TP, p. 397-408). Completamente ausente da *Fundamentação*, e quase completamente da segunda *Crítica*, essa teoria reaparecerá em 1792 no *Ensaio sobre o mal radical*, centrada na noção de uma "escolha do caráter inteligível".

cendental do primeiro". "Inteligível", isto é, supra-sensível, e por conseguinte *intemporal* – no caráter inteligível, "nada nasceria nem pereceria" – e *incompreensível*, impossível de conhecer, se não no que nos for "indicado" pelo caráter empírico que é o seu "signo sensível" ou o seu "esquema". Uma ação dada, "por exemplo, uma mentira perniciosa", poderá ser considerada sem contradição segundo os dois pontos de vista: segundo o caráter empírico, como a conseqüência de um encadeamento necessário de causas determinantes e, ao mesmo tempo, do ponto de vista do caráter inteligível, como uma decisão livre, imputável a seu autor, que será julgado "inteiramente culpado no instante em que ele mente". O ponto de vista do determinismo (ou, como diz Kant, da "antropologia") e o do juiz ou do moralista concordariam e se oporiam fundamentalmente, autorizariam a imputação penal sem derrogar às condições da ciência. Doutrina obscura e controversa, que suscita mais problemas do que permite resolver. Sem mesmo se interrogar sobre aquela exigência jurídica da imputação ("metafísica de carrasco", dirá Nietzsche, que busca um culpado em quem imputar a falta), mal se compreende como a causalidade intemporal, imutável, misterioso decreto de predestinação, pode manifestar nossa liberdade e, ademais, liberdade transcendental como potência de *começar* do absolutamente-novo. Dificuldade acrescida quando a segunda *Crítica* e posteriormente a *Religião* farão intervir a noção ainda mais obscura de uma "escolha" – forçosamente intemporal... – do caráter inteligível. No entanto, é preciso tomar resolução: a liberdade é a pedra angular do sistema, sua possibilidade se funda na solução da terceira antinomia, em sua clivagem da causalidade e em sua doutrina dos dois caracteres.

"Solução" que parece enganar-se em uma petição de princípio. A síntese do heterogêneo tida como o que suspende a antinomia pressupõe, com efeito, o caráter *já* sintético da categoria de causalidade, sua capacidade de suportar a heterogeneidade radical da condição e do condicionado, aplicar-se indiferentemente a um objeto em geral, seja ele fenômeno ou coisa-em-si. Na própria maneira de pôr o problema, em termos de conflito entre a causalidade natural e uma "causalidade livre", já se toma como adquirido o que era preciso demonstrar, a saber, a possibilidade de a categoria de causalidade manter um sentido unívoco em dois domínios heterogêneos: admite-se, antecipadamente e sem exame, a validade do duplo uso da causalidade, apresentando-o posteriormente como chave do enigma. No entanto, trata-se de uma tese fundamental da *Crítica da razão pura*, a de que as categorias do entendimento só têm um uso empírico em sua aplicação aos fenômenos, "e nunca um uso transcendental" que as relacionaria com "as coisas *em geral e em si*";[26] que somente sua relação com a intuição, pela mediação do esquematismo da imaginação, lhes confere um valor objetivo *e um sentido*. Sem essa relação com a intuição, categorias e conceitos não têm "nenhum sentido [*keinem Sinn*] [...]. Não significariam absolutamente nada, se não pudéssemos mostrar sempre a significação [*Bedeutung*] nos fenômenos".[27] Parece estabelecido que o *sentido* de um conceito é indissociável de seu *uso*, que as categorias não significam *nada* por si mesmas e, portanto, não poderiam "se relacionar com as coisas *em geral*". Ora, algumas páginas adiante, Kant parece se contradizer bruscamente ao afirmar que "as categorias puras [...] têm simplesmente um uso transcendental, mas não têm uso transcendental":[28] seu

[26] *CRP*, p. 972 (TP, p. 218). "Mesmo os conceitos de realidade, de substância, *de causalidade* até o da necessidade na existência, *perdem toda significação* e não são mais que títulos vazios para conceitos sem nenhum conteúdo, quando eu me aventuro a sair com eles do campo das coisas sensíveis" (*CRP*, p. 1273 (TP, p. 473); grifo nosso.

[27] *CRP*, 1, p. 972-3 (TP, p. 473); grifo nosso.

[28] *CRP*, p. 978 (TP, p. 223).

sem-sentido não deveria ser entendido como o *nonsense* do *nihil negativum*, mas, jogando sutilmente sobre a equivocidade do Nada, somente como um sentido *não preenchido* pela intuição (*ens rationis*). Nessa meia-volta em que, logo após tê-los identificado, Kant dissocia subitamente o sentido das categorias de seu uso, foi possível reconhecer o traço de um *equívoco ontológico* do pensamento kantiano, oscilando entre uma perspectiva clássica que privilegia o entendimento, opondo-o a uma sensibilidade "cega", e um pensamento novo em que os conceitos, privados de sentido por si mesmos, se fundariam na fenomenalidade do Sensível.[29] Ora, o projeto de constituir a filosofia prática exige que se decida no equívoco, que se tome partido por sua vertente metafísica. É o que ocorre com a possibilidade de pensar um uso legítimo (prático) da razão *pura* e, mais precisamente, de justificar a aplicação da categoria de causalidade ao supra-sensível, sem o que a terceira antinomia permaneceria sem solução.

Quem mergulhou no inestricável emaranhado da *Crítica da razão pura*, confrontado com sua opacidade, ambigüidades, deslizamentos de sentido, só pode ficar surpreso perante a segurança com a qual a segunda *Crítica* afirma serenamente, não somente que os conceitos puros possuem uma significação intrínseca, independentemente de toda relação com a intuição sensível,[30] mas também que, quando "relacionados com objetos em geral (sensíveis e não sensíveis) [...], a realidade objetiva do conceito ainda subsiste",[31] e eles são então suscetíveis de um uso transcendental, aquilo mesmo que a primeira *Crítica* declarava impossível. Nessa passagem, a in-

---

[29] G. Granel, *L'équivoque ontologique de la pensée kantienne*, Gallimard, 1972, p. 127-37.

[30] Cf. *CRp*, 2, p. 676 e 688 (Vrin, p. 59 e 79).

[31] *CRp*, p. 673 (Vrin, p. 67).

tenção de Kant é justificar o "direito da razão pura em seu uso prático a uma extensão que não lhe é possível no uso especulativo. Mas nada autoriza tal extensão, se não mediante um *coup de force* em que a segunda *Crítica* transgride as regras estabelecidas pela primeira. Em todo caso, mal se vê o que permite a Kant afirmar que, "numa perspectiva moralmente prática, que portanto não é sensível, a categoria pura (de causalidade) é empregada sem que a ela esteja submetido um esquema":[32] pois ele próprio nos ensinou que toda catgegoria se funda em um esquema, determinação transcendental de tempo que lhe dá sentido, e que o esquema da causalidade consiste na sucessão temporal do diverso segundo uma regra. Fazer abstração da temporalidade em que se desdobra tal sucessão seria reduzir a causalidade a uma simples forma lógica, a do juízo hipotético (se A, então B). Mas então "seria possível distinguir a causa e o efeito"[33] e toda determinação causal desapareceria.

Fora do tempo, não há causalidade: tal é o ensinamento da primeira *Crítica*, ou melhor, de sua *Analítica*. Lição contradita no mesmo livro, visto que a *Dialética* introduz a noção de uma causalidade supra-sensível, causalidade do caráter inteligível "onde não há nem antes nem depois", isto é, do ponto de vista da *Analítica*, nem causa nem efeito determináveis. Assim, de um ponto de vista estritamente kantiano, a "solução" tão elegante da terceira antinomia repousa numa noção inconsistente. A segunda *Crítica* se contentará em ratificar o *coup de force*, aplicando essa noção equívoca ao *factum* da Lei

---

32 *Doutrina do direito*, § 28 (nota), 3, p. 540 (Vrin, p. 160).

33 Cf. *CRP*, p. 975 (TP, p. 220). Sobre tudo isso, é preciso referir-se ao belo estudo de J. Rivelaygues, "De quelques difficultés concernant la troisième antinomie", in *La passion de la raison*, PUF, 1982, p. 323-40.

para dela deduzir a realidade objetiva prática da liberdade. Tudo leva a crer que esse deslizamento equívoco já é motivado pelo projeto de "salvar a liberdade", preservar a possibilidade de uma filosofia prática fundada numa Lei de liberdade. Decerto, a dificuldade desapareceria se deixássemos de atribuir à liberdade prática uma realidade objetiva para considerá-la somente um postulado, e a Lei, uma simples Idéia: se, depois de Cohen, aceitássemos edificar a filosofia prática não mais sobre a "liberdade do número", sobre a pseudo-realidade inconsistente de uma Causa supra-sensível, mas sobre o "número da liberdade", sobre a liberdade concebida como Idéia reguladora, postulada como uma condição do dever; se parássemos de procurar a Lei num equívoco *factum* da razão, para reconhecê-la como uma "Lei final", um simples *ideal* prático.[34] Solução neokantiana inteiramente coerente – e perfeitamente incompatível com a perspectiva da segunda *Crítica*, a qual não pára de afirmar que "o princípio fundamental da moralidade não é um postulado",[35] que a Lei se impõe como um fato "confirmado pela experiência" e que a liberdade "prova sua realidade" por meio desse fato. A única chance que nos resta de "salvar" a liberdade seria, depois de Heidegger, alforriá-la da causalidade, o que eliminaria as aporias da causalidade supra-sensível. No entanto, trata-se apenas de uma meia-medida que não toca no coração do enigma, nó paradoxal da liberdade e da temporalidade. Enquanto se mantiver a clivagem

---

34 Essa é a posição defendida por H. Cohen em *Kants Begründung der Ethik* (1877), obra notável à qual voltaremos.

35 *CRp*, p. 769 (Vrin, p. 145). Assinalemos um estudo em que E. Adickes, ao insistir na "realidade objetiva prática do *factum*", critica a orientação neokantiana que consiste em reduzir a liberdade, a personalidade, o reino dos fins a "simples Idéias", "ficções heurísticas sem valor de realidade" (Cf. *Kant und dir Als-Ob-Philosophie*, Frommans, 1927, p. 168-75 e *passim*).

entre a temporalidade como forma da sensibilidade e uma liberdade supra-sensível, portanto intemporal, permanece interditado pensar a temporalidade *da* liberdade, precisamente quando a Idéia de liberdade transcendental que a funda e a maior parte dos mandamentos dela derivados se definem justamente em termos temporais: o que há de mais absurdo do que uma "potência de começar" num mundo em que não há "nem antes, nem depois"? O que há de mais absurdo do que o mandamento de progredir incessantemente rumo ao Bem, do que a noção mesma de uma "nova escola" do caráter inteligível, ali onde todo progresso, todo movimento estão excluídos? A não ser que se transgrida o interdito, que se admita uma *temporalidade prática originária*, distinta do tempo dos fenômenos (único reconhecido pela *Crítica*) e um esquematismo temporalizante distinto do esquematismo categorial da *Analítica* e capaz de dar sentido aos conceitos práticos. Seria preciso pensar então a razão prática como razão pura temporal, isto é, sensível e finita, pensar a própria Lei em sua relação com essa temporalidade prática.

Não poderia se tratar disso, para Kant. A audácia da *Estética transcendental* foi afirmar, em ruptura com os dogmatismos e empirismos, uma *sensibilidade pura*, a das formas *a priori* do espaço e do tempo. Ora, esse conceito novo de uma sensibilidade não empírica não se mantém por ocasião da passagem à filosofia prática: esta identifica, de modo muito clássico, o sensível ao "impuro" no sentido moral, a uma inclinação "patológica" para um um objeto dos sentidos. Ao reconduzir a oposição tradicional entre a pureza da razão e a impureza do sensível, ela já não deixa nenhum lugar para uma temporalidade prática pura. Kant não podia se resolver pela introdução de uma temporalidade prática devido a mais um motivo: porque ela parece se opor à possibilidade da liberdade. A existência no tempo inserindo-se na conexão contínua da série dos fenômenos, cada uma de nossas ações é determinada para todo encadeamento das causas passadas. "Como o tempo passado já não está em meu poder [...], no momento em que eu ajo, nunca sou livre".[36] É mesmo para salvar a liberdade e a Lei da liberdade, para liberá-las do peso do passado, que a segunda *Crítica* se vê obrigada a situá-las fora do tempo: solução aflitiva que submete a liberdade a uma necessidade mais implacável que o mecanismo da natureza, à causalidade imutável do caráter inteligível. Terá faltado a Kant distinguir mais rigorosamente a existência *no* tempo, tomada na conexão intratemporal dos fenômenos, e a temporalidade *como tal*. E, sobretudo, abordar essa temporalidade originária não mais somente a partir do passado, ele mesmo compreendido inautenticamente como cadeia causal da necessidade, mas a partir desse horizonte do tempo que permanece "em meu poder", a partir da abertura do futuro que sempre de novo se oferece a uma decisão livre, cuja efração sempre possível reflui sobre meu passado e o transfigura em liberdade. Aquilo mesmo – o tempo da liberdade, a liberdade como temporalidade prática – que, no *Ensaio sobre o mal radical*, Kant ia finalmente entrever ao tematizar a exigência de uma nova escolha do caráter inteligível.

Por não saber dar lugar a uma temporalidade prática, a Crítica se reinstala em uma oposição rígida entre sensível e supra-sensível, entre o domínio da natureza submetido ao tempo e o domínio da liberdade. Na falta de um terceiro termo, de um elemento originário comum aos dois domínios, todas as tentativas de passagem de um a outro terão curto alcance. Na ausência de um esquematismo prático (e uma esquematização só é possível sob o horizonte do tempo), o uso prático das categorias permanece ilegítimo e parece impossível dar uma significação objetiva aos conceitos práticos puros. No

36 *CRp.*, p. 723 (Vrin, p. 108).

limite, não haveria nenhum sentido em enunciar tais conceitos, que seriam somente "títulos vazios", *flatus vocis*, cobrindo a nulidade do absolutamente-nada. A possibilidade da filosofia prática naufragaria no *nonsense*. Assim, o enigma da Crítica, a restauração prática das Idéias da razão repousam numa operação ainda mais enigmática, na retomada prática das categorias do entendimento. Mas se ainda não compreendemos o que poderia fundar a filosofia prática e legitimar seus conceitos, talvez descubramos agora como ela se edificou: *por analogia*. Para forjarmos um conceito do que não podemos conhecer, "só nos resta a analogia"[37] e, sem dúvida, o conceito equívoco de uma causalidade supra-sensível é apenas o *analogon* da causalidade natural, transposta metaforicamente para fora de seu campo de aplicação. Ao descobrir a terra desconhecida da razão prática, Kant só pôde explorá-la com o auxílio de conceitos importados do conhecimento teórico (em primeiro lugar, o de causalidade) que lhe serviriam de base para a restauração prática das Idéias (antes de tudo, a de liberdade). Mas nada garante que tal transferência seja legítima: a analogia implica uma *identidade de relação* entre duas determinações heterogêneas e não é certo que haja a menor relação entre a causalidade fenomênica, a única concebível, e aquela pseudocausalidade numenal que de causa só tem o nome, que talvez seja apenas um "título vazio" para um pseudoconceito privado de sentido. O que será apresentado como a pedra angular do sistema da razão, aqui aparece como uma peça sobressalente, a mais frágil, a mais nula das Idéias.

---

37 A despeito de nossa impotência para determinar teoricamente objetos inteligíveis, se apesar de tudo fazemos questão de "dar o passo" fora do mundo sensível, "então só nos resta a analogia, segundo a qual fazemos uso dos conceitos da experiência para elaborarmos algum conceito das coisas inteligíveis dos quais, em si, não temos o menor conhecimento" (*CRP*, p. 1192 (TP, p. 412)).

Nesse sentido, nada mais enigmático do que esse privilégio que, transgredindo todas as conquistas da primeira, a segunda *Crítica* concederá à Idéia de liberdade. O que é tido como justificativa é o *factum* da Lei, servindo como "nota promissória", princípio para a dedução da liberdade. Dois problemas se põem então: é possível se perguntar se essa nota não é apócrifa, se a "certeza apodítica" que a *Crítica* afirma para o *factum* não poderia ser um volteio da Aparência, a *ilusão da Lei*. E mesmo que a Lei fosse autêntica, seria ela suficiente para provar a realidade da liberdade? Qual deve ser – segundo problema – a relação da Lei como fato com a Liberdade como Idéia, para que a evidência da primeira, a certeza irresistível de que há a Lei, possa se transmitir à segunda? Tudo se passa como se, nesse ponto capital, Kant hesitasse entre duas posições contraditórias, que ele considerava a relação entre a liberdade e a Lei ora como uma identidade analítica, ora como uma unidade sintética. "Uma vontade livre e uma vontade submetida a leis morais são uma única e mesma coisa":[38] de fato, vários textos tendem a identificar totalmente a liberdade e a Lei, tão "inseparavelmente ligadas", que elas "constituem um só", um "conceito único".[39] O que é compreensível se a liberdade se define como um modo de causalidade: pois toda causa implica uma regra, uma "lei de causalidade" (ou *caráter*), "sem o que ela de maneira alguma seria causa",[40] e a Lei prática é precisamente a "lei" dessa causalidade específica que é a liberdade. Isso equivale a dizer que *não há liberdade sem Lei*, assim como não há corpo sem extensão, proposição analítica que só faz explicar um conceito e cuja negação implicaria contradição. Uma vontade livre sem Lei "seria um

---

38 *FM*, 2, p. 316 (D, p. 180).

39 *CRp*, 2, p. 658 (Vrin, p. 55).

40 *CRP*, p. 1172 (TP, p. 398).

puro nada [*ein Unding*]",[41] impossibilidade lógica, *nihil negativum*. Assim, a Lei ética faz seu aparecimento na filosofia prática como um caso particular do problema da causalidade, tomado nas aporias próprias ao conceito de causalidade supra-sensível. Renunciar à transferência equívoca da causalidade no domínio prático, liberar a liberdade da dominação da causalidade, seria liberá-la então da Lei – o que permitiria conceber uma liberdade má, realmente oposta à Lei (*nihil privativum*) – e talvez também liberar a própria Lei, deixar de concebê-la como "lei de causalidade", como uma regra inerente ao pseudoconceito de causalidade livre, deixar de determinar sua relação com a liberdade como uma identidade lógico-analítica. Que não haja liberdade sem Lei, sem uma certa relação com a Lei, inclusive no mal mais radical, essa proposição talvez permanecesse verdadeira, mas como juízo sintético e não mais analítico; portanto, exigiria uma dedução *a priori*. Aliás é assim – como aquilo que está em jogo numa *síntese prática* – que os textos essenciais da filosofia prática caracterizam a relação da liberdade com a Lei: é preciso sustentar que o imperativo categórico é uma "proposição sintética *a priori*",[42] que, no *factum*, a consciência da Lei "a nós se impõe por si mesma, como proposição sintética *a priori*".[43] Ela seria analítica, "se fosse pressuposta a liberdade da vontade", mas, para tanto, seria preciso uma intuição intelectual, impossível para um ser finito. Há portanto, enraizada em nossa finitude, no *factum* da lei, uma *síntese prática originária*, tida como fundante do imperativo categórico e dos juízos práticos como juízos sintéticos *a priori*. No centro da filosofia prática, reencontramos o "problema geral da razão pura", a questão trans-

41 *FM*, 315 (D, p. 179).

42 *FM*, p. 283 e 324 ('D, p. 135 e 194).

43 *CRp*, p. 645 (Vrin, p. 45).

cendental da possibilidade dos juízos sintéticos *a priori*. A ética kantiana se apresenta doravante como uma *ética transcendental*, que não assume a tarefa de enunciar "juízos morais", mas se esforça em determinar suas condições de possibilidade por meio de uma dedução da síntese pura que os fundamenta. Nessa perspectiva, a questão da unidade da razão, da coesão do sistema da *Crítica*, do rejunte e das possíveis passagens entre seus domínios poderá ser posta em novas bases.

Sob a condição, todavia, de determinar mais precisamente em que consiste essa síntese prática e qual é sua relação com a síntese transcendental analisada na *Crítica da razão pura*. Ora, sobre tais questões de fundo, Kant se mostra estranhamente alusivo, e a própria definição dessa síntese varia ao sabor dos textos.[44] O único fio condutor que nos resta, nesse labirinto, é a referência à Lei. Em todas as formulações encontradas, há síntese da vontade ou da liberdade *com* a Lei, ou, a rigor, da vontade consigo mesma *sob* a Lei. E talvez o que se denomina "Lei ética" seja apenas isso, a regra segundo a qual se opera a síntese prática pura, sua forma de ligação. Mas em que sentido? Que pode significar essa noção de uma "Lei ética" e *de onde vem ela* até chegar à filosofia prática? Desde seu primeiro aparecimento, por volta de 1764, a "lei oculta de Rousseau", vitoriosa sobre a "objeção de Mani e de Alfonso", era comparada à lei de Newton, o que já nos põe em presença de dois conceitos, teórico e prático, da "lei". Isso é confirmado pela leitura da *Analítica transcendental*: o con-

---

44 Seu primeiro enunciado explícito se acha na *Fundamentação da metafísica dos costumes*: ela está presente, de início, como ligação sintética da máxima de uma vontade e da Lei (cf. *FM*, p. 283 e 316 (D, p. 135 e 181); em seguida, como síntese de uma "vontade afetada de desejos sensíveis" e de uma "vontade pura" (*FM*, p. 325 (D, p. 194)). Enquanto a *Crítica da razão prática* a definirá como síntese da liberdade prática e da consciência da Lei no *factum*.

ceito kantiano da "lei' não pertence de maneira originária e exclusiva ao domínio prático, mas concerne igualmente ao conhecimento teórico da natureza; aliás, o próprio conceito de *natureza* o inclui analiticamente em sua definição, visto que designa "a existência das coisas enquanto determinada segundo as leis universas".[45] Segundo a *Analítica*, o conceito de uma "lei natural" se define mediante três traços essenciais. 1) Ela é inicialmente uma regra *objetiva*, isto é, um modo de ligação universal e necessário entre os fenômenos.[46] Decerto existe uma infinidade de leis empíricas particulares, mas somente como determinações derivadas, subordinadas às leis universais do entendimento. 2) A forma lógica da *universalidade*, determinação "quantitativa" daquilo que vale em todos os casos, pertence portanto, como um segundo traço fundamental, ao conceito teórico de lei. 3) Enfim, e justamente porque são "objetivas", "pertencendo necessariamente ao *conhecimento* do objeto", as leis da natureza encontram sua fonte *no sujeito*: no entendimento como "poder das regras" e, mais precisamente, na unidade originária da apercepção, princípio transcendental da afinidade de todos os fenômenos "universalmente ligados segundo leis necessárias".

No domínio teórico, o entedimento dá suas leis à natureza em vista do conhecimento. No domínio prático, é a razão pura que dá uma lei à vontade em vista da ação, a Lei da liberdade. Será possível que esses dois conceitos de lei partilhem as mesmas características essenciais? Desde as primeiras linhas da *Analítica da razão prática*, a Lei prática é definida: 1) como um princípio *objetivo* e 2) como um princípio *universal*, válido "para a vontade de todo ser racional". Pois, para Kant, é evidente que a objetividade prática obe-

---

45 *Prolegômenos*, § 14 e 17, e *FM*, p. 285 (D, p. 137).

46 *CRP*, p. 1416 e 1425-6 (TP, p. 127-8 e 141-3).

dece aos mesmos critérios de universalidade e de necessidade que a objetividade teórica. Esse caráter de universalidade se manifesta na formulação inicial do imperativo categórico, na injunção de conformar a máxima da ação à "pura forma da lei", *isto é*, à "universalidade de uma lei em geral".[47] 3) Enfim, à maneira das leis de natureza, essa Lei prática objetiva parece ter sua fonte no Sujeito, enquanto "o homem é o *sujeito da Lei ética*",[48] ao passo que, ao obedecê-la, ele "só está submetido à sua própria legislação", o que define a *autonomia* da vontade, fórmula suprema do imperativo categórico. Lei objetiva, universal, lei do Sujeito: esses três fatos fundamentais parecem comuns ao conceito teórico e ao conceito prático de lei, como se fossem apenas duas variantes de um conceito idêntico. Considerada segundo a "forma da conformidade à lei em geral", é óbvio que, "sob essa relação, leis como tais são idênticas, qualquer que seja a fonte de onde tiram seus princípios de determinação",[49] tal identidade formal permitindo à lei natural, justamente, servir como "tipo" para a Lei ética. Nessas condições, tudo leva a crer que as diferenças constatáveis entre leis naturais e Lei de liberdade são inessenciais, não provêm de seu conceito, mas unicamente de seu domínio de aplicação; apenas a limitação de nosso poder de conhecer nos impede de captar sua identidade de essência. Ao menos, é o que sugere o mui temerário e especulativo § 76 da terceira *Crítica*: do ponto de vista de um Entendimento infinito, que goza de uma intuição intelectual – o do Absoluto schellinguiano ou hegeliano –, toda distinção entre as duas legislações se esvaneceria, "não haveria diferença entre dever [*Sollen*] e fa-

---

47 *FM*, p. 284 (D, p. 136).

48 *CRp*, p. 768 (Vrin, p. 145).

49 *CRp*, p. 693 (Vrin, p. 83).

zer, entre uma lei prática que definisse o que é possível para nós e uma lei teórica que definisse o que é real para nós".[50]

A conclusão se impõe: para Kant, *não há "Lei ética"* enquanto tal. Ela é apenas um caso particular do conceito de "lei em geral", extraído a partir da análise transcendental das leis naturais e aplicado, em seguida, ao domínio prático.[51] Ocorre com a "lei" o mesmo que ocorre com a "causalidade": também nesse caso, para determinar aquilo de que nenhum conhecimento é possível, só nos resta a analogia. Somente ao transferir analogicamente o conceito teórico de lei para o domínio prático é que se pode constituir o conceito de uma "lei de liberdade", e esse novo conceito nunca é verdadeiramente demarcado do conceito teórico, nunca pensado "originariamente e a partir de si mesmo", a partir do *factum* em que ele se revela: assim, o domínio da liberdade *recebe sua lei* do domínio da natureza, submete-se à legislação do entendimento. Nesse ponto, a derivação analógica da lei encontra as mesmas aporias que a da causalidade. Em ambos os casos, pretende-se operar a retomada "segundo a analogia" de um conceito teórico, com o risco de que ele não possa se aplicar ao domínio prático, se não por simples homonímia, como um "título vazio", desprovido de sentido, e risco de que a transferência só chegue a uma noção equívoca, anfibólica – "causalidade/livre" ou "lei/de liberdade" –, implicando a confusão de duas legislações heterogêneas. O que talvez valesse para um Entendimento divino sobrevoando o abismo entre o sensível e o supra-sensível não tem mais

---

50 *CJ*, § 76, 2, p. 1201 (Vrin, p. 218).

51 Essa derivação da "lei prática" a partir do conceito de "lei em geral" aparece de modo ainda mais claro na *Vorlesung über Ethik* (redigida por volta de 1775-1780): "Denomina-se lei toda fórmula que exprime a necessidade de uma ação [...]. É por isso que toda lei é ou física, ou prática. As leis práticas exprimem a necessidade de ações livres" (*Vorlesung* (ed. Menzer), Pan Verlag R. Heise, 1924, p. 42-3).

nenhum sentido para um pensamento finito, para o qual a noção de uma "lei em geral", ao se aplicar indiferentemente a todos os domínios, é tão inconsistente quanto a de uma "causa em geral". Em ambos os casos, há que se haver com um modo de Aparência, uso transcendental de um conceito de entendimento relacionado "com as coisas em geral e em si".

O estranho privilégio da Lei não se detém aí. Tratando-se da liberdade, cuja realidade só é deduzida indiretamente, não se pretende chegar a nenhum conhecimento determinado de seu poder "insondável". Quando se trata da Lei, essas reservas não são oportunas: tão "clara" é a evidência da Lei que ela permite determinar objetivamene conceitos práticos puros e estabelecer um critério objetivo de julgamento; dá acesso a uma espécie de conhecimento que Kant não hesita em chamar de *conhecimento prático*. Pergunta-se o que autoriza tal extensão "para o uso prático" de nosso poder de conhecer e de julgar. Os conceitos da razão pura prática são os de *bem* e de *mal*: como se chega a determiná-los a partir da Lei? O imperativo categórico prescreve conformar a máxima da ação à *forma* da Lei, isto é (esses termos parecem equivalentes), à "universalidade de um lei em geral". Julga-se como eticamente má a decisão de adotar uma máxima não universalizável, contrária à forma lógica da universalidade, e todo o mal consiste então na afirmação da *particularidade*. Ou, mais exatamente, na dupla afirmação simultânea, logicamente contraditória, da universalidade da Lei e da particularidade da máxima contrária. Nossa vontade é má quando "queremos que um certo princípio seja necessário objetivamente como lei universal e que não obstante, subjetivamente, ele não tenha um valor universal e que comporte exceções".[52] O mal se reduz finalmente a uma contradição lógica, o que o torna ri-

[52] *FM*, p. 289 (D, p. 143).

gorosamente impensável, logicamente impossível (*nihil negativum*). O mesmo texto da *Fundamentação*, logo após ter definido o mal dessa maneira, parece no entanto reconhecer a insuficiência desse critério puramente lógico e introduz uma determinação bem diferente, a instância de um *nihil privativum*: entre uma vontade pura e uma vontade afetada pelas inclinações sensíveis, "não há realmente contradição [*Widerspruch*], mas uma resistência [*Widerstand*] da inclinação às prescrições da razão [*antagonismus*]". Mas tal determinação, que por um instante parece reatar com a ontológica da oposição real, não chega a se impor. Sem dúvida, isso era impossível em uma problemática na qual a própria Lei é definida a partir da forma lógica da universalidade; em que o imperativo categórico não prescreve à vontade senão conformar suas máximas a essa forma de universalidade; em que a formulação desse imperativo, segundo o tipo de uma lei de natureza, apresenta como único critério a exigência lógica de não-contradição. Seguindo esse critério, será proscrita toda ação cuja máxima "não pode sequer ser *concebida* sem contradição como uma lei universal de natureza" – e tal é a regra fundamental do juízo prático, nosso único critério objetivo do bem e do mal. Assim, a objetividade prática se funda na conexão da forma de universalidade e do princípio de não-contradição, o que não tem nada de surpreendente visto que a universalidade se define precisamente como uma determinação lógica do juízo (da classe dos juízos de quantidade), dizendo respeito, por conseguinte, à lógica geral cujo princípio de não-contradição é a condição suprema.

A questão de saber o que assegura a extensão prática do conhecimento e fundamenta a objetividade do juízo prático parece ter encontrado a sua resposta: é o critério lógico da não-contradição. Resposta paradoxal do ponto de vista da primeira *Crítica*, pois trata-se apenas do princípio supremo dos juízos *analíticos*, condição necessária mas somente *negati-*

va da verdade, "totalmente indiferente aos objetos",[53] inapta para liberar o menor conhecimento, ainda que fosse "para o uso prático". Da mesma maneira, a universalidade lógica permanece "indeterminada em relação a todo objeto":[54] ela nunca é mais do que uma "pedra de toque negativa", permitindo somente afastar as máximas não universalizáveis, mas impotente para dar uma regra positiva de ação ou nos auxiliar a escolher entre duas máximas contrárias igualmente universalizáveis. Se é verdade que a possibilidade dos juízos práticos supõe uma síntese *a priori*, esta última requer um princípio distinto do princípio de não-contradição, uma relação com a Lei distinta do que apenas a conformidade com a forma lógica da universalidade: somente assim é que uma objetivade prática *pura*, isenta de toda contaminação teórica, poderia ser finalmente fundada, dando uma regra autêntica ao juízo ético. A primeira *Crítica* mostrara, com efeito, que todo emprego da lógica geral (formal), "como um *organon* que serve para produzir realmente – ao menos é essa a ilusão – asserções objetivas", nos desgarra na Aparência, consiste apenas em "malabarismo metafísico"; as questões pretensamente resolvidas dessa maneira são tão absurdas quanto "o espetáculo ridículo de dois homens [...], um dos quais ordenha a cabra ao passo que o outro apresenta a peneira".[55] O que justifica a ironia de Hegel: ao pretender, em sua filosofia prática, enunciar "asserções objetivas" – determinar objetivamente conceitos, deduzir a realidade objetiva das Idéias –, apenas com o auxílio desse critério formal, Kant, por sua vez, estaria apresentando a peneira à cabra...[56] Ao uso transcendental de um conceito

53 *CRP*, p. 893-5 (TP, p. 157-9).

54 Cf. *Prolegômenos*, § 39, 2, p. 102 (Vrin, p. 101).

55 *CRP*, p. 817-20 (TP, p. 80-2).

56 Hegel, *O direito natural* (1801), Gallimard, 1972, p. 91.

de entendimento, acrescenta-se esse outro malabarismo, o uso "orgânico" de uma função lógica, e ambas procedem de um mesmo paralogismo fundamental, o que consiste em reintroduzir, em reabilitar, "para o uso prático", o que a crítica da razão teórica havia marcado com o selo da nulidade. Com base nesse paralogismo, transferências equívocas e extensões ilegítimas por ele recobertas, é que se edifica a filosofia prática.

Seria possível acreditar, à primeira vista, que Kant tivesse renunciado ao "primado da razão prática", o que no entanto apresentara como uma orientação fundamental, para restaurar a antiga dominação da *theoria* sobre a *praxis*. Com efeito, por toda parte, é a filosofia teórica que impõe sua problemática para a filosofia prática: é a razão pura especulativa que designa à razão prática o "lugar deixado vazio" das Idéias metafísicas a que será preciso conferir novo investimento, além de dar seu conteúdo aos postulados que proverão a essa "carência da razão". É do entendimento que provém o seu conceito principal: é da ontologia das ciências da natureza que ela recebe sua "lei", assim como é da lógica formal que a objetividade prática recebe os seus critérios. Finalmente, tanto na *Fundamentação* quanto na segunda *Crítica*, a filosofia prática teria conservado o lugar subalterno que ocupava no *Cânon* da *Crítica da razão pura*, o de um apêndice, complemento à razão teórica destinado a secundá-la na busca de seus fins últimos. Seria evidentemente impossível invocar a ordem da descoberta: o aparente primado do teórico teria sido apenas uma prioridade cronológica. Ao abordar as margens da razão prática, Kant, desprovido de equipamentos, teria sido obrigado a importar o aparelho conceitual da filosofia teórica, utilizar o já-conhecido para avançar no desconhecido. O argumento não pode nos satisfazer, sobretudo se admitirmos a hipótese de uma experiência ética originária, uma primeira descoberta da Lei em sua relação com o mal: pois então resta compreender por que a questão da possibilidade do conhecimento pôde afastar e por que a primeira *Crítica* pôde por assim dizer "duplicar" a segunda, impondo-lhe o seu quadro conceitual. Não há dúvida de que a passagem à ética é o que há de mais difícil, que, para dar o passo rumo ao supra-sensível, reste apenas a analogia, a transferência analógica de conceitos teóricos. Solução na escassez que equivale a confessar o fracasso, a impossibilidade de fundamentar a filosofia prática a partir de si mesma, com seus conceitos específicos e em seu domínio. O que é reconhecer, também, o fracasso de *todo* o sistema da Crítica, a impossibilidade de levar a termo essa passagem que devia "decidir acerca seu destino".

Do ponto de vista da primeira *Crítica*, a filosofia prática de Kant não é "kantiana". Com efeito, ela não se fundamenta senão em uma série de inflexões forçadas e confusões anfibólicas, e a questão da possibilidade da Lei torna-se cada vez mais enigmática. Mas talvez essa abordagem deva ser abandonada: a ética permanecerá em má postura enquanto nos obstinarmos a medi-la com a escala do conhecimento teórico. Do ponto de vista da razão prática, o que apresentava a aparência de um paralogismo manifesta, de fato, a irresistível evidência da Lei, que se comunica a todo o domínio prático, ali autorizando aquilo que estava interditado pelos limites da razão teórica. Estaríamos errados, portanto, ao acreditarmos que Kant teria renunciado ao primado da razão prática: ao contrário, é a afirmação sistemática desse primado que, suspendendo todas as limitações da primeira *Crítica*, ao legitimar o uso transcendental das categorias ou o uso orgânico da lógica, se acha, paradoxalmente, como o responsável pela invasão do campo prático mediante determinações teóricas e lógicas. Se fosse possível reconstruir a filosofia prática kantiana, isso exigiria reafirmar mais fortemente ainda esse primado da razão prática, esse privilégio da *verdade ética*, a fim de preservar o domínio prático de toda transferência anfibólica. Mas que poderia ser o conceito originário de uma Lei prática *pura*, separada de toda derivação analógica, de uma Lei cuja forma já não estivesse reduzida à função lógica de universalidade? Que seria o mandamento imperativo de tal Lei? Ainda teria algum sentido designá-la como uma "lei"? Em todo caso, é do *factum* da Lei que precisamos partir, deixando de considerá-lo na perspectiva da primeira *Crítica*. É a enigmática revelação da Lei que é preciso interrogar por si mesma, na possibilidade sempre aberta de que seja apenas ilusão.

A ILUSÃO DA LEI
(DA POSSIBILIDADE DA SÍNTESE PRÁTICA)

"A razão humana tem o destino singular, num gênero de seus conhecimentos, de ser atormentada por questões que não pode evitar, pois lhe são impostas por sua própria natureza, mas às quais não pode responder, pois ultrapassam totalmente o poder da razão humana".[1] Como legenda de toda a obra crítica, o prefácio da primeira edição da *Crítica da razão pura* evoca a situação paradoxal da razão, dilacerada entre a finitude originária de seu *poder* de conhecer e a ilimitação de seu *desejo* de conhecer, a visada in-finita de sua Questão. Mau destino, má postura da razão, que a incita, em seu "uso transcendental", a transgredir constantemente seus limites e a precipita na *Aparência transcendental*. Pela primeira vez na história da filosofia ocidental, já não se incrimina a pressão externa das "potências enganosas" – do corpo, da sensibilidade, da imaginação – que viriam perturbar a pureza da razão, entravar seu impulso rumo às Idéias: é na própria pureza da razão pura que a mais radical ilusão encontra o seu lugar. A partir de então, não bastará mais, para dissipar o erro, editar as regras do bom método, reformar nossa razão que, corretamente dirigida, reencontraria por si mesma o caminho da verdade. Devemos re-

[1] *CRP*, 1, p. 725 (TP, p. 5).

conhecer que os extravios da metafísica procedem de uma ilusão *interna* e originária da razão, ilusão inevitável e talvez irredutível. Com efeito, Kant sublinha que "a Aparência transcendental não se detém, mesmo depois que foi descoberta e que a Crítica transcendental mostrou claramente o seu nada":[2] que "o mais sábio dos homens", se conseguir "evitar o erro [*Irrtum*]", não conseguirá "jamais libertar-se inteiramente da Aparência [*Schein*] que o persegue e engana sem cessar".[3] Assim é preciso balizar, para além dos "erros" passageiros da não-verdade empírica, a errância de uma não-verdade transcendental. Ao esforçar-se para desmascará-la, remetê-la ao seu nada, a Crítica parece livrada a combate sem fim contra uma ilusão sem cessar renascente – ao menos em sua parte *teórica*, como crítica da razão *especulativa*. Com efeito, essa aparência não concerne à razão pura *prática* que parece miraculosamente preservada de sua dominação, não havendo sequer a necessidade de submetê-la à questão crítica, visto que ela "demonstra sua realidade e a de seus conceitos mediante o fato".

Que a Aparência transcendental não se detenha nas fronteiras da razão especulativa, que uma *ilusão prática* seja possível, que a Lei da razão prática possa ser, como fortuitamente será considerado por uma nota da *Crítica da faculdade de julgar*, apenas uma "simples ilusão de nossa razão",[4] Kant sempre se recusará a admiti-lo. O caráter *não problemático* da filosofia prática e a evidência de suas "leis" serão constantemente reafirmadas, seja *por excesso*, como a marca de um privilégio insigne, seja *por escassez*, enquanto não digno de ser questionada. Considera-se geralmente a carta a Marcus Herz de fevereiro de 1772, onde Kant declara ter descoberto a "chave de todo o mistério"

---

2 *CRP*, 1, p. 1015 (TP, p. 253).

3 *Ibid.*, 1, p. 1045-6 (TP, p. 277).

4 *CJ*, § 91 (nota) 2, p. 1282 (Vrin, p. 274).

da metafísica "até aqui selado", como uma das primeiras abordagens da filosofia transcendental.[5] Descoberta que é a da *questão crítica* em sua obscuridade essencial: a questão de saber como uma representação pura do entendimento pode se relacionar *a priori* com um objeto "sem que de modo algum seja afetado por ele". O que lhe dá sua acuidade, sua força de questão, é levar em conta nossa finitude, a limitação de nosso poder de conhecer, sancionada pela distância entre um Entendimento divino que seria capaz de intuição intelectual e nosso entendimento finito, dependente de toda intuição sensível, para o qual se põe o problema da conformidade de seus conceitos com os fenômenos empíricos. Se nosso conhecimento fosse in-finito – isto é, como precisa Kant, "ativo em relação ao objeto", criador por e nele mesmo de seus objetos, "como é representado o conhecimento divino" –, sequer seria posta a questão de sua conformidade com fenômenos "externos" dados na intuição. Do ponto de vista do Absoluto, o projeto de uma "crítica da razão pura" estaria desprovido de sentido. "Nosso entendimento, porém, por suas representações, não é a causa do objeto (com exceção dos fins bons da moral), assim como o objeto não é a causa das representações do entendimento", e a possibilidade da concordância entre o entendimento e o objeto permenece como um enigma que, para ser resolvido, requer uma Crítica. Há no entanto um caso em que a questão não se põe, onde o "mistério da metafísica" parece antecipadamente dissipado: o caso do cumprimento dos "fins morais", daquilo que será mais tarde definido como razão prática ou vontade, "faculdade para nossas representações de serem causas dos objetos dessas representações". Para retomar os termos da carta a Herz, nosso entendimento se acha, nesse único caso, "ativo em relação ao objeto", criador de seus objetos, análogo de um Intelecto divino.

---

5 1, p. 690-7.

Tudo se passa como se o trabalho do pensamento kantiano, seu lento e difícil desenraizamento da metafísica dogmática, contornasse o lugar da filosofia prática, mantivesse, no interior da Crítica, uma *reserva* (em todos os sentidos do termo: caso de exceção e de sobrevivência privilegiada), um vestígio de dogmatismo pré-crítico, atestando, na língua da metafísica, a enigmática prevalência da verdade ética. A tarefa seria então a de destrinchar o que se vincula na tese do primado da razão prática, tentar extrair a verdade ética da Lei daquilo que diz respeito a um privilégio dogmático, visada de um saber criador in-finito; liberá-la daquilo que, na concepção kantiana do "prático", ainda participa de uma metafísica da práxis entendida como amoldagem e produção. Disso Heidegger havia se dado conta: a descoberta kantiana da finitude se acha limitada e falseada porque é pensada no horizonte da produção, entendida como impotência ontológica para conhecer o que não se produz por si mesmo, aquilo de que não se é o criador.[6] Visto que, na ação, a razão prática "cria" os objetos de suas representações, visto que a vontade autônoma "se dá" a si mesma a sua Lei, elas podem parecer capazes de ultrapassar os limites de nossa finitude, atingir uma evidência absoluta, inteiramente subtraída à Aparência, aceder a um Saber infinito. Aliás, é o privilégio dos princípios práticos puros que valem "para todos os seres racionais', inclusive para um "Ser infinito, enquanto Inteligência suprema".[7] Assim, a razão prática parece

---

6 Cf. Heidegger, *Les problèmes fondamentaux de la phénoménologie*, § 14 (1927), Gallimard, 1985, p. 186-7. Ele cita a *Reflexão* n. 929 ("Mas os seres finitos não podem por si mesmos conhecer outras coisas porque delas não são os autores"). Seria possível referir-se igualmente a uma tese similar na *Fundamentação*: "O homem [...] não pode conhecer a si mesmo tal como ele é em si [...], pois não produz a si mesmo" (2, p. 321 (D, p. 189)).

7 *CRp*, 2, p. 646 (Vrin, p. 45).

mais "universal" que o conhecimento teórico restrito unicamente aos seres "racionais porém finitos". Certas *Reflexões* inéditas mostram que Kant havia tentado, por volta de 1770-1775, determinar as "leis morais" como *as únicas* leis *verdadeiramente* objetivas e universais:[8] a uma concepção dogmática ou "mística" da razão prática, pretensamente capaz de aceder a um gênero superior de conhecimento, acrescenta-se então uma desqualificação "cética" do conhecimento teórico. Concepção pré-crítica, em seguida ultrapassada, mas concepção de que a tese do primado da razão prática ainda guardará o traço.[9] O que permite compreender melhor certos aspectos da filosofia prática de Kant, sua recusa persistente de admitir a possibilidade de uma *ilusão prática*, sua dificuldade em tematizar a *finitude prática*, em elucidar a possibilidade de uma *síntese prática a priori*.

Assim, parece que a razão prática tende a se isentar da questão crítica "por excesso", em virtude de um tipo de privilégio metafísico. Acontece, inversamente, que esteja excluída da filosofia transcendental "por escassez", em razão da impureza de seus princípios. É a posição defendida na primeira *Crítica*, no *Cânon da razão pura*, para o qual o domínio prático permanece "estranho à filosofia transcendental", pois

---

8 "O mundo inteligível é aquele cujo conceito vale para todo mundo; por conseguinte, não contém leis físicas, mas leis objetivas e morais [...]. O mundo inteligível do entendimento é, portanto, o mundo moral, e suas leis valem para todo mundo como leis objetivas de perfeição" (*Reflexão* n. 4524 (por volta de 1770-1775), XVII, p. 483).

9 É interessante constatar que uma concepção bem próxima reaparecerá em Fichte: para este, "somente por meio dessas ordens da Consciência é que há verdade e realidade em minhas representações [...]. É uma verdade absoluta [...], o fundamento de toda outra verdade e de toda certeza" (*A destinação do homem* (1799), Aubier-Montaigne, 1942, p. 152).

esta última "tem de se haver somente com conhecimentos puros *a priori*".[10] Empírica, portanto impura, a filosofia prática o seria sob vários aspectos: inicialmente, porque "todos os conceitos práticos se relacionam com objetos de satisfação ou aversão, isto é, prazer e dor"; em seguida, e sobretudo, porque as próprias leis práticas aparecem como leis de natureza. A liberdade prática que torna possíveis essas leis é apresentada como a faculdade de se determinar pela razão, independentemente das inclinações sensíveis, mas ela é apenas uma faculdade psicológica, conhecida "pela experiência", e tal causalidade "livre" da razão ainda pertence à *causalidade natural*, como um certo modo de determinismo dos impulsos sensíveis.[11] Inserida no encadeamento causal dos fenômenos, ela diz respeito àquilo que a antítese da terceira antinomia denunciará como a *ilusão da liberdade*. Que a liberdade prática e suas leis possam ser apenas uma ilusão, o *Cânon* o considera explicitamente: pois ela está próxima demais da causalidade sensível para desta se distinguir rigorosamente, e seria possível que "a própria razão, em seus atos pelos quais ela prescreve leis [seja] por sua vez determinada por influências estranhas e aquilo que se chama de liberdade em relação aos impulsos sensíveis [possa] por sua vez ser natureza em relação a causas eficientes mais elevadas e mais remotas".[12] Miragem da liberdade, ilusão de suas leis, tanto quanto máscaras, talvez, de uma Neces-

---

10 *CRP*, 1, p. 1362 (nota) (TP, p. 541). Sabe-se que o *Cânon*, situado depois da *Analítica* e da *Dialética* no plano da *Crítica*, foi, no entanto, redigido anteriormente. Sobre as relações entre a problemática do *Cânon* e a da filosofia prática propriamente dita, cf. M. Guéroult, "Canon de la raison pure et Critique de la raison pratique", in *Revue internationale de philosophie*, 1954, p. 331-51.

11 Cf. p. 1364 (TP, p. 542): "Nós conhecemos, portanto, por experiência [*Erfahrung*], a liberdade prática como uma das causas naturais."

12 p. 1363 (TP, p. 542).

sidade oculta. Nessa perspectiva quase espinosista, já não se pode excluir a possibilidade de uma ilusão *interna* da razão prática, mesmo se aqui não se trata de uma ilusão *empírica*, da confusão psicológica entre dois modos de causalidade natural. A questão da possibilidade de um juízo sintético prático *puro* nem se põe, visto que a experiência de uma ligação sintética entre minha vontade e uma lei prática nunca permitirá estabelecer que essa síntese é pura, independente de todo móbil sensível oculto. Não somente a filosofia prática merece ser banida da filosofia transcendental, como ainda é possível se perguntar se ela tem seu lugar, ainda que fosse como "cânon", em uma crítica da razão *pura*.

Do *Cânon* de 1781 até a *Fundamentação* de 1785, a ruptura é total: enquanto o problema da possibilidade dos juízos sintéticos práticos passa ao primeiro plano, aparece um novo conceito de liberdade prática, definida doravante como autonomia da vontade, sem as ambigüidades das concepções precedentes. Enfim se torna possível empreender a fundamentação de uma metafísica dos costumes inteiramente distinta de toda análise empírica, em seguida, a passagem de uma "crítica da razão prática pura". Em grande parte, essa ruptura se efetua *contra* a temática do *Cânon*, ao esforçar-se para suspender sua principal aporia, a hipótese de móbiles sensíveis secretos que tornam impuras as nossas ações morais. Hipótese que será levada em conta e mesmo radicalizada, mas para ser melhor afastada, neutralizada com o auxílio de um deslocamento decisivo. Com efeito, a *Fundamentação* denega o *menor* valor moral a ações exteriormente conformes ao dever, mas secretamente obedientes a um interesse empírico, e Kant ainda agrava a dificuldade ao insistir na impossibilidade de conhecer nossos verdadeiros móbiles: mesmo ao acreditarmos sinceramente no fato de termos agido por dever, nada nos permite "concluir com certeza que não se trata na realidade de um secreto impulso do amor-próprio que, sob a simples miragem dessa Idéia, tenha sido a verdadeira causa determinante da vontade [...]; se se examina mais de perto o objeto, por toda a parte se tropeça no caro eu que sempre acaba se sobressaindo".[13] Sob os traços do "caro eu", perfila-se assim uma potência enganadora, capaz de dissimular-se sob a máscara do dever, simular a Lei. De modo que "se duvida de que alguma verdadeira virtude se encontre realmente no mundo. E então não há nada para nos preservar da queda completa de nossas idéias do dever, para conservar na alma um respeito bem fundamentado da Lei". Hipótese de uma ilusão interna da razão prática, cobrindo uma imoralidade geral, um mal universal, análogo no plano prático ao argumento do Gênio Maligno e que não é, como em Descartes, senão um artifício metodológico, simples etapa prévia na instauração do novo Princípio. Assim como a dúvida teórica cartesiana, em seu ponto de extensão máxima, invertia-se em certeza na evidência do Cogito, assim também essa "dúvida" prática se estende até pôr universalmente em causa a moralidade das ações, para ceder lugar à certeza apodítica do imperativo categórico, à "clara convicção de que, mesmo se nunca houve ações derivadas dessas fontes puras, entretanto não se trata de modo algum de saber se isso ou aquilo tem lugar, mas se a razão comanda, por si mesma e independentemente de todos os fatos dados, o que deve ter lugar".[14] A hipótese de um mal universal, próximo daquilo que mais tarde Kant denominará como o *mal radical*, não é portanto refutada, assim como, no final da segunda *Meditação*, não estava suspensa a dúvida que o Gênio Maligno fazia pesar sobre a objetividade de nossos conhecimentos: descobre-se, simplesmente, que tal hipótese em nada afeta a pureza do imperativo categórico; que sua som-

---

13 *FM*, 2, p. 407-8 (D, p. 112-3).

14 *FM*, p. 409 (D, p. 144).

bra ameaçadora só se estende sobre a realidade empírica de nossas ações humanas, ao passo que o imperativo comanda *a priori* aquilo que *deve* ser: que ele está "implicado como dever antes de toda experiência" e permaneceria fundamentado como obrigação incondicionada mesmo se nunca tivesse lugar alguma ação conforme a tal obrigação.

A solução da aporia do *Cânon* consiste, portanto, em mudar de terreno, afastar o problema da existência real de *ações* morais para examinar apenas as condições de possibilidade de um *juízo* prático puro, dadas *a priori* sob a forma de um imperativo categórico. Por isso mesmo, ao evacuar toda questão referente à *realidade* do dever, está interditado procurar as condições de sua *realização*: aceita-se deixar como "não resolvida a questão de saber se aquilo que se chama dever não é afinal um conceito vazio".[15] Na *Crítica da razão pura*, o problema se punha de maneira diferente, visto que era possível partir de um fato incontestável, da existência efetiva da ciência e dos juízos sintéticos *a priori* que ela implica, para buscar suas condições de possibilidade. Esse caminho está doravante barrado, obrigando a edificar a filosofia prática "independentemente de todos os fatos dados". Nesse contexto, não poderia se tratar de estabelecer a possibilidade *real* dos conceitos práticos, mas somente a sua possibilidade *lógica*, expor a "fórmula" do imperativo categórico sem buscar se ela se aplica na experiênica. Pouco importa se o dever é somente um conceito vazio, se conseguimos "ao menos mostrar o que entendemos com isso e o que o conceito quer dizer" – e tal será o único objeto da *Fundamentação da metafísica dos costumes*, ao menos nas duas primeiras seções. O que confirmaria a objeção de Hegel: ao limitar-se a prescrever o que deve ser sem procurar se e como isso pode ser, a "moralidade abstrata" kantiana

---

15 p. 285, (D, p. 137).

desacredita antecipadamente toda ação moral efetiva, justifica a hipocrisia e o redobro sobre si da bela alma dotada de mãos puras. Seria este o caso ao menos se a *Fundamentação* se ativesse unicamente à exposição lógica do conceito de dever. Ora, não é isso o que ocorre, de maneira alguma: com efeito, no fim da segunda seção, Kant se propõe a superar esse procedimento "puramente analítico", "provar agora que a moralidade não é uma quimera", que o "imperativo categórico é verdadeiro", o que exige uma dedução *a priori* que mostre que "a *possibilidade* de um uso sintético da razão pura prática".[16] Assim, com a tarefa de fundar a possibilidade da síntese prática, passa ao primeiro plano a questão da *verdade* do imperativo, isto é, da Lei, de sua verdade *transcendental* que precede a verdade dos juízos práticos e a torna possível – questão jamais tematizada por Kant mas que comanda toda a sua problemática.

A terceira seção da *Fundamentação* é tida como a que efetua a passagem da possibilidade lógica do dever à sua possibilidade real, da exposição analítica das fórmulas do imperativo categórico à sua dedução como juízo sintético *a priori*, que permitiria aplicá-lo à experiência ao determinar deveres particulares. Mas seria preciso conseguir, efetivamente, operar a dedução do imperativo categórico, sem o que o conceito de dever permaneceria vazio e a práxis, ética e cega. Era absolutamente necessário mostrar que a Lei não é uma simples Idéia, mas pode tornar-se um princípio determinante de nossa vontade, se não o dever e a própria Lei seriam apenas uma "vã ilusão e um conceito quimérico".[17] Descobre-se aí um novo rosto dessa ilusão que a *Fundamentação* tentara conjurar, ao se deslocar para o terreno do puro juízo. Ela só será afastada

---

16 p. 314 (D, p. 177).

17 *FM*, 2, p. 261 (D, p.10).

caso se estabeleça a possibilidade real do imperativo categórico e tal dedução deverá operar inteiramente *a priori*, sem relacionar-se com a experiência, sob pena de recair no outro modo de ilusão prática, na aporia do *Cânon*. Má postura da ética, obrigada a abrir caminho entre duas ilusões, duas deficiências possíveis da Lei: entre o engodo de uma lei impura e a inconsistência de uma lei vazia.

Na terceira seção, tudo se joga na dedução do imperativo categórico enquanto juízo sintético *a priori*: a possibilidade da síntese prática pura que subjaz a tal juízo. Ora, enquanto, na *Analítica transcendental*, a dedução da síntese teórica ocupava um lugar central, a da síntese prática será apenas esboçada, e não será sequer definida de maneira unívoca. Para compreender a posisbilidade da síntese prática, uma vez mais "só nos resta a analogia": é por meio da analogia com a dedução transcendental da síntese teórica que a *Fundamentação* vai tentar estabelecê-la. A *Crítica da razão pura* operava a dedução das categorias a partir dos três modos da síntese transcendental teórica, sem a qual nenhum conhecimento é possível. Assim também, a terceira seção da *Fundamentação* empreende uma dedução do imperativo categórico a partir da síntese prática pura, que, também ela, é uma síntese *transcendental* sem o que nenhuma práxis ética seria possível. As categorias só podem concordar com a intuição graças ao auxílio do esquematismo temporalizante da imaginação. Assim também a síntese prática deveria se realizar por meio de um esquematismo prático, permitindo ao imperativo categórico "encontrar um acesso à vontade", tornar-se um móbil para a ação. Pergunta-se em que medida essa dupla tarefa – de dedução *a priori* e da constituição de um esquematismo prático – terá sido levado a bom termo. A síntese transcendental teórica se caracteriza por três traços essenciais: 1) Em primeiro lugar, o juízo sintético *a priori* se distingue de um juízo analítico pelo fato de "sair [*hinausgehen*] de um conceito dado", parar relacioná-lo com "algo inteiramente outro [*etwas ganz anderes*]".[18] O outro do conceito é a intuição pura com a qual a categoria deve poder concordar *a priori*, e essa ultrapassagem, essa abertura para um inteiramente-Outro é o que constitui a *transcendência* da síntese pura e nos permite considerar a ética kantiana uma *ética transcendental*. "Transcendência" devendo ser aqui entendida como *transcender-se* rumo a um inteiramente-Outro = X,[19] e não em sua estrita acepção kantiana de um regime "transcendente" (ilegítimo) de nossas faculdades. No sentido em que o entendemos, a transcendência da síntese prática é, ao contrário, *aquilo que torna possível* o "uso imanente" (legítimo) da razão prática: trata-se, por assim dizer, de uma "transcendência na imanência", ou melhor, da transcência *da* imanência.[20] 2) Tal ultrapassagem necessita, todavia, de um "terceiro termo" (*ein Drittes*), um meio (*Medium*) "somente do qual poderá nascer a síntese", e este último só pode ser a forma *a priori* do sentido interno, o tempo. É justamente esse *medium*, essa relação com as formas puras da intuição que faz falta, quando se pretende aplicar as categorias fora do tempo a objetos puramente inteligíveis: por isso, seu conceito permanecerá "inteiramente vazio"; e, uma vez mais, é a mesma mediação temporal que será a chave do esquematismo, visto que o esquema é "determinação transcendental do tempo". 3) A temporalidade originária, na unidade de seus três horizontes, constitui assim (como bem vira Heidegger) o "meio", a "raiz" da síntese transcendental na unidade de seus três modos. Longe de reunir posteriormente

---

18 *CRP*, 1, p. 896 (TP, p. 160).

19 Isto é, no sentido que Heidegger dá a esse termo, em sua interpretação de Kant (o que não significa que aceitemos as análises heideggerianas em conjunto).

20 Que é então da imanência que tal transcendência pressupõe? Questão que, por ora, permanecerá em aberto.

elementos heterogêneos, a própria síntese brota de uma fonte única e a ligação por ela operada só faz averiguar a unidade daquilo que é "essencialmente uno".

Para que haja sín-tese em sentido transcendental, é preciso, por conseguinte: 1) que os dois elementos iniciais estejam em uma relação de alteridade radical, se não o juízo já não seria sintético, mas analítico, tautológico; 2) que exista um terceiro termo distinto dos dois primeiros, podendo assegurar sua ligação; 3) que essa relação com o inteiramente-Outro, essa transcendência da síntese prática tenha no entanto lugar no seio do Mesmo, na imanência; que os dois elementos e seu mediador sejam ontologicamente unívocos, se não seu laço não poderia ser atado. Nisso reencontramos os requisitos fundamentais da oposição-real, obstância e co-pertinência dos elementos opostos: com o problema da dedução das sínteses transcendentais (teórica, prática ou estética), é o motivo clandestino do pensamento kantiano, o fio vermelho da Oposição, que reaparece no coração das três *Críticas*.[21] Desde o *Ensaio* de 1763, todavia, ele se modificou e se enriqueceu, visto que a *Analítica trasncendental* introduziu a exigência de procurar um "terceiro termo" como mediador da oposição. No caso da síntese prática, parece – se seguirmos a terceira seção da *Fundamentação* – que "o conceito *positivo* de liberdade [fornece] esse terceiro termo".[22] Com efeito, essa síntese é tida como a que liga a liberdade da vontade com a Lei. Mas (objeção comum) a submissão da vontade livre a uma lei deveria aniquilar sua liberdade. A menos que essa lei seja uma lei *da* liberdade, que a própria liberdade seja definida "positivamente", isto é, como *autonomia* da vontade, como "a pro-

---

[21] Ou, se quisermos, é o ponto no qual o *nihil privativum* da oposição real reata com o *nihil originarium* da temporalidade como "origem" da trasncendência.

[22] *FM*, 2, p. 316 (D, p. 181).

priedade que ela tem de ser para si mesma a sua lei". Ao submeter-se a uma Lei que é a sua própria lei, ela só obedece a si mesma e assim, como teria dito Rousseau, permanece tão livre quanto antes: "Uma vontade livre e uma vontade submetida a leis morais são, por conseguinte, uma única e mesma coisa".[23] O conceito de autonomia parece capaz de assegurar a síntese, porquanto já é por si mesmo sintético, junta a liberdade do Si (*autos*) e sua relação com a lei (*nomos*), que, para uma vontade finita, só pode ser uma relação de submissão. E parece igualmente unívoco aos dois primeiros termos (terceira condição) e mesmo idêntico a eles: "Com efeito, a liberdade e a legislação própria da vontade, ambas são autonomia; por conseguinte, são conceitos recíprocos".[24] Porém, prossegue Kant, "é precisamente por isso que não é possível servir-se de um para explicar o outro". Pois então estaríamos limitados a "reconduzir representações aparentemente diferentes de um só e mesmo objeto até um conceito único"; apenas explicitaríamos, "do ponto de vista lógico", o conceito de autonomia, decompondo-o em seus dois elementos: ao conceito de vontade livre, acrescentamos a determinação *dessa mesma* vontade como "autônoma", simultaneamente livre e submetida à Lei, mas trata-se apenas de uma adição verbal que não permite concluir pela possibilidade *real* da liberdade. Em suma, teríamos tomado um juízo analítico (lógico) por um juízo sintético (transcendental), uma simples tautologia por uma solução positiva.

É raro que um pensador se volte repentinamente sobre seu próprio procedimento para colocá-lo em crise e arruinar suas conquistas. É o que acontece aqui, quando Kant rejeita subitamente a solução que acabava de dar para o problema da

---

23 *Ibid.* (D, p. 180).

24 *FM*, 2, p. 320 (D, p. 187).

síntese prática, denunciando-a como um "círculo vicioso manifesto de que, ao que parece, não há meio de sair". Tudo repousa nesse sofisma circular que os lógicos denominam um *dialelo*: a definição de autonomia serve para "fundamentar" a liberdade que, por sua vez, permite "fundamentar" a autonomia, isto é, a Lei, e unicamente pela virtude de uma palavra, da noção mágica de autonomia, a liberdade e a Lei se fundamentam reciprocamente. Com o detalhe de que, *na verdade*, nada foi fundamentado por uma autêntica dedução, nem a possibilidade real da liberdade que permanece uma simples hipótese, nem a da Lei que também aparece como uma espécie de postulado, "como uma demanda de adesão a um princípio [...] que nunca seríamos capazes de estabelecer como uma proposição demonstrável".[25] E menos ainda a possibilidade real da síntese da liberdade e da Lei, que fundamentaria a realidade prática do dever e do imperativo categórico: que nós possamos "nos considerar livres na ação e no entanto nos tomarmos como submetidos a certas leis [...], como isso é possível, e por conseguinte, *de onde vem que a Lei obrigue*, é o que ainda não podemos ver".[26] Se giramos em falso no círculo de uma tautologia, sem chegarmos a uma verdadeira síntese, é que, sem dúvida, falta a condição primeira de uma síntese transcendental, a alteridade radical de seus elementos entre si e em relação ao terceiro: o que falta é a própria transcendência, a exposição ao inteiramente-Outro. O conceito de autonomia não pode efetuar uma mediação entre a afirmação da liberdade e a livre submissão à Lei, porque não difere desses dois termos, porque lhes é conceitualmente idêntico, embora ambos os termos, assim envoltos num "conceito único", não difiram bastante de *si mesmos*. A única maneira de quebrar o

25 *FM*, p. 323-4 (D, p. 192).

26 p. 320 (D, p. 187).

círculo seria, então, abrir um horizonte de transcendência, marcar a distância entre a vontade e a Lei.

É nesse momento e com essa meta que Kant introduz uma temática nova, a qual não fora sequer evocada anteriormente na *Fundamentação*, a demarcação do mundo sensível e do mundo inteligível. Se o antigo dualismo platônico, reelaborado a partir da distinção crítica do fenômeno e da coisa em si, surge aqui como um *deus ex machina*, é, de início, para desatar o nó do dialelo, tentar reintroduzir o Outro, "transcendente", no seio do idêntico. Todos os dados do problema parecem então modificados. Posso doravante me considerar segundo dois pontos de vista radicalmente distintos: enquanto eu empírico, pertencente ao mundo sensível, estou submetido à causalidade natural e minha vontade permanece patologicamente afetada (heteronomia). Enquanto sujeito numenal, eu sou "espontaneidade", "atividade pura", faço parte do mundo inteligível onde minha pura e boa vontade só obedece à Lei da razão que ela edita como sua Lei (autonomia). O importante não é tanto a separação dos dois mundos quanto meu *duplo pertencimento* a esses mundos, o que permite que eu me represente *simultaneamente* como eu empírico submetido à Lei e como Sujeito inteligível, legislador dessa Lei. E sempre é *minha* vontade, *a mesma* vontade que eu concebo simultaneamente como vontade impura e má, e como a "vontade boa que [...] constitui a Lei para a vontade má [que eu tenho] enquanto membro do mundo sensível".[27] Eu (sujeito numenal) dou a mim mesmo (eu empírico) a Lei. Assim está fundamentada a síntese prática transcendental "e, assim, imperativos categóricos são possíveis em razão de que a Idéia de liberdade me faz membro de um mundo inteligível".[28] Dessa

27 p. 326 (D, p. 195).

28 p. 325 (D, p. 194).

vez, aparentemente, as condições da síntese são respeitadas, a distinção dos dois mundos bastando para estabelecer a alteridade dos dois termos, o duplo pertencimento de uma mesma vontade aos dois mundos servindo como terceiro termo mediador. Sustentada por uma síntese *a priori*, tão rigorosa quanto a síntese transcendental teórica, a filosofia prática parece, enfim, solidamente estabelecida.

De fato, nada menos certo que isso. Uma síntese pura requer, com efeito, dois elementos radicalmente distintos *e* um terceiro, diferente deles, que assegura a ligação. No caso da síntese prática, o primeiro termo é a vontade impura, o segundo, a pura vontade autônoma, e o "terceiro" não é outro senão essa mesma vontade pura enquanto ela dá sua Lei à primeria. O que equivale a dizer que *não há terceiro termo* distinto, no sentido de que, no esquematismo transcendental, a imaginação temporalizante se distingue tanto da intuição como do entendimento. Parece não haver sequer *segundo termo*, visto que à minha vontade impura se acrescenta somente "a *Idéia dessa mesma vontade*", de modo que a vontade, verdadeiro *factótum*, desempenha simultaneamente o papel do primeiro termo, do segundo e da mediação entre ambos. O que assim se acrescenta à vontade do eu empírico não é uma outra faculdade, sequer um outro modo real da mesma faculdade, mas somente uma *Idéia*: a entender em seu estrito sentido kantiano, como *ens rationis*, "conceito vazio sem objeto", impossível de ser apresentado em uma intuição. Espanta-se com o fato de que o autor da *Crítica da razão pura* tenha acreditado na possibilidade de fazer com que a dedução de uma síntese *a priori* repouse em uma simples Idéia. Seria solicitar a um conceito vazio, cuja realidade permanece indemonstrável, que fundasse uma possibilidade real. Ademais, é preciso notar que tal Idéia acrescentada à minha vontade é apenas *esta mesma vontade*, uma nova determinação conceitual da mesma faculdade, considerada ora num ora noutro dos diferentes pontos de vista. O que se parece com enganar-se no "manifesto círculo vicioso", há pouco denunciado: uma vez mais, dá-se por satisfeito ao decompor um conceito, há pouco o de autonomia (como livre/submissão à Lei) e agora o de vontade (pura/impura), dissociar logicamente os seus predicados para reassociá-los logicamente, sem jamais sair do conceito, transcendê-lo rumo a um Fora. Seria possível dizer, para retomar os próprios termos de Kant, que minha vontade impura e a Idéia de minha vontade pura são ambas minha vontade, "representações aparentemente diferentes de um único e mesmo objeto", o que deveria interditar "servir-se de uma para explicar a outra", fazer sua identidade analítica passar como uma ligação sintética.

A crise precedente não era uma simples finta, dramatização retórica destinada a valorizar a verdadeira saída: quando rejeitava a "solução" pela autonomia como um círculo vicioso, Kant estava, de fato, às voltas com uma real e grave dificuldade, e não é certo que suas posteriores tentativas para sair do círculo não o tenham afundado ainda mais na aporia. Nada prova que a Idéia de um mundo inteligível baste para fundar a transcendência prática, no sentido de que a auto-afecção temporal da imaginação constitua a transcendência da síntese teórica. Pois, simultaneamente, esse "mundo inteligível" é demasiado próximo do mundo sensível, não transcendente o bastante (no sentido metafísico) para permitir uma mediação sintética. Demasiado próximo, visto que, a despeito das aparências, Kant não é Platão, visto que o "mundo inteligível" kantianao não é um *outro mundo* realmente distinto daquele dos fenômenos, mas um *outro ponto de vista* sobre esse mundo,[29] de modo que a vontade pura não é realmente distinta da vontade empírica, mas só faz redobrar ou

---

[29] p. 330 (D, p. 202).

replicar seu conceito "em Idéia", sem nada trazer de verdadeiramente *outro*. Demasiado longínquo, em contrapartida, no sentido de que ambos esses mundos, se são idênticos *na realidade*, se opõem totalmente *segundo seu conceito*, não pertencem ao mesmo domínio, não dizem respeito ao mesmo uso de nossas faculdades: aqui, decerto, o que falta é a terceira condição da síntese, a exigência de univocidade ontológica ou de imanência, uma co-pertinência no interior de um meio comum. Aqui, em suma, esse pseudoconceito de "mundo inteligível" não serve para nada, não permite levar a termo a dedução, provar a realidade prática do dever.[30]

O que faz falta à síntese transcendental prática é aquilo mesmo que serve como terceiro termo para a síntese teórica, a temporalidade. Encontramos novamente a cruz da filosofia prática kantiana, a fonte principal de suas aporias, sua recusa de encarar uma temporalidade prática. Na falta de haver-se empenhado nesta via, o andamento da *Fundamentação* confina em um impasse. Incapaz de sair do conceito, de expô-lo ao inteiramente-Outro de uma transcendência ontológica, deve-se apelar para a "transcendência" ôntica de um "outro mun-

---

30 Sobre tais questões, cf. a análise de H.J. Paton, que conclui pelo "fracasso" da dedução da síntese prática na terceira seção da *Fundamentação*: "certamente não se trata de uma dedução [...]; menos ainda, podemos deduzir por inferência a necessidade de supor a liberdade – no sentido positivo – da pressuposição de que somos membros de um mundo inteligível [...]. Temos aqui uma nova proposição sintética *a priori*? Se for o caso, nossa dificuldade está simplesmente adiada, e devemos procurar ainda um outro 'terceiro termo' [...]. E mesmo que pudéssemos encontrá-lo (na Idéia de nosso pertencimento ao mundo inteligível) [...], não estaríamos obrigados a procurá-lo, uma vez mais, em outro 'terceiro termo' que pudesse reatar o ser racional à Idéia de um mundo inteligível? Parece que esse processo poderia prosseguir indefinidamente" (*The Categorical Imperative*, Hutchinson, 1945, p. 244-5).

do": à diferença trancendental requerida pela síntese, substitui-se então a diferença metafísica do sensível e do inteligível. Ao se esforçar para fundamentar uma "metafísica dos costumes", no sentido crítico, os Fundamentos teriam recaído na metafísica dogmática, porém, imprimindo-lhes um outro acento, uma nova marca histórica. Consideremos mais precisamente a noção kantiana de "mundo inteligível", não mais segundo o uso das faculdades por ele implicado, mas segundo seu conteúdo conceitual. Ele é introduzido na terceira seção, a partir da demarcação crítica dos fenômenos e dos númenos. Ora, no lugar de se ater ao conceito negativo de númeno como conceito-limite do objeto (incognoscível) de uma intuição intelectual (impossível), o texto vai, por meio de uma série de deslizamentos, conferir-lhe um sentido positivo. Inicialmente, por exemplo, na *Dissertação de 1770* e mesmo na *Analítica*, "o "inteligível" qualifica o objeto captado *pela* inteligência pura. Mas produz-se um deslizamento e esse termo designará cada vez mais o objeto captado *como* inteligência: não mais o *objeto* de um conhecimento in-finito, mas o *sujeito* de tal conhecimento. Novamente se encontra então a temática pré-crítica da carta a Herz: na *Fundamentação*, a distinção dos dois mundos opõe, de um lado, o horizonte da finitude em que nossas representações "vêm até nós de fora", em que o eu empírico "não se conhece tal como ele é em si", porque "ele não produz a si mesmo"; de outro lado, um mundo em que só haveria "atividade pura", em que "nós próprios produzimos [nossas representações]", "não por meio de uma afecção dos sentidos mas imediatamente".[31] Esse "Eu verdadeiro", essa "espontaneidade pura", criadora dos objetos de suas representações não pode ser senão *vontade*: segundo deslizamento, do *Eu penso* ao *Eu quero*, que marca o aporte definitivo da *Fun-*

---

31 *FM*, p. 321-2 (D, p. 188-9).

damentação, a certidão de nascimento da nova metafísica do Sujeito prático. Viragem que é possível balizar junto ao texto, que em algumas linhas nos faz passar do *Cogito* – "somente aí [no mundo inteligível] enquanto Inteligência que [...] o Eu verdadeiro é"[32] – ao *Volo* – "seu verdadeiro Eu, isto é, sua vontade".[33]

No entanto, a ambigüidade desse texto reside em que sua "modernidade", a posição do Sujeito como vontade, só vem à luz do dia ao ser suportada pela noção clássica de "mundo inteligível", ao se inserver em uma configuração tradicional, quase platônica, em que a posição do inteligível e do sensível recorta aquela do puro e do impuro, do bem e do mal. À definição criticista da "pureza", sinônimo de aprioridade, de independência em relação à experiência (que permitia à primeira *Crítica* conceber uma *sensibilidade pura*), sobrepõe-se, com efeito, sua significação tradicional de pureza *moral*. Atravessada pela clivagem dos dois mundos, a vontade do Sujeito se divide em uma pura vontade inteligível, que é boa, e uma vontade "afetada de desejos sensíveis", impura e, por conseguinte, má. Acompanhada pela conseqüência de que, se o mal provém somente da sensibilidade, se não há *mal radical* resultante de uma decisão livre, minha vontade pura é *absolutamente* boa, não pode querer senão o Bem. Ela, que "constitui a Lei para [minha] vontade má", adere necessariamente à Lei que ela prescreve: "Se portanto eu fosse membro unicamente do mundo inteligível, minhas ações seriam perfeitamente conformes ao princípio da autonomia da vontade pura".[34] Todo o mal provém de que pertenço *também* ao mundo sensível, da presença, "sob" a vontade boa, de uma

---

[32] p. 330 (D, p. 200).

[33] p. 330 (D, p. 201).

[34] p. 324 (D, p. 193).

outra vontade impura e heterônoma. Considerada "enquanto pertence ao mundo inteligível", fora de sua relação com a vontade impura, a vontade boa sempre é, *por essência*, perfeitamente autônoma, ela *é* autonomia. É exatamente assim que se define a vontade *santa* do Ser infinito, a autonomia absoluta do Soberano no reino dos fins, e tal in-finitude quase divina é a própria essência de nossa vontade e de nosso "verdadeiro" Eu. Terceiro e último deslizamento onde a deriva metafísica acaba como apoteose: inicialmente caracterizado como objeto de um conhecimento in-finito, o inteligível tornou-se Sujeito desse conhecimento, Inteligência; em seguida, Vontade inteligível, isto é, pura e boa; enfim, Vontade in-finita, absolutamente boa. Esses deslocamentos sucessivos coincidem com uma ultrapassagem da finitude, uma progressiva *absolutização* do Sujeito autônomo que prefigura a parousia dialética do Espírito Absoluto.

Apesar de tudo, essa instância crítica da finitude não será suspensa: o que retém a *Fundamentação*, para que não desague em uma metafísica do Sujeito Absoluto – o que faz com que Kant ainda não seja Hegel – é a manutenção do limite assinalado ao nosso poder de conhecer. A construção especulativa do mundo inteligível é logo seguida de um movimento de recuo, onde Kant reafirma que nada poderíamos conhecer de tal mundo; que "a razão transporia todos os seus limites [...], se empreendesse *explicar-se* como uma razão pura pode ser prática [...], *como a liberdade é possível*"; por conseguinte, que "a realidade objetiva [da liberdade] é em si duvidosa", "só vale como uma suposição"; enfim, nas últimas linhas do livro, que "sem dúvida não compreendemos a necessidade prática incondicionada do imperativo moral".[35] Isto é confessar o fracasso de seu projeto: a limitação das duas primeiras

---

[35] p. 337 (D, p. 209).

seções não foi sobrepujada e não se conseguiu passar da possibilidade lógica do imperativo à sua possibilidade real. Com sua dedução repousando na Idéia de um mundo inteligível, era impossível estabelecer a realidade objetiva do imperativo sem afirmar, em um único lance, a realidade desse mundo, forçado lance metafísico que violava os princípios da Crítica. Nisso, Kant não pôde se resolver e o "mundo inteligível" permanecerá como uma Idéia problemática, incompreensível, impotente para fundamentar a síntese prática, mostrar "donde vém que a Lei prática nos obrigue". A principal conquista da *Fundamentação*, a determinação positiva da liberdade como autonomia, parece igualmente comprometida: na falta de uma autêntica síntese, os dois elementos do conceito, a liberdade do *autos* e sua relação com o *nomos*, continuam a se opor sem mediação. Enfim, a ameaça da ilusão prática não foi verdadeiramente afastada. Ao situar a liberdade prática na experiência, como um fato psicológico, o *Cânon* não conseguia garantir a *pureza* da Lei. Pelo contrário, ao tentar deduzi-la *a priori*, "independentemente de todos os fatos dados", a *Fundamentação* não chegava a estabelecer sua *realidade*. O Gênio Maligno kantiano não foi vencido: diferentemente do *Cogito* cartesiano, o *Volo*, como vontade pura do Sujeito, permanece como uma hipótese desprovida de toda certeza apodítica e não se poderia provar que ele não se reduz a uma simples ilusão. Em sua tentativa de escapar do impasse do *Cânon*, a *Fundamentação* confina, assim, em um impasse. Para suspender a aporia, seria preciso partir de um fato (contra o apriorismo dogmático da *Fundamentação*) *e*, simultaneamente, não abandonar o plano da razão pura (contra o empirismo do *Cânon*). Seria preciso pôr a realidade da liberdade ou da Lei como um fato tal, porém, que ele não fosse mais um fato empírico: como um fato da razão pura. O que a rigor, em boa doutrina kantiana, tem tanto sentido quanto um círculo quadrado.

Essa "solução" aberrante, esse monstro conceitual é, no entanto, a única saída que resta, e nessa via é que se empenhará a *Crítica da razão prática.* Após ter seguido o percurso tortuoso da *Fundamentação*, suas hesitações, suas derivas e suas crises, não há como não se surpreender com a mudança de tom, manifesta desde as primeiras linhas, por esse grito de vitória em que se proclama que a razão pura "é realmente prática"; que ela "demonstra sua realidade e a de seus conceitos pelo fato [*durch die Tat*]"; que assim está "solidamente estabelecida a liberdade transcendental", "pois essa Idéia se revela [*offenbart sich*] pela Lei moral"; que, dela, todas as Idéias recebem "consistência e realidade objetiva" e que, assim, se acha resolvido o enigma da Crítica. Da *Fundamentação* à segunda *Crítica*, a abordagem foi completamente modificada: no lugar de procurar como a realidade objetiva do dever poderia nos ser dada, constata-se que ela nos *é* realmente dada. De agora em diante, no lugar de uma dedução "independente de todos os fatos", parte-se da revelação da liberdade pela Lei e da própria Lei por meio de um fato, que "não é um fato empírico, mas o fato único da razão pura que assim se proclama como originariamente legisladora (*sic volo, sic jubeo*)".[36] Desse fato, que fundamenta a certeza incondicionada do *Volo*, nos é declarado que ele é "indubitável", e o engodo da ilusão prática se esvancesce como um sonho mau; que ele "a nós se impõe" como "proposição sintética *a priori* que não está fundamentada em nenhuma intuição", e a síntese prática se acha subitamente fundamentada; que ele "serve de princípio à dedução" da liberdade, que ele

[36] *CRp*, p. 645 (Vrin, p. 45). Sobre o recurso ao *factum rationis* como "resposta" (problemática) ao caráter "contraditório e inacabado" das precedentes tentativas de dedução do princípio prático, cf. D. Heinrich, "Der Begriff der sittlichen Einsicht und Kants Lehre von Faktum der Vernunft", in Kant. *Zur Deutung seiner Theorie von Erkennen und Handeln*, Kiepenheuer und Witsch, 1973, p. 223-54.

"se confunde com ela",[37] – e a impossibilidade de operar tal dedução, o difícil problema da relação da liberdade e da Lei – tudo isso desaparece como por milagre. O título da última seção da *Fundamentação* anunciava a *"passagem a uma crítica da razão prática pura"*. De saída, o prefácio da *Crítica* põe que tal crítica seria inútil, que o uso prático da razão pura nunca é transcendente, "como acontece com a razão especulativa":[38] que não poderia haver ilusão da Lei.

O que subverte todos os dados, o que marca com nulidade aquelas aporias, "raciocinações" que nos "lançavam em um abismo de ceticismo",[39] é a evidência irrecusável do *factum*. Entre o escrito de 1785 e o de 1788, teria havido efetivamente algo como uma "revelação"? A menos que a *revelação* primordial já não tenha tido lugar, que não coincida com a descoberta da "lei oculta" e vitoriosa sobre o mal: terá sido necessário um prazo de vinte e cinco anos para que a experiência ética originária reencontre um lugar no pensamento kantiano... Porém, será um eco da "lei de Rousseau", daquela "voz da Consciência" que nos afeta no sentimento, que se deixa ouvir no *factum* da razão prática? Essa evidência do *factum*, tal facticidade da Lei, Kant a descreve aqui como uma *doação* idêntica à sua *revelação*, uma descoberta que se dá, o *dom da Lei*: pois "é a Lei ética de que temos imediatamente consciência que de início se oferece a nós".[40] Antes mesmo de compreender o que a Lei ordena, temos consciência de que *há* a Lei, de que ela nos é dada. O que se denomina razão pura prática nada mais é que essa oferenda, esse descobrimento que "dá ao homem uma lei universal por nós chamada de Lei

[37] *CRp*, p. 658 e 665 (Vrin, p. 55 e 61).

[38] p. 609 (Vrin, p. 15).

[39] Cf. p. 609 e 644 (Vrin, p. 15 e 44-5).

[40] 2, p. 642 (Vrin, p. 43).

ética",[41] de modo que o "fato único" da razão se confunde com o dom da Lei pela razão em que ela se revela *ursprünglich gesetzgebend*, originariamente doadora-de-Lei. Como se opera tal doação-de-Lei? "Nós podemos", responde Kant, "nos tornar conscientes das leis práticas puras [...] se atentarmos para a necessidade com a qual a razão no-las prescreve".[42] Para um existente finito, a doação originária é uma revelação que é também *prescrição*, revela-se em uma injunção que obriga, e o nome de "razão pura prática" designa apenas a necessidade incondicionada dessa livre obrigação.[43] Nesse sentido, a doação da Lei pela razão é, em verdade, autodoação e auto-revelação originária da Lei *por si mesma*. Dom da Lei pela Lei que se oferece inicialmente a nós. Se a autonomia se define como o poder de se dar a Lei, é preciso então admitir que a autonomia *originária* não é a da vontade que se submete livremente à Lei, mas a autonomia do próprio *Nomos*, a autodoação da Lei.

Nisso, ao dar-*se* originariamente, a revelação ética se apresenta como um dado primeiro que se encontra e que obriga, como um *fato*. O que significa, antes de tudo, que a razão humana não é o autor da Lei, não a cria livremente, mas a recebe passivamente, numa passividade originária que é a marca de nossa finitude prática. Nesse sentido, o *factum rationis* seria menos o fato *da* razão – o que ela "faz" ao (se) fazer Lei – do que um fato *para* a razão, que ela não se dá mas que lhe é dado, imposto pela Lei como se lhe adviesse do

---

41 p. 645 (Vrin, p. 45).

42 p. 642 (Vrin, p. 43).

43 Evitar-se-á, certamente, hipostasiar a "razão prática", fazer dela a fonte ou o sujeito da Lei: pois "a realidade objetiva [...] de uma razão pura prática é dada [*gegeben*] *a priori* na Lei moral, de algum modo, por um fato" (2, p. 674, Vrin, p. 68). E, pelo fato da razão, o dom da Lei se identifica com esse dom do *factum*, por e "na" Lei.

Fora.[44] A paradoxal facticidade da Lei significa que "a nós ela se impõe por si mesma"[45] e "mantém-se solidamente por si mesma",[46] sem se deixar "deduzir sutilmente de dados anteriores", sem se fundar em uma instância mais originária, em um poder da Razão ou do Sujeito, em uma Idéia do Bem ou da vontade de Deus, ou até mesmo na verdade do ser. Inútil, doravante, perguntar-se "de onde vem que a Lei ética nos obriga", já que seu caráter de obrigação é originário, pertence a seu modo de doação, já que ela não se dá a um sujeito finito senão obrigando. Assim, a facticidade da Lei implica que ela se revela por si mesma numa "consciência imediata", mas igualmente, que ela se impõe por si mesma ao "determinar imediatamente a vontade". Que ela se dê simultaneamente como verdade e como obrigação, e que essas duas vertentes do *factum* coincidam no acontecimento único de sua doação, naquela compreensão ética originária em que acolher a prescrição já é compreendê-la e compreender já é submeter-se a ela. Faltavam palavras a Kant para que nomeasse essa revelação sem intuição de uma verdade não teórica, mais inicial que toda distinção entre teoria e prática. É notável que, apesar de tudo, tenha tentado subtraí-la à evidência da clareza representativa, ao horizonte de luz do *eidos* e da *theoria*. Da Lei, ele escreve que nós a "conhecemos", "sem todavia apercebê-la",[47] que ela "não se dá à vista", mas é "um fato absolutamente inexplicável",[48] impossível de "esclarecer" teoricamente pelo

44 "Se essa Lei não fosse dada em nós mesmos, não poderíamos inventá-la por meio de nenhuma sutileza da razão, nem, por meio de alguma tagarelice, impô-la ao arbítrio" (*Religião*, 3, p. 38 (Vrin, p. 45)).

45 2, p. 645 (Vrin, p. 45).

46 2, p. 665 (Vrin, p. 61).

47 2, p. 610 (Vrin, p. 16).

48 2, p. 659 (Vrin, p. 56).

conceito ou pela intuição: por isso, sua revelação nos atinge como uma voz (*Stimme*), um chamado (*Aufruf*).[49] Tal vocação imperativa é o *factum*, a revelação primeira, precedendo toda formulação do imperativo, toda determinação positiva do dever. Antes de nos representarmos o que a voz nos comanda, ouvimos inicialmente que há a voz, reconhecemos que é a voz da Lei, que seu chamado nos é endereçado. A facticidade da Lei significa que seu chamado "se impõe por si mesmo", nos capta e nos arrebata, de modo que nos é impossível não ouvi-lo. A possibilidade da filosofia prática, escreve Kant, seria "totalmente aniquilada se, para a vontade, a voz da razão não fosse tão evidente, tão impossível de cobrir, tão perceptível [*vernehmlich*] mesmo para o homem mais comum".[50] Assim, a consciência da Lei se apresenta (como em Rousseau) enquanto voz da Consciência que chama o homem, que o invoca a si mesmo a partir de sua mais profunda decadência: pois ela é "incorporada [encarnada: *einverleibt*] em seu ser. Quando pensa lhe escapar, sua Consciência o segue como a sua sombra. Pode aturdir-se ou adormecer por meio de prazeres ou distrações, mas não poderá evitar, uma vez ou outra, voltar a si ou acordar, desde que tenha percebido sua voz terrível. Pode ocorrer ao homem cair na mais extrema abjeção em que não mais se preocupe com essa voz, no entanto, não pode evitar ouvi-la".[51]

Porém, esse chamado que o assedia e obseda, como estar certo de que é mesmo a voz da Lei? Não será preciso distinguir dessa voz ruidosa, do "tribunal interior" que acusa e condena, o puro chamado da Lei? Segundo que critério, segundo que "lei"

---

49 Sobre essa noção de *Stimme der Vernunft*, cf, *CRp*, 2, p. 650 (Vrin, p. 49), assim como *CJ*, § 26, 2, p. 1022 (Vrin, p. 93); cf. também o § 28, que a designa como um "chamado" (*Aufruf*), p. 1032 (Vrin, p. 100).

50 *CRp*, 2, p. 650 (Vrin, p. 49).

51 *Doutrina da virtude*, § 13, 3, p. 727 (Vrin, p. 113).

operar essa distinção? Como julgar a proveniência ou a evidência não teórica tida como a que atesta a verdade do *factum?* Como assegurar-se de que ela se subtraiu à Aparência, que a consciência da Lei no *factum* não é ilusão? Para Kant, tais questões nem chegam a ser colocadas. No *finale*, tão célebre e tão mal compreendido da *Crítica*, no "céu estrelado acima de mim e a Lei moral em mim", ele declara que "trata-se de duas coisas que eu não tenho de procurar nem conjecturar fora de meu horizonte [meu círculo-de-visão: *Gesichtskreise*], como se estivessem veladas de trevas ou situadas em uma região transcendente; eu as vejo diante de mim [*ich sehe sie vor mir*] e as vinculo imediatamente à consciência de minha existência".[52] Assim, desde sempre, parece que a Lei tenha sido dada a todo homem, nessa clara evidência de um saber sem véu: pois "esse princípio não solicita nem busca nem descoberta; ele está, há muito tempo, na razão de todos os homens e encarnado [*einverleibt*] em seu ser".[53] A verdade da Lei é que ela se mostra e se dá por si mesma sem que tenhamos de demonstrá-la ou deduzi-la; ademais, para Kant, pouco importa se sua doação é designada, ora como chamado de uma voz, ora como encarnação em meu ser, ou mesmo como um ver, a simples visão daquilo que está aí-diante-de-mim, me circunda e se oferece por toda a parte à minha vista, como o céu estrelado.

Opera-se, entretanto, um deslizamento, quando essa revelação é determinada como dado *imediato* a uma *consciência*, como uma evidência que não pode deixar de ser compreendida como uma captação intuitiva, e, finalmente, como *conhecimento* objetivo. Com efeito, sob tal noção de "imediatez", Kant tende a confundir o caráter *originário* da doação-da-Lei, isto é, a impossibilidade de derivá-la de outra instân-

52 *CRp*, 2, p. 802 (Vrin, p. 175).

53 *CRp*, 2, p. 736 (Vrin, p. 117-8).

cia, e o caráter *direto*, sem distância e "sem véu" de sua manifestação: não encara sequer que aquilo que se mostra por si mesmo, o parecer da Lei no *factum*, possa se retirar, se resguardar em sua aparição, que o dom da Lei possa ser tanto mais originário quanto mais dissimulado; que ele seja o que há de mais próximo, a carne de minha carne, e por isso mesmo o mais longínquo, o de mais difícil acesso. Para ele, o que se mostra originariamente *por si mesmo* deveria, forçosamente, mostrar-se tal como é *em si mesmo*. Pois a impossibilidade de conhecer a coisa-em-si, a possibilidade da ilusão e da errância, a própria finitude, é impotente para conhecer aquilo que não foi criado por si mesmo: se o eu finito não pode "conhecer-se a si mesmo tal como é em si" é porque "não produz a si mesmo".[54] É significativo que a revelação da Lei não seja designada como uma doação, mas como *factum*: o que a razão prática fez, a Lei que ela se fez, que produziu por si mesma. Ao conceber o parecer da Lei como um fazer, seu mostrar-se-por-si como produção de si, corre-se o risco de voltar à temática da carta a Herz, representar-se a autodoação da Lei como autoprodução que se desvela imediatamente na evidência de um Saber de si e criador de si, liberto da finitude e da Aparência.

Sem dúvida seria possível escapar a essa deriva, estabelecendo as condições de possibilidade da doação da Lei, tentando compreender como ela pode se unir sinteticamente a uma vontade finita. Aqui, porém, tal dedução transcendental faz falta, inteiramente. Sobre a aporia da *Fundamentação*, impossibilidade de operar a dedução da síntese prática, a *Crítica* será peremptória: declararando, de saída, que "nenhuma dedução pode demonstrar a realidade objetiva da Lei moral, qualquer que seja o esforço feito pela razão teórica ou

---

54 Cf. a passagem, já citada, de *FM*, 2, p. 321 (D, p. 189).

especulativa, ou mesmo pela razão auxiliada pela experiência", mas que ela "se mantém, não obstante, solidamente por si mesma".[55] Kant faz tanta questão de afirmar seu caráter originário, a impossibilidade de a "deduzir", de a derivar de outro princípio, que ele se recusa a deduzi-la em sentido transcendental, estabelecer suas condições de possibilidade e de legitimidade. Não é certo, entretanto, que um princípio originário, impossível de se deduzir no primeiro sentido, não requeira uma dedução no segundo sentido, sobretudo se tal princípio se apresenta em uma síntese *a priori*. Assim, a questão da *Fundamentação* permanece aberta, a possibilidade da síntese prática da Lei e da vontade, expressa pela "proposição sintética" do imperativo categórico. Longe de trazer-lhe uma solução, a *Crítica* ainda agrava a dificuldade ao afirmar que tal síntese não pode se fundamentar em nenhuma dedução: com isso, já não se vê *com que direito* afirmar a possibilidade *real* (e não somente lógica) do imperativo categórico, e bem parece que a aporia da terceira seção da *Fundamentação* não foi ultrapassada.

Diferentemente da síntese transcendental teórica, a síntese prática não deve ser baseada "em nenhuma intuição, seja pura, seja empírica". Falta-lhe assim a condicão primeira de toda síntese transcendental, a ultrapassagem do conceito rumo ao inteiramente-Outro da tese transcendental, a alteridade radical de seus elementos constitutivos, e como a *Crítica* recusa-se a admitir uma temporalidade prática, tal síntese carece igualmente do terceiro termo mediador que lhe daria sua unidade. Seria possível supor (na falta de explicações, o leitor fica reduzido a elaborar conjecturas...) que, na consciência da Lei, um elemento *ocupasse o lugar* de intuição pura e assim permitisse fundamentar a trasncendêndia prática. Esse substituto

55 *CRp*, p. 664-5 (Vrin, p. 60-1).

da intuição impossível deveria pertencer ao horizonte da Lei, sem o que nenhuma ligação sintética seria possível, e, não obstante, demarcar-se da Lei, diferenciar-se suficientemente para abrir a distância de uma transcendência: ele seria aquilo que, na doação da Lei, não é a própria Lei. Não se vê o que poderia assegurar essa função. Se não for o *factum*, a facticidade mesma da Lei, que não caracteriza a Lei *como tal*, mas somente um de seus modos de doação, sua maneira de se dar uma razão finita; que, portanto, não se identifica absolutamente com a Lei, permanecendo como o fato da Lei. A possibilidade da síntese prática repousaria, então, no duplo caráter de um "fato/da razão" em que, à pura racionalidade da Lei, alia-se a facticidade de uma quase-intuição. Entretanto, será possível fundamentar uma síntese em duas "representações aparentemente diferentes de um conceito único" (aqui: as duas determinações do "fato da razão"), sem cair num "círculo vicioso", tautológico, semelhante ao dialelo denunciado da *Fundamentação*? E se supusermos que a facticidade da Lei é distinta de sua racionalidade, que ela se dá efetivamente num tipo de intuição (embora Kant afirme o contrário...), continuamos sem ver que terceiro termo poderia assegurar sua síntese. Na ausência de toda mediação sintética, a *Crítica* se condena a oscilar entre dois pólos do *factum*, pendendo ora para a facticidade, ora para a racionalidade.[56] Assim, o pensamento de Kant não hesita entre duas perspecti-

---

56 À questão de saber "como é possível a consciência dessa Lei moral", Kant responde que "podemos nos tornar conscientes das leis práticas puras [...] se atentarmos para a necessidade com a qual a razão no-las prescreve, fazendo nós próprios abstração de todas as condições empíricas que ela nos indica". Trata-se de um "conhecimento racional por simples conceitos", operação puramente intelectual que "não poderia ser confirmada pela experiência" (p. 664; Vrin, p. 61). Mas lhe ocorre declarar, ao contrário, que a "experiência confirma assim essa ordem dos conceitos em nós" (p. 643; Vrin, p. 43) e assim reforçar sua análise por meio de exemplos, aqueles apólogos bem conhecidos

vas contraditórias, seja ao reabsorver a facticidade da Lei na pureza da razão, pondo-a "independentemente de todos os fatos – e volta-se então à aporia da *Fundamentação* –, seja ao reduzi-la à facticidade de uma lei empírica, a de uma "coisa de fato" (*res facti*) – e corre-se o risco de recair na aporia do *Cânon*.[57]

É estranho que Kant, quando pretendia fundamentar todo o sistema da Crítica em um "fato único", nunca tenha se interrogado sobre o estatuto desse fato, que não tenha sequer se dado ao trabalho de o definir de maneira precisa. Quando o evoca pela primeira vez, ele o assimila inicialmente à *consciência da Lei* ("pode-se denominar a consciência dessa Lei fundamental um fato da razão"), mas também lhe ocorre identificá-lo *à própria Lei* ("A Lei moral nos é dada, de certa maneira, como um fato").[58] Pode-se julgar que tal distinção tem pouca importância, que por meio dela Kant designa diferentes aspectos do único acontecimento do *factum*. Há no entanto certa diferença entre a revelação *da* Lei como "consciência imediata" e sua revelação *com* uma consciência, que dá lugar a certa distância entre Lei e consciência-da-Lei, distância que novamente tornaria possível a ilusão prática.[59] Seria possível considerar, com efeito, que haja uma *falsa consciência da Lei*,

---

do depósito, da forca, do mau intendente. Chega a sugerir que tal apelo à experiência não se reduz a uma simples "confirmação" ilustrativa, que uma "experimentação [*Experiment*] da razão prática" é necessária para fundamentar o princípio ético" (cf. a espantosa passagem da p. 720; Vrin, p. 106).

57 É o declive seguido pelas obras ulteriores. Cf. *CJ*, § 91, 2, p. 1279 (Vrin, p. 276), sobre a liberdade como *res facti* e sobretudo o *Opus Postumum*: "É um fato (*res facti*) que esta Lei está em nós e que é a Lei suprema" (por volta de 1796) (XXIII, p. 378).

58 Cf. *CRp*, p. 664 (Vrin, p. 60 e 68).

59 Se o *factum* não é a Lei mas somente a consciência dessa Lei, seria preciso se perguntar se é possível "operar a passagem do fato indiscu-

chamado enganoso de uma pseudolei impura que não obstante se impõe "como um fato", como a "lei" de Hitler se impõe a Eichmann... Pela brecha assim aberta, por meio desse hiato entre o fato e a Lei, vão penetrar os pensamentos da Suspeita, prontos para desmascarar, por trás do fato da razão pura, a obra de uma potência "impura", vontade de vingança niilista ou "imperativo inconsciente" do Supereu. A facticidade da Lei seria puramente *factícia*, isto é, *fictícia*, simples finta ou fetiche, ilusão da razão.

A objeção da "falsa consciência" só pode ser afastada se se admitir que a Lei como tal é o *factum*, que sua doação e sua revelação constituem uma só. Então, uma nova dificuldade se apresenta: mesmo se a *consciência* de que a Lei existe se impõe como um fato incontestável, mesmo se esse fato é *verdadeiro*, isso não implica que o seja nosso *conhecimento* acerca daquilo que a lei prescreve. Poderíamos ter consciência de *que* a Lei nos obriga sem compreender *a que* ela nos obriga, compreendendo-a de maneira falseada. Em que consiste, portanto, o *factum*, e até onde se estende a sua evidência? Será que ele nos dá não apenas consciência da Lei, mas também conhecimento daquilo que ela prescreve? Ou nos revela simplesmente que *existe a Lei*, sem nos entregar o menor conhecimento acerca dela? Entre essas duas opções, a *Crítica* parece no mais das vezes adotar a primeira, declarando que, no *factum*, "os conceitos práticos *a priori* [...] se tornam imediatamente conhecimentos",[60] sustentando que esse conhecimento objetivo da Lei e do dever já está sempre dado no "mais comum uso prá-

---

tível (o de que somos conscientes da lei moral) ao fato discutido (que há uma Lei que só pode provir da razão pura prática" (Cf. L.W. Beck, *A commentary on Kant's "Critical of Practical Reason"*, Chicago University Press, 1960, p. 169).

60 *CRp*, 2, p. 688 (Vrin, p. 79).

tico da razão", como se acompanhasse necessariamente a consciência da Lei presente em cada um de nós. Kant sempre admite a existência de um *senso comum prático*, um "entendimento moral comum", profundamente sadio, de modo que teria se contentado em formular e explicitar seu saber imediato.

Crença ingênua, à qual se opõe a exigência, reafirmada na *Crítica*, de uma ruptura com o conjunto da tradição e das morais comuns, inteiramente submetidas aos princípios da heteronomia, impotentes para superar a antinomia do Soberano Bem, e seus reiterados alertas contra o perigo de "subrepção" na determinação do móbil ético – "ilusão que mesmo o homem mais experimentado não pode evitar inteiramente" – que constantemente corre o risco "de rebaixar e desfigurar [*verunstalten*] a Lei".[61] O que leva a supor que não há senso comum moral, ou que ele poderia se fundamentar numa ilusão prática, uma subrepção da Lei: é por meio de uma violenta cesura que seria preciso arrancar-se à moral comum para dar acolhida à Lei. Aliás, sabemos que, em Kant, a revelação da Lei sobrevém como um acontecimento singular (uma "revolução", uma "explosão", diz ele); ele só conseguiu pensá-la ao término de uma longa busca. Essa necessária ruptura com a tradição atesta uma não-verdade inicial da Lei, uma distância entre a doação da Lei e sua manifestação à consciência, e o que vale para o autor da Crítica valeria igualmente para todos os que não pensam a Lei mas lhe dão acolhida em sua existência. Mesmo que reconheçamos que a doação-da-Lei no *factum* é verdadeira, isso não é suficiente. Não basta afirmar que a Lei se revela verdadeiramente em sua doação: é preciso perguntar-se, ademais, *como* ela se revela e *o* que ali se revela. É uma *crítica da razão prática pura* que se trata de

---

61 *CRp*, 2, p. 751 (Vrin, p. 131-2).

empreender, é a possibilidade de seu uso transcendente, de uma ilusão prática da razão pura que, a partir de Kant e apesar de Kant, será preciso considerar.

Na revelação ética, atinge-nos um chamado que reconhecemos como proveniente da Lei, a nós destinado, prescrevendo tal ação como dever, proscrevendo uma outra como má; e tal consciência imediata da Lei determina imediatamente a vontade para agir, cumprir a ação que a Lei comanda. A partir do momento que admitimos a possibilidade de uma não-verdade ética, de uma ilusão da razão prática pura, nenhuma de suas afirmações se torna problemática. Seria possível que tomássemos uma injunção patológica como a voz da Lei, que uma "falsa consciência" prática fosse possível, uma *dis-simulação* da Lei. E mesmo se o chamado proviesse da Lei, se sua origem fosse autêntica, seria possível que o sentido do chamado, a compreensão do dever que a Lei prescreve estivesse falseado, que houvesse *desfiguração* da Lei. Ou ainda, que o cumprimento do dever seja irrealizável, que a Lei comande o impossível, tornando-se assim "fantasmática e vã"[62] – *deficiência* da Lei. Exceto a última hipótese, que será objeto da *Dialética da razão prática*, esse tipo de interrogação não tem lugar no pensamento kantiano. Kant se deu por satisfeito ao afirmar que há consciência da Lei, que ela nos é realmente dada. É o seu modo de *doação* que é preciso tentar elucidar: quando tivermos compreendido "como é possível a consciência dessa Lei moral", talvez saibamos do que é que temos consciência no *factum* e se tal consciência pode ser ilusória. Bem parece, em todo caso, que a *consciência* imediata da Lei nunca seja suficiente para fornecer um *conhecimento* determinado. Se nos ativermos unicamente ao plano da consciência da Lei, não há de se temer nenhuma ilusão, o risco de erro só aparece

62 *CRp*, 2, p. 747 (Vrin, p. 129).

quando dele se pretende extrair um conhecimento objetivo: "uma consciência [no sentido ético: *Gewissen*] que se engane é algo sem-sentido"; – em contrapartida, "quando se trata de julgar objetivamente se algo é ou não um dever, por vezes é possível se enganar".[63] Assim, poderíamos reconhecer que a Lei existe e que ela nos obriga, ao mesmo tempo em que nos enganamos sobre o sentido dessa obrigação; nos submetemos a seu imperativo, ao mesmo tempo em que o transgredimos; transgredi-lo tendo a ilusão de obedecer... Situação paradoxal que não escapou a Kant: é para dar conta disso que ele distingue *submissão* à Lei e *obediência* a seu imperativo. A consciência-da-Lei como *factum* é "consciência de uma livre submissão [*Unterwerfung*] da vontade à Lei": *sujeição* ética à Lei que se impõe necessariamente a todo ser racional. Todavia, no caso de um ser racional finito, cuja vontade não é santa, uma transgressão da Lei é sempre possível: mesmo se a vontade humana permanece constantemente "sob" (*unter*) a Lei, ela não age forçosamente "segundo" (*nach*) a Lei,[64] e sua sujeição à Lei nem sempre implica obediência, isto é, compreensão daquilo que a Lei comanda e decisão de conformar sua máxima a ela: aliás, é por isso que a Lei se apresenta a uma razão finita no modo imperativo. Entretanto, que haja ou não conhecimento do dever, que o sujeito escolha obedecer ou desobedecer, apesar de tudo ele permanece submetido à Lei, sujeito-à-Lei.[65]

---

63 *Introdução à doutrina da virtude*, 2, p. 683 (Vrin, p. 72).

64 *CJ*, § 87, nota 2, p. 1255 (Vrin, p. 256).

65 Sem dúvida, é para fixar e consolidar tal distinção entre sujeição e obediência que, finalmente, Kant chegará atribui-las a duas faculdades diferentes, distinguir a vontade pura (*Wille*), que sempre é vontade-sob-a-Lei, e arbítrio (*Willkür*), como princípio da escolha das máximas, capaz de se decidir a favor ou contra a Lei e que, "por si mesmo, portanto, nem sempre se conforma à vontade pura, mas, ao contrário, freqüentemente lhe resiste" (Cf. *Introdução* à *metafísica dos*

Para Kant, trata-se de uma evidência incontestável que se possa infringir a Lei ao mesmo tempo em que a ela se permanece submetido, que o pior criminoso "reconhece [*erkennt*] a autoridade [da Lei] violando-a".[66]

Mas o que significa esse "reconhecimento"? Será preciso reconhecê-lo como um conhecimento determinado da Lei, ou somente como consciência-da-Lei, reconhecimento do fato de que a Lei existe? Diversos casos podem se apresentar: 1) no caso mais simples, o único assinalado por Kant, há passagem imediata da consciência-da-Lei ao conhecimento da Lei e do dever, da sujeição à obediência, ou melhor, à escolha entre obediência e desobediência. Nesse caso, o criminoso sabe o que a Lei prescreve, compreende que sua ação é má e assim mesmo decide realizá-la. Mas é igualmente possível considerar 2) que a consciência-da-Lei não fornece nenhum conhecimento determinado do dever, que se possa "reconhecer a autoridade da Lei" sem conhecê-la, ter consciência da Lei sem saber o que ela ordena. Ou ainda, 3) que ela fornece um falso "conhecimento" acerca disso. No segundo caso, o sujeito sabe que a Lei existe, sem compreender o que ela prescreve. A sujeição à Lei já não implica forçosamente obediência, visto que o sujeito não sabe se transgride ou não a Lei, se já a transgride desde sempre. Mais enigmático que o "enigma da Crítica" é o *enigma da Lei*, o de um Chamado que comanda sem dizer o que ele comanda. Assim, atingir a Lei é algo experimentado na angústia, no sentimento de uma radical indeterminação, que se refere tanto à *origem* da prescrição (será que é a Lei que me chama?) quanto à sua *destinação* (será que é a mim que ela

---

costumes (1796), 3, p. 467-8 e 473-7). O que fará do *Willkür* – mais exatamente: do "arbítrio inteligível" – a sede de uma liberdade originária, do poder de escolher entre a Lei e o mal radical.

66 *FM*, 2, p. 326 (D, p. 196).

chama?) e a seu *sentido* (o que quer dizer seu chamado? o que ela quer de mim?). Essa angústia, inerente a nosso respeito pela Lei, desaparece quando o sujeito decide obedecer à injunção, qualquer que seja ela. Ora, se a Lei nunca se dá "sem véu", se o conhecimento da obrigação não acarreta forçosamente uma compreensão justa dessa obrigação, pode ocorrer (terceiro caso) que o sujeito, acreditando obedecer à Lei, responda de fato a uma injunção patológica oposta à Lei, a uma desfiguração da Lei. Certo de estar "fazendo o seu dever", nem por isso seria menos culpado, tanto mais culpado que estaria obedecendo mais estritamente à Lei, à *sua* "lei" ilusória e má. O mal, em sua forma mais radical, já não seria remetido à violação particular de uma regra universal que o sujeito (re)conhece ao violá-la: ele se cumpriria sob a aparência do dever, *em nome da Lei*. A oposição ética se apresentaria paradoxalmente como uma demarcação entre duas versões, dois rostos da Lei, sem que se visse qual critério de juízo, que orientação poderia fazer a partilha entre a verdade da Lei e sua desfiguração.

Kant nada quis saber de tudo isso. Se lhe ocorre reconhecer que uma "secreta impulsão" do egoísmo é capaz de simular o imperativo do dever ou que uma submissão mortífera e timorata aos interditos da moral repousa sempre em um "ódio oculto da Lei", sempre se recusará a admitir a possibilidade de uma ilusão prática da razão pura, uma *doação patológica da Lei*: de uma dissimulação originária ou do Adversário da Lei, o princípio do egoísmo e da heteronomia, avançaria para a miragem do dever, em que o ódio da Lei se faria passar pela Lei, marcando divisão entre a Lei e ela mesma, obrigando-nos a escolher entre dois modos de doação da Lei, entre uma submissão patológica e a autêntica sujeição ética. A crítica da razão prática pura não foi escrita. A verdade da Lei se impôs ao pensamento de Kant como um fato. Tomou essa doação originária como uma evidência imediata, preservada da Aparência, tão certa e irresistível que, sem dedução e no *factum*, parecia possível fundamentar a legitimidade da síntese prática, a realidade objetiva da Lei, da liberdade e de todas as Idéias da razão pura; e inferir diretamente, dessa consciência-da-Lei, um conhecimento determinado do dever, de modo que sempre o sujeito escolheria obedecer ou desobeder *com conhecimento de causa*. O que autoriza sua crença ingênua num senso comum moral em que a Lei já estaria *compreendida*, em que nunca poriam problemas a origem do chamado, sua destinação e seu sentido. No entanto, contrariando toda expectativa, a questão esquivada não deixará de retornar ao longo de toda a sua obra, e nós a reencontraremos em cada uma das "fórmulas" nas quais Kant se esforça em expor a Lei.

SEGUNDA PARTE

EXPOSIÇÃO DA LEI

O PARADOXO DA ÉTICA

Ocorre a Kant designar o gesto constitutivo de sua ética como um *paradoxo*, aquele "paradoxo do método em uma crítica da razão prática" que qualifica a reviravolta da relação entre o Bem e a Lei: "O conceito do bem e do mal não deve ser determinado anteriormente à Lei moral [...], mas somente [...] após esta Lei e por ela".[1] À reviravolta "copernicana" da relação entre o conhecimento e o objeto operada pela primeira *Crítica,* sucede, assim, uma *revolução copernicana da ética.* Como observa Deleuze, é somente na seqüência desse gesto kantiano que se torna possível falar da *Lei*, sem nenhuma especificação: a "Lei ética" de Kant é essa pura forma da Lei cujo "objeto se furta essencialmente", que desde sempre já se transgrediu sem ao menos saber o que ela comanda, se bem que os dois pólos da experiência moderna da Lei – Sade ou Sacher-Masoch, revolta irônica ou submissão ambígua –, ambos tomem por base a posição kantiana para subvertê-la.[2]

A reviravolta efetuada na segunda *Crítica* é paradoxal ao romper com uma evidência primeira da *doxa*, do senso comum moral. Vimos que, no *Cânon da razão pura*, as "leis

---

1 *CRp*, 2, p. 684 (Vrin, p. 76).

2 Cf. sua *Présentation de Sacher-Masoch*, Minuit, 1967, UGE, 1973, p. 81-90.

morais" estavam subordinadas ao imperativo de realizar o Soberano Bem; nesse sentido, permaneciam leis *do* Bem, leis "patológicas" submetidas ao desejo de felicidade e ao temor. Mais ou menos contemporânea do *Cânon*, a *Lição sobre ética* era ainda mais explícita, ao colocar que "a necessidade moral consiste na bondade absoluta da ação", distinta da "bondade hipotética" expressa pelos imperativos pragmáticos.[3] Ora, nessa mesma *Lição*, Kant se acharia confrontado à definição clássica do imperativo moral proposta por Wolff e Baumgarten: "faça o bem". À questão de saber *o que é* o "bem" a fazer, nota ele, esse imperativo não dá nenhuma resposta determinada e, visto que o "bem" não é nada mais que aquilo que o imperativo prescreve cumprir, "esse princípio *vago* é igualmente um princípio *tautológico*", no qual se enuncia simplesmente que "é bom fazer o que é bom", "devo fazer o que devo fazer".[4] É o conjunto dos princípios morais da tradição, desde o meio-termo de Aristóteles até o princípio de perfeição de Wolff que, segundo ele, se reduzem a essa "tautologia da razão pura", "não filosófica e vazia". Questionamento que não pode deixar de atingir sua própria concepção do imperativo moral como imperativo de bondade, obrigá-lo a reconsiderar a relação do Bem e da Lei. A inconsistência tautológica das morais tradicionais só poderá ser suplantada quando se deixar de fazer do Bem o princípio e o fim da obrigação ética, reconhecendo que o imperativo categórico não prescreve agir bem, mas agir por dever, isto é, segundo a Lei. Daí o paradoxo da *Crítica*: o Bem já não está no fundamento da Lei, ao contrário, é ela que torna possível o Bem, permite determinar objetivamente os conceitos de bem e de mal.

---

3 *Vorlesung über Ethik*, Menzer, 1924, p. 18-22.

4 *Ibid.*, p. 28-32.

Em apoio à sua tese, a *Crítica* antecipa uma refutação por absurdo: se ocorresse de outra maneira, se a Lei se fundasse em conceito prévio do bem, este, na ausência de toda intuição intelectual de um Bem supra-sensível, seria remetido ao bem-estar sensível, à felicidade: só poderia ser "o conceito de algo cuja existência promete prazer" e, nesse caso, "cabe somente à experiência decidir o que é imediatamente bom ou mau".[5] A oposição ética do bem e do mal se dilui, então, na diferença psicológica, incerta e flutuante, do prazer e do desprazer, privando a ética de todo critério objetivo de juízo. Assim, o dogmatismo de uma moral ordenada pelo Bem se inverte necessariamente em empirismo prático, em niilismo. Vê-se que a argumentação repousa inteiramente nessa tese fundamental: que o "princípio da felicidade" é incapaz de dar uma lei objetiva a nossa vontade, que a Lei deve se pôr para além do princípio da felicidade. A *Crítica* terá captado "o fundamento de todas as errâncias [*Verirrungen*] dos filósofos quanto ao princípio supremo da moral":[6] no lugar de partir da pura forma da Lei, eles "procuravam por um objeto da vontade para dele fazer a matéria e o fundamento da Lei", e "esse objeto do prazer tido como o que fornece o conceito supremo do Bem, como eles o colocavam na perfeição, no sentimento moral ou na vontade de Deus, seu princípio era sempre heterônomo e deviam inevitavelmente tropeçar em condições empíricas para estabelecer uma lei moral". O fundamento de todas as doutrinas morais "pré-copernicanas", o princípio inconsistente que faz com que desaguem no niilismo é, portanto, a heteronomia: submissão da vontade a um "princípio prático material de determinação" exterior à pura forma do querer, e subordinação *da própria Lei* a uma instância mais

---

5 *CRp*, p. 678 (Vrin, p. 71-2).

6 *Ibid.*, p. 685-6 (Vrin, p. 77).

originária de que ela seria derivada.[7] Ao que se opõe o princípio ético da autonomia, não somente como autonomia *da vontade* que se submete livremente a uma Lei reconhecida como sua forma e sua Lei, mas também, de maneira mais radical, como "autonomia do princípio da moralidade", autodoação originária *da Lei* no *factum*.

Por mais diversas que sejam as morais da Tradição, elas encontram sua autoridade em um gesto único, uma mesma subordinação da Lei a um Princípio "superior". Todas supõem que a doação-da-Lei não é autodoação; que não é a Lei que dá às leis o poder de serem leis. Nesse sentido, pouco importa que a instância heterônoma de onde procedem as leis se apresente como Idéia do Bem, Razão de Deus, Vontade do Sujetio humano ou mesmo verdade do ser: nesse nível, só conta a decisão fundadora, esse gesto violento pelo qual o dom da Lei é arrancado da Lei, entregue a uma instância mais "originária", um Fora-da-Lei que se arroga o poder de fazer-lei. E pouco importa que esse princípio, fonte ou autor da Lei, esteja ligado à Lei que ele edita, votado a respeitar uma essência imutável do Bem e da Lei (definida então como "lei eterna" de Deus ou da Natureza), ou, ao contrário, que nenhuma determinação prévia de essência entrave sua livre decisão criadora: que, ao pôr a Lei, ele a deponha ou se desligue dela. Veremos muitos modos, certamente dissemelhantes, de uma mesma sujeição da Lei. Com efeito, sob o reino da heteronomia, é o próprio sentido da "Lei" que se acha pervertido. O que se denomina "a Lei" se diz em vários sentidos, segundo as línguas, as épocas, as configurações de pensamento em que ela se enuncia. Consideremos, por exemplo, a definição clássica da *lex* por Tomas de Aquino: "Uma lei

7 Cf. a "tábua dos princípios materiais" (heterônomos) que fundamentam o conjunto das morais tradicionais desde os gregos, p. 757 (Vrin, p. 54).

é uma regra e uma medida dos atos que prescreve ou interdita o agir. A palavra lei vem do verbo "ligar", e, com efeito, uma lei estabelece uma obrigação na ordem da ação. Ora, a regra e medida dos atos humanos é a razão [...]. Por conseguinte, a lei pertence à ordem da razão".[8] Ele especifica na *quaestio* seguinte que "uma lei nada mais é do que aquilo que dita a razão prática do chefe que governa uma comunidade". Sendo o universo regido pela razão divina, o princípio último do mundo "tem, portanto, o caráter de uma lei", a qual se apresenta nas criaturas dotadas de razão como "lei natural" que lhes permite distinguir o bem do mal. Assim, simultaneamente, a "lei" se define como *prescrição* e como *ligação*: o princípio da *obrigação*.

Dessas duas significações conjuntas na concepção clássica da "lei", a modernidade retém uma só, ao definir a "lei natural" como ligação necessária, relação constante entre os fenômenos, e vimos que tal compreensão mutilada da "lei" pesará fortemente na Crítica, precisamente quando Kant se esforçar para pensar a Lei de liberdade em sua diferença com as leis naturais, enquanto chamado, prescrição imperativa. Mas o próprio conceito clássico de lei já trazia as marcas de uma alteração essencial. Ao considerá-la uma ligação operada pela razão, Tomás de Aquino a instalava numa certa constelação de sentido: a do *legein* grego, do Logos. Ora, para um pensamento inicial, esse nome ainda não designava a razão nem o discurso, mas o gesto de reunir e recolher, a dis-posição, o ordenamento do mundo. Tomado nesse sentido, o Logos é vinda em presença, des-velamento – *alethéia* – em que aquilo que se reúne aparece, se mostra livremente em sua desenclausura: *physis*.[9] Comete-se violência contra a liberdade do Logos,

---

8 São Tomás de Aquino, *Suma teológica*, I-II, qu. 91, ad. 1.

9 Aliás, nesse ponto, quaisquer que sejam nossas reservas perante sua concepção da Lei, podemos seguir a análise de Heidegger (Cf.

contra sua autodoação, perguntar *quem* dispõe e ordena, atribuir um "sujeito" ao *legein*. Quando se identifica a Lei com o mandamento de um Soberano do universo, perdeu-se a sua autonomia originária, a Lei se acha despossuída do poder de fazer-lei, dar-se a si mesma como Lei. E talvez essa despossessão esteja acompanhada por uma outra violência: ao assinalar a Lei para a economia do *Logos* grego e, por conseguinte, da *ratio* entendida como raciocínio e cálculo, o que se esquece é que, para os gregos, a "lei" não tinha nada a ver com o *logos*, que o termo grego *nomos* procede de uma outra constelação de sentido: pois *nemein* significa *partilha*, simultaneamente separação e doação, o fato de repartir o que se dá, assinalar a cada um o que lhe é devido.[10] Assim, o pasto é *nomeus*, que aos animais atribui a sua pastagem, sem no entanto encerrá-los no limite de um cercado, deixando-os ir livremente, como *nômades*, em espaço ilimitado que não deixa de ser o seu *ethos*, seu domínio e morada: daí provém o sentido mais tardio de *nomos* como repasto, habitação, região, rincão. Longe de significar a ligação, a reunião, a ordenação, o *nomos* grego evoca ao contrário a partitura, a dispersão, a errância, ou ainda a melodia, como escansão, cesura, partilha rítmica dos tons e das vozes e será preciso se perguntar se, desse *nomos* selvagem e nômade, um eco ressoa ainda no apelo da Lei kantiana. No entanto, há de se notar que, bem cedo, o sentido desse termo se inflete, que já em Píndaro ele vai designar o "sujeito" do *nemein*, a potência que distribui as partes e vela por sua justa

---

"Logos", in *Essais et conférences*, Gallimard, 1978, p. 249-78. Assim como sua *Inroduction à la métaphysique* (1935), Gallimard, 1980, p. 134-43.

[10] Para tudo o que se segue, cf. o estudo de E. Laroche, *Histoire de la racine NEM- en grec ancien*, Klincksieck, 1949. Sobre a noção de um "nomos nômade", cf. também Deleuze, *Différence et répétition*, PUF, 1968, p. 54-5.

repartição, Nêmesis ou Zeus *nemetor*, e finalmente a Potência como tal, o fato de dominar, ser mestre – *panta nemon Zeus*, dirá Ésquilo –, como se, uma vez mais, o pensamento não pudesse representar-se o fazer-lei da Lei senão ao hipostasiá-lo, atribuindo-o a um princípio mais elevado do que a Lei. Sem dúvida, essa análise exigiria aprofundamento, levando em conta uma outra língua, um terceiro nome para a Lei, que dessa feita pensasse sua doação como transmissão, ensinamento, *Thora*. Em todo caso, sem dúvida, a subordinação da Lei Àquele que a edita se imporia com a mesma força. Ao determinar a Lei a partir do Bem, as morais da heteronomia se dobram, portanto, a uma decisão mais inicial, repetida em diversas tradições, despossuindo a Lei da potência de dar lei.

É a essa *Verirrung*, a esse desgarramento de sempre, que deve pôr fim a revolução copernicana da ética: ao liberar a Lei de seu sujeitamento às diversas figuras do Bem, de sua "dedução" ou de sua fundação a partir dos princípios supremos de cada época; ao revelar sua autodoação originária, seu livre parecer de si mesmo sem fundamento nem sujeito. O paradoxo da Crítica consiste simplesmente em afirmar, ao encontro da tradição, que *o dom da Lei pertence à Lei*. Que não é a um princípio fora-da-Lei, imanente ou transcendente, ôntico ou ontológico, mas à própria Lei é que cabe dar às leis o poder de serem leis, assegurar o liame, o recolho, o ordenamento, e igualmente a partilha, consignação ou a transmissão de um legado que, nas línguas dos homens, designam o fato da Lei. Sob esse nome de "Lei ética" não é preciso representar-se um princípio regional ôntico, um preceito de moralidade, distinto das leis religiosas, jurídicas, históricas ou psicológicas, mas a "Lei de todas as leis" que lhes dá força de lei.

O paradoxo da Crítica corresponde, assim, ao terceiro passo do pensamento, ao passo-adiante em que ela encontra "posição firme", suplanta a má postura da ética "ao fazer-se guardiã de suas próprias leis". É aqui que desponta o litígio, quando se trata de determinar a significação desse "passo", sua *situação* histórica. Será preciso, com Heidegger, compreender essa "guarda" como fundação metafísica da Lei a partir da subjetividade? O paradoxo da ética kantiana, sua ruptura com a tradição remeteria a uma passagem entre duas épocas de errância, simples *passada* dos poderes entre o princípio teológico da heteronomia e princípio moderno da autonomia do Sujeito. Ou então essa posição kantiana da Lei, em que ela se libera de todo "ponto de apego no céu ou na terra", significa que ela se ex-põe, se libera de toda imposição de um princípio metafísico, que ela escapa à sua antiga submissão ao Céu da transcendência divina sem permitir que seja reapropriada "na Terra", na imanência do Sujeito? Será preciso, nas ambigüidades, nas linhas de fratura da obra, reencontrar os traços dessa ex-posição paradoxal da Lei, seu retraimento, seu excesso transcendente, os princípios fundadores das épocas... Seria possível objetar que, em Kant, é a própria Lei que põe seu princípio: sua "supremacia" (*Obergewalt*) designa a superpotência de um fundamento ôntico, "universal" e "sagrado" como assentado, em regime ontoteológico, nos Senhores do ente. Colocando que já não é o Bem que funda a Lei mas a Lei que funda o Bem, o "paradoxo do método" se contentaria em inverter a primazia tradicional dos princípios, sem afetar em nada a estrutura da relação invertida, sem renunciar à busca de um Primeiro fundamento, "posição firme" que suporta todo ente. Com a ressalva de que Kant nunca escreve que a Lei *funda* o Bem. São as morais da heteronomia que buscam "uma matéria e um fundamento" para a Lei: toda consignação de um fundamento para a Lei ou para a vontade é heterônoma, imposição de um "princípio material" que lhes é estranho. A dificuldade consiste então em compreender a relação do "bem" com essa Lei que não é nem o seu fundamento, nem a sua causa, nem o seu sujeito – elucidar a relação (não fundacional e não causal: an-árquica) da Lei com a vontade do sujeito, que ela determina para a ação por meio de uma obrigação incondicionada, sem no entanto se impor de fora como uma força estranha. Melhor do que falar de um "retraimento" da Lei (noção demasiado próxima do "retraimento do ser" heideggeriano), será preferível falar, de agora em diante, de sua *ex-posição*. Entendido inicialmente como libertação da Lei, como cesura, esse retorno em que ela se alforria da tutela do Bem, se *põe para fora* e para além dos princípios de época e dos fundamentos supremos. Entendido em seguida como mostração, revelação, no sentido em que se "expõe" uma obra de arte, ou um revelador que se expõe à luz: nisso, enfim, a Lei se apresenta em verdade, liberada das hipóstases que a desfiguravam, preservando entretanto sua parte de segredo, sem nunca se oferecer a descoberto na evidência de um Saber Absoluto. Dir-se-á que, afinal, nesse mesmo movimento que a subtrai a toda preedeterminação pelos princípios e pelo Bem, ela *se expõe* ao perigo, ao risco do arbitrário, da indeterminação. Situação exposta, má postura em que se descobre a insustentável vacuidade da Lei, incessantemente ameaçada de recair sob o império de um princípio que preencheria seu vazio e recobriria o seu enigma. É precisamente essa in-determinação da Lei, conseqüência necessária de sua ex-posição, que proibiria a fundamentação da ética em juízos *determinantes*: que deveria levar Kant (se ele tivesse captado todas as suas implicações) a concebê-la como uma *ética reflexionante*.

A exposição da Lei não se distingue, portanto, de sua revelação "sentimental" no *factum* do respeito, do chamado que transcreve cada existência e a convoca à sua liberdade. Se é que ela não qualifica ainda mais fortemente um acontecimento singular, situável na história, que não se limite a essa revolução copernicana da ética em que a *Crítica* "expõe" a concepção kantiana da Lei. A exposição-revelação da Lei coincide com essa fase inaugural de nossa modernidade em que se desata o laço secular do poder, do saber e da Lei, em que esta última se *desincorpora*, se furta a seu ancoramento no corpo do monarca ou na vontade divina, acenando doravante para um Outro = X, um foco indomável e indeterminável, o que está em jogo num questionamento sem fim. Com a ameaça sempre presente de ser assimilado pelas "leis" da História ou da Natureza, reapropriado pela ordem do Homem ou do Povo-Sujeito, da Classe ou da Raça.[11] Assim, quando a Lei acaba sendo reincorporada, é então que ela se desfigura, a serviço do mal o mais radical. Nesse ponto, o paradoxo de um Eichmann "kantiano" encontraria um começo de solução: o que permite distinguir a Lei como tal e a "lei" de Hitler à qual Eichmann se submete nada mais é do que a ex-posição da Lei, que lhe interdita deixar-se reapropriar pela vontade arbitrária de um Sujeito, identificar-se com a vontade onipotente do Guia que pretende encarnar a Classe revolucionária ou a Raça dos Senhores. Que exige, portanto, fazer a partilha entre a submissão patológica a um Outro Sujeito e a sujeição ética à alteridade exposta da Lei. E se a sua ex-posição se revela historicamente, também os seus modos de desfiguração devem ter uma significação histórica: haveria um mal radical próprio a nossa modernidade, um modo de desfiguração inteiramente distinto de suas formas anteriores, tornado possível pela desincorporação moderna da Lei, conduzido pela visada reativa de sua reincorporação.

Em todo o caso, há uma profunda solidariedade entre a destituição da Aparência efetuada na *Dialética transcendental* e a revolução ética da segunda *Crítica*. Pois a heteronomia é o reino da Aparência, a usurpação dos princípios que preten-

---

[11] Sobre a experiência da democracia moderna como "desincorporação" da Lei e provação da indeterminação, remeteremos ao conjunto da obra de C. Lefort, particularmente a *L'inventioin démocratique*, Fayard, 1981, e aos *Essais sur le politique*, Seuil, 1986.

dem fazer lei no lugar da Lei: era preciso desfazer a consistência ilusória de "Deus" e a do Sujeito para que a Lei se expusesse em verdade. Por isso, sua ex-posição paradoxal tem prosseguimento na obra da *Dialética*, ao permitir que "Deus" seja determinado como simples objeto de crença, "postulado da razão prática"e, mais radicalmente, pensado como *hipóstase da Lei*, como sendo "a própria Lei personificada".[12] Viravolta da moral teológica: se a Lei não é mais a lei de Deus, é Deus quem deve ser considerado o "deus" da Lei (no sentido em que se fala dos deuses do fogo, da guerra e da morte...), *der Grenzgott der Moral.*[13] Tal é a boa nova kantiana, a de que *não há autor da Lei*, a de que "quem comanda por meio da Lei" – o "legislador" (*Gesetzgeber*: quem dá a lei) – "nem por isso é seu autor [*Urheber*], pois então a Lei seria contingente e arbitrária".[14] Sem autor, sem princípio, sem fundamento, *sem Sujeito da Lei*: é possível entender essa tese em sentido estrito, repetir após Kant que a moral teológica é heterônoma, que Deus não é o "sujeito" criador da Lei. É possível entendê-la também em sentido mais radical, voltando-a contra o próprio Kant, contra um aspecto de seu pensamento, contra essa moral humanista do Sujeito autônomo que declara que "o Homem é o sujeito da Lei moral".[15] É possível que estar sujeito *à* Lei lhe proíba de se pôr como Sujeito *da* Lei; que a liberdade da Lei, sua autodoação originária, a libere de *todo* Sujeito, assim na terra como no céu. Sabemos que Kant exige que a filosofia prática não esteja "misturada nem com antropologia

---

12 "[...] *gleichsam das personificirte Gesetz selbst*" (*Lições sobre a filosofia da religião* (1783-1784), XXVIII, p. 1076 e 1090).

13 Expressão que se encontra no *Projeto de paz perpétua*, 3, p. 365.

14 Introdução, *Doutrina do direito*, IV, 3, p. 475; cf., também, *Tratado de pedagogia*, 3, p. 1199. Voltaremos a essa tese capital.

15 *CRp*, 2, p. 714 (Vrin, p. 145).

nem com teologia",[16] recusa de que se "derive a realidade [da Lei] da *constituição particular da natureza humana*";[17] que ele distingue a "disposição para a *humanidade*" da disposição para a *personalidade* como aptidão para o respeito pela Lei.[18] Se a Lei pode ser definida como "Lei da razão pura prática", sobretudo, isso não quer dizer que a razão prática seja uma faculdade do homem e que "nos dê", produza ou constitua a Lei, que da Lei se faça o Sujeito. Antes, é a própria razão prática que nos é revelada pelo fato da Lei. Razão inumana, mais que humana, que nada mais é do que nossa disposição para acolher a Lei. Uma Lei que não é a de Deus, nem a do Sujeito ou do Homem, que não é a lei da razão ou da vontade humana, e menos ainda a lei do Bem, o imperativo de cumprir um valor posto previamente como o Bem.

A Lei não prescreve "fazer o bem": bem é fazer o que a Lei prescreve. Por esse termo "bem", de agora em diante é preciso entender o "objeto necessário da faculdade de desejar", o que a Lei comanda ao desejo com uma necessidade objetiva. Assim, não sabemos mais o que é Bem: pois todo bem só é bem segundo a Lei, e esta não prescreve nenhuma norma, nenhum valor, nenhum ideal de virtude preexistente cuja determinação precederia a prescrição imperativa, a ela imporia antecipadamente um "conteúdo", submetendo novamente a Lei à autoridade heterônoma desse "bem". Se toda moral implica a pré-consignação de um bem e de um mal, deveres concretos e interditos, virtudes e vícios, é preciso admitir que a filosofia prática kantiana não se define como uma

[16] *FM*, 2, p. 271 (D, p. 110).

[17] *FM*, p. 290 (D, p. 144). Nesse sentido, o pensamento kantiano não é um "humanismo" (ao menos se se entender por esse termo uma antropologia centrada no *homo phaenomenon*).

[18] Cf. *Religião*, 3, p. 37-9.

doutrina moral:[19] que a *Sittengesetz* não seja uma "lei moral", isso não se confunde com o imperativo de uma "consciência moral", a voz acusadora do tribunal interior. Isso equivale a dizer que já não haveria nem bem nem mal, nenhum erro perante a Lei? Que antes de Nietzsche a *Crítica* teria liberado o querer de toda dívida, "devolvido ao devir a sua inocência"? Ao contrário, o único *objeto* da Lei é marcar a diferença do bem e do mal, determiná-la objetivamente como a oposição entre o objeto necessário do desejo e o objeto de uma necessária "aversão".[20] E precisamente *porque* torna possível sua oposição é que ela não lhe pertence: porque a "precede", não de uma anterioridade temporal, mas de uma precessão transcendental; porque expõe *aquém do bem e do mal*, não como uma instância in-diferente que suplantaria a oposição ética (a neutralidade da Lei exclui toda "indiferença" ao bem e ao mal), mas como a *condição* dessa oposição, como o Oriente do desejo, o ponto = X que permite ao querer balizar-se, orientar-se rumo ao bem e ao mal, decidir-se a favor ou contra a Lei. A Lei não é nem "boa" nem "má", não se inscreve *na* diferença do bem e do mal porque ela *é* essa diferença mesma e, portanto, difere dos termos da diferença que ela constitui. A exposição da Lei culmina nesse *paradoxo da instauração* onde o excesso da Lei sobre o Bem, sua ausência de bondade, é exigido a fim de marcar o que é bem e demarcá-lo do mal.

Vimos que Kant qualifica a voz da Lei como "terrível" (*schrecklich*) e o respeito pela Lei é igualmente apresentado como um sentimento "aterrorizador" (*abschreckend*), fonte de "dor" enquanto nos "humilha", "aniquila nossa arrogância".[21]

---

19 Mesmo se é possível derivar daí uma moral, aplicando, ao dado antropológico da natureza humana, aquilo que constituirá o objeto da *Doutrina da virtude*.

20 *CRp*, p. 678 (Vrin, p. 71).

21 *CRp*, 2, p. 697-8 (Vrin, p. 90).

É possível perguntar se com isso ele não confunde duas modalidades muito diferentes da relação com a Lei, a voz acusadora da consciência-moral cuja injunção poderia ser *patológica* e o puro apelo da Lei. O próprio Kant põe em guarda contra o "moralismo despótico",[22] contra aquela "virtude fantasmática" (*phantastisch*) que "palmilha todos os seus passos com deveres como armadilhas".[23] Acerca dessas "formas franzidas da virtude", as que reinam pelo temor e pela "escravidão da alma", chega a dizer que elas sempre supõem "um *ódio* oculto da Lei".[24] Porém, não nos fornece critério que, *no* próprio *seio* do respeito, permita discernir o sujeitamento [*assujettissement*] patológico e a autêntica sujeição [*sujétion*] ética, desvendar o verdadeiro rosto da Lei sob a careta odiosa que a desfigura. E que é apenas outra face da Lei, outro tom de seu chamado, outro modo de sua doação: aquilo que, no dom da Lei, não é a própria Lei. Mas talvez o chamado, patológico ou não, sempre seja "terrível", sempre cometa violência em quem ele atinge. O terror da Virtude e do Bem não seria o pior: mais inquietante do que a tirania da moral, a imposição despótica de tabus e normas, é o vazio da Lei, sua ausência de fundamento e de sentido. Ter consciência de que a Lei existe, que ela obriga de maneira incondicionada, sem saber ao que ela obriga, isso é, como dizíamos, experimentá-la como enigma, ou seja, na angústia. Esse hiato entre consciência-da-Lei e conhecimento da Lei, entre sujeição e obediência, procede, pois, do paradoxo fundador da ética, da precessão da Lei em relação ao Bem, que a priva de todo conteúdo determinado, torna seu chamado algo propriamente *insensato*.

---

[22] Fórmula que qualifica, no *Projeto de paz perpétua*, a posição dos jacobinos (Cf. 3, p. 368).

[23] Introdução, *Doutrina da virtude*, XVII, 3, p. 694 (Vrin, p. 81).

[24] Cf. *Antropologia*, § 88, 33, p. 1097 (Vrin, p. 131), e *Religião*, 3, p. 35, nota (Vrin, p. 43).

Trata-se do mesmo paradoxo que Kierkegaard nos faz descobrir no relato do *Gênese*. Para Adão, é impossível compreender a ordem divina, a interdição de saborear os frutos da árvore do conhecimento do bem e do mal, visto que o "conhecimento" implicado, a compreensão da culpa, só é possível depois da transgressão. Para saber o que é o bem, é preciso estar no mal: para poder respeitar a Lei, é preciso já tê-la transgredido. Quando Adão recebe o mandamento sem compreender o que este comanda, nele desperta a possibilidade da liberdade, a liberdade como vertigem do nada, poder de escolher entre dois possíveis vazios, igualmente privados de sentido.[25] Tal "possibilidade infinita de poder" o deixa entregue à angústia, que é a vertigem da liberdade exposta ao nada de seus possíveis. Antes de toda culpa, a inocência já está perdida, pois a angústia da inocência convoca para a culpa possível, para a transgressão que daria sentido ao Interdito. Assim, a angústia é a condição do pecado, sem se identificar com o pecado: ela conduz a liberdade até a beira do nada onde, "mergulhando em seu próprio possível", a liberdade desmorona e se releva culpada. "Entre esses dois instantes é que está o salto que nenhuma ciência explicou nem pode explicar".[26] Com efeito, Kierkegaard está de acordo com Kant, ao reconhecer na escolha do mal um ato de liberdade que, novamente e em cada existência, advém por meio de um "salto", uma decisão absolutamente singular, irredutível às suas condições, incompreensível. Mais rigorosamente que Kant, entretanto, ele distingue os dois modos de angústia que o salto partilha: a angústia primordial, antes da culpa, em que a liberdade se angustia com nada, sua pura potência de começar; e a angús-

---

[25] Kierkegaard, *Le concept de l'angoisse* (1844), Gallimard, 1976, p. 46-9.

[26] *Ibid.*, p. 66.

tia moral, o sentimento de culpabilidade que já não é a condição do pecado, mas sua conseqüência. Com a culpa, ingressa no mundo uma nova angústia, cujo objeto "é agora algo determinado [...], visto que a diferença entre o bem e o mal é posto *in concreto*, o que retira da angústia a sua ambigüidade".[27] Quando Kant evoca a angústia indissociável do respeito pela Lei, "melancolia", "terror" ou "sombria exaltação da angústia", não chega a distinguir os seus dois rostos, a angústia do Bem e a angústia do Nada, a angústia psicológica e moral perante a falta – realmente cometida ou "imaginária" – e angústia originária que precede toda falta, pura angústia ética diante da Lei. Que a Lei como tal possa ser fonte de angústia, não porque acusa e condena, mas porque ela "não quer nada", Kant não pode considerá-lo: a evidência imediata da revelação vem recobrir seu enigma, ela o impede de captar, atrás da angústia da falta, a angústia originária da Lei.

O que o torna surdo e cego para aquela outra angústia, aquele outro paradoxo que Kierkegaard descobre na história de Abraão.[28] "Paradoxo inacessível ao pensamento", que redobra e agrava o paradoxo de Adão: uma vez mais, é de um chamado insensato que surge a angústia. Não do vazio de sentido, do *Unsinn*, mas, dessa feita, do *Widersinn*, do absurdo: de um mandamento do Bem (de Deus) que ordena o mal, "paradoxo inusitado da fé, capaz de fazer de um crime um ato santo e agradável a Deus". Não é somente o assassinato de seu filho o que Deus exige de Abraão, pois Isaac é "o filho da Promessa", a única garantia da Aliança e do dom da Lei. Ao ordenar o holocausto, ao renegar a Eleição que o erigirá em Deus – "tu serás meu povo e Eu serei teu Deus" – o Deus de Abraão renega essa Promessa *que Ele é*, renega a si mesmo

27 *Ibid.*, p. 115.

28 Kierkegaard, *Crainte et tremblement* (1843), Aubier, 1984, p. 82-3.

como Deus. O paradoxo de Abraão apresenta, portanto, a mesma estrutura formal do paradoxo de Adão, enuncia a mesma contradição performativa, a mesma *loucura da Lei*: em ambas as vezes, a Lei prescreve transgredir a Lei, não chega a fazer lei senão ao se autodestruir como Lei. Essa loucura, para Kierkegaard, não poderia ser o fato da Lei ética, mas somente da Fé. Com efeito, ele considera a esfera da ética – englobando a "moral kantiana" como a *Sittlichkeit* hegeliana – como o reino do *geral*, de uma lei universal, "aplicável a cada um", "a cada instante", a que condena, como má, toda reivindicação que o indivíduo faz de sua individualidade: desse ponto de vista, Abraão é apenas um criminoso vulgar; ademais, quem quer que tentasse universalizar a máxima de sua ação, ou tentasse simplesmente imitar o seu exemplo, seria, por sua vez, apenas um assassino ou um louco. Mas Abraão é *também* Abraão, o cavaleiro da Fé, e "é nessa contradição que reside a angústia [...], sem a qual Abraão não é o homem que ele é".[29] A aceitação do paradoxo exige, portanto, passar para outra esfera, na qual o Indivíduo é "situado acima do geral": dar, "no espanto", o salto da ética ao religioso.

O paradoxo da Fé nasce de um chamado singular, exigindo de um indivíduo singular um ato contrário a todas as leis, impossível de erigir em lei universal. É a mesma afirmação da singularidade, de uma abertura "que apenas a ti estava destinada", com a mesma ameaça de uma possível loucura do Chamado, a que havíamos captado no apólogo de Kafka. "Johannes de Silentio" e o autor do *Processo* têm em comum o fato de se oporem a Kant, a uma certa doxa kantiana que define a Lei como lei de universalidade, em nome de um *imperativo singular*. Diferentemente de Kafka, no entanto, o pensador religioso se recusa a designar tal imperativo como

---

29 *Ibid.*, p. 37.

sendo o da Lei: o que, para Abraão, faz lei e o deixa entregue à angústia seria proveniente de uma obrigação situada para além de toda lei. No momento em que tenta ultrapassar sua esfera, Kierkegaard ratifica assim o principal preconceito da "moral kantiana", a assimilação da Lei à forma de uma legislação universal, a certeza de que o imperativo da Lei só prescreve universalizar as máximas, só pode prescrever ações universalizáveis e universalmente comunicáveis; que a Lei, portanto, só poderia se dividir ou se opor a si mesma, exigir uma ação contrária à "Lei", comandar o mal. O nome de Abraão indica esse ponto limite do Impossível, esse excesso do Chamado sobre a lei de universalidade, e mesmo esse excesso da Lei sobre ela mesma. *Medusenkopf*, "cabeça de Medusa" – é o grito produzido no jovem Hegel por essa figura emblemática da "abjeção" judaica. Pavor partilhado por Kant, que por três vezes retorna ao caso de Abraão para desaprová-lo como exemplo de extrema *Schwärmerei*. Ali onde Hegel acredita apreender *o que é* a Lei, a verdade da Lei em seu arbítrio e em sua louca crueldade, Kant acredita captar o que ela *não é*, o que ela não deve ser. Pois deve haver um critério, um "signo negativo" que permita distinguir o autêntico Chamado de seus simulacros, sem o que a razão estaria "como que paralisada".[30] A Idéia de "Deus" sendo apenas uma personificação da Lei, um mandamento divino não universalizável não poderia provir de "Deus", isto é, da Lei, e "se aquilo que lhe é proposto [ao homem] por intermédio dessa voz é contrário à Lei moral, o fenômeno bem pode lhe parecer tão majestoso quanto possível [...]: no entanto, é preciso que a tome por uma ilusão".[31] Daí o curioso diálogo com Deus, imaginado por Kant, como se a todo custo fosse preciso recobrir o silêncio de Abraão

30 *Religião*, 3, p. 108 (Vrin, p. 117); cf., também, p. 225.

31 *O conflito das faculdades*, 3, p. 871-2.

e a angústia: "A essa pretensa voz divina, Abraão deveria ter respondido: 'Que eu não devo matar meu bom filho, é perfeitamente seguro; mas que tu que me apareces sejas Deus, disso não estou seguro [...] mesmo que essa voz descesse, tonitruante do céu [visível] [...]".[32] Mais evidente que a evidência "sensível" do chamado é a certeza racional da universalidade da Lei.

Submissão do Chamado, de "Deus", da própria Lei à forma lógica da universalidade. Tal é a esquiva de Kant, sua defesa enlouquecida contra uma possível loucura da Lei, contra a "contradição absoluta" que constitui o paradoxo da Fé. Com esse paradoxo, ele se angustia, se escandaliza: a ética kantiana, o conjunto da esfera ética é o grito de escândalo, esse recuo angustiado diante da abertura de uma relação com o inteiramente-Outro, com um "diferente absoluto e sem nenhum indício distintivo",[33] sem nenhum Signo que poderia fazer a diferença "entre o deus e o pior dos impostores", entre o chamado de Abraão e o delírio de um louco. Essa "diferença que não se deixa fixar", que a razão só pode desconhecer, seria preciso que a pensássemos, para além do paradoxo de Abraão, como um retraimento infinito do deus *em* sua doação, uma *kenose* em que o amante se despoja de sua glória, se rebaixa a ponto de "nada mais deixar suspeitar" de sua divindade, o que é o "paradoxo absoluto", o insondável amor.[34] A esfera da ética encontra aí o seu limite, nesse chamado insensato que lhe ocorre do Fora e do Outro, que a investe no Instante sem que possa compreendê-lo: "O escândalo permanece, portanto, fora do paradoxo" – "tudo o que ele diz do paradoxo é deste último que ele o obtém, embora, aproveitando de uma ilusão acústica, pretende ter sido a sua própria

32 *Ibid.*, p. 872, nota.

33 Kierkegaard, *Riens philosophiques* (1844), Gallimard, 1969, p. 105-8.

34 *Ibid.*, p. 70-85.

descoberta" –, "pois, como a verdade, o paradoxo também é *index sui et falsi* e o escândalo, fora de si para compreender a si mesmo, é compreendido pelo paradoxo".[35] Compreendido: envolto, circunscrito como "esfera de passagem" cuja infinita exigência negativa entra em falência, mas também posto a nu, desmascarado como "ilusão acústica", simples recusa, resistência da razão perante o excesso do inteiramente-Outro – e, assim, *destituído*. "Suspensão" da Lei que sobretudo não se deve confundir com uma *Aufhebung* dialética: assim como a ética de Kant, a de Hegel participa de uma mesma cegueira, também pertence às "três classes de sofistas" da modernidade que esquivam o salto, desconhecem e alteram o paradoxo do religioso.[36] Sob esse termo "ética", é toda a modernidade, toda a filosofia ocidental desde Sócrates que se vê aqui revogada. A delimitação das três esferas de existência desempenharia o mesmo papel no pensamento de Kierkegaard que a doutrina das três ordens em Pascal: abrir o horizonte em que a metafísica poderia ser deixada a si mesma, atravessada e desertada sem destruição, "compreendida" como resistência cega a Aquele que a "compreende" e a excede.[37]

É o que está em jogo no paradoxo de Abraão: conduzir a "ética", como esfera de existência e lugar do pensamento, até o salto onde ela vai para sua perda. No entanto, longe de

---

35 *Ibid.*, p. 105-8.

36 *Étapes sur le chemin de la vie* (1845), Gallimard, 1949, p. 393-4.

37 Cf. J.-L. Marion, *Sur le prisme métaphysique de Descartes*, PUF, 1986, p. 293-378 – notadamente, p. 377, sobre a distinção entre a "destituição da metafísica" operada por Pascal e a "desconstrução" heideggeriano-derridadiana. Se a analogia pode ser mantida, seria preciso dizer que a referência a Kant e a Hegel assegura a mesma função em Kierkegaard que a referência a Descartes e a Pascal: oferecer uma figura eminente da ontoteologia à sua destituição pela Caridade ou pela Fé.

ali se perder sem volta, na sua destituição, ela encontra a chance de uma retomada, de uma repetição. Veremos que Kierkegaard encara a possibilidade de uma "segunda ética", de uma fase ético-religiosa da ética, em que esta última escaparia à dominação do Universal, do Sujeito autônomo, para acolher o paradoxo absoluto. Kant já teria se aproximado dessa "outra ética"? Embora de natureza muito diferente, se nada tem a ver com uma revelação religiosa, apesar de tudo, é com um paradoxo que se inicia a exposição kantiana da Lei. Nesse imperativo que comanda uma submissão incondicionada à Lei, sem nos dizer o que a Lei comanda, reconhecemos o paradoxo de Adão descrito pelo Vigia de Copenhague. E se a Lei não é mais a lei do Bem, se ela se ex-põe aquém do bem e do mal, é possível que tal Lei se apresente, indo de encontro a valores e normas do senso comum moral, furtando-se à apropriação do sujeito que acreditava "compreendê-la", que assim lhe apareça como "heterônoma", "imoral", radicalmente má, como a louca injunção de uma Lei fora-da-lei. Aquilo mesmo que nos toma de angústia diante do paradoxo de Abraão. Para esse escândalo, paralisia da razão, Kant se esforçava em encontrar um remédio: o "signo negativo" da universalização, ao afastar como ilusória e má toda prescrição impossível de ser universalizada sem contradição. O que o condena a recobrir a singularidade do chamado sob a universalidade da Regra, reduzir a Lei ética a uma função lógica do entendimento. Ora, nada prova que uma Lei prática *pura*, que não se fundamenta em nenhum conceito teórico, nenhuma regra lógica, nenhum princípio ontológico, ainda possa ser concebida como lei de universalidade ou lei de autonomia do Sujeito: que tais determinações – "kantianas", certamente – não cometam violência à essencial indeterminação da Lei, à sua ex-posição paradoxal que a deixa sem ponto de apoio, suspensa no vazio. Se mais nada determina a Lei, nem a retém à beira de seu nada, toda baliza vacila e, como o pensava Hegel, a cruel loucura de

Abraão seria a própria verdade da Lei. É de seu próprio paradoxo que Kant se angustia e se escandaliza: são as últimas conseqüências de seu pensamento da Lei que ele recusa como *Schwärmerei* e ilusão religiosa. Ao marcar o limite das morais do Universal e da Autonomia, a destituição kierkegaardiana não atingiria o foco central da ética kantiana, não "suspenderia" a Lei ética como tal: ao contrário, ao revogar suas representações morais, ele permitiria descobrir sua face mais secreta, o "núcleo" da Lei.

Tal injunção singular, insensata, Kierkegaard se recusa – como se também ele fosse a vítima de uma espécie de "ilusão acústica" – a reconhecê-la como a da Lei: não somente porque aceita a determinação "kantiana" da Lei pela forma lógica da universalidade, mas também porque se dobra ao onipotente preconceito que recusa à Lei o poder de fazer-lei, ser a fonte originária da arquiprescrição, para subordiná-la a uma instância mais elevada, para além de toda lei. A partir de então, impelido a seu extremo, o paradoxo se desata: para o pensador religioso, o mandamento absurdo que transpassa da angústia de Abraão já não é o imperativo da Lei mas o chamado de um Deus de bondade e de amor que não poderia querer o mal, que a Abraão deveria restituir o filho exigido no sacrifício. "Duplo movimento" de uma retomada em que Abraão "resignou-se infinitamente a tudo, para tudo reaver em virtude do absurdo".[38] Abraão não o sabia, enquanto subia a montanha de Moria e se preparava para o holocausto, se não sua infinita resignação e sua fé teriam sido apenas cálculo, astúcia dialética. Mas *nós* o sabemos, estamos a par do feliz desenlace. O próprio "Johannes de Silentio", que encena o paradoxo, não se identifica com o Cavaleiro da Fé, não experimenta sua

---

[38] Kierkegaard, *Crainte et tremblement*, p. 47, 57 etc. Este, como se sabe, o motivo central de *La répétition*.

perdição; reflete sobre o caso à distância, a partir da certeza da retomada e da salvação. Pois o pensador religioso é pensador *cristão*, para quem o sacrifício de Isaac prefigura a *kenose* de Cristo e a glória da Ressurreição.[39] Não será isso, uma vez mais, esquivar ou relevar – com um "relevar" não dialético... – a insustentável radicalidade do paradoxo de Abraão? O que suspende o paradoxo da Lei, uma Lei que aparece *implicada* no mal, é o paradoxo do Amor: dom superabundante e graça, por onde a culpa é resgatada e a Lei, abolida. Por mais autêntica que seja, por mais desprovida de cálclo, aqui a fé se apresenta, por sua vez, como uma defesa contra a angústia e contra a vertigem do vazio, incapaz de suportar a indeterminação do Chamado sem logo lhe consignar, de novo, uma origem transcendente e uma destinação.

É essa certeza consoladora que faz falta para uma ética radical, exposta a sustentar até o fim o enigma da Lei – Lei que não é a de um Deus de bondade – sem nenhum critério, nenhum signo de predileção que pudesse autenticar a origem do Chamado (será mesmo da Lei que ele provém?), sua destinação (será mesmo para mim que ele está endereçado?), seu sentido (será que compreendi o que ele me ordena?). Impossível, portanto, esquivar o rigor da questão pelo salto na fé, onde desapareceu todo desespero.[40] Nenhum salto é possível, nenhuma ultrapassagem da Lei rumo a uma instância mais orignária ou um princípio mais elevado – nem pelo relevar dialético, nem por desconstrução, nem por destituição –, se

---

39 "Eis a relação entre judaísmo e cristianismo. Para o cristianismo, Isaac é realmente sacrificado – em seguida, porém, é a eternidade; Abraão guarda Isaac; apesar de tudo, porém, tudo então permanece essencialmente no quadro desta vida" (*Journal*, Gallimard, t. IV, p. 429).

40 Sobre a fé como "estado de um eu em que o desespero está inteiramente ausente", cf. a conclusão de *La maladie mortelle (Traité du désespoir)* (1848), Gallimard, 1973, p. 248.

não há nada que dê lei para além da Lei. Nada mais que a Lei, mesmo quando ela parece chamar para transgredir toda lei, aniquilar-se a si mesma como Lei. Nada mais que a Lei, que já não é a lei de um Outro, nem a de Deus, nem a do Sujeito, ou mesmo do ser, que não é lei de nada mais a não ser ela mesma – *Lex index sui* –, que é Lei de Nada, Lei da Lei. Kant ironizava com desenvoltura os "princípios vagos" da moral do Bem, os que se reduziriam àquela tautologia do "é bom fazer o que é bom". Ao inverter a relação do Bem e da Lei, também sua ética paradoxal só confina em pura tautologia: é a Lei fazer o que ordena a Lei. Ainda mais "vago", visto que suprime o último critério (a felicidade sensível) que as morais tradicionais preservavam: mais desmunida, mais desprovida de referências que o empirismo prático, mais "niilista" do que aquele niilismo ético que ela deveria suplantar... Do fato de que a Lei não é nada, nada determinado e nada de ente, do fato de que possivelmente ela não "está" *em nada*, o niilismo conclui que não há Lei. Como considerá-lo errado? Que subsiste da Lei, se não uma simples palavra, um "título vazio sem conceito", o nada absoluto de um *nihil negativum*: tão exposta que ela se de-põe e se perde no nada?

Assim, o paradoxo da Crítica inaugura uma *ética negativa* (no sentido em que se fala de "teologia negativa"), privada da consolação que dispensavam à segurança do Bem e à promessa da Fé. Que resta da Lei ao término de sua ex-posição que possa salvar do desespero? Nada senão a própria Lei, o dom da Lei. Pois a Lei se dá, se revela através de sua exposição: esta não se reduz a uma total de-posição, àquele esvaziamento, àquela aniquilação de toda determinação na noite do niilismo que é apenas o "segundo passo" da ética, seu momento cético, necessário para dissipar as ilusões do Bem, para rebater a pretensão dos princípios a fazer lei no lugar da Lei. No extremo limite da desolação, uma reviravolta deve ser possível, início de uma passagem em que a Lei se põe, se determina *em* sua ex-posição indeterminada, em que o Nada da Lei se desdobra em afirmação. Toda a dificuldade consiste, então, em situar o limite ou o ponto de não-retorno, a cesura da revolução ética. Balizar *até que ponto* é preciso dar prosseguimento à provação do nada: demasiado radical, a ex-posição da Lei a de-poria, faria com que naufragasse sem retorno no abismo do não-sentido; insuficientemente radical, permaneceria num niilismo "incompleto", prisioneiro de um dogmatismo que ele deveria aniquilar, e a Lei recairia sob o domínio de um princípio do Bem. Assim, a revolução copernicana da ética supõe uma dupla operação, de redução ou de suspensão de toda pré-consignação da Lei aos princípios, de in-determinação de suas determinações ontológicas e morais, mas também de determinação *d*essa indeterminação, de reconsignação de uma percepção imperativa a partir da Lei.

Duplo gesto de desconstrução-reconstrução, análogo àquilo que Kierkegaard apontava no paradoxo de Abraão como um "duplo movimento", como despossessão infinita acompanhada por uma retomada em que "tudo é repossuído em virtude do absurdo". Também a revelação da Lei nos ordena a atravessar um ponto de angústia ou de horror em que vacila a certeza do Bem, em que o imperativo da Lei se apresenta como Chamado insensato, estranho às normas e às "leis", para descobrir, sob a loucura do Chamado, a verdade e o dom da Lei, a promessa de uma cesura, de uma reviravolta que liberta: dessa "nova escolha do caráter inteligível" que seria "como um novo nascimento". Se Kant se escandaliza com o paradoxo de Abraão, se não reconhece nele um prosseguimento ou um "tipo" de seu próprio paradoxo ético, é porque, aqui, ele tende a cindir o duplo movimento, isolar sua fase niilista de destituição, despossessão, da fase de retomada por ela anunciada: porque, no caso, não chega a repossuir a louca e má injunção *na* doação da Lei; pensar, através de sua obstância, a copertinência do mal e da Lei. A ambigüidade desse duplo gesto paradoxal explica que a posição kantiana se veja às voltas com duas objeções contraditórias: ou se acusa Kant (como Hegel e, depois dele, os inumeráveis detratores do "formalismo" kantiano) por ter ido longe *demais* na indeterminação, reduzir a Lei a uma forma vazia cuja abstração torna impossível todo juízo, toda decisão concreta; ou então, ao contrário, se lhe reprova (como Heidegger) não ter ido longe *o bastante*, recobrir a indeterminação com o Chamado sob determinações metafísicas, o que tem uma vez mais, por conseqüência, impedir toda decisão autêntica. Mas talvez, expressa nesses termos, a questão esteja mal formulada: não se trata tanto de saber *até onde* avançar na ex-posição da Lei, fixar, de certo modo, seu grau de indeterminação, a profundidade ou a estiagem de seu nada, quanto compreender *como* se determina o indeterminável: como a Lei se dá, se põe em sua ex-posição, sob que modo é possível manter, afirmar o Nada da Lei. Logo, são diferentes modos de doação que convém examinar, tentando discernir aquilo que, na determinação kantiana da Lei, respeita somente a um recuo diante do abismo e àquilo que acena para a Passagem.

Forma dat esse rei (Equívoco da forma)

Que resta da Lei em sua exposição? Como ela pode dar sua determinação ao querer sem nada ceder em sua essencial indeterminação? Como aceder, por meio do Nada da Lei, à verdade de sua doação? Sabemos que, desde sua primeira aparição na obra de Kant, a Lei já se apresentava *sob a aparência do Nada*, de um Nada que é o efeito = zero do choque dos Opostos que se anulam, isto é, de um Nada *que existe*, que não é o signo do impossível ou do ideal indefinidamente diferido, não se reduz ao absolutamente-nada do *nihil negativum* nem à idealidade sem objeto do *ens rationis*. O Nada da Lei é *nihil privativum*, "conceito da falta de um objeto" retido no nada por uma força adversa, mas cuja apresentação permanece possível, à espera de sua manifestação. Com a revelação da Lei sob seu véu de nada, a "objeção de Mani" era refutada e a ameaça do niilismo ético, descartada. Descobrimos agora que o fato de que *há* a Lei não basta para suplantar o niilismo, se não se determina também aquilo que a Lei prescreve. Mas como operar tal determinação, como dar um "conteúdo" à Lei sem comprometer sua ex-posição, sem reconsignalá-la a um princípio transcendente, uma norma do Bem? O que determina o dom da Lei sem subordiná-la a uma determinação heterônoma não pode ser *senão esse mesmo dom*, sua maneira de se dar, seu modo de doação. A um existente finito, a Lei se dá em modo imperativo, como prescrição, obrigação. Se o imperativo da Lei é o chamado do Nada, nada resta da Lei, salvo a forma pura do Chamado, sua injunção obrigante. É tentador ver nisso a única determinação possível da Lei, a única que ela possa receber sem recair na heteronomia e, nessa perspectiva, interpretar a filosofia prática kantiana: a partir de uma pragmática da frase prescritiva,[1] de uma ontologia do "ser-obrigado" ou do "ser-injunto",[2] ou ainda de uma fenomenologia do chamado.[3]

Por mais sedutora que seja, tal andamento se compromete com um impasse. Ao ater-se à pura forma imperativa da obrigação, deixa-se em total indeterminação a questão de sua proveniência (a quem ou a que se deve obedecer?) ou a do modo de sua sujeição (como é preciso obedecer?). Com o risco de assimilar a sujeição ética à Lei a uma obediência cega a *qualquer* ordem, por exemplo, sob a forma do imperativo nietzschiano: "Obedecerás, a qualquer um, e por muito tempo, se não [...] perderás até o último vestígio de auto-estima".[4] Nessa noite em que todos os chamados se equivalem, onde todas as obrigações se confundem, nada permite mais extrair uma orientação afirmativa, um critério de decisão, do nada vazio da Lei: nada nos autorizaria mais a afirmar que a

---

1 Cf. J.-F. Lyotard, *Le différend*, Minuit, 1983.

2 Cf. J.-L. Nancy, *L'impératif catégorique*, Aubier-Flammarion, 1982.

3 Por exemplo, uma fenomenologia que se inspiraria na problemática esboçada – sem relação com Kant – por J.-L. Marion, em *Reduction et donation*, PUF, 1989 (e agora desenvolvida em *Étant donné*, PUF, 1997).

4 *Para além de bem e mal*, § 188. É assim que Nietzsche formula o dito "imperativo moral da natureza". Ele tende a interpretar o imperativo categórico kantiano em perspectiva análoga, como exigência de obediência cega.

"lei" de Hitler à qual Eichmann se submete não é senão uma desfiguração da Lei. Em segundo lugar, essa determinação demasiado frouxa e flutuante é, ao mesmo tempo, demasiado restrita, só qualifica um *certo modo* de doação da Lei e, portanto, não convém à Lei *como tal*, na totalidade de seus modos de doação. Trata-se de uma tese essencial da *Crítica* que a Lei vale "para todos os seres racionais", que ela não se aplica somente aos homens e ao conjunto dos "seres-racionais finitos", mas "compreende até mesmo o Ser infinito".[5] Todavia, é unicamente "no primeiro caso [que] a Lei tem a forma de um imperativo": no caso de uma vontade finita, patologicamente afetada por desejos sensíveis, que *pode* se opor à Lei e a recebe, por conseguinte, sob a forma de uma obrigação, num imperativo categórico. Uma vontade santa também estaria sujeita-à-Lei, mas, precisamente porque aquela não poderia se opor a esta, não seria *obrigada* a obedecer: "eis porque não há imperativo válido para a vontade divina", que se situa "não acima de todas as leis práticas, mas ao menos acima de todas as leis praticamente restritivas [*praktisch-einschränkenden*], acima da obrigação e do dever".[6]

A noção-limite de uma vontade santa cava assim a distância entre a Lei como tal e o imperativo categórico.[7] Ela nos leva a distinguir dois rostos da Lei, dois modos de sua doação: seu modo prescritivo-restritivo pelo qual ela se impõe aos existentes finitos e aquele outro modo, inconcebível, em que ela concordaria soberanamente com a vontade de Deus. Dessa face oculta da Lei, nada podemos saber, se não que ela expri-

---

5 *CRp*, 2, p. 646 (Vrin, p. 45-6); cf. *FM*, 2, p. 274-5 e 319 (D, p. 122-4 e 185).

6 *CRp*, 2, p. 646 (Vrin, p. 46).

7 Sobre a necessidade de distinguir entre Lei e imperativo, cf. também a *Introdução* à *Metafísica dos costumes*, 3, p. 468-70.

me uma "necessidade prática", conforme ao conceito de uma "lei em geral",[8] mas em uma forma não imperativa. Os comentadores e o próprio Kant são, portanto, vítimas de um erro quando identificam a Lei com seu imperativo categórico, que é apenas uma de suas formulaçõe possíveis,[9] a forma na qual ela se oferece na finitude. Quando a segunda *Crítica* define a "Lei fundamental da razão pura prática" pela própria fórmula do imperativo categórico,[10] é preciso reconhecer que tal definição, a *única* que a *Crítica* nos propõe, é *falsa*. Assim, da Lei, nenhuma formulação autêntica, nenhum enunciado *integral* jamais nos são dados. Enquanto ela concerne à Idéia de uma vontade santa, a Outra Lei, a própria *meta*-Lei do infinito é apenas uma Idéia: conceito problemático, simples hipótese da razão, mas repleta de conseqüências para o pensamento da Lei cuja ex-posição ela torna mais radical e o seu enigma, mais opaco. Pois o conceito integral de "Lei ética" deveria compreender simultaneamente a Lei da finitude e a do infinito, a Lei de obrigação, enunciada no imperativo categórico, e a inconcebível Idéia de uma meta-Lei. Sob a aparência do nada, reconhecíamos o Nada da Lei como *nihil privativum*, efeito-Zero de uma oposição real. Doravante se abre, sob esse Nada-que-existe, a bênção de um outro nada, o da meta-Lei como Idéia vazia, *ens rationis*, *Gedankending*: de um *nihil* que nada poderia mais converter em afirmação, ao qual nenhuma determinação positiva poderia mais convir.

---

8 *Op. cit.*, p. 469.

9 "Os imperativos são somente fórmulas que exprimem a relação das leis objetivas do querer em geral com a imperfeição subjetiva da vontade de tal ou qual ser racional, por exemplo, a vontade humana" (*FM*, 2, p. 276 (D, p. 124)).

10 "Age de tal modo que a máxima de tua vontade possa ao mesmo tempo valer como princípio de uma doação-de-Lei-universal" (*CRp*, p. 645 (Vrin, p. 44)).

Considerada na totalidade de seus modos, "a Lei" se furta ao pensamento mais radicalmente do que havíamos acreditado: da "Lei" *como tal*, não haveria nada a dizer. Impossível, em todo caso, seguir as interpretações centradas na frase prescritiva ou no ser-obrigado: ao identificarem "a Lei" unicamente a seu modo finito, tendem a ocultar a demarcação do finito e do infinito, a distância constitutiva da *finitude prática*, com a clivagem da Lei que essa distância implica. Levar em conta essa demarcação demandaria, ao contrário, encontrar uma determinação da Lei que conviesse ao conjunto de seus modos, sem que por isso fosse reduzida a um "título vazio", à noção inconsistente de uma "lei em geral"; o que, portanto, não qualificaria um *certo modo* de doação, mas *essa doação* mesma, a maneira sempre idêntica que a Lei teria de se dar em cada um de seus modos... Deparamos sempre com o mesmo dilema: como determinar o dom da Lei, respeitando sua essencial indeterminação? Como ultrapassar a simples posição de uma existência, o fato de que há a Lei, e definir o que ela prescreve sem logo escoar na heteronomia, na pré-consignação de um "objeto da vontade" de que se faria "a matéria e o fundamento da Lei"? Que resta da Lei se de seu princípio de determinação se exclui todo conteúdo, todo objeto e todo fim, isto é, toda *matéria*? Os próprios termos da questão deixam que se entreveja uma resposta. Para um pensamento marcado pela tradição, aquilo que em nada é matéria só pode ser *forma*. Se é afastado todo princípio heterônomo, isto é, "material", só resta um princípo "formal" e tal é, para Kant, a determinação essencial da Lei: "Só uma Lei formal, isto é, que não prescreve à razão nada mais do que a forma de sua doação-de-Lei universal, pode ser *a priori* um princípio determinante da razão prática".[11] O

[11] *CRp*, p. 686 (Vrin, p. 77). Lembremos que, no lugar da tradução ordinária ("legislação") traduzimos *Gesetzgebung* de maneira mais literal, como "doação-de-Lei".

que prescreve a Lei nada mais é do que a própria Lei como forma, a forma pura de sua doação-de-Lei ou, como é freqüente Kant escrever, sua *forma doadora-de-Lei*: "Afora a matéria da Lei, nela nada mais há do que a forma doadora-de-Lei (*die gesetzgebende Form*)".[12]

Que a Lei se dê como forma não quer dizer que essa formalidade seja *um* dos modos possíveis de sua doação (como era o caso de seu modo imperativo), que ela possa se dar de outra maneira, por exemplo, sob o aspecto de uma lei "material" ou "final". A noção capital de *gesetzgebende Form* significa que somente a forma-de-Lei pode dar a Lei, que tanto a sua forma quanto a sua doação são uma só. A forma é o dom da Lei e isso vale para todos os seus modos, tanto na finitude como no infinito: para o próprio Deus, se ele existe, a Lei se oferece ainda como lei formal. Assim, o dom da Lei é a oferenda de uma forma, e nesse sentido é que a Lei ética é Lei *do mundo*, no fato de que "essa Lei deve dar ao mundo sensível [...] a forma de um mundo inteligível".[13] É também nesse sentido que ela faz Lei para nossa vontade, lhe dá sua forma imanente libertando-a de sua alienação em "objetos". Ao se deixar determinar por essa Lei puramente formal, a vontade só obedece a si mesma, a uma forma-de-Lei que é *sua própria* forma imanente. Eis porque "uma vontade para a qual somente pode servir como Lei a pura forma doadora-de-Lei da máxima é uma vontade livre".[14] Se a matéria aliena o desejo, a forma o liberta e somente uma lei formal será lei de liberdade, lei de autonomia.

É o que deveria nos permitir, por fim, esclarecer o problema da *síntese prática*, da unidade sintética da máxima da

---

12 *CRp*, 2, p. 638-9 (Vrin, p. 40).

13 *CRp*, 2, p. 659 (Vrin, p. 56-7).

14 p. 641 (Vrin, p. 42).

ação e da Lei, prescrita pelo imperativo categórico. Esta última não consiste, como acreditava Hegel, em uma síntese da *forma* universal (da Lei) e da *matéria* particular (das máximas),[15] mas em uma síntese *puramente formal* entre a determinação de uma máxima segundo a forma de uma lei e essa própria forma-de-lei, que é a forma mesma *da* Lei. Nunca será demais assinalar que a forma doadora-de-Lei não se impõe de fora às máximas como uma norma estranha, que ela só pode determiná-las livremente "enquanto está contida na máxima".[16] Pois "é a sua simples forma [das máximas] que, *fazendo-as convir* [schicken] *a uma doação-de-Lei universal*, disso faz, por si só, leis práticas".[17] Toda a dificuldade da síntese prática se concentra no enigma desse *schcken*, dessa *conveniência* da máxima à forma-de-Lei, sua *aptidão* para concordar com ela. Ordálio da forma, que decide o destino da máxima e do sujeito que a escolheu: trata-se, em cada uma das vezes, de saber se uma máxima está em condições de "passar pela prova da forma de uma lei"; se não conseguir, tal máxima será "impossível de um ponto de vista ético".[18] Assim nos é dado o critério de julgamento que nos fazia falta: a decisão ética é decisão pela forma da Lei e, *segundo* essa forma, ordena à vontade escolher "como, na encruzilhada de dois caminhos, entre seu princípio *a priori*, que é formal, e seu princípio *a posteriori*, que é material".[19] Agora compreendemos como determinar o indeterminável da Lei: na provação

---

15 Sobre esse erro de Hegel que preside toda sua crítica do "formalismo" kantiano, cf. Bourgeois, *Le droit naturel de Hegel. Commentaire*, Vrin, 1986, p. 188-90.

16 *CRp*, 2, p. 641 (Vrin, p. 42).

17 *CRp*, 2, p. 638-9 (Vrin, p. 40).

18 *CRp*, 2, p. 692-3 (Vrin, p. 83).

19 *FM*, p. 259 (D, p. 99).

de sua forma, que nos oferece muito mais que uma simples posição de existência e menos (ou então outra coisa) que uma determinação de essência, uma *forma de doação* – nem um *Daß* nem um *Was*, mas um *Wie*. Se não podemos saber o que a Lei ordena, ao menos saberemos *como* obedecer-lhe, em que forma nossa vontade pode concordar livremente com seu imperativo, e essa *forma do "como"* é a única determinação possível da Lei. As críticas do "formalismo" kantiano sempre repousam em um erro: assimila-se o "formal" ao vazio da "abstração", ao nada do niilismo, sem compreender que, se a forma não é nada, nem por isso ela recai na nulidade do *Unding* nem no vazio do *Gedankending*, mas procede de um outro modo de *nihil*, de um nada que existe, que é mesmo a condição de toda determinação.

Ademais, seria necessário precisar em que consiste a forma de doação da Lei, qual é a pré-compreensão da forma que aqui se elabora. Diferentes conceitos de "forma" podem ser encarados e poderia pôr em jogo algo essencial, uma verdadeira dificuldade, buscar "qual forma na máxima convém [*schicke*] a uma doação-de-Lei universal, e qual forma não lhe convém",[20] mas Kant afasta esse tipo de interrogação. Ocorrerá com a "forma" o mesmo que com o *factum* da Lei: uma vez mais, todo o edifício da razão prática repousa em um conceito decisivo, sem que se dê ao trabalho de o tematizar, nem sequer defini-lo rigorosamente. À primeira vista, o conceito de forma que está em jogo na segunda *Crítica* parece puramente negativo: designa-se assim aquilo que resta na Lei ou na máxima depois que foi feita abstração de toda "matéria", de todo objeto de prazer, de todo fim externo. O pretenso "formalismo" com o qual Kant é censurado coincide, portanto, com a ex-posição transcendental da Lei, e essa acusação de

[20] *CRp*, 2, p. 639 (Vrin, p. 40).

niilismo não trai somente um erro sobre o Nada da Lei: é também sua *verdade* que ela apreende, sua indeterminação exposta, sua ausência de fundamento. Por isso mesmo, os adversários da ética kantiana desvelam o que subjaz às suas críticas, confessam sua nostalgia por um "solo" estável e por um Primeiro Fundamento, uma plenitude de valor e de ente. Antes, o que se poderia reprovar à posição kantiana da Lei é o fato de não ser "formal" e vazia o *bastante*, não ter suficientemente liberado seu conceito de forma de toda pré-consignação lógico-metafísica, deixar subsistir, ao lado do princípio formal, determinações materiais insuficientemente criticadas. Pois a determinação da Lei como forma não é uma simples definição conceitual, mas o próprio movimento de sua doação, de sua *desfundamentação*, o que, na história da razão, corresponde à revolução copernicana da segunda *Crítica* e, na história singular de uma existência, coincide com uma decisão ética que se põe à prova na Lei, na encruzilhada dos caminhos, numa demarcação violenta do princípio material e do princípio formal em que o desejo se libera de todo objeto exterior. Porque ele manifesta a oposição dos princípios, sua bifurcação, a cesura da existência, é que, na filosofia prática, o conceito de forma se apresenta como essencialmente *negativo*, "formal" que diz aqui do que *já não é* matéria ou objeto da vontade, daquilo que se opõe ao princípio material da heteronomia e lhe impõe um limite. A doação da Lei como forma seria, portanto, o que "limita" ou "restringe" a matéria do desejo.[21] Para Kant, com efeito, toda forma "consiste na limitação" (*Begrenzung*).[22] Tratar-se-ia, portanto, de pensar a

---

21 É a "simples forma da lei [*gesetzliche Form*] pela qual eu limitava [*einschränkte*] minha máxima fundada na inclinação" que pode lhe "dar a universalidade de uma lei" (*CRp*, 2, p. 649 (Vrin, p. 47)).

22 *CJ*, § 23, 2, p. 1010 (Vrin, p. 84).

"forma" da Lei como uma *operação* formal, um ato transcendental de in-formação: como o traçado de um limite que, longe de negar o desejo ou de o "humilhar", o libertasse ao lhe *dar a sua forma*.

Seria este o caso se ao menos Kant concebesse a relação da forma da Lei com sua matéria como uma autêntica *Begrenzung*, uma limitação no sentido positivo que não restringe negativamente o que ela limita. Ora, não é como um limite (*Grenze*), aberta para o Fora que ela delimita, mas como uma simples barreira (*Schranke*), uma restrição (*Einschränkung*), que a Crítica caracteriza na maior parte das vezes a forma da Lei. Assim, representa-a como uma borda *externa* cujo contorno em nada afeta a matéria, mas a deixa subsistir circunscrevendo-a de fora. A *oposição* de dois princípios, como aquilo que está em jogo na decisão ética, cede lugar, doravante, à *justaposição* de uma forma e de uma matéria, separadas exteriormente mas, no entanto, "religadas" entre si[23] e, afinal de contas, indissociáveis. Com efeito, como dissociar a matéria da vontade e a forma da Lei, que nada mais é do que a forma *d*essa vontade, dessa matéria que ela in-forma ao limitá-la? Se, de um ponto de vista conceitual, a forma se distingue da matéria, na realidade, ela permanece como a forma de *sua* matéria, inseparável dela, a ponto de invocar tal matéria como seu complemento necessário, chamá-la para que se una a ela".[24] Nesse sentido, seria preciso dizer que a ética kantiana não é "formalista" o bastante, que seu conceito de forma não é "formal" o bastante para se libertar de toda relação com uma matéria ou com um conteúdo empírico, para atingir o Nada

---

23 "A matéria do querer só pode ser o objeto de um desejo religado [*verbunden*] à Lei" (2, p. 647 (Vrin, p. 47)).

24 Pois "a simples forma de uma Lei que restringe a matéria deve ser, ao mesmo tempo, uma razão para adjungir essa matéria à vontade" (2, p. 649 (Vrin, p. 48)).

de uma pura forma. A filosofia prática, entretanto, repousa inteiramente nesse conceito. Por isso, o equívoco da forma vai afetar a orientação fundamental da ética kantiana, condenada (como veremos) a oscilar entre uma posição extrema, "rigorista", em que a forma-da-Lei se opõe à matéria – ao prazer sensível – e a rejeita no patológico, e uma posição "eudemonista", em que ela aceita coexistir com sua matéria: ou reabilita o desejo de felicidade e o reintegra no "objeto" último da Lei.

Essa ambigüidade do conceito de forma ainda se torna mais grave em razão do próprio caráter equívoco do conceito prático de *matéria*. Este designa, com efeito, o *objeto* da vontade, o que ela visa, seu fim. Desse ponto de vista, a matéria do querer está longe de se reduzir à materialidade sensível: o próprio fim ético – a pessoa como fim em si e "membro do mundo inteligível" – ainda está caracterizado como "a matéria de toda boa vontade".[25] Não ocorre o mesmo na segunda *Crítica*, na qual toda referência a uma *matéria pura* desaparece completamente, em que o termo "matéria" qualifica doravante o elemento sensível e "impuro" (no sentido moral) do querer, isto é, o desejo de felicidade. Assimilar a matéria ao elemento sensível equivale forçosamente a identificar a forma ao elemento racional: conduzir a demarcação ética dos dois princípios ao conflito clássico da *razão* e da *sensibilidade*. Assim, a filosofia prática se aferra num dualismo que a entrava, com o qual ela vai tentar desesperadamente romper, ao dar à Lei um móbil *sensível* (o respeito) e ao Oponente da Lei, um fundamento *supra-sensível* (a livre escolha do mal radical) – na verdade, porém, sem jamais consegui-lo. Tal esforço para superar o dualismo poderia ter se baseado em uma das principais inovações da *Crítica da razão pura*, na descoberta de uma

---

25 *FM*, p. 304 (D, p. 164).

sensibilidade pura, *formas da sensibilidade a priori*, que a partir de então deveria proibir a identificação dogmática do formal ao racional e do material ao sensível. Sobre esse ponto capital, porém, a filosofia prática recai muito aquém dos avanços da primeira *Crítica*. É então que se cava um "imenso abismo" entre o sensível e o supra-sensível, proibindo toda esquematização da forma-da-Lei na matéria do desejo, tornando impossível a Passagem que poderia "dar ao mundo sensível a forma do mundo inteligível". Se a forma da Lei se distingue da matéria do desejo como o "racional" do "sensível", ela deve possuir as características essenciais da objetividade racional – sempre concebida, em Kant, no modo da objetividade *teórica* – e, antes de tudo, a *universalidade*. O que a diferencia do princípio material da felicidade que "nunca pode dar uma lei" porque depende de um sentimento *particular*, contingente. Concluir-se-á que "todas as máximas" (e já não somente as que seriam conformes à Lei) têm "uma forma que consiste na universalidade";[26] em suma, que a forma *como tal* é universalidade, seja ela a forma da Lei, a de uma máxima ou a de um conceito em geral: "Em todo conceito", declara Kant em sua *Lógica*, "é preciso distinguir *matéria* e *forma*. A matéria dos conceitos é o *objeto*, sua forma, a *universalidade*". Compreendida inicialmente como conflito entre princípios e como aquilo que está em jogo em uma decisão, a oposição da forma e da matéria remete, finalmente, à contradição lógica do universal e do particular.

Ora, essa redução da forma à universalidade não era óbvia: ocorre a Kant, como se há de recordar, perguntar-se "qual forma na máxima convém à doação-da-lei universal e qual forma não convém", o que deixa entrever a possibilidade de formas de máximas "inconvenientes", não universalizáveis.

[26] *FM*, p. 303-4 (D, p. 163-4).

Mas logo interrompe toda discussão ao afirmar que "o entendimento mais vulgar" é "capaz de discernir sem instruções particulares".[27] Assim, entregue o princípio da decisão ética ao juízo do entendimento comum, do senso comum lógico, não será espantoso vê-lo reconduzido àquela "evidência" trivial de que uma "lei universal" deve valer... universalmente (isto é, sem exceção particular) e que negaria a si mesma ao abandonar sua universalidade. Assimilar o caráter formal da Lei à *universalidade* lógica equivale, finalmente, a submetê-la ao princípio lógico de não-contradição. Entretanto, sabemos que esse critério formal nunca é senão uma "pedra de toque negativa", incapaz de "estabelecer a verdade material (objetiva) do conhecimento"; que um "uso material dos princípios formais do entendimento puro", um uso "orgânico" da Lei geral, não é senão "malabarismo" metafísico.[28] É nesse parologismo que repousa a tentativa kantiana de constituir a objetividade prática, a partir da universalidade lógica e do princípio de identidade. Assim, o formalismo proibe a compreensão autêntica da Lei.

Será preciso, diante dos equívocos do formalismo, resolver-se pelo abandono de toda referência à forma? A menos que essa equivocidade não esteja vinculada a um certo conceito de forma, que o próprio Kant tivesse tentado superar. Freqüentemente, teremos a ocasião de constatá-lo: quer reintroduza no imperativo categórico uma *matéria* e um *fim* (a "pessoa"), quer insira novamente, na determinação da Lei, a visada de um *objeto* (o "Soberano Bem"), quer consigne a essa Lei da razão pura um móbil *sensível* (o "respeito") – Kant não cessa de transgredir o seu formalismo. O que o leva a

---

27 *CRp*, p. 639 (Vrin, p. 40).

28 Cf. os textos já comentados da *CRP*, p. 819-21 e 893-5 (TP, p. 81-3 e 158-9).

afastar a oposição tradicional da matéria e da forma, determinando a Lei como um princípio simultaneamente "formal" e "material":[29] o vir-a-ser matéria de uma forma pura. A ética kantiana da Lei evoca, assim, um outro conceito de forma que já não estaria exteriormente oposto à sua matéria, uma compreensão não formalista da forma-da-Lei, que já não a reduzisse à forma lógica da universalidade. Mas em que sentido? Renunciar à Lógica, à Universalidade racional, não é aniquilar toda objetividade prática, entregar a Lei ao arbítrio subjetivo, ao niilismo? Sabemos no entanto que Kant distingue da Lei geral, puramente formal (totalmente "indiferente aos objetos") e regida pelo princípio de não-contradição, uma *outra lógica*, lógica *transcendental* que se relaciona com a possibilidade *a priori* de um conhecimento objetivo. Lógica da verdade material, da materialidade pura das formas, de que a *Crítica* nos ensina que possui seus próprios conceitos ou *categorias*, distintos das funções lógicas do juízo, mas também que permite reinterpretar certos conceitos da tradição, deles extrair a verdade transcendental. Assim, Kant evoca o caso dos três predicados supremos da ontologia clássica, o Uno, o Verdadeiro, o Bem, que ele se propõe a reler ou, digamos, *reconstruir* de um ponto de vista transcendental, a partir das categorias de unidade, pluralidade e totalidade, tomando-os, portanto, "num sentido propriamente material, como condições da possibilidade das próprias coisas", e não mais somente "no sentido formal, como condição lógica necessária para todo

[29] Como mostra o texto essencial da *CRp*, p. 699-700 (Vrin, p. 88): "Assim como a Lei moral é um princípio de determinação *formal* da ação pela razão pura prática, assim também, é verdade, ela é um princípio de determinação *material*, mas somente *objetivo*, objetos da ação sob o nome de bem e de mal, ela é também um princípio de determinação *subjetivo*, isto é, um móbil para essa ação, porque ela exerce influência sobre a sensibilidade do sujeito" (grifo nosso).

conhecimento".[30] O Uno, por exemplo, já não se reduziria à unidade quantitativa (função lógico-formal do juízo), mas poderia ser compreendido num sentido transcendental, enquanto *unidade qualitativa*, ligação de uma diversidade, "aproximadamente como a unidade do tema num drama, num discurso, numa fábula". É possível perguntar se o mesmo gesto de releitura, de reconstrução transcendental, poderia aplicar-se ao conceito de forma para dissociá-lo da universalidade lógica e, talvez, ao próprio conceito de unviersalidade para liberá-lo de sua significação simplesmente lógica. Se fosse esse o caso, o próprio pensamento kantiano nos indicaria o caminho para suplantar o seu próprio formalismo. Então, seriam as próprias críticas do formalismo kantiano – de Jacobi e Hegel a Scheler – que apareceriam como "formalistas", impotentes para se desfazer do conceito lógico-metafísico de forma que eles denunciam, surdos e cegos perante o trabalho da obra kantiana, perante essa outra face da Forma que ela nos apresenta.

Se se deseja retraçar este outro caminho da ética kantiana, reconstruir a forma da Lei para além do formalismo, é o conceito formalista de forma que, de início, é preciso analisar. Nele, conjugam-se duas determinações aparentemente contraditórias: a de ser *universal* e a de ser uma limitação negativa que restringe sua matéria ou seu objeto, que portanto os *particulariza*, os diferencia ao recortá-los com o todo e com o universal. Tão poderosa é essa conexão, essa conivência entre as duas características da forma, que ela é reencontrada não somente quando se trata de uma forma racional universal (de uma lei da razão prática) ou de formas *a priori* (da intuição pura), mas também no caso das formas particulares dos fenômenos. Assim, quando a *Crítica da faculdade de julgar* exami-

30 *CRP* (B), p. 839-41 (TP, p. 98-9).

na o sentimento de prazer resultante de uma "reflexão sobre a forma do objeto", quando ela busca o que poderia explicar a comunicabilidade universal de um tal sentimento, é ainda na forma que ela continua a descobrir "a única coisa que pode ser comunicada universalmente com certeza nessas representações",[31] e permite constituir um senso comum estético. Essa "universalidade subjetiva" dos juízos estéticos "encontra seu fundamento [...] na figura [*Gestalt*] do objeto,[32] em sua forma *pura,* depurada de toda relação com uma matéria, com um "atrativo" empírico, purificada de toda relação com a cor ou com o som, que "não parecem ter como princípio senão a matéria das representações", desembaraçada, enfim, desses ornamentos supérfluos (*parerga*), moldura dos quadros ou vestes das estátuas, que são apenas "adição exterior" à forma do objeto.[33] Nas artes plásticas, a beleza da forma diz respeito, portanto, ao desenho e, no próprio desenho ao traço – um traço desprovido de todo atrativo... –, cujo traçado delimita a forma e a define como figura. Concepção *figural* da forma que se mantém quando é considerada a "livre beleza" das formas naturais: pois esta procede ainda de uma "técnica formal" ou "figural" (*figürliche*) da natureza, a qual "fornece à faculdade de julgar figuras [*Gestalten*] finais, isto é, a forma [*Form*]" representada graças ao livre acordo do entendimento e da imaginação.[34] Ao contrário, o mesmo não ocorre quando se passa ao sublime, visto que esse sentimento é desperto perante o espetáculo do caos e da devastação da natureza – sem-figura, informe, ilimitação (*Unbegrenztheit*). Não é somente a concepção figural da forma, a que domina na *Analítica do*

---

31 *CJ*, § 14, 3, p. 984 (Vrin, p. 66).

32 *CJ*, § 30, p. 1054 (Vrin, p. 115).

33 Sobre tudo isso, cf. *CJ*, § 13-14, p. 982-7 (Vrin, p. 65-8).

34 *Primeira introdução* à *CJ*, 2, p. 888-90.

Belo, que se acha aqui transgredida, mas a formalidade de *toda* forma, porquanto a forma "consiste na limitação". Ao se dar como forma, nada deveria ser mais estranho à Lei que o sentimento do sublime. Ora, muito paradoxalmente é esse sentimento que aparece mais próximo do respeito pela Lei e revela o "fundamento ético" do juízo estético.[35] É essa "apresentação negativa do infinito", em que a imaginação "se sente ilimitada pelo desaparecimento de barreiras [*Schranken*]", que seria a mais apropriada a uma quase-apresentação da Lei.[36] Ao seguir-se, a *Analítica do sublime*, seria preciso deixar de determinar a Lei a partir da forma? Ou então, para além do impasse, a regressão formalista da segunda *Crítica* nos levaria a um outro pensamento da forma e da Lei como forma, a de uma *Urform* não figural, forma vinculante originária do mundo, que não poderia ser apresentada, esquematizada, senão através da desfiguração, a de-limitação das figuras sensíves?

Com essa demarcação entre a Analítica do sublime e a do belo, redobrada nesta última pela partilha entre beleza "livre" e beleza "aderente", não há de se haver somente com um conflito entre diferentes estilos artísticos, entre uma estética clássica da beleza formal e uma estética pré-romântica (ou "pós-moderna") da sublimidade. Redução da bela forma à figura como recorte de um traçado: ali, não se verá a apologia de uma arte "figurativa", mas de uma interpretação figural da forma, em que se descobre a matriz ontológica do formalismo kantiano. Na perspectiva da terceira *Crítica*, a *Gestaltung* do fenômeno, o gesto plástico de sua figuração, descreve, com efeito, o traçado de um contorno, de uma épura que cerne o objeto figurado e o borda, ou o limite, ao separá-lo de seus atrativos sensíveis, de seus *parerga* – e tal delimitação restritiva

---

[35] Cf. *CJ*, § 2, p. 888-90.

[36] *CJ*, 3, p. 1047-8 (Vrin, p. 110-1).

corresponde extamente à *Einschränkung* da matéria do desejo pela forma da Lei. Entre o formalismo estético da *Crítica do juízo* e o formalismo da filosofia prática, há mais que uma simples analogia: a restrição figural da forma do objeto, a redução de sua matéria, é, precisamente, o que eleva a beleza de sua forma ao universal, torna universalmente comunicável o prazer puro que ela suscita. Novamente, na figuração sensível do fenômeno, encontramos a ambigüidade fundamental da forma, a estranha conivência de sua universalidade e de sua delimitação. Desse conceito lógico-metafísico de forma, a *Analítica do belo* nos desvela a matriz figural: ao ressituá-lo no coração do visível, no modo de doação do fenômeno, ela esclarece com nova luz a sua proveniência, permite captar ali o traço de uma experiência mais inicial – a compreensão grega da forma a partir do *eidos*. Com efeito, sabemos que o casal conceitual forma-matéria não é originário, que, em filosofia, ele só se impõe com Aristóteles, após a interpretação platônica do ser como *idea*. Quando a verdade do ser é retomada no brilho luminoso da Idéia, o parecer daquilo que é depende doravante de seu aspecto visível, daquilo que lhe permite se mostrar na luz da Idéia, daquela evidência que Platão denomina *eidos* e que é sua *figura*, o rosto "a cada vez único" que cada ente apresenta, mas também os traços desse rosto, suas arestas salientes, o contorno estável que o delimita constantemente e faz com que apareça tal como é. É a partir dessa figuração limitativa, no rebordo externo e interno de seu traçado, que se diferenciam a matéria (*hylé*) e a forma (*morphé*).

Pouco importa então que, nesse casal, a primazia seja conferida à forma, que para Aristóteles dá seu nome ao composto e constitui a sua essência, ou, ao contrário, à matéria. Pois a distinção da matéria e da forma, em todos os casos, se fundamenta em uma determinação figural da forma, que contra ela comete violência ao de-formá-la. Com efeito, seria possível que essa interpretação "eidética" barrasse o acesso a uma compreensão mais autêntica da formalidade das formas, em que a evidência do *eidos* estaria fundamentada na "impressão" inicial da *morphé,* e não o inverso. Segundo Heidegger, essa reviravolta da relação de fundamentação, essa subjugação da forma pelo *eidos*, provém de que a ontologia grega não aborda o ente na perspectiva da percepção, mas na da *poiesis*, da produção.[37] Daí decorreriam os traços fundamentais da concepção figural-eidética da forma. Toda produção, ao supor uma previsão, a visão prévia do objeto a produzir pela qual ela se regula, a Forma será concebida como arquétipo, paradigma presente desde sempre no Logos ou na Razão. A constância própria do *eidos*, do contorno estável que se oferece à vista, acha-se então projetada em um lugar inteligível, como permanência intemporal das Idéias e das Formas. Concebida como um modelo a realizar, o *eidos* deverá valer para toda a série de produtos que ela permite fabricar. Não designará mais o rosto singular de cada ente, mas aquilo que remete esse traço a cada vez único a um aspecto comum, relaciona-o com uma Idéia universal. Desempenhando o papel de charneira entre a impressão singular do fenômeno (sua *morphé*) e a universalidade da Idéia, o *eidos* opera simultaneamente como um princípio de diferenciação, de individuação, e como um princípio de generalização, designa doravante a espécie, a diferença específica na qual o elemento diferenciador se subordina à generalidade do conceito. Assim se explica, por fim, o equívoco da forma, seu duplo caráter de universalidade lógica e de limitação figural: longe de contradizer ou de restringir sua universalidade, desta, ao contrário, a figuralidade é sua condição necessária. Compreendemos por que a passagem à filosofia prática seja acompanhada por uma regressão formalista: na medida em que, apesar de seu esforço para distinguir o imperativo categórico dos imperativos "téc-

---

[37] Cf., entre outros, *Les problèmes fondamentaux de la phénoménologie* (1972), Gallimard, 1985, p. 135-9.

nicos", a concepção kantiana da práxis ética não está suficientemente separada do horizonte da *poiesis*. Com efeito, como constatamos, o caráter "prático" da razão ou da vontade, continua a ser concebido como "faculdade de criar objetos" em conformidade com sua representação prévia, como causalidade produtora cuja Lei ética será a regra de causalidade.

Superar o formalismo prático requer, portanto, elaborar um conceito não figural, não eidético de forma, separando-o das determinações herdeiras da Tradição, de sua intermporalidade, instrumentalidade, inércia de continente, universalidade lógica. Paradoxalmente, é ali onde a interpretação eidética da forma parece se impor com mais força que ela se vê posta em causa: no momento em que a *Analítica do belo* define a beleza das formas pela pureza figural do traço, Kant precisa que "toda forma [*Form*] dos objetos dos sentidos [...] é ou *figura* [*Gestalt*] ou *jogo* [*Spiel*]; e, neste último caso, ou simples jogo das figuras (no espaço: a mímica e a dança) ou simples jogo das sensações (no tempo)".[38] Não se trata, portanto, de rejeitar totalmente a figuralidade da forma, mas de limitar seu alcance, consigná-la a um tipo de arte determinada, a certos modos de beleza formal. Entretanto, isso equivale a dissociar a forma da figura, esboçar um *conceito pré-figural de forma*, capaz de compreender tanto a figura como o jogo. A definição clássica da forma se mostra portanto insuficiente e, a partir do parágrafo seguinte, cede lugar a uma perspectiva inteiramente distinta, em que "o elemento formal na representação da coisa" se vê definido como "unificação do diverso" segundo uma unidade indeterminada.[39] Da determinação

---

[38] *CJ*, § 14, 2, p. 986 (Vrin, p. 68).

[39] *Das Formale in der Vorstellung eines Dinges, d.i. die Zusammenstimmung des Mannigfaltigen zu Einem (unbestimmt was es sein solle)*... (*CJ*, § 15, 2, p. 988 (Vrin, p. 69)).

restritiva e derivada da forma como *Gestalt*, passa-se a uma outra determinação – como *liame*, ligação unificadora do diverso –, mais originária, mais compreensiva, visto que pode ser aplicada igualmente à *Gestaltung* e ao *Spiel*. Na verdade, essa determinação mais radical da forma já transparece sob sua interpretação figural-formalista. Precisamente quando tentava reduzir a pureza formal ao recorte de um traçado, ao eliminar a matéria das cores e dos sons, Kant chegava a evocar a hipótese de Euler, ao definir cores e sons como "vibrações regulares" de que "o espírito percebe, pela reflexão, o jogo regular das impressões, por conseguinte, a forma na ligação de representações diferentes". Segundo essa hipótese, "cores e sons não seriam sensações puras, mas já uma determinação formal da unidade de um diverso de sensações e elas poderiam ser contadas entre as belas coisas".[40] Então, é toda a estética figural do desenho e do traço que vacila, quando essa materialidade virtual ou sonora que ela se esforçava para bordar e excluir lhe retorna *como forma*. Se a interpretação eidética da forma é justamente a matriz ontológica do formalismo, sua compreensão mais autêntica como liame abala a oposição da matéria e da forma, revela o caráter originariamente "formal" da matéria da intuição e a materialidade originária das formas. Assim, aquém da oposição lógico-metafísica, ela nos dá acesso ao conceito de uma *Urform* transcendental que já não tem mais oposto, porque ela *é*, originariamente, sua matéria. Ora, esse conceito transcendental de forma como ligação sintética já está presente em Kant, esboçado desde a *Dissertação de 1770*, retomado na *Estética transcendental*, e sempre permanecerá ativo no *Opus Postumum*: deste ponto de vista, o formalismo da filosofia prática representa efetivamente uma *regressão*, um bloqueio provisório no trabalho da obra, que é

40 *CJ*, § 14, p. 984 (Vrin, p. 67).

possível suspender sem forçar o pensamento kantiano, jogando Kant contra Kant...

Na *Dissertação*, Kant distinguia "a *matéria* (no sentido transcendental), isto é, as partes" e "a *forma* que consiste em sua *coordenação*", sua ligação recíproca no interior de um todo.[41] No sentido transcendental, portanto, a forma é laço (*nexus*), princípio formal de ligação de um mundo, e isto vale tanto para o mundo sensível, de que o espaço e o tempo são formas essenciais, quanto para o mundo inteligível. No caso do mundo sensível, a totalidade não é composta segundo uma "noção abstrata do entendimento", pela recoleção e soma de partes preexistentes. Ao contrário, é o todo, o mundo enquanto "totalidade absoluta de suas co-partes (*compartium*)" que a estas precede, as compreende como limites internos. É nesse sentido que os princípios formais deste mundo podem ser ditos *infinitos*: "Segundo o modelo da intuição sensível, *o infinito contém a razão da parte* [...] ou antes, o limite".[42] A parte, isto é, a matéria, sendo apenas uma "co-parte" (literalmente: uma *com-parsa*), "impensável nela mesma" e que só pode ser consignada "por limitação", por *auto*limitação do espaço e do tempo. Isso equivale a dizer que a forma não vem coordenar de fora uma matéria informe, religar posteriormente uma diversidade sensível *já* dada na intuição, mas ela *se* dá a si mesma sua *diversitas* interna; ela própria *forma* sua matéria sem a produzir e sem ser a causa dela, fazendo aparecer nela suas "partes" como linhas de partilha, elementos de sua partitura. Enquanto assegura simultaneamente o liame e a partilha, a repartição que consigna cada

---

41 *Dissertação de 1770*, 1, p. 632-3 (Vrin, p. 27-8).

42 *Ibid.*, p. 657 (Vrin, p. 73). Acerca dessa exposição kantiana do sensível sob as noções de forma, de continuidade e de infinito, como pensamento da "primitividade do parecer", da fenomenalidade do ser, cf. G. Granel, *L'équivoque ontologique de la pensée kantienne*, Gallimard, 1972, p. 67-96.

parte, a *Urform* procede tanto do *legein* quanto do *nemein*; ela é *lex* e *nomos* – e, devido a esse fato, Kant a designa como uma *lei*: lei formal do sensível que torna possível toda manifestação de um fenômeno.[43] Desde 1770, portanto, ele atingira uma compreensão mais radical da "lei" como forma imanente, princípio de ligação originário de um mundo. O que explica que, ao elaborar, anos mais tarde, a filosofia prática, tenha podido designar a Lei ética como dom de uma forma, princípio formal da síntese prática. Mas tudo se passa como se, nesse meio tempo, a radicalidade inicial do conceito tivesse se perdido, e é assim que a filosofia prática se desgarra nas aporias do formalismo.

Nesse conceito de forma tematizado na *Dissertação*, não reencontramos nenhum dos traços que, desde Platão, caracterizam a concepção eidética da forma. Sem dúvida, a forma-lei do mundo sensível consiste em uma limitação; porém, nem figural nem restritiva, faz advir *nela* a sua matéria sem limitá-la pelo recorte de um contorno. Ela não é intemporal, supra-sensível, visto que se trata justamente das formas *da* sensibilidade, do espaço e do tempo. Seria ainda menos uma forma universal, princípio lógico de sua generalização, porque não diz respeito à universalidade lógica (*universalitas, Allgemeinheit*), mas à totalidade *(universitas, Allheit)* de que as co-partes são "postas conjuntamente", cuja diversidade interna é captada sem conceito "numa intuição singular". E essas leis-formas que tornam possível toda manifestação de uma singularidade são, elas próprias, *singulares*,[44] oferecem-se numa intuição pura que "não é um conceito universal, isto é, lógico [...] mas um conceito singular (*conceptus singularis*)".[45] Esse último, no sentido estrito, não é

---

43 Cf. *Dissertation*, p. 638, 650 e 658 (Vrin, p. 37, 61 e 75).

44 *Ibid.*, p. 647 e 652 (Vrin, p. 55 e 65).

45 *Ibid.*, p. 645 (Vrin, p. 51). Sobre a distinção entre os "conceitos universais" e os "conceitos singulares" (que são "intuições puras", cf. a

um "conceito", mas literalmente uma *co-apreensão* intuitiva, uma co-doação sintética originária das co-partes no todo e do todo em sua forma. Se considerarmos que essa "totalidade absoluta" é dita *infinita*, que o espaço e o tempo, como afirmará a *Estética transcendental*, são "grandezas infinitas dadas", concluiremos que a própria *Urform* transcendental deve ser pensada como uma forma infinita, uma forma perfeitamente in-forme: a forma de uma singularidade infinita, de um infinito singular. Paradoxal singularidade da forma-da-Lei que poderia doravante concordar com a possibilidade de uma ética reflexionante, em que o caráter sempre singular e in-determinado da doação-da-Lei já não será oposto à sua objetividade. Tudo isso deveria proibir que ela fosse representada como uma moldura inerte preenchida por uma matéria estranha ou um instrumento manobrado por um princípio superior. Enquanto ela forma o nexo do mundo, seu "liame", enquanto ela se dá sua matéria ao se autolimitar, a *Urform* como *lex* e *nexus* é um ato, um gesto transcendental de ligação, de partilha, de autodoação. É notável que essa atividade das formas não seja causal, sequer no sentido de uma *causa formalis*. Com efeito, a *Dissertação* distingue expressamente a forma, coordenação "daquilo que é reciprocamente complementar para formar um todo", e a causalidade como princípio de subordinação.[46] Na determinação da liberdade como modo de causalidade e na determinação da Lei como regra dessa causalidade "supra-sensível", havíamos captado um dos principais limites da filosofia prática kantiana, que a condena a um uso equívoco da categoria de causalidade e lhe proibe compreender, a partir de si mesma, a liberdade prática e a Lei de liberdade. A categoria

Reflexão n. 3955 (cerca de 1769), XVII, p. 364. A mesma noção reaparecerá trinta anos mais tarde no *Opus Postumum*.

46 *Ibid.*, p. 633-4 (Vrin, p. 29).

de causalidade pertence essencialmente à ontologia da *poiesis*: chegando a um conceito de forma liberado de toda representação poética, Kant antecipava-se a uma interpretação não causal do *actus* formal e da lei como ato de ligação, o que poderia fazer com que ele evitasse os impasses do formalismo.

Em certo sentido, esse avanço da *Dissertação* nunca será inteiramente esquecido. No entanto, se a *Estética transcendental* mantém a maior parte das determinações da forma descobertas em 1770, a distinção que ela estabelece entre forma e matéria do fenômeno exclui, doravante, a possibilidade de uma autodoação da matéria pela forma, da forma como "matéria". A única atividade transcendental capaz de dar leis à natureza sendo a do entendimento, a *Crítica* tende a despossuir as formas da sensibilidade (que já não são designadas como "atos" nem como "leis") do poder de dar-lei, para transferi-lo ao Sujeito transcendental, o que nos leva de volta a uma concepção instrumental e passiva da forma. A passagem à filosofia prática permanecerá sob o domínio desse formalismo, mesmo quando ela determina o dom da Lei como autodoação de uma forma pura no *factum* da razão, doação que se encontra então falseada, desfigurada, por uma interpretação lógico-eidética da forma de que há muito a *Dissertação* havia se demarcado. Na verdade, havia suplantado tal interpretação no plano das formas da sensibilidade: quando se tratava do "princípio formal do mundo inteligível", a *Dissertação* se atinha às representações tradicionais, concebendo-o como uma Causa produtora, um Criador do universo. O que convém às formas do mundo sensível já não vale para uma forma suprasensível... *Reserva* metafísica mantida pela segunda *Crítica*: é o fatal dualismo do sensível e do inteligível que impede a concordância da forma da Lei ética com o conceito não restritivo, não-eidético, não causal da *Urform* transcendental. Por mais que a Crítica se esforce para "fazer uma ponte" sobre "o imenso abismo" – o que ela própria cavou –, o afastamento subsiste, intransponível, entre as formas da sensibilidade e a forma da Lei, sua relação permanecendo simples analogia, objeto de uma "típica" (a forma de uma lei natural, "tipo" da Lei ética) ou de uma apresentação simbólica (o belo, símbolo do Bem). Salvo talvez na *Analítica do sublime*, Kant nunca chegará a pensar sua relação como uma identidade originária, uma apresentação esquemática e já não somente simbólica, em que o imperativo de dar ao desejo a forma pura da Lei equivaleria a revelar-lhe essa Lei como sua própria forma imanente.

Entretanto, para além de toda interpretação instrumental ou causal, para além da desfiguração formalista, permanece essa descoberta da segunda *Crítica*, a revelação da Lei como dom. Aos que criticavam a importância concedida à dimensão formal, que ironizavam sua "fábrica de formas" (*Formgebungsmanufactur*), Kant respondia que, "nos dois campos (o teórico e o prático), não se trata de uma arbitrária *produção de formas* organizada segundo um plano ou no modo de uma fabricação qualquer [...] manipulando o objeto dado". Quer se trate das formas da intuição pura, das formas do entendimento ou da Lei ética, em todo caso, "o que há de *formal*" constitui "o assunto capital da filosofa": com efeito, "é na forma que consiste a essência da coisa (*forma dat esse rei*, já diziam os escolásticos)".[47] Fórmula de origem imprecisa, provavelmente encontrada na *Ontologia* de Wolff,[48] e que só aparece uma vez nos textos publicados por Kant. Entretanto, se nos remetermos aos textos inéditos, descobrimos que esse

47 *Sobre um tom grão-senhor adotado recentemente em filosofia* (1796), 3, p. 413-4.

48 Ela aparece, com efeito, em sua *Philosophia prima sive ontologia*, § 945 (1736), atribuída, também ali, aos escolásticos, sem mais indicações. Sobre a origem e a significação dessa fórmula em São Tomás de Aquino e sobre sua retomada por Wolff, cf. H. Graubner, "Form und Wesen", in *Kantstudien*, 1971, p. 37-92.

enunciado onde a forma se define literalmente como *dom do ser* acompanha toda sua obra, tal como um fio condutor clandestino. Embora sua significação, o sentido do ser (e do dom) que ela implica, não permaneça idêntica: se, em diversas *Reflexões* pré-críticas, ela ainda exprime a concepção lógico-metafísica tradicional,[49] o mesmo não ocorre quando ela reaparece no *Opus Postumum* que parece às vezes reatar, trinta anos mais tarde, com os mais audaciosos avanços da *Dissertação*. As formas *a priori* da sensibilidade são novamente definidas como "atos" ou "posições" sintéticas "infinitas".[50] Então, a sentença *forma dat esse rei* ressurge em contextos diferentes, ora para designar a ação das formas infinitas da sensibilidade,[51] ora para qualificar o próprio procedimento da razão, que "avança projetando suas formas".[52] Última tentativa de Kant, no final de sua vida, para constituir um "sistema da filosofia transcendental" (doravante definido como "ciência das formas"), desembaraçada de todo formalismo lógico-metafísico, em que a forma da Lei ética poderia se juntar às formas infinitas da sensibilidade, a partir de uma compreensão radical da forma, pensada como aquilo que dá a cada ente o seu ser. A forma, dom do ser: como entendê-lo? Equivale isso a dizer que, para

49 "*Forma dat esse rei*. Com efeito, conhecemos a forma somente pelo entendimento. A matéria contém os dados sensíveis [...]; o ser determinado de cada coisa depende da forma. A forma é a diferença específica" (*Reflexão* n. 3852, XVII, p. 312 (1764-1769); cf. também a *Reflexão* n. 3850 que cita a mesma fórmula acrescentando que "a forma é a essência [*Wesen*] da coisa, conhecida pela razão."

50 "Posições (*Setzungen*) infinitas" de um "todo infinitamente infinito" (Cf. XXII, p. 11, 97, 442...).

51 "O espaço, o tempo e a unidade do diverso do espaço e do tempo: todos os três são formas – *Forma dat esse rei* – e são infinitas. As duas primeiras dão o objeto, o terceiro [dá] o sujeito" (XXII, p. 446).

52 XXI, p. 15, *Opus Postumum*, PUF, p. 201; cf. também p. 91-2, PUF, p. 230-1.

além do ente, ela nomearia o dom *do* ser, o próprio ser em sua doação? Ou então, que esse dom já não pertence ao horizonte do ser, precisamente porque ele o dá ao ser e assim o excede? A essas questões últimas, ainda não podemos arriscar nenhuma resposta.

O EQUÍVOCO DO IMPERATIVO CATEGÓRICO (DA POSSIBILIDADE DO ESQUEMATISMO PRÁTICO)

A desconstrução do formalismo que acabamos de esboçar não conduz, portanto, a abandonar o conceito de forma, mas a reconstrui-lo de um ponto de vista transcendental, liberando-o das determinações legadas pela Tradição, de sua figuralidade eidética, de sua instrumentalidade, de sua universalidade. Seria possível uma reconstrução da filosofia prática, em que a forma doadora da Lei não reconduzisse mais à forma lógica da universalidade. Ao não prescrever nada mais que universalizar as máximas, o imperativo categórico é a própria essência da obrigação ética, enquanto esta supõe juízos práticos determinantes, que se acha posta em causa. Uma vez rejeitada a forma da universalidade, mal se vê, com efeito, o que ainda distingue a Lei do capricho contingente do sujeito, ou o que diferencia o juízo prático – doravante concebido como puramente reflexionante – de um juízo simplesmente subjetivo. Uma ética "reflexionante" não admitindo nenhuma regra universal já dada, chamando a julgar sem regra, sempre a partir de "casos" singulares[1] – ainda seria uma ética?

---

1 Ao que nos convida Lyotard: para ele, a "frase crítica" kantiana se distingue da "frase doutrinal ou sistemática", na medida em que ela é reflexionante e não determinante e "julga sem ter a regra do juízo"

Existem decerto (como mostrou a terceira *Crítica*) juízos reflexionantes, sempre subjetivos, que não deixam de manter certa "pretensão à universalidade". Porém, o que vale para o juízo estético pode também aplicar-se ao juízo prático? Como a "livre legalidade sem lei" que subjaz aos juízos estéticos poderia concordar com a sujeição ética da Lei? A "norma intermediária" do *sensus communis* estético, com essa discussão sem conceitos nem fim que ela supõe, não tenderia a proibir toda *decisão* ética? É para salvar a objetividade do juízo prático – condição de possibilidade de uma decisão *justa* – que Kant se recusa a dissolver a obrigação ética no "livre jogo" dos juízos reflexionantes,[2] apela para a forma da universalidade da Lei. Ao denunciar essa universalidade como "abstrata", ao solicitar, com Nietzsche, "que cada um invente *sua* virtude, *seu* imperativo categórico", corre-se o risco, com efeito, de aniquilar toda objetividade prática, justificar qualquer mandamento ("obedecerás a qualquer um") em nome das preferências arbitrárias de cada um. Parece que nada retém a Lei à beira do nada, se não a forma de sua universalidade: que portanto seja

---

e para encontrar essa regra (cf. *L'enthousiasme. La critique kantienne de l'histoire,* Galilée, 1986, p. 11 e 16-7). Seria preciso dizer então que a *ética* de Kant deve ser reflexionante, ao passo que sua *moral* (a exposta na Doutrina da Virtude) só pode ser determinante visto que ela só faz aplicar ao dado antropológico os princípios descobertos pela *Crítica.*

2 "Um objeto que uma lei da razão nos impõe desejar não nos [deixa] nenhuma liberdade de fazer dele um objeto de prazer para nós [...]. Como princípio determinante do assentimento [o interesse da razão] já não deixa livre o juízo sobre o objeto [...]. É que, quando a Lei moral fala, já não há objetivamente livre escolha concernente ao que se deve fazer [...]; com efeito, ela implica um mandamento e produz uma carência, ao passo que o gosto em matéria de costumes só faz jogar com objetos da satisfação, sem se apegar a nenhum deles" (*CJ*, § 5, 2, p. 966 (Vrin, p. 55)).

preciso, para escapar ao niilismo, submeter a Lei à sua determinação lógico-metafísica.

A menos que não seja possível reiterar no conceito de universalidade o mesmo gesto de desconstrução-reconstrução: extrair de seu ranço lógico a essência transcendental da universalidade, que poderia então "convir" à forma transcendental da Lei, à sua doação "formal" mas sempre *singular*. Embora a singularidade radical da obrigação ética – e o caráter reflexionante dos juízos que ela requer – não constituam mais obstáculo à sua objetividade... Segundo a primeira *Crítica*, a universalidade diz respeito ao "uso lógico do entendimento em geral", em que se faz abstração de todo conteúdo de conhecimento, de toda relação com a intuição. Trata-se de uma simples "função lógica do entendimento nos juízos", da classe dos juízos de quantidade.[3] Tomado neste sentido, o da Lógica geral, "universal" se diz daquilo que vale em todos os casos, de uma noção cuja extensão compreendo todos os predicados possíveis, sem exceção. Essa função lógica do juízo, "indiferente a todo objeto", se distingue de um conceito puro, de uma *categoria*, capaz de aplicar-se a objetos pela mediação da síntese temporal da imaginação e que, por conseguinte, diz respeito à lógica transcendental. Todavia, "a mesma função que dá unidade às diversas representações num *juízo* dá também unidade à simples síntese de diversas representações numa *intuição*", isto é, à categoria.[4] Assim, aos três juízos quantitativos (universalidade, particularidade, singularidade) correspondem as três categorias de quantidade (unidade, pluralidade e totalidade) e bem parece que a de totalidade seja o correspondente ou a tradução transcendental da universalidade: com efeito, "a *determinabilidade* de todo *conceito* está submetida à

---

3 Cf. a "tábua dos juízos" da *CRP*, 1, p. 827 (TP, p. 88).

4 *CRP*, p. 834 (TP, p. 93).

UNIVERSALIDADE (*Allgemeinheit, universalitas*) [...], mas a determinação de algo está submetida à TOTALIDADE (*Allheit, universitas*) ou ao conjunto (*Inbegriff*) de todos os predicados possíveis".[5] Reconhecemos aí a demarcação fundamental, estabelecida na *Dissertação* de 1770 e que percorre toda a obra, entre a *universitas* (ou "universal-sintético") que designa a comunidade concreta, a "totalidade absoluta das co-partes" dadas em uma intuição singular, e a *universalitas* lógica ("universal-analítico"), simples "noção abstrata de entendimento" que subsume predicados particulares.[6] A forma, reinterpretada em sentido transcendental, se dá como *lex* e *nexus*, lei de ligação sintética da totalidade. Logo, torna-se possível fazê-la concordar com a universalidade, ela própria reinterpretada transcendentalmente como *universitas*. O dom da Lei seria então a forma vinculante do Todo, liame do mundo, lei de comunidade.

Mas em que sentido? Como uma Lei ética, ainda que fosse pensada transcendentalmente, poderia dar sua forma ao mundo dos fenômenos? Sem dúvida, a releitura transcendental da universalidade como *universitas* é insuficiente, não permite compreender em que consiste essa "totalidade" de que a Lei seria a forma e em que modo se opera sua "ligação". A essência transcendental da universalidade (daquilo que vale em todos os casos) pode ser interpretado de maneira diferente: seja como comunidade de destinação (o que vale para todos); seja como "comunidade" da síntese temporal (o que vale *para todo o tempo*); seja enfim como predominância na oposição real (o que predomina *sobre todo o outro*

---

5 *CRP*, 1, p. 1196 (nota) (TP, p. 415).

6 Cf. os textos já citados da *Dissertação*. Sobre a distinção entre "universal-analítico" e "universal-sintético", cf. *CJ*, § 77, 2, 1205-6 (Vrin, p. 221).

princípio). Que a Lei seja dita "universal" não significa necessariamente que ela seja a lei *do* Universal, que sua forma se reduza à universalidade lógica, mas antes, que ela se destina a todos, que vale "para todos os seres racionais". A universalidade entendida como *universitas* abre, assim, o horizonte de uma *comunidade* universal de seres racionais, ligados à Lei e por meio dela. Essa comunidade de destinação de sujeitos-à-Lei é o que a *Fundamentação* denomina o *reino dos fins*: "a ligação sistemática de diferentes seres racionais por leis de comunidade", um "todo de todos os fins [...] em conexão sistemática".[7] Aquilo mesmo que a terceira *Crítica* designará como o fim último da existência de um mundo, o Soberano Bem. Perspectiva que concorda com a interpretação oferecida por Hermann Cohen. Este desejava, com efeito, refutar as acusações de formalismo, mostrar que, em Kant, "a forma não é roupagem de um conteúdo particular do fenômeno, distinto de sua carne", mas "a maneira e o modo segundo os quais todas as representações desse fenômeno devem ser, inicial e fundamentalmente, dadas".[8] Desejoso de superar a interpretação individualista da subjetividade transcendental ou prática, Cohen identifica a própria forma da Lei com o reino dos fins: "Então, a última aparência de um simples formalismo da Lei ética desaparecerá". Com efeito, "a forma de uma doação-de-Lei universal [...] é *a comunidade dos seres autônomos*, em conformidade com a significação universal da forma como lei: a *autonomia dos fins* [...]. Nessa comunidade, reside o conteúdo do *a priori*, o conteúdo da realidade ética [...]. Como a ética não se enraíza no sentimento do sujeito, mas deve ser fundada em uma Lei objetiva, isso mostra agora que essa Lei repousa, de fato, no

---

7 *FM*, 2, p. 300 (D, p. 157).

8 Cohen, *Kants Begründung der Ethik* (1877), B. Cassirer, 1910, p. 189.

pensamento da comunidade, no qual ela encontra todo o seu sentido. Essa comunidade das leis se torna uma comunidade da doação-de-Lei [...]. E isso nos conduz a uma comunidade de *fins absolutos*. A comunidade dos fins autônomos é, portanto, o conteúdo da Lei ética formal".[9]

Todavia, essa interpretação da Lei como forma-de-comunidade, princípio formal do reino dos fins, permanece tributária, em Cohen, de sua concepção restritiva da liberdade e da Lei de liberdade, consideradas simples Idéias sem realidade objetiva. Ele não consegue pensar a Lei de comunidade como a forma de ligação *do mundo*, seu modo de doação *originário* – a Forma, "dom do ser" –, mas nela vê somente uma Idéia reguladora, o termo ideal de uma progressão indefinida. Ao assimilar o Nada da Lei a um modo indigente do *nihil*, ao vazio sem objeto da Idéia, sua interpretação redunda finalmente em uma variante, "progressita" e "moral", do niilismo ético. Ao se seguir a *Tábua do Nada*, aparece, ao contrário, que o Nada da Forma não é o vazio do númeno ou da Idéia (*ens rationis*), mas um nada "que é algo", o das formas da intuição (*ens imaginarium*). Deve-se então perguntar se é possível juntar essas formas *a priori* da sensibilidade à "forma de um mundo inteligível", à universalidade da forma-de-Lei concebida como *universitas* ou totalidade. Segundo a *Crítica*, a totalidade é "pluralidade considerada unidade". Ora, essa ligação de uma multiplicidade, essa unidade sintética "concebida como comum ao que difere [*als verschiedenen gemein*]",[10] é, precisamente, o que constitui a *forma do conceito*, seu caráter de universalidade ou, mais exatamente, de comunidade transcendental. Assim, Heidegger designa a essência do conceito como "a unidade que nela abriga comunidade [*die Ge-*

9 *Ibid.*, p. 226-7.

10 *CRP* (B), 1, p. 854 (nota) (TP, p. 111).

meinheit in sich bergende Einheit]".[11] Seria preciso dizer *communité*[*], a fim de distinguir essa pura *Gemeinheit* transcendental de uma comunidade mais determinada e, notadamente, da *Gemeinschaft* ética do reino dos fins. Isso posto, a forma-de-comunidade não basta para determinar a essência *transcendental* do conceito para ser relacionada com a intuição, é preciso que se articule às formas do espaço e do tempo graças à síntese transcendental da imaginação, e é nesse nada do *ens imaginarium* que a forma vazia do *universitas* encontrará sua matéria pura e seu sentido. O que nos incita a compreender transcendentalmente, isto é, temporalmente, a "relação entre a *forma do conceito*, a unidade de uma comunidade, e *a essência transcendental do conceito*": a identificar a unidade formal da comunidade, sua "lei", com a captação de uma antecipação pura no horizonte do futuro.[12] Sabe-se que Heidegger interpreta o terceiro modo da síntese transcendental ("síntese da recognição no conceito") como síntese de *pré*-cognição, isto é, antecipação abrindo o horizonte do futuro. De fato, um conceito teórico ou uma Lei prática não poderiam pretender à "universalidade" se não valessem *a priori* para *todo o tempo*: se não comprometessem, desde o instante de sua doação, todo o passado e todo o futuro. Portanto, não é a intemporalidade da Forma que, como ensinava a tradição, garante sua universalidade, mas, ao contrário, é sua universalidade (sua forma-de-comunidade, seu *universitas*) que se fundamenta em

---

11 Heidegger, *Interprétation phénoménologique de la Critique de la raison pure* (1927-1928), § 18, Gallimard, 1982, p. 210-4; cf. também p. 219, 222 etc.

* O autor faz uso de um neologismo: no lugar de "communauté", como seria de se esperar, em francês, o original cunha o termo "communité", de modo a marcar o vínculo entre o comum e a unidade (N. do T.).

12 *Ibid.*, p. 302-22.

sua temporalidade. E isso valeria igualmente para a forma de universalidade da Lei ética, que assim se revelaria, originariamente, como temporal. A partir da análise heideggeriana, embora Heidegger nunca a tenha considerado, seria possível interpretar a forma-de-doação da Lei como *Urform* vinculante e temporalizante da existência (em termos kantianos, como "escolha do caráter inteligível"): também nesse caso, no modo de uma antecipação pura, de uma promessa que na decisão ética – uma decisão a cada vez singular, em que concorre minha possibilidade a mais peculiar, a mais "pessoal" – retoma ao Instante todo meu passado para constituir a "unidade temporal absoluta" de minha existência.[13] Ora, para Kant, essa "revolução ética", essa nova escolha do caráter inteligível é aquilo que está em jogo num combate, numa cesura violenta entre as duas vertentes temporais do caráter inteligível, entre o ser que eu era e o que eu hei de ser. A decisão ética supõe, assim, uma oposição real entre o mal radical e a Lei. O *nihil originarium* da forma pura do tempo não basta, portanto, para dar seu ser à Lei, e a interpretação temporal da universalidade deve ser emendada, completada, levando em conta esse outro modo do Nada, o *nihil privativum* ou efeito = Zero da oposição que, desde o *Ensaio* de 1763, sempre qualifica em Kant o dom da Lei. Seguindo essa hipótese, que ainda resta explorar, a universalidade da forma-de-Lei já não significaria somente a *validade* lógica (do que vale para todo predicado), nem sequer a *validação* transcendental nos dois primeiros sentidos (o que vale para todos enquanto reino dos fins, e o que vale para todo o tempo da existência), mas o próprio *valor*, a *valentia* na "provação da forma", a de uma máxima que se dobra à forma da Lei para nela provar seu *shicken*, sua conveniência

---

[13] *Religião*, 3, p. 88 (nota) (Vrin, p. 97). Voltaremos a essa questão crucial.

e destino – mais que isso, a *prevalência* da Lei que, como veremos, só se impõe como Lei universal ao provar que predomina sobre todo e qualquer outro princípio. E essa "escolha da máxima suprema", essa decisão ética que engaja toda minha existência, é a cada vez singular, decide-se sem nenhuma regra ou norma preexistente do bem e do mal, sem se submeter à autoridade de um juízo determinante: o que está em jogo numa *ética reflexionante*, cuja Lei se revela a partir de um acontecimento, um encontro, uma dádiva singular, mantendo sua objetividade, sua universalidade transcendental...

Aliás, tudo leva a crer que essas três hipóteses, três releituras transcendentais da universalidade, não se excluem: que é possível articular, conjuminar, essas três dimensões da forma-de-Lei, a comunidade dos sujeitos-à-Lei, a unidade temporal da existência por meio de sua cesura, a soberania da Lei na provação. Isso desenha o horizonte último de nossa busca, do qual só conseguiremos nos aproximar a partir de uma análise do mal radical, invocando a "segunda fase" da ética kantiana. Se nos ativermos às teses clássicas de sua "primeira fase", as da *Fundamentação* e da segunda *Crítica*, constatamos, com efeito, que a significação lógica da universalidade nunca é posta em questão, que ela permance a única determinação fundamental da forma de Lei, o "princípio supremo" da filosofia prática. Seria possível, entretanto, que esse sujeitamento da Lei prática às leis da objetividade teórica e da Lógica comprometa a ética kantiana em novas aporias, que torne equívoco o conjunto de seus conceitos, quer se trate do imperativo categórico ou de seu "tipo", do princípio de autonomia ou do princípio do fim em si. O que tornaria ainda mais necessária uma reconstrução transcendental da forma de universalidade da Lei, uma reconstrução do imperativo categórico que prescreve a ela se conformar e uma reconstrução de todas as formulações "bem conhecidas" desse imperativo.

Inumeráveis são os imperativos hipotéticos, tão numerosos quanto os fins particulares por eles visados. Em contrapartida, só há um imperativo que não concerne à matéria da vontade nem à sua meta, mas somente ao seu princípio formal, cuja regra não é um princípio subjetivo mas a própria Lei: só há um imperativo categórico. O que ele enuncia é simplesmente a necessidade, para a máxima da ação, de ser conforme à Lei, isto é – em razão da redução da Lei à forma lógica da universalidade – a necessidade de se conformar à "universalidade de uma lei em geral". Daí aquela forma bem conhecida: "Age unicamente segundo a máxima que faz com que possas querer que ela ao mesmo tempo se torne uma lei universal". Esse enunciado sendo apresentado como a "fórmula universal do imperativo categórico",[14] não seria de esperar que encontrássemos outros. Ora, tudo se passa como se a enunciação do imperativo não conseguisse se deter em um enunciado definitivo e não evocasse uma série de formulações suplementares. À fórmula inicial, a da lei universal, acrescentam-se assim as da lei de natureza, do fim em si, da autonomia e do reino dos fins. Aliás, parece que duas delas não acedem à dignidade de uma formulação *direta* do imperativo, a da lei de natureza (definida na *Crítica* como o "tipo" da primeira fórmula) e talvez a do reino dos fins.[15] Portanto, há somente "três conceitos" ou "três maneiras de representar o princípio da ética" – no modo de uma lei universal (I), do fim em si (II) e da autonomia (III) – e são apenas

---

14 *FM*, 2, p. 304 (D, p. 164).

15 O estatuto do "reino dos fins" é mais ambíguo, visto que às vezes ele aparece como um simples desenvolvimento dos princípios de autonomia, um "conceito muito fecundo a isso se vinculando" (cf. p. 300 (D, p. 157)), mas visto também que lhe ocorre ser apresentado como a "determinação completa" do imperativo categórico.

"fórmulas de uma única e mesma Lei, de que cada uma contém por si mesma as duas outras".

Nossa perplexidade aumenta quando consideramos as fórmulas do ponto de vista de sua precedência, de sua primazia hierárquica. A questão não deveria ser posta, visto que a primeira se apresenta como a "lei suprema" e a "condição única" do dever. Mas também ocorre a Kant designar a fórmula do fim em si como o "princípio prático supremo" de que depende o "passo adiante" destinado a salvar a ética de sua má postura.[16] E também a fórmula da autonomia será erigida em "princípio supremo", e mesmo, em "único princípio da moralidade".[17] Chegaria a representar a "determinação completa" do imperativo categórico, em que se unem sinteticamente a forma da lei universal e a matéria do fim em si.[18] Assim, a cada uma das três fórmulas é concedido, em rodízio, o primeiro lugar... Em todo caso, confirma-se que somente a forma da unviersalidade não basta para determinar integralmente a Lei: se ela carece de outros enunciados tidos como os que a "completam", essa é bem a prova de que a regra de universalização das máximas é somente um critério negativo, incapaz de definir positivamente nosso dever, um critério lógico-formal, impotente para operar uma síntese prática transcendental, para abrir o horizonte da transcendência prática.

Aliás, é nessa perspectiva, a da dedução da síntese prática – busca de um "acesso" possível da Lei à vontade –, que as *fundamentações* justificam a existência de três fórmulas sucessivas: elas teriam "como meta aproximar (segundo certa analogia) uma Idéia da razão da intuição e do sentimento". "Se ao mesmo tempo quisermos dar à Lei ética um *acesso* à vonta-

---

16 *FM*, p. 293-4 (D, p. 148-9).

17 *Ibid.*, p. 308-9 (D, p. 169-70).

18 p. 303-4 (D, p. 163).

de, é muito útil fazer com que a mesma ação passe pelos três conceitos indicados e aproximá-los, assim, tanto quanto possível, da intuição".[19] Como interpretar esse texto alusivo? É preciso, como vimos, conceber a síntese prática por analogia com a síntese transcendental teórica, em sua identidade de estrutura, mas também em sua diferença irredutível. Enquanto a síntese teórica opera a ligação entre as categorias do entendimento e da intuição por meio do esquematismo transcendental da imaginação, cabe à síntese prática cumprir a ligação entre a Lei da razão prática e a vontade; sabemos, porém, que a dedução dessa síntese é particularmente difícil, que ela corre o risco de fracassar na falta de um terceiro termo mediador. Com efeito, a Lei ética é "algo de supra-sensível, para o qual, portanto, nada se pode achar de correspondente em nenhuma intuição sensível",[20] nenhum equivalente dos esquemas da imaginação estabelecendo "correspondência" entre os conceitos puros e a intuição. No texto da *Fundamentação* que acabamos de citar, parece que os três enunciados do imperativo operam como *quase-esquemas*, "aproximam" a Lei da intuição para lhe "dar acesso" à vontade e assegurar, assim, sua ligação sintética. Desse modo, antecipadamente, no quadro de uma simples exposição lógica, esboçariam a dedução da síntese prática e seria possível considerá-los versões possíveis, pré-esboços dessa síntese que a terceira seção haveria de fundamentar. Na segunda *Crítica*, o mesmo problema receberá uma resposta diferente: já não será às três fórmulas fundamentais mas a uma fórmula auxiliar, a da lei de natureza, que caberá "esquematizar" a Lei e fundamentar a possibilidade do juízo prático, o que doravante deixará em uma indeterminação total a questão do estatuto das três fórmulas...

---

19 2, p. 303-4 (D, p. 163-4).

20 *CRp*, p. 691 (Vrin, p. 81).

São as "dificuldades particulares", próprias à "faculdade de julgar segundo as leis da razão pura prática", isto é, a impossibilidade de aplicar diretamente a Lei à experiência com o auxílio de um esquematismo que justificam o recurso à "lei de natureza". Trata-se, com efeito, de encontrar um substituto para o esquematismo impossível, um *Medium*, um elemento intermediário que convenha tanto à Lei de liberdade quanto ao mundo sensível submetido às leis naturais. Há somente uma característica comum a esses dois tipos de lei: o fato mesmo de serem "leis", de se conformarem à *Gesetzmässigkeit*, à forma-de-legalidade de uma "lei em geral", e nisso é que se encontraria a mediação requisitada. Quando "o entendimento (não a imaginação)" submete, "como lei para a faculdade de julgar, não um *esquema* da sensibilidade mas uma lei, que entretanto seja tal que possa ser apresentada *in concreto* nos objetos dos sentidos, por conseguinte uma lei natural mas somente segundo sua forma, podemos então chamá-la o *tipo* da Lei ética [...] – não se trata aqui do esquema de um caso produzido segundo leis, mas do esquema (se é que aqui convém esse termo) de uma lei".[21] Portanto, quando se trata de avaliar a máxima de uma certa ação, a "típica" do juízo prático consistirá em se perguntar se essa ação é possível, "se ela deveria acontecer segundo uma lei da natureza da qual farias ti mesmo parte". Antes de cometer o seu crime, o ladrão ou o assassino perguntará se aceitaria viver em um mundo em que o roubo ou o assassinato seriam erigidos em "leis naturais" e, sobretudo, se tal mundo poderia perdurar, subsistir de maneira estável. Ora, parece evidente, ao menos para Kant, que um mundo em que o roubo ou o assassinato fossem a "lei" destruir-se-ia inevitavelmente, naufragaria no caos. Essa "provação da forma de uma lei natural" deveria bastar para rejeitar tais máximas ruins, "impossíveis de um ponto de vista ético".

---

21 *CRp*, p. 691-2 (Vrin, p. 82).

O que põe a questão do estatuto do tipo, desse quase-esquema que assegura para a faculdade de julgar prática a mesma função do esquematismo transcendental para o juízo teórico, sem ser no entanto um esquema em sentido estrito – uma determinação temporal da imaginação transcendental –, visto que se trata de uma determinação conceitual do entendimento.[22] Havíamos constatado: para abrir passagem entre o domínio da natureza e o da liberdade, "só nos resta a analogia", a transferência de conceitos teóricos – aqui, o de "lei natural" – no campo prático. Essa transferência permanece legítima enquanto ela respeita a diferença, a distância de ambos os domínios: enquanto se apresenta abertamente como analogia, identidade formal de relações e não identidade real de essência. Em contrapartida, há anfibolia quando essa distância é recoberta pela ilusão de uma continuidade, quando a passagem "para além do abismo" dissimula o abismo e *se* dissimula a si mesmo, fazendo-se passar por uma identidade essencial. Cai-se na Aparência transcendental, no "misticismo" prático, quando se toma por um esquema o que é apenas símbolo, e talvez essa ilusão ameace o conjunto das formulações do imperativo categórico, que seriam somente representações de uma Lei supra-sensível, impossível de se apresentar na experiência, se não de maneira analógica por meio de tipos ou de símbolos. Nunca Kant tentará esclarecer o seu estatuto, o que mantém a problemática em uma ambigüidade persistente, o que designaremos como o *equívoco do imperativo categórico* (e no qual virão se juntar, em cada uma das três

---

22 Sobre o estatuto problemático do tipo como tentativa de "mediação entre a razão pura prática e o sujeito sensível", cuja elucidação exigirá a passagem para uma crítica da faculdade de julgar, cf. W. Bartuschat, *Zum systematischen Ort von Kants Kritik der Urteilskraft*, V. Klostermann, 1972, p. 54-78.

fórmulas, uma série de equívocos suplementares). Com efeito, é difícil saber se os enunciados fundamentais do imperativo são apresentações diretas ("esquemáticas", portanto) ou somente tipos, apresentações simbólicas do inapresentável. Equívoco repleto de conseqüências: supondo-se, por exemplo, que o terceiro princípio é também um tipo simbólico, seria então uma ilusão tomar uma quase-autonomia *fictícia* (a de um sujeito que deve agir *como se ele* se desse a Lei) pela autonomia *real* de um Sujeito que, verdadeiramente, se dá sua lei.

Se for mostrado que os princípios do fim em si ou da autonomia são apenas símbolos, será preciso buscar em outro lugar a possibilidade de uma esquematização da Lei e de seu imperativo. Pois a típica nunca é um procedimento auxiliar, substituto indigente de uma esquematização impossível[23] que nos desvia do essencial, da busca de um autêntico esquematismo prático, único capaz de realizar a síntese, apresentar diretamente a forma da lei no mundo dos fenômenos, ainda que fosse ao preço de uma de-formação desse mundo, de sua sublime devastação... A possibilidade da síntese prática implica, com efeito, que a Lei possa se unir efetivamente à vontade, encontrar um acesso ao mundo dos fenômenos (esquemática e não simbólica): doação "imediata" (isto é, unívoca, sem analogia) em que a Lei constitui o desejo do sujeito, faz com que esse desejo nele advenha ao lhe dar forma. Na *Crítica da razão pura*, a teoria do esquematismo se insere no quadro de uma "doutrina do juízo" e parece responder simplesmente ao problema da aplicação das categorias à experiência, da subsunção dos casos empíricos sob seu conceito. O que oculta a significação ontológica do esquematismo, a de uma apresentação sensível e pura do ho-

---

23 Cf., nesse sentido, a análise de R. Daval, *La métaphysique de Kant*, PUF, 1951, p. 97-9.

rizonte de objetivação que põe em jogo a possibilidade da síntese transcendental.[24] Para uma leitura superficial, longe de ser um simples mediador religando exteriormente categorias preexistentes no entendimento com fenômenos já dados na intuição, não parece que o esquema constitua de fato sua unidade orignária, sua "raiz oculta" em que as categorias se formam como categorias ao se temporalizar. Situação análoga se encontra na *Crítica da razão prática*: nesta também a típica é apresentada como um simples critério de juízo, servindo para aplicar o imperativo categórico aos casos empíricos. Nunca Kant a considerará uma esquematização transcendental da Lei, capaz de abrir o horizonte da transcendência prática, fundamentar a possibilidade objetiva dos conceitos práticos e a possibilidade *da própria Lei*, de uma Lei que, sem seus esquemas, não seria *nada*, simples conceito vazio sem objeto. E nunca superará a concepção instrumental que faz do tipo uma regra técnica posta à disposição do sujeito para guiar suas escolhas empíricas – no lugar de reconhecer aí o dom da Lei, esquematização originária dando sua forma à existência, constituindo o existente como sujeito-à-Lei.

Talvez a dificuldade fosse intransponível: pois se trata de pensar a Lei em sua exposição – evitando reduzi-la a uma lei do Sujeito – *e* sua imanência, sem fazer disso um princípio heterônomo que se impõe de fora à vontade. É a "dificuldade particular" do esquematismo prático, que a Lei deva ser simultaneamente mais transcendente *e* mais imanente (mais transcendente *na* imanência), mais distante *e* mais próxima da vontade que o conceito o é da intuição no esquematismo transcendental. Mais "distante", visto que o conceito se fundamenta imediatamente em seu esquema e lhe é unívoco ou

[24] Esta é, como se sabe, a interpretação desenvolvida por Heidegger em *Kant e o problema da metafísica*.

"homogêno" (*gleichartig*), visto que o esquema é o próprio conceito, posto em imagem e temporalizado, ao passo que em nenhum caso a Lei é caso "homogêneo" às formulações desse imperativo que a apresenta somente na finitude, pois ela excede sua inscrição na vontade do sujeito. Estando igualmente mais "próxima" do desejo, mais "homogênea" ou mais imanente a ele que o conceito teórico o é da intuição em seu esquema. Com efeito, os conceitos práticos puros "não têm de esperar intuições para adquirir uma significação, pelo motivo muito notável de que produzem espontaneamente a realidade daquilo com que se relacionam (a intenção da vontade), o que de maneira alguma é o caso dos conceitos teóricos".[25] Duplo requisito contraditório em que reconhecemos a má postura da Lei: pois ela não pode se dar nem como esquema (no sentido de um esquema conceitual, homogêno ao que ele esquematiza), nem como símbolo (totalmente heterogêneo ao que ele simboliza). Nem na Terra, como uma lei de natureza aplicável esquematicamente a uma intuição empírica, nem no Céu de uma "transcendência" metafísica figurável somente por analogia. Será possível uma esquematização da Lei, que não se reduza nem ao "esquematismo da determinação do objeto", nem ao "esquematismo da analogia" que escapa à alternativa do esquema conceitual e do símbolo?

Se há uma saída para essa aporia, certamente não é a proposta pela *Crítica*. É claro que a "típica do juízo prático" não satisfaz ao segundo requisito (de imanência ou de univocidade), que se contenta com um símbolo no lugar de interrogar sobre uma autêntica esquematização da Lei. Mas satisfaz ainda menos ao primeiro requisito (de ex-posição ou de alteridade), por pouco que se considere o *conteúdo* do símbolo, do conceito escolhido como tipo da Lei, a saber, o de

---

25 *CRp*, p. 688 (Vrin, p. 79).

"lei natural". Nada nos autoriza, com efeito, a identificar o conceito prático e o conceito teórico de "lei": é a noção anfibólica de "lei em geral" que permite identificá-los, ocultando a diferença dos dois domínios, fazendo com que uma simples analogia entre esses dois conceitos passe por uma identidade de essência, impondo dogmaticamente à Lei de liberdade as determinações das leis de natureza. Quer isso dizer que seja preciso renunciar a constituir uma típica, a tentar uma apresentação simbólica da Lei? Ou somente reunciar a *este* tipo, este símbolo indigente da Lei posto em primeiro plano pela segunda *Crítica*, sem afastar outros símbolos possíveis, por exemplo (e se for um exemplo), aquele da pessoa como fim em si ou o do reino dos fins? Aliás, não seria o caso de revogar totalmente o tipo da lei de natureza, antes de o reconstruir, extrair sua significação transcendental, como tentamos fazê-lo para os conceitos de forma e de universalidade. A típica pressupõe uma certa "semelhança de relações" entre lei de natureza e Lei de liberdade: no tipo, ainda é a Lei que se figura. Uma reinterpretação da típica deveria nos permitir balizar aquilo que, na doação da Lei, autoriza a analogia com a legalidade de uma natureza sensível: melhor compreender como se dá a Lei e como sua doação se altera e se desfigura. Na *Fundamentação*, a fórmula da lei de natureza é introduzida exatamente após o enunciado inicial do imperativo, a fim de "mostrar o que esse conceito quer dizer". Isso é reconhecer que a "fórmula suprema" não quer dizer nada por si mesma: de fato, é perfeitamente possível elevar à forma lógica da universalidade a máxima da mentira ou do assassinato, sob a forma de uma "lei" prescrevendo sempre mentir ou matar, sem que nenhuma contradição interna, nenhuma impossibilidade *lógica* apareça no enunciado dessa "lei". Propõe-se, portanto, projetar o esboço de uma "natureza" possível regida por tal "lei". Segundo Kant, isso deveria bastar para que logo se visse qual máxima não poderia valer como lei nessa "natureza" fictícia. Não (como erroneamente acreditava Schopenhauer) por causa das *conseqüências* empíricas que se seguiriam para o sujeito, expondo o próprio mentiroso ou o próprio assassino a ser enganado ou morto,[26] mas em razão da *contradição interna* da máxima erigida em Lei. Quem faz uma promessa com a intenção de não a manter, põe o respeito das premissas enquanto lei universal, ao mesmo tempo em que solicita que ela não seja universal. Ab-roga a universalidade da Lei no momento mesmo em que a reconhece, e tal sofisma aparece com evidência desde que se represente essa máxima como uma lei de natureza: pois "eu vejo logo que ela nunca poderia [...] concordar consigo mesma, mas deveria necessariamente se contradizer".[27]

Ora, a essa temática *lógica* que faz do princípio de não-contradição o critério último dos juízos práticos, acrescenta-se uma outra temática, *transcendental* ou então *ontológica*, em que aparece uma significação mais radical do tipo. Já não seria somente a máxima ruim erigida em lei, mas igualmente a natureza ordenada por essa lei que "contradiria a si mesma e assim não poderia subsistir como natureza" –, como se a contradição *lógica* da máxima acarretasse uma autodestruição *real* da natureza esboçada a partir dessa máxima. O assassinato seria um mal, não somente porque o assassino se contradiz ao erigi-lo em lei, mas também porque um mundo de que o mundo fosse a lei se aniquilaria, naufragaria no nada. A existência de um mundo, sua possibilidade real, é portanto o que afinal está em jogo no imperativo, o critério ou a provação suprema que permite avaliar as máximas. Querer a Lei equivale a querer que haja o mundo e não querer que não haja

---

26 Cf. Schopenhauer, *Le fondement de la morale* (1841), Aubier, 1978, p. 56-60.

27 *FM*, 2, p. 286 (D, p. 139).

nada. Já não é apenas uma representação simbólica ou a aplicação de uma regra de juízo a casos empíricos, mas uma *decisão* em favor do mundo, contra o nada sempre possível que o rodeia e que o assalta. Decisão *ontológica* que se impõe como uma obrigação *ética*, o imperativo incondicionado de que é preciso querer o mundo, pois a vontade sempre *pode* decidir-se pelo nada, "preferir querer o nada a nada querer".[28] E talvez seja preciso ver nisso o imperativo fundamental da ética, sua arquiprescrição em que a doação da Lei se revela como dom do mundo. Motivo ainda implícito na *Fundamentação*, que será desenvolvido pelo prefácio da *Religião*: "Suponhamos um homem, que respeita a Lei moral, ao espírito do qual se apresentaria a Idéia [...] do mundo que, bem guiado pela razão prática, *ele poderia criar*, se para tanto tivesse o poder, mundo ao qual estaria vinculado como membro. Não somente ele o escolheria sem hesitações, se para tanto tivesse escolha, como implicado por essa Idéia moral do Soberano Bem, mas ele quereria sempre e cada vez mais que existisse um mundo em geral, porque a Lei moral quer que, por nós, exista o maior Bem possível".[29] Em se seguindo esse texto, confirma-se que a pura existência de um mundo é requerida pela Lei, como se a Lei fosse Lei do mundo, como se ordenasse antes de tudo que haja o mundo, porque somente a existência de um "mundo em geral", qualquer que seja ele, já contribui para "o maior Bem possível".

A esse imperativo primordial – *que haja* o mundo e não nada – se sobrepõe todavia um outro imperativo, comandando que esse mundo seja ordenado com a "Idéia moral do Soberano Bem", portanto, que ele seja o *melhor* possível. Da

---

[28] O que, para Nietzsche, define a essência mesma do niilismo; cf. a *Genealogia da moral*, III-28.

[29] *Religião*, 3, p. 18.

pura existência indeterminada do mundo, passa-se à consideração de sua essência, de seu grau de perfeição, o que se compromete com uma orientação ontológica inteiramente distinta. A mesma ambigüidade, a mesma hesitação já aparecia nos diferentes exemplos de aplicação do imperativo propostos pela *Fundamentação*. No caso do suicídio, *trata-se do mundo*, possibilidade da existência de um mundo como mundo da vida: "Uma natureza cuja lei seria destruir a própria vida [...] estaria em contradição consigo mesma, e assim não subsistiria como natureza".[30] O mesmo ocorre com a falsa promessa: erigida em Lei, aniquilaria o mundo, dessa vez encarado como comunidade baseada no respeito da palavra dada. Em contrapartida, quando se trata dos dois últimos exemplos, é claro que, regido pela máxima do gozo ocioso ou por aquela da não-assistência a outrem, um mundo poderia continuar existindo. Nesse sentido, a universalização de tais máximas "pode ser *concebida* sem contradição". No entanto, sublinha Kant, o homem "não pode absolutamente *querer* que isso se torne uma lei universal da natureza", pois "ele quer necessariamente que nele todas as faculdades sejam desenvolvidas". As naturezas aqui esboçadas sob a "lei" da estagnação ou do egoísmo não infringem, portanto, a própria *existência* do mundo, mas uma concepção *determinada* do mundo, a exigência de que seja o mais perfeito possível, com o mais completo desenvolvimento de suas virtualidades. Concepção que é a de Leibniz ou, mais exatemente, que instala a vontade do Sujeito humano – "Age como se a máxima de tua ação devesse ser erigida *por tua vontade* em lei universal da natureza" –, no lugar do Deus de Leibniz, do grande Calculador dos possíveis, tido como aquele que sempre escolhe o melhor.

---

30 *FM*, p. 286 (D, p. 138).

A significação essencial da decisão ética, como decisão a favor do mundo, se vê novamente ocultada quando a problemática recai sob o domínio da ontodicéia leibniziana. A coincidência, ou antes, a confusão anfibólica entre a possibilidade *lógica* (caráter não contraditório da máxima universalizada) e a possibilidade *real* (persistência da natureza possível esboçada por essa máxima), a afirmação de que uma natureza "imperfeita", submetida a uma "lei" contraditória se destruiria forçosamente – ou ao menos *deveria* se destruir, não mereceria existir... – pressupõem, com efeito, o princípio de perfeição leibniziano, segundo o qual "só existe o mais perfeito". Com seu corolário inevitável, a tese capital da ontodicéia – que o mal é nada. Donde se conclui que um mundo mau não pode existir, que desmorona em seu próprio nada.[31] O que quer dizer, *a contrario*, que a existência *deste* mundo, sua capacidade de perseverar em seu ser bastariam para designá-lo como o mais perfeito possível. Assim, desenvolvida em suas conseqüências últimas, a típica conduz àquela tese clássica e profundamente estranha ao pensamento kantiano: que o ser e o Bem são o mesmo, ou ainda, que o real é racional e o racional é real. Cabe lembrar, com Lacan, que a máxima sadiana de gozo justificando, como deveres, a calúnia, o incesto ou o assassinato, pode servir sem contradição de lei para uma "República".[32] De fato, se um mundo onde a "lei" de Eichmann fosse a lei universal e conseguisse persistir, não há nada no enunciado inical do imperativo categórico, nem em sua reformulação segundo a lei de natureza, que nos autoriza-

---

31 Em Kant, evidentemente, trata-se apenas de uma *tendência*, uma conseqüência extrema de sua problemática – e que, aliás, não vale mais para os dois últimos exemplos citados.

32 Lacan, *L'éthique de la psychanalyse. Séminaire* VII (1959-1960), Seuil, 1987, p. 95-6; cf. também o seu *Kant avec Sade* (ao qual voltaremos).

ria a condená-lo como mau. Para tanto, seria preciso fazer intervir outros critérios de juízo, outros enunciados do imperativo, por exemplo, a dignidade da pessoa como fim em si, o que equivale a reconhecer a indigência da "fórmula suprema" e a impotência da típica para remediá-la. Isso nos leva a examinar as outras fórmulas, a nos voltarmos para o fim em si e para a autonomia, na esperança de ali encontrar uma saída para o equívoco do imperativo categórico e para a aporia do esquematismo prático.

O ROSTO DE NINGUÉM*
(EQUIÍVOCO DO FIM EM SI)

"*Persona* significa também máscara. *Eripitur personna, manet res.*"

Kant, *Opus Postumum.*

"Aqui vemos nós a filosofia colocada em má postura, situação em que se deve encontrar uma posição firme sem que possa encontrar, nem no céu nem na terra, qualquer coisa em que se agarrar ou um ponto de apoio. Aqui é preciso que a filosofia manifeste sua pureza fazendo-se a guardiã de suas próprias leis [...]".[1] Como compreender esse "aqui" reiterado? Decerto é possível interpretá-lo em sentido histórico: ele marcaria a situação ambígua da ética kantiana, colocada "entre Céu e Terra", entre a subordinação clássica da Lei à Razão divina e sua substituta moderna na vontade do Sujeito.

---

* No título em francês, lê-se "Le visage de personne", em que o termo *personne* significa imediatamente "ninguém", mas, ainda, o rosto de uma *personne*, isto é, de uma "pessoa". A esses dois significados, convém acrescentar o que vem sugerido pela citação de Kant, posta como epígrafe deste capítulo (N. do T.).

1 *FM*, 2, p. 290 (D, p. 145).

"Aqui" se insreveria a visada do "terceiro passo" crítico, uma ex-posição da Lei que escapa aos dois modos ("místico" e "empirista") do niilismo ético. Talvez devamos também entendê-lo num sentido mais literal, reconhecer que "aqui", neste ponto preciso do texto, o andamento da *Fundamentação* encontra uma aporia que é preciso remover. Notar-se-á que essa passagem se situa justamente após a exposição da primeira fórmula do imperativo categórico e de sua reformulação segundo o tipo de uma lei de natureza. Ora, Kant conclui a exposição frisando os limites dessas formulações: se conseguem "ao menos mostrar que o dever é um conceito que deve [*soll*] ter uma significação [*Bedeutung*]", entretanto elas fracassam ao "demonstrar *a priori* que tal imperativo existe realmente e que haja uma Lei prática".[2] Fracasso que é o da segunda seção da *Fundamentação* – e talvez de toda a obra – incapaz, como se viu, de passar da exposição da possibilidade lógica da síntese prática à dedução de sua possibilidade real e, assim, "provar que a moralidade não é uma quimera".

Visto que se trata de mostrar que há a Lei, que seu imperativo nos obriga realmente, é grande a tentação de basear-se no fato, isto é, na perspectiva da *Fundamentação,* em que ainda falta o conceito de um *factum* da razão pura, partir de um fato *empírico*: buscar em nós, em uma "disposição natural da humanidade", as provas da existência de um imperativo ético. Mas isso equivaleria a destruir a objetividade prática do dever e de sua necessidade incondicionada, regredir ao ponto de vista do *Cânon da razão pura* e, finalmente, recair no niilismo ético. Daí a advertência solene contra toda tentativa de "derivar a realidade desse princípio da *constituição particular da natureza humana*", pois uma Lei ética "deve valer para

2 *FM*, 2, p. 289 (D, p. 143-4).

todos os seres racionais" e "*somente sob este título* é que [ela] é também uma Lei para toda vontade humana".[3] Distinção entre o homem e o "ser racional" que aqui aparece pela primeira vez na filosofia prática: ela tem a vocação de defender a conquista essencial da *Fundamentação*, a descoberta do caráter puro, *a priori*, do imperativo categórico, preservando-o de toda derivação antropológica ou psicológica. Ora, é justamente essa exigência de pureza que põe a ética em má postura, pois ela lhe proíbe substituir seu antigo ancoramento no Céu por um novo ancoramento na natureza humana. Daí, a dedução da síntese prática se torna ainda mais difícil, visto que já não concerne somente à ligação sintética da Lei e da vontade *humana*, que a Lei deve ser "necessária *para todos os seres racionais* [...] ligada (inteiramente *a priori*) ao conceito da vontade de um ser racional em geral".

É nesse momento e a fim de "descobrir tal conexão" que Kant convida a "dar um passo adiante". Restituído no movimento de conjunto da *Fundamentação*, esse *Schritt* se apresenta como um *passo além do formalismo*, uma tentativa para superar a determinação puramente formal da Lei, sua redução à função lógica de universalidade que não consegue operacionalizar a dedução da síntese prática, permitir uma autêntica esquematização da Lei. Para onde esse passo nos leva? A determinação completa de uma máxima compreende "uma *forma* que consiste na universalidade" e "uma *matéria*, isto é, um fim". De fato, a vontade se define como faculdade de agir segundo a representação de *regras*, mas igualmente como faculdade de agir segundo *fins*. Assim como se pode distinguir regras subjetivas expressas pelos imperativos hipotéticos, uma regra objetiva enunciada num imperativo categórico, assim também, fins subjetivos "que um ser racional se

---

3 *Ibid.*, p. 291 (D, p. 146).

propõe de bom grado como *efeitos* de sua ação", deveria ser possível distinguir um *fim objetivo*, isto é, algo "cuja existência é um fim em si mesmo", fim absoluto que valeria para todos os seres racionais. Se tal fim existe, a ligação sintética desse fim e da vontade que é dada como fim só pode ser objeto de um imperativo categórico, e a realidade desse imperativo, a possibilidade real da síntese prática, já estaria provada unicamente pela existência desse fim. É por isso que a existência de um fim em si deve ser considerada, Kant o afirma expressamente, como o princípio supremo da ética, a condição de possibilidade do imperativo categórico, e mesmo da própria Lei: "Supondo-se que haja algo *cuja existência em si mesmo* tenha um valor absoluto, algo que, como *fim em si*, poderia ser um princípio de leis determinadas, é nisso então, e somente nisso, que se encontraria o princípio de um imperativo categórico possível, isto é, de uma Lei prática". "Sem isso, com efeito, nunca seria possível encontrar nada que tivesse um *valor absoluto*. Mas se todo valor fosse condicional e, por conseguinte, contingente, seria completamente impossível encontrar para a razão um princípio prático supremo".[4]

Da existência do fim em si, segue-se a possibilidade da Lei. Desse fim absoluto, o que sabemos precisamente?

a) Antes de tudo, ele deve *existir realmente*, e não em Idéia ou segundo um postulado.

b) Em seguida, ele deve ser fim *em si*, pôr-se como fim por si mesmo: "É preciso que o fim seja concebido não como

---

4 *Ibid.*, p. 293-4 (D, p. 148-9). Kant chega a dizer que a existência do fim em si "é, portanto, ao mesmo tempo, um princípio *objetivo* de que devem poder ser deduzidas, como princípio prático supremo, todas as leis da vontade" – o que quase equivale a drivar, ou mesmo subordinar, a Lei ética ao princípio do fim em si... (Cf. p. 295 (D, p. 150)).

um fim a realizar [a produzir: *zu bewirkenden*], mas como um fim existente por si [autoconsistente: *selbständiger*]".[5]

c) O que implica que ele seja *singular*, não se identifique com nenhum outro fim possível: que ele "não possa ser substituído por nenhum outro", ao serviço do qual ele estaria subordinado como simples meio.

d) Enfim, que ele deve ser concebido "de maneira somente negativa", como um fim "contra o qual [*zuwider*] nunca se deve agir", como a "condição restritiva suprema de minha liberdade", "restringindo [*einschränkenden*] todos os fins simplesmente relativos e arbitrários".[6]

Onde encontrar o que poderia satisfazer a essas quatro condições? A resposta de Kant é bem conhecida: "Esse fim não pode ser outra coisa senão o próprio sujeito de todos os fins possíveis", isto é, um ser racional que se põe fins, uma "natureza racional" ("natureza" designando aqui um existente real e singular). Assim se enuncia "o fundamento deste princípio: *a natureza racional existe como fim em si*".[7] Ora, prossegue Kant, "o homem representa necessariamente assim a sua própria existência" – "digo: o homem, e em geral todo ser racional, *existe* como fim em si". Bem parece que, aqui, a referência ao "ser racional" não seja mais que uma concessão retórica: *nos fatos*, o homem é o único ser racional que satisfaz a primeira das quatro condições, o único cuja existência seja efetivamente atestada na experiência. O fim absoluto buscado só pode ser a humanidade, enquanto ela existe *de facto*, enquanto se apresenta na existência singular e real de cada homem ou, como escreve Kant, na *pessoa* humana. Daí o célebre enunciado que constitui a segunda fórmula do impera-

5 p. 305 (D, p. 165).

6 p. 303 e 305 (D, p. 164-5).

7 2, p. 294 (D, p. 150).

tivo categórico: "Age de tal maneira que trates a humanidade tanto em tua pessoa quanto na pessoa de todos ao mesmo tempo como um fim, e nunca simplesmente como um meio".[8]

Tão logo introduzida, essa noção de *pessoa* se impõe com uma evidência irresistível e, na sua seqüência, impõe todo um sistema de identificações e de oposições. Pois é óbvio que a distinção dos fins objetivos e dos fins subjetivos se identifica com a das *pessoas* e das *coisas*. Da mesma maneira, é óbvio que a pessoa é o *sujeito* que *se* põe a si mesmo como fim absoluto, isto é, o sujeito *autônomo* (terceira fórmula do imperativo categórico), o qual se identifica naturalmente com o homem, com a humanidade como reino dos fins, fim último ou Soberano Bem. Doravante tudo se esclarece, tudo se encadeia e se unifica sistematicamente. A indeterminação da Lei, o vazio de sua abstração formal se vêem assim *preenchidos* pela graça da Pessoa humana, do Sujeito autônomo. É essa evidência ofuscante da Pessoa e do Homem, de sua determinação como fim em si, que seria o caso de interrogar. Seria possível que tais noções por demais conhecidas, subjacentes à interpretação humanista e moralizante da ética kantiana, se revelem das mais problemáticas, das mais equívocas, que a "solução" por elas proposta para a crise da *Fundamentação* repouse em uma série de lances forçados, arbitrários: na passagem da vontade ao seu fim, isto é, à matéria do querer; na determinação do fim em si como ser racional ou pessoa; no recurso a essa noção equívoca de "pessoa"; na identificação da pessoa com o homem, com o sujeito, com o eu e/ou com outrem... Talvez, após ter posto em questão suas interpretações tradicionais, chegaremos a uma compreensão mais autêntica do fim em si e de sua relação com a possibilidade da síntese prática.

---

8 2, p. 295 (D, p. 150).

Kant, nunca tendo deixado de afirmar que uma vontade boa se submete somente à pura forma da Lei, independentemente de toda relação com um objeto de desejo, com uma matéria, isto é, com um fim, em suma, nunca tendo deixado de afirmar que ela é *vontade sem fim*, é espantosa a desenvoltura com a qual a *Fundamentação* volta a consignar, subitamente, um fim para a vontade boa, e não como um motivo secundário, mas erigindo-o em "princípio prático supremo, condição última do imperativo categórico, se não o for da Lei. Com a introdução do fim em si, a problemática se expõe a uma antinomia: sustenta-se ao mesmo tempo que somente uma *vontade sem fim* pode ser uma vontade boa e que somente uma *vontade que visa a um fim objetivo* pode ser uma vontade boa... Seria possível remover tal antinomia reconhecendo que o conceito de seu "fim" não é o mesmo na tese e na antítese. No primeiro caso (tese), esse termo designa: 1) um objeto ou uma meta *exterior*, distinta da vontade que a visa; 2) ou seja, um princípio *material* de determinação, oposto à determinação formal da Lei. Em contrapartida (antítese), o fim em si não possuiria tais características. Afirmar que a vontade boa é "sem fim" pode então significar: 1) que ela não visa a nenhum fim exterior, que ela toma *a si mesma* como fim (o fim em si se identificando com o "sujeito de todos os fins", com o Sujeito autônomo); ou então 2) que ela não visa a nenhum outro fim *senão a Lei*, que somente a Lei pode ser fim em si.

Em ambos os casos, tem de se haver com uma concepção estranha e paradoxal do fim, que concorda mal com seu conceito clássico. Esse, com efeito, qualifica tradicionalmente o *objeto* de uma ação, e mesmo a própria ação (o "bem agir", fim supremo da práxis), mas nunca o agente, o *sujeito* da ação, e menos ainda uma "lei" à qual a ação estaria submetida. Aliás, exceto essa passagem da *Fundamentação*, o próprio Kant sempre se conforma com tal acepção tradicional e define o fim como o "objeto do arbítrio cuja representação o determina a uma ação que produz esse objeto".[9] Nesse sentido, "o fim sempre é o objeto de uma *apropriação*, isto é, de um desejo imediato de possessão de algo pela mediação de uma ação".[10] Assim, de modo bastante clássico, o conceito kantiano de fim permanece no horizonte da produção (e/ou da apropriação): tem de haver com um fim "a produzir" e não com um fim "existente por si"; com um objeto da vontade, relativo ao querer que o visa, e não com um fim absoluto. Enquanto essa concepção for mantida, ainda estará valendo a objeção de Schopenhauer: a noção de "fim em si" é contraditória, tem tão pouco sentido quanto a de "amigo em si" ou "tio em si".[11] Em suma, o fim em si da *Fundamentação* não é um fim, no sentido tradicional *nem* no sentido "kantiano" desse conceito.

Assim, a posição de um fim em si como princípio prático supremo exige que se afastem todas as determinações clássicas do fim: nenhum objeto da vontade, nenhuma ação, nenhum resultado da ação poderia ser considerada fim prático absoluto, absolutamente bom por si mesmo. Nada no mundo pode ser tomado como absolutamente bom, a não ser uma boa vontade. Eis porque o fim em si só poderia ser essa mesma vontade, a vontade do Sujeito que quer esse fim e quer *a si mesmo* como esse fim.[12] Nem a Lei do querer nem o objeto ou a ação queridos, mas a vontade que quer essa ação e se quer segundo sua Lei. Vontade sem fim no sentido de nossa primeira hipótese: não visa a nenhum objeto exterior, ne-

---

9 Introdução, *Doutrina da virtude*, I e III, 3, p. 658 e 663 (Vrin, p. 51 e 55); cf. também *CJ*, § 10, 2, p. 978-9 (Vrin, p. 63).

10 *Religião*, 3, p. 19 (nota) (Vrin, p. 24).

11 Schopenhauer, *O fundamento da moral* (1841), Aubier, 1978, p. 63.

12 "Esse fim não pode ser nada mais que o próprio sujeito de todos os fins possíveis, visto que é, ao mesmo tempo, o sujeito de uma possível vontade absolutamente boa" (*FM*, p. 305 (D, p. 165)).

nhum outro fim senão ela mesma. Vontade do ser racional, capaz de se dar a Lei. Tal ser existe realmente e prova, unicamente por sua existência, a do fim em si – ele se chama o Homem, a Pessoa humana, o Sujeito autônomo.[13] Ao erigi-lo em princípio prático supremo do qual seria possível "deduzir" a Lei, o segundo enunciado do imperativo categórico só faria consagrar a elevação do Sujeiro ao nível de princípio soberano da época. Sob o nome de "pessoa", é decerto o Sujeiro da metafísica dogmática – no entanto, destituído pela *Dialética transcendental* – que se vê reabilitado, ocupa doravante o lugar do ente supremo, do *ens causa sui*, outrora atribuído a Deus.[14] Kant só teria libertado a Lei do Céu da razão divina para submetê-la ao novo Senhor da Terra, a essa vontade de vontade niilista que nada mais quer senão a si mesma, vontade "sem fim" – sem limite e sem meta em sua errância infinita.

A menos que essa interpretação ("heideggeriana") seja falsa: longe de remeter à vontade de vontade do Sujeito, a pessoa enquanto fim em si seria o oposto do Sujeito, o que consegue o seu "fim", seu limite, à sua vontade sem fim. Pois

---

13 Notemos aliás que, quando a segunda *Crítica* estabelecer sua "tábua das categorias da liberdade" (p. 688-9, Vrin, p. 79-80), a personalidade ocupará exatamente o mesmo lugar que a *substancialidade* na tábua dos princípios do entendimento. A retomada prática do conceito significa que a personalidade moral leva a melhor sobre o sujeito-substância da psicologia racional: "A apercepção da sensação é substância, a apercepção da espontaneidade é a pessoa" (*Reflexão* n. 6861 (1776-1780), XIX, p. 183).

14 Assim, a *Reflexão* n. 5049 define a "personalidade prática" como "a faculdade da liberdade graças à qual é possível ser causa de si mesmo sem ser determinado exteriormente" (XVIII, p. 73). Assim também, o *Opus Postumum* considerará a possibilidade de um "conhecimento de si mesmo como uma pessoa que constitui a si mesma como princípio e é autora de si mesma" (XXII, p. 54, PUF, p. 188).

o fim em si é precisamente aquilo que "limita toda vontade arbitrária", a "condição limitativa suprema de todos os fins subjetivos". O que se impõe como uma parada, dá seu limite à vontade má do Sujeito, é a própria Lei: o fim em si como limite nada mais seria que a Lei. É assim que se entenderá aquela notável passagem da *Religião* na qual Kant afirma que "só a Idéia da Lei ética, com o respeito que dela é inseparável, não pode ser dita convenientemente uma *disposição* para a *personalidade*; ela é a própria personalidade".[15] Impossível portanto "deduzir" a Lei da personalidade, dela fazer uma disposição subordinada à vontade do Sujeito, "ela é a própria personalidade" e não é mais o Sujeito, mas a Lei que se põe como princípio prático supremo, como fim absoluto. Conflito das interpretações que põe em jogo a situação histórica da filosofia prática kantiana: trata-se de saber se a ética da Lei é apenas uma simples frase da errância, ou o traço de um excesso em que o pensamento poderia, por um momento, colocar em xeque o seu mau destino. Litígio em que se decidem o sentido último da obra e a coerência de sua problemática. Para nos atermos ao problema dos diferentes enunciados do imperativo categórico, é claro que, se o fim em si é o Sujeito autônomo, a segunda formulação já contém a terceira, a qual representa bem a "determinação completa" do imperativo, a síntese da forma de universalidade e da matéria da vontade. Em contrapartida, se tal hipótese é falsa, se a vontade do Sujeito não é mais o fim em si, nela encontra ao contrário o seu limite, um diferendo – talvez irredutível – surge entre o princípio da autonomia e o do fim em si. Como risco de que este último apareça como um fim exterior, que a Lei enquanto fim em si advenha ao sujeito como lei do Fora e do Outro, princípio de heteronomia.

---

[15] *Religião*, 3, p. 39 (Vrin, p. 47).

Assim, um equívoco essencial afeta a determinação do fim em si, assimilado ora à vontade do Sujeito, ora àquilo que limita essa vontade. Sem dúvida, é essa ambigüidade que a introdução da noção de "pessoa" parece ocultar. "Denomina-se *coisas* (os seres) tendo apenas valor relativo, a de *meios*"; "ao contrário, os seres racionais são chamados *pessoas*, porque sua natureza os designa já como fins em si".[16] É precisamente após a tese principal – o homem "existe como fim em si" – que subitamente Kant introduz a distinção das pessoas e das coisas, e assimila imediatamente a pessoa ao fim absoluto, como se isso fosse óbvio. É possível perguntar se tal designação não tem precisamente a função de suportar a equivocidade do fim em si, manter conjuntamente suas interpretações divergentes recobrindo sua divergência sob a aparência de uma significação unívoca. É possível perguntar também se esse conceito de pessoa é consistente o bastante para assegurar tal função. "Pessoa", "personalidade" – tais termos aparecem na *Dialética* da primeira *Crítica*, em que qualificam um paralogismo psicológico, um modo da Aparência transcendental. É bastante paradoxal ver esse mesmo conceito, que na *Crítica da razão pura* denominava uma ilusão metafísica, reaparecer na *Fundamentação* com a dignidade de um "princípio prático supremo". Nós nos chocamos novamente perante o enigma da Crítica, a possibilidade (nunca verdadeiramente justificada) de distinguir dois usos opostos – teórico e prático, ilegítimo e legítimo – de uma mesma faculdade, para assegurar o salvamento prático de um conceito teórico destituído. No caso da personalidade, a dificuldade aumenta, em razão da indeterminação na qual Kant deixa tal conceito, estirado entre definições profundamente divergentes. Ocorre-lhe dissociar quase totalmente os seus dois "usos", por exemplo, quando escreve que "a

---

16 *FM*, p. 294 (D, p. 149).

personalidade *moral* nada mais é do que a liberdade de um ser racional sob leis morais. Em contrapartida, a personalidade *psicológica* não é senão a faculdade de ser consciente de sua existência por meio de diferentes estados".[17] O que permite esvaziar o problema, barateando-o, visto que, entre as duas acepções do conceito, não haveria quase nada de comum. Salvo que, se olharmos mais de perto, a definição prática *pressupõe* implicitamente a definição psicológica. Com efeito, a personalidade, como autonomia do sujeito, supõe a identidade pessoal desse sujeito "através de seus diferentes estados", sem o que a responsabilidade ética de seus atos passados ou de seus progressos que virão rumo ao Bem seriam estritamente impensáveis. Com a questão que é sempre esquivada e que sempre volta, a da temporalidade prática, aqui se põe o problema da continuidade temporal da existência, como requisito da ética.

Assim, na *Fundamentação*, o conflito das interpretações do fim em si se inscreve em um diferendo que atravessa toda a obra. Das teses em presença, será possível decidir entre a determinação da pessoa como Sujeito e sua consignação como limite? *Quem* é, portanto, a pessoa enquanto fim em si? Se o fim em si é a vontade do Sujeito, a pessoa será esse sujeito que eu próprio sou e também, indiferentemente, esses outros sujeitos que são os outros homens e o conjunto dos seres ra cionais (sem excetuar a "Deus"): pois "todo ser racional se representa igualmente à sua existência, em conseqüência do mesmo princípio racional que vale também para

---

17 *Introdução* à *Metafísica dos costumes*, IV, 3, p. 470; cf. também a *Reflexão* n. 5049, XVIII, p. 72-3: "A consciência é intuição de seu Si [...]. Se eu faço abstração de todas as sensações, pressuponho a consciência. É personalidade lógica, transcendental, não a personalidade prática: essa é a faculdade da liberdade [...] graças à qual um ser é capaz de [submeter-se] à Lei e também capaz de imputação."

mim".[18] O que equivale a fazer dele uma qualidade geral, um atributo comum a todo ser racional. Interpretação que nos parece inaceitável: inicialmente porque ela submete a *singularidade* da pessoa real à universalidade anônima e abstrata da personalidade;[19] em seguida, porque ela tende a ocultar a *alteridade* do fim em si, seu caráter *limitativo*. Sabemos que esse fim deve permanecer simplesmente "negativo" ou "restritivo", que ele é esse Limite que se impõe como vindo de fora de minha vontade. A partir de então, mal se vê como eu poderia ser um tal fim, identificar-me com a "condição limitativa" de minha própria liberdade. Há, entretanto, outros entes singulares cuja existência não deixa de limitar meus fins objetivos: não à maneira das coisas, como barreiras ou obstáculos contra os quais eu não *posso* mais agir, mas como uma pura limitação ética, um fim contra o qual eu não *devo* jamais agir. Este fim-limite de minha liberdade é a liberdade dos outros, é a existência mesma de outrem digno de respeito. Outrem seria o verdadeiro nome do fim em si. Deste ponto de vista, o sujeito que eu sou não seria mais "pessoa", salvo em sentido derivado: enquanto sou o outro do outro, enquanto para outrem eu próprio apareço como "outrem". Haveria uma *dissimetria ética originária* entre mim e outrem, entre o Eu e o Tu da obrigação, e a pessoa kantiana deveria inicialmente se conjugar *na segunda pessoa*. Tal é a interpretação proposta notadamente por Ricoeur: segundo ele, a posição absoluta de

---

18 *FM*, 2, p. 294 (D, p. 150).

19 Daí a objeção (em parte justificada) de Scheler, ao reprovar a ética kantiana por "privar a pessoa de sua dignidade", reduzindo-a "ao X de uma atividade racional qualquer", a uma Idéia anônima e universal da "Personalidade", de modo que "toda concretização da Idéia de pessoa em uma pessoa concreta se confunde, de saída, com uma despersonalização" (*Le formalisme éthique et l'éthique matériale des valeurs* (1916), Gallimard, 1955, p. 376-7).

outrem no sentimento do respeito nos dá, de uma só vez, a "única determinação prática da pessoa" e a "única determinação da existência de outrem", conjurando assim a ameaça do solipsismo transcendental que ronda a primeira *Crítica*.[20] Interpretação confirmada pela análise do respeito na *Crítica da razão prática*: é notável que esse sentimento que "se endereça unicamente às pessoas", que é o traço ou o indício da personalidade, não é apresentado como respeito por mim mesmo nem pela humanidade em geral; antes de tudo, ele se endereça ao "homem que vejo diante de mim" e cujo "exemplo" me "convoca" para a Lei. Era precisamente esse o erro de Heidegger, assimilar a *persona moralis* kantiana ao Si prático "que a cada vez é o meu", desconhecendo essa dimensão de alteridade da pessoa que se revela no respeito por outrem.

Evitaremos esquecer entretanto que, para Kant, "o *objeto* do respeito é simplesmente a Lei", que "todo respeito por uma pessoa não é propriamente senão respeito pela Lei [...] da qual essa pessoa nos dá um exemplo".[21] Logo, não é à pessoa de outrem que se endereça o meu respeito, se não de maneira indireta, como que por ricochete. E no entanto o respeito nunca se endereça *somente* à Lei: é necessário a ocasião, a chance, o encontro de outrem para que se desperte o afeto da Lei. O respeito pela pessoa nos convoca assim para o respeito pela Lei e para ela nos orienta, de modo que os dois pólos do respeito se evocam entre si e rementam um ao outro. Mas a alteridade empírica ou ôntica de outrem não tem o mesmo

---

20 Cf. Ricoeur, "Kant e Husserl", in *A l'école de la phénoménologie*, Vrin, 1986, p. 248-9, assim como "Sympathie et respect", op. cit., p. 274-6. Ao identificar a posição prática de outrem como fim-limite à "função limitativa da coisa em si", Ricoeur reata com uma fecunda inspiração de Fichte.

21 *FM*, 2, p. 260 (nota) (D, p. 102).

estatuto que a alteridade da Lei. Longe de nos apresentar esquematicamente ("intuitivamente") essa alteridade radical, a pessoa do outro nos daria apenas um símbolo, uma figuração analógica – ou ainda, como freqüentemente escreve Kant, um "exemplo", um *Beispiel* que "joga" a Lei, "ao lado" dela (*bei Spiel*), sem que nos apresente a Lei diretamente. E se a Lei "é a personalidade mesma", se ela é fim em si, desse fim objetivo outrem seria apenas um símbolo. Ao fazer de outrem (com Lévinas) a fonte imediata da obrigação ética, ou ao identificar (com Ricoeur) o fim em si com a pessoa de outrem somente, corre-se o risco de cair no "misticismo prático" que "toma por um esquema aquilo que é apenas um símbolo", risco de sujeitar patologicamente a Lei ao domínio do outro.

E aliás esse fim-limite, essa "pessoa" que nos convoca para o respeito pela Lei – será somente a pessoa de *outrem*? Será enquanto outro ou enquanto ser racional (como a mim mesmo...) que outrem é fim em si? Para Kant, a resposta não comporta nenhuma dúvida: todo homem, inclusive eu mesmo, "sempre deve em todas as suas ações ser considerado um fim em si. Assim, em nada posso dispor do Homem em minha pessoa, seja para o mutilar, seja para o prejudicar, seja para o matar".[22] Logo, não é somente a pessoa de outrem, mas também a minha própria personalidade, eu mesmo como pessoa, que consigna um limite à minha liberdade, a obriga a se autolimitar. É o que atesta, sem equívoco, o enunciado da segunda fórmula: "Age de tal modo que trates a humanidade *tanto em tua pessoa* quanto na pessoa de qualquer outro sempre e ao mesmo tempo como um fim..." Ei-nos reconduzidos, ao que parece, à interpretação tradicional que faz da personalidade um caráter comum a todo ser racional, aplicando-se

[22] *FM*, p. 295 (D, p. 151). Por isso a "moral kantiana" proscreve o suicídio.

indiferentemente a mim mesmo e aos outros. Interpretação que no entanto desconhece a alteridade do fim em si. Ao remetermos o caráter limitativo desse fim à alteridade de outrem, descobrimos a dissimetria ética do eu e do outro, indício de uma relação essencial da Lei com o Outro, de uma alteridade originária da Lei. É essa dissimetria da relação ética que corre o risco de ser recoberta sob a universalidade abstrata da Personalidade ou da Humanidade, em que o lugar do Eu e o lugar do Tu se tornariam reversíveis.[23] Nenhuma das hipótese parece convir. Nem sujeito, nem eu, nem outrem, a Pessoa já não seria ninguém[*]...

Exceto se situarmos o fim-limite da vontade em um nível mais radical, nela reconhecermos não uma qualidade geral, comum a todo sujeito humano, mas uma condição transcendental, mais originária que toda distinção empírica entre mim e outrem. Reconstruir o conceito kantiano de "pessoa" equivaleria a inscrevê-la em uma dimensão transcendental, na estrutura mesma da transcendência prática. Com esse termo "transcendência prática", designamos a relação sintética da vontade com a Lei, a exposição da vontade à alteridade da Lei como relação constitutiva da síntese prática. Em que sentido e de que modo a posição do fim em si estaria implicada na constituição da síntese prática? A condição primeira de toda síntese *a priori* é que ela exige uma superação rumo a "algo de inteiramente outro", que seus elementos iniciais estejam em uma relação de alteridade radical. No caso da síntese transcendental teórica, essa abertura ao inteiramente-Outro se expõe a uma oposição-real, a um traço de objeção = X em

---

[23] Sobre esse conflito entre a universalidade da "humanidade" e a alteridade dissimétrica da "pessoa", cf. Ricoeur, *Soi-même comme un autre*, Seuil, p. 258-63 e 305.

[*] No original: *"La Personne ne serait plus personne..."* (N. do T.).

que a transcendência se dá uma parada. Acerca desse "objeto transcendental = X", Kant escreve que ele é "posto aí-adiante da [*dawider*] consciência"[24] e esse em-face, esse desconhecido do Fora é o que forma o horizonte de toda objetivação. Se a dedução da síntese prática é mais difícil, é que, como vimos, essa alteridade lhe faz falta, o recurso ao conceito de autonomia ou à demarcação do mundo sensível e do mundo inteligível não chega a desdobrar um horizonte de transcendência, não chega a marcar a distância entre a vontade e a Lei. Talvez se abrisse um outro caminho em que Kant não se comprometeu. Pois o fim em si caracteriza-se precisamente como esse traço de objeção, esse Limite "de encontro [*zuwider*] ao qual eu nunca devo agir", que "restringe" a vontade do sujeito ao lhe impor uma parada. Na estrutura da síntese prática, o *zuwider* da personalidade garantiria, na síntese teórica, uma função análoga à do *dawider* do objeto transcendental. A síntese prática se define como ligação sintética *a priori* da vontade e da Lei. O *zuwider* que se objeta à vontade do sujeito não poderia portanto – salvo recaindo no "círculo vicioso" tautológico denunciado por Kant – pertencer a essa mesma vontade, como uma autolimitação que o sujeito imporia a si mesmo. Ele deve, ao contrário, lhe advir como do Fora e do Outro, do "inteiramente-outro" da síntese prática, isto é, da Lei. É bem a Lei, e não o Sujeito, que é o fim em si, que confere à pessoa a sua personalidade e a torna digna de respeito. E precisamente porque não procede da vontade do sujeito é que tal fim se apresenta, não como um fim "a produzir", mas como um fim *selbstandig*, que se põe por si mesmo sem ponto de apoio fora de si. Enquanto fim, o fim em si pertence, entretanto, à *matéria* da vontade; mas enquanto é a Lei, ele dá sua *forma* à vontade ao limitá-la: simultaneamente for-

---

24 *CRP* (A), 1, p. 1410 (TP, p. 117).

ma e matéria, matéria formal ou vir-a-ser matéria da forma. Numa filosofia prática dominada pela oposição formalista da forma e da matéria, a posição do fim em si acenaria para uma superação possível do formalismo.

Tal superação poderia ter ocorrido se Kant houvesse concebido essa "condição limitativa" que é o fim em si a partir de um conceito não formalista de forma, como uma limitação (*Begrenztheit*) que não restringe a matéria mas faz com que ela concorde consigo mesma, abrindo-a para além de si mesma. Não foi o que ocorreu: a limitação da vontade pelo fim em si é sempre representada como uma *Einschränkung*, restrição negativa que barra e borda de fora a matéria, e o respeito como uma provação negativa, uma "humilhação" infligida pela Lei ao sujeito. Do que poderia ter sido uma abordagem não formalista da pessoa, do respeito, da relação com outrem, nada saberemos. Sem dúvida, ela nos conduziria a considerar o fim em si como uma "comunidade de fins absolutos" (Cohen), aquela comunidade ética em que a terceira *Crítica* e a *Religião* verão o "fim último", o Soberano Bem. Dificuldades análogas se apresentam quando consideramos as duas outras características do fim em si. Teria sido preciso, com efeito, mostrar que o *zuwider* da Lei não é somente limitativo e autoconsistente, que ele *existe* realmente e como uma realidade *singular*. Mas isso é impossível na perspectiva da *Fundamentação*, em que a realidade objetiva da Lei permanece problemática. E mesmo quando a segunda *Crítica* tiver posto a existência real da Lei no *factum*, a forma da Lei permanecerá submetida à universalidade lógica sem nunca ser pensada como singularidade. O que explica sem dúvida que Kant não tenha se comprometido por esse caminho, que as referências à pessoa como fim em si se farão cada vez mais raras e marginais na filosofia prática. Teria sido possível, no entanto, reelaborá-las a partir dos avanços da *Crítica*: pensar o *zuwider* como uma marca singular que se impõe à vontade no *factum* da Lei, identificar a facticidade do *factum* com a existência real do fim em si. Então, compreenderíamos melhor por que o fim em si *parece* apresentar-se sob os traços da outra pessoa: se o fim em si é a própria Lei, se ela participa da alteridade originária da Lei, ela só pode se apresentar ao simbolizar-se por meio de uma alteridade empírica cuja realidade sensível "torna intuicionável" a pura facticidade da Lei – através da alteridade de outrem, única capaz de dar carne a esse X sem rosto e sem nome, única capaz de deixar no mundo sensível um traço do excesso da Lei. Sem esquecer que a existência de outrem, enquanto impõe um limite à minha liberdade, nunca é senão um símbolo desse Limite transcendental que é o *zuwider* da Lei como fim em si. Símbolo e não esquema, pois a Lei é o inteiramente-Outro infigurável do qual a figura de outrem só me dá um "exemplo".

Deve-se então perguntar por que a Lei precisa necessariamente se impor à vontade como um Limite que detém sua visada: o que deve ser minha liberdade para se expor assim à objeção de um *zuwider*? Uma liberdade orientada orginariamente para ir de encontro à Lei não é *radicalmente má*? E antes de tudo, perguntar-se-á qual deve ser a relação entre a fórmula do fim em si e a da *autonomia*, se é verdade que o sujeito não se dá esse fim, se é verdade que esse fim não é a autolimitação de sua vontade mas se impõe a ele (ou parece se impor) como do Fora, como lei do inteiramente-Outro, princípio de heteronomia... Kant o sabia: a *persona* é uma máscara,[25] recobrindo talvez uma alteridade sem rosto. Uma vez retirada a máscara, *manet res*, resta a Coisa desconhecida que se trata de pensar, o enigma da Lei.

---

25 *Opus Postumum*, PUF, p. 246.

"Ninguém poderia pretender ao lugar do Soberano" (equívoco da autonomia)

> "O redobro do real, sem um terceiro que se mantenha fora e imponha uma coação, é uma impossibilidade [...]. Kant pensava que o homem era para si mesmo a sua lei (autonomia), isto é, que ele obrigava a si mesmo sob a lei que dava a si mesmo [...]. Isso é tão pouco sério quanto o vigoroso tapa no trazeiro que Sancho Pança se dá com suas próprias mãos [...]. Se não há nenhuma obrigação superior a mim e se eu próprio devo me obrigar, de onde receberia como A, como autor da obrigação, o rigor que eu não tenho como B, como obrigado, pois que A e B são o mesmo eu?"
>
> Kierkegaard, *Diário.*

Todos sabemos ou acreditamos saber que a "moral kantiana" é moral da autonomia, que a Lei ética é lei de autonomia. Tal é decerto, à primeira vista, a posição de Kant, incansavelmente reafirmada a partir de 1785: "A *moralidade* é, portanto, a relação das ações à autonomia da vontade", "este princípio da autonomia [é] o único princípio da moral";[1] a

[1] *FM,* 2, p. 307 e 309 (D, p. 168 e 170).

autonomia é o "único princípio de todas as leis morais", "a Lei ética só exprime, portanto, a *autonomia* da razão pura prática"[2] etc. Aliás, todos os intérpretes estão de acordo sobre esse ponto, seja para louvar Kant seja para condená-lo por ter definido assim o princípio da ética. Do mesmo modo, todos acreditamos saber o que significa a autonomia, "essa propriedade que a vontade tem de ser para si mesma a sua Lei".[3] O que leva a determinar a Lei como lei do Sujeito, lei da vontade que quer a si mesma e toma a si mesma por Lei. Intepretação partilhada por Hegel, que vê nisso a contribuição maior de Kant e o advento de uma figura mais elevada do espírito, e por Heidegger, que nisso enxerga, ao contrário, o anúncio da pior errância. Enfim, acreditamos igualmente saber de onde provém essa noção: do *Contrato Social* de Rousseau, de sua concepção da liberdade – obediência à lei que se prescreveu a si mesmo – e da lei – ato da vontade geral que contrata consigo mesma. Foi estabelecido que o conceito rousseauísta da vontade geral, vontade soberana que quer a si mesma, "sempre boa" e que "não pode errar", é de origem teológica, que Rousseau a transferiu para o Sujeito político, para o Povo-Soberano.[4] Kant, por sua vez, ao transferi-lo para o Sujeito da moralidade, só fez ratificar essa passagem do Céu à Terra, da teodicéia à antropodicéia, simples transmissão entre os princípios supremos do ente. Acreditáramos captar, no entanto, o traço de um excesso, a ex-posição de uma Lei que não seria

---

2 *CRp*, 2, p. 646-7 (Vrin, p. 46-7).

3 *FM*, 2, p. 308 (D, p. 169).

4 Cf., nesse sentido, o notável estudo de P. Rilley, *The General Will before Rousseau*, Princeton University Press, 1986, que retraça a gênese desse conceito desde Pascal e Malebranche, sua "socialização" em Montesquieu e sua "politização" em Rousseau. Cf. também, sobre as origens teológicas do conceito de soberania, G. Mairet, *Le dieu mortel*, PUF, 1987.

nem lei do Bem, nem de Deus, nem do Sujeito humano, desprovida de todo ponto de apoio, assim na Terra como no Céu. Equivale isso a dizer que a Lei ética não é aquela "lei de Rousseau" que a vontade do sujeito autônomo dá a si mesmo? Que a autonomia originária *da Lei* – que às vezes Kant denomina como "a autonomia do princípio da moralidade" – não se identifica com a autonomia da *vontade*? Seria possível que o sujeito não se desse a Lei mas que a recebesse, que lhe adviesse do Fora, de uma alteridade constitutiva de sua subjetividade? É então a coerência de conjunto da obra que se haveria de reconsiderar. É a unidade interna da filosofia prática que doravante constituiria problema – e, igualmente, a unidade das duas primeiras *Críticas*, a relação entre razão teórica e razão prática, entre a auto-afecção do *Eu penso* e autonomia do *Eu devo*.

Que é da autonomia no pensamento de Kant? Para tentar responder, convém afastar uma vez mais as interpretações bem conhecidas, voltar à letra mesma do texto; tentar compreender a que respondem a introdução do conceito de autonomia e sua elevação ao nível de princípio supremo; ver se não cometem violência a uma experiência mais originária da obrigação ética. Vimos que a introdução da autonomia na *Fundamentação* parecia responder a uma dificuldade maior, ao problema da relação entre liberdade e submissão à Lei. Visto que a identidade entre vontade livre e vontade submetida à Lei é "sempre uma proposição sintética", ela só é possível sob a condição de ligar liberdade e submissão à Lei com o auxílio de um Terceiro, de um terceiro termo mediador. O "conceito *positivo* da liberdade", isto é, sua definição como autonomia, "fornece esse terceiro termo": ao submeter-se a uma lei que é a sua própria lei, a vontade só se submete a si mesma e afirma sua liberdade nessa submissão mesma. O conceito de autonomia seria a solução – enfim encontrada – para o problema da síntese prática da vontade e da Lei... Mas não é nada disso:

recorde-se que Kant a rejeita imediatamente como uma resposta *ilusória* que se encerra em um "círculo vicioso" tautológico. Pois "a liberdade e a legislação própria da vontade são ambas da autonomia"; logo, não diferem verdadeiramente de si mesmas nem do terceiro termo: na falta de alteridade, de uma distância entre seus elementos constitutivos, a síntese não tem lugar e contenta-se em decompor logicamente o conceito de autonomia, dissociando seus predicados para logo em seguida reassociá-los, fazendo com que uma solução puramente *verbal* passe por uma dedução efetiva. O conceito de autonomia não permite, portanto, assegurar a dedução da síntese prática e é estranho que Kant não tenha prestado conta alguma desse fracasso, que tenha continuado, como se nada houvesse ocorrido, a apresentar, como princípio supremo da filosofia prática, um conceito que não consegue fundamentar sua possibilidade objetiva.

Na verdade, não é certo sequer que a autonomia seja esse "princípio supremo", visto que Kant atribui sucessivamente esse título a cada uma das fórmulas do imperativo categórico, notadamente à do fim em si donde "devem poder ser deduzidas todas as leis da vontade". O que não colocaria nenhum problema, se nos ativéssemos à interpretação tradicional, para a qual o fim em si é a vontade do Sujeito, já idêntica, nesse sentido, ao princípio da autonomia que só faria fornecer uma determinação mais completa, mais sintética. Interpretação, no entanto, insustentável: se o fim em si não é o Sujeito mas o *zuwider* da Lei, "condição limitativa de todos os fins subjetivos", a autonomia não poderia operar a síntese das duas primeiras fórmulas do imperativo. Haveria uma oposição irredutível entre o princípio da autonomia e a posição de um fim em si, única capaz de consignar um limite ao desdobramento sem fim da vontade de vontade, um diferendo entre o princípio de autonomia e a própria Lei como fim em si. Hegel nos ensinou isto: ao se dar livremente a Lei como sua própria lei, o Sujeito se dá por isso mesmo o poder de se libertar dela e a verdade consumada da autonomia seria a *Aufhebung*, a "rendição" dialética da Lei, o advento do Sujeito absoluto desligado de toda lei. Esse acabamento especulativo de seu conceito de autonomia, Kant ainda não o atingiria, prisioneiro do formalismo, da universalidade abstrata do entendimento: por isso, o sentido do princípio se inverte, e a Lei se apresenta nele como coação externa que se opõe à vontade do Sujeito. Essa heteronomia persistente da Lei atesta somente, é o que acredita Hegel, o *fracasso* de Kant, os limites de sua "visão moral do mundo"? Não dá ela testemunho de uma *resistência* do pensamento kantiano ao princípio de autonomia e à ab-rogação da Lei que ela implica? Com efeito, seria possível que, longe de constituir o seu "único princípio", a doutrina da autonomia venha recobrir uma outra experiência da obrigação ética, que aliás ela não consegue apagar inteiramente, que na obra está sempre de volta, como a marca de uma irredutível heteronomia da Lei de autonomia.

"Ao considerar a virtude em toda sua perfeição, não se representa que o homem possua virtude; ao contrário, é como se [*als ob*] a virtude possuísse o homem; pois, no primeiro caso, pareceria que o homem tivesse tido escolha".[5] O homem não tem a escolha de submeter-se à Lei: quer ele decida ou não lhe obedecer, tal escolha já pressupõe uma submissão inicial, uma *sujeição* originária à Lei cuja autoridade ele reconhece mesmo quando a transgride. Eis porque a Lei se apresenta no imperativo categórico como uma coação irresistível, um *factum* que se impõe à vontade; como a "voz da Consciência" que o homem "não pode deixar de ouvir"; como esse sentimento de respeito "que não podemos recusar, queiramos ou não". É para dar conta dessa sujeição prévia a toda decisão

5 *Introdução* à *doutrina da virtude*, XIV, 3, p. 609 (Vrin, p. 78).

livre que Kant chegará a distinguir, da vontade legisladora autônomoa [*Wille*] que (se) dá a Lei, a vontade do arbítrio [*Willkür*] que escolhe livremente as máximas. A partir de então, a autonomia não se identifica com o "conceito positivo de liberdade", pois a vontade autônoma não é vontade livre: "A vontade que não se aplica a nada mais do que à Lei não pode ser dita livre nem não livre [...], ela é absolutamente necessária [...]. Somente o *arbítrio* pode, portanto, ser dito *livre*".[6] Dessa experiência primordial da obrigação como sujeição, coação, ausência de liberdade, seria preciso concluir que o sujeito não dá a *si* mesmo a Lei, que ela lhe é dada como se a recebesse de um Outro. É o que sugerem várias passagens significativas da *Religião*, da *Doutrina da virtude*, do *Opus Postumum*: "se esta Lei não estivesse dada em nós [*in uns gegeben*], não poderíamos inventá-la mediante nenhuma sutileza da razão, nem impô-la mediante qualquer tagarelice ao arbítrio";[7] o homem é "obrigado a aderir [à Idéia do Soberano Bem]", "como se [*gleich als*] esse juízo não fosse o seu, mas, de certo modo, o de um estranho";[8] "essa disposição intelectual originária [a Consciência]" "tem a particularidade de que, embora o homem só tenha de se haver consigo mesmo, no entanto ele se vê coagido por sua razão a agir como sob a ordem de uma *outra pessoa*".[9] Sem dúvida, a viragem decisiva

---

6 *Introdução à metafísica dos costumes*, 3, p. 473.

7 *Religião*, VI, p. 27, (nota), 3, p. 38.

8 *Religião*, VI, p. 6, 3, p. 18.

9 *Doutrina da virtude*, § 13, VI, p. 438, 3, p. 727; cf. também estas passagens do *Opus Postumum*: "O *dictamen rationis practicae* é uma razão distinta da razão teórica, que não determina, mas é determinada por um Outro". "Na razão ético-prática está contido o princípio do conhecimento de meus deveres como mandamentos [...] [segundo a regra] que provém da liberdade, que [o sujeito] prescreve a si mesmo, e isso, entretanto, como se [*als ob*] um Outro, superior

se situa em 1792, com o aparecimento do conceito de *mal radical*. A tese de uma livre escolha inicial do mal implica, com efeito, uma paradoxal autodeterminação para a heteronomia,[10] em que a vontade autônoma parece voltar-se contra si mesma, renegar-se livremente, transgredindo assim o princípio metafísico de uma vontade soberana que "não pode errar". Ela nos põe em presença do enigma do *servo-arbítrio*, vontade cativa de si mesma e impotente para se libertar por si mesma: o mal é dito "radical" porque ele se enraiza em nosso caráter inteligível, porque não podemos extirpá-lo unicamente por meio de nossas forças humanas.[11] E se é possível um "retorno ao bem", uma nova escolha do caráter inteligível, ele escapa ao poder do Sujeito autônomo: essa "revolução ética" requer a assistência de um Outro, nos ordena a "nos tornarmos receptivos a uma *ajuda* superior, mas para nós insondável".[12] Veremos que esse questionamento da autonomia se acentua na seqüência da *Religião*, até identificar a situação em que "cada um dá a si mesmo a Lei" com um "estado de natureza ético", inteiramente submetido ao mal radical. A saída desse estado de natureza ético, a fundação de uma comunidade ética, aparecerá então como uma instituição *heterônoma* em que "deve ser um Outro que não o povo" a dar a Lei.[13]

[*höherer*], fizesse, enquanto Pessoa, uma regra para o sujeito" (XXII, p. 129 (1800), PUF, p. 180).

10 Como nota G. Prauss, o mal radical apresenta esse paradoxo de uma *"Selbstbestimmung zur Fremdbestimmung"* ou de uma *"autonomia em vista da heteronomia"* (Cf. *Kant über Freiheit als Autonomie*, Klostermann, 1983, p. 94).

11 *Religião*, 3, p. 51 (Vrin, p. 58). Sobre o mal radical como princípio de passividade no interior da autonomia, cf. também Ricoeur, *Soi-même comme un autre*, Seuil, p. 251-4 e 320.

12 *Ibid.*, p. 60-1 (Vrin, p. 67).

13 *Ibid.*, p. 115 e 119 (Vrin, p. 129 e 133).

Seria possível considerar esses textos tardios o indício de uma evolução de Kant. No entanto, desde 1785, no momento mesmo em que se enuncia o princípio de autonomia, ele já se inflete no sentido de uma essencial heteronomia. Conduz, com efeito, a um conceito que representa a "determinação completa" do imperativo categórico, o de um *reino dos fins*, "ligação sistemática dos seres racionais por meio das leis de comunidade". Ora, essa comunidade ideal, onde Cohen via a forma mesma da Lei, se apresenta justamente como um reino (*Reich*), cujos membros se diferenciam do "chefe", do Soberano (*Oberhaupt*).[14] Ou ao menos *parecem* diferenciar-se dele: à primeira vista, diríamos que a distinção entre membros e Soberano não opõe duas categorias diferentes de seres racionais (finitos e infinito), mas, em *cada* ser racional, dois modos diferentes de sua relação com a Lei: "Um ser racional pertence, na qualidade de *membro* ao reino dos fins, quando, dando-lhe leis universais, ele próprio não deixa de estar também submetido a essas leis. Ele pertence na qualidade de *Soberano* quando, dando leis, não está submetido a nenhuma vontade estranha".[15] Aqui, a distinção entre Soberano e mem-

---

14 É espantosa a obstinação com a qual os comentadores identificam esse Reino (*Reich*) com um tipo de "república" (e mesmo de "democracia"...) ética, negligenciando totalmente a distinção operada por Kant entre "membro" e "Soberano". Assim, Paton define o reino dos fins como uma "sociedade que governa a si mesma", um "sistema de agentes racionais sob leis comuns que eles impõem a si mesmos" (*The Categorical Imperative*, Hutchinson, p. 185-6). Assim também, W. Metzger pretende que ele teria sido concebido "numa estrita analogia com o estado ético de Rousseau [...]. Como este último, ele constitui uma espécie de república moral em que cada homem reconhece nele e nos outros os direitos da humanidade" (*Gesellschaft, Recht und Staat in der Ethik des deutschen Idealismus* (1917), reed. Scientia Verlag Aalen, 1966, p. 50-2).

15 *FM*, 2, p. 300 (D, p. 158).

bros parece recortar a da vontade pura e da vontade patologicamente afetada, que são dois modos de *minha* vontade. Sou membro do reino dos fins enquanto minha vontade impura se submete à Lei que dou, mas, como pura vontade legisladora, pertenço também a esse reino "na qualidade de Soberano". A posição do Soberano caracterizaria a autonomia da vontade, sua capacidade para se dar a Lei sem estar "submetida a nenhuma vontade estranha" e certamente se trata da elevação do Sujeito humano ao nível de princípio supremo que aqui se veria consagrada. Ora, tal interpretação "humanista" se acha logo em seguida desmentida pelo texto no qual Kant, mudando bruscamente de perspectiva, rompe a identidade de essência entre membro e Soberano, banindo o ser racional finito do lugar soberano, doravante reservado ao único Ser infinito: "O ser racional deve sempre considerar-se legislador [doador-de-Lei] num reino dos fins que é possível pela liberdade da vontade, seja ele membro ou Soberano. Porém, ele não pode pretender o lugar do soberano simplesmente pelas máximas de sua vontade; só pode pretender isso se for um ser plenamente independente, sem carências, e com um poder sem restrição, adequado à sua vontade". Aparecimento inesperado de um motivo de andamento teológico no enunciado o mais "completo" do imperativo categórico... Antes de ser uma recaída no dogmatismo pré-crítico, nisso veremos a expressão simbólica da sujeição radical do sujeito à Lei: desse reino ético, "somos os súditos [*sujets, Untertanen*], não o Soberano, e desconhecer nosso nível inferior de criaturas, recusar-se a admitir por presunção a autoridade da Lei santa, isso já é separar-se dela em espírito".[16] Sujeição tão radical que parece proibir ao sujeito humano de ocupar o lugar do Sujeito autônomo, o lugar de uma vontade legisladora que "não

---

16 *CRp*, V, p. 82, 2, p. 708 (Vrin, p. 95).

está submetida a nenhuma vontade estranha": somente Deus, se ele existisse, seria autônomo no sentido estrito. O que equivale a marcar uma oposição fundamental entre autonomia e finitude prática, reconhecer a heteronomia do sujeito finito.

Torna-se então difícil compreender como esse "súdito" (*sujet, Untertanen*) submetido à Lei, excluso da Soberania, permaneça ao mesmo tempo Sujeito (*Sujet, Subjekt*) submetido à Lei, "legislador num reino dos fins": como chega a instaurar soberanamente uma Lei à qual ele está profundamente sujeitado. A resposta se acha em outros textos, que distinguem expressamente o "legislador" e o "autor" da Lei. Dintinção elaborada desde a *Lição sobre ética* e retomada vinte anos mais tarde na *Metafísica dos costumes*: "Salvo no caso em que as leis são arbitrárias, o legislador não é o seu autor. Há um legislador quando as leis são necessárias praticamente e ele se limita a declará-las conformes à sua vontade. Nenhum ser, nem mesmo Deus, pode então ser o autor das leis morais, porque elas não originam do arbítrio, mas da necessidade prática [...]. As leis morais podem estar, entretanto, submetidas a um legislador; pode haver um ser que tenha o poder e a autoridade de velar por sua execução, declarar que a Lei moral constitui ao mesmo tempo uma lei de sua vontade e obrigar todos os homens a agir em conformidade com elas. Nesse caso, ele é um legislador [*Gesetzgeben*], não um autor [*Urheber*] das leis".[17] "Quem comanda [*imperans*] por meio de uma lei é o legislador. É o autor [*Urheber, auctor*] da obrigação instaurada segundo a lei, mas nem sempre o autor da lei. Nesse primeiro caso, a lei seria positiva (contingente) e arbitrá-

---

17 *Vorlesung über Ethik* (1775-1780), Pan Verlag R. Heise, p. 54-5; cf. também a *Reflexão* n. 6680, XIX, p. 131, que distingue as leis jurídicas "arbitrárias" e as leis jurídicas "naturais": "as primeiras emanam de um autor, as segundas, de um legislador".

ria".[18] Quando Kant designa a vontade "autônoma" como legisladora, doadora-de-Lei, isso não significa, portanto, que ela seja a sua autora. Porém, quando se representa que tal vontade, ao se dar a Lei, a cria livremente, a Lei se torna um simples decreto "contingente e arbitrário" do sujeito, que este tem de bom grado o direito de revogar. Textos que parecem responder antecipadamente à tese de Hegel – que o sujeito que se dá livremente a Lei, por isso mesmo se desliga dela. A autonomia, em seu autêntico sentido kantiano, não seria a autonomia absoluta de um Sujeito soberano criador da Lei (hipótese estritamente impossível segundo Kant) mas uma autonomia "heterônoma", a *auto-heteronomia* de um sujeito que se submete a uma Lei de que ele não é o autor, que ele não criou, que ele recebe e faz sua como se fosse sua Lei.[19] Se ele pode ser dito "legislador", não será portanto no sentido de Rousseau – no qual o Povo-Soberano é efetivamente o autor da lei na decisão da vontade geral –, mas no sentido da doutrina política de Kant, na qual o Povo só é legislador "em Idéia" e deve submeter-se, sem reservas, à autoridade absoluta do "Soberano do Estado", obedecendo a suas leis "como se" ele próprio fosse o seu autor.[20]

---

18 *Introdução* à *metafísica dos costumes* (1796), 3, p. 475 (Vrin, p. 101).

19 "Com efeito, não é necessário que o legislador seja ao mesmo tempo o autor da Lei. Assim, em seu país, um príncipe pode proibir o roubo sem que se possa falar dele como autor da proibição de roubar" (*Propos de Pédagogie* (1776-1787), 3, p. 1199). O ser racional finito está na mesma situação que esse príncipe que respeita e faz respeitar uma lei sem que ele seja o seu autor. O mesmo ocorre com o ser infinito: o próprio Deus não poderia se pôr como autor soberano da Lei...

20 Cf. *Sobre o lugar comum...*, 3, p. 279-280; *Doutrina do direito*, § 49, 3, p. 584-90 etc.

Afinal de contas, a Lei kantiana não seria a "lei de Rousseau", ou melhor, dessa "lei oculta" que se revelara ao jovem Kant, a única visão autêntica seria a do *Vigário*: a experiência de uma "voz da Consciência", de uma obrigação ética que se impõe invencivelmente no Sentimento; a versão do *Contrato*, a de uma lei autônoma da vontade geral, que só fizera recobrir a primeira, desfigurando-a. Na verdade, esta segunda versão não é falsa e preserva uma significação ética fundamental, sob a condição somente de considerar a "autonomia" da vontade não um esquema mas um símbolo: como uma figuração analógica da autodoação originária *da* Lei, de sua ex-posição que proibe derivá-la de um princípio superior pretensamente capaz de nos "dar" a Lei. E igualmente como símbolo da auto-afecção *do sujeito*, que recebe a Lei como se por si mesmo ela lhe fosse dada. É somente nessa perspectiva que o princípio da autonomia já não se opõe ao do fim em si: veremos aí duas representações perfeitamente compatíveis da enigmática auto-heteronomia da obrigação ética, uma das quais acentua sua estrutura de auto-afecção e a outra, a dimensão de alteridade que ela implica. Logo, a autonomia do sujeito finito seria apenas um *als ob*, uma *quase-autonomia* equivalente, de fato, a uma submissão incondicionada. Então se tornaria impossível invocar o princípio de autonomia, para condenar o sujeitamento de um súdito à vontade de um tirano,[21] a partir do momento em que a ela se submete de maneira quase autônoma, *como se* fosse sua própria vontade. E seria preciso admitir, com Arendt, que Eichmann permanecia "kantiano", que ele respeitava à sua maneira o princípio kantiano de autonomia, ao identificar sua vontade com a do *Führer* como "fonte de toda lei". A menos que se encontre um

---

[21] Como fazia Ebbinghaus no estudo por nós evocado em nossa introdução.

critério – mas qual? – que permita distinguir diferentes tipos de submissão ao Outro, diferentes modos de auto-heteronomia: fazer a partilha entre a autêntica sujeição ética e os sujeitamentos patológicos que são os seus simulacros...

Em todo caso, é impossível excluir a hipótese da auto-heteronomia, com as inquietantes conseqüências que ela parece implicar: pois ela é suscitada pelo equívoco do imperativo categórico que permite interpretar as fórmulas do fim em si e da autonomia, ora como expressões diretas do imperativo (semelhantes à fórmula da lei universal), ora como apresentações simbólicas por analogia (semelhantes ao tipo da lei de natureza). Basta optar pela segunda interpretação para que o *als* da fórmula III – "a Idéia da vontade de todo ser racional concebida como [*als*] vontade instituindo uma legislação universal"[22] – seja doravante entendido como um *als ob*, o imperativo de agir *como se* minha própria vontade instituísse a Lei, como se fosse a sua autora, ao passo que não é nada disso o que ocorre, que para sempre tal posição soberana está proibida para mim. Tal hipótese de leitura foi defendida, de encontro a todas as interpretações tradicionais, por Krüger.[23] Para ele, "o erro mais grave de interpretação que é preciso afastar consiste em desconhecer o seu caráter típico": considerado o "terceiro tipo" do imperativo categórico, o conceito de autonomia é apenas um "símbolo jurídico" da sujeição à Lei e "só exprime o caráter absolutamente sem reservas da *submis-*

---

22 *FM*, IV, p. 431, 2, p. 297 (D, p. 154).

23 G. Krüger, *Critique et morale chez Kant* (1931), Beauchesne, 1961. Encontraremos uma interpretação análoga em P. Laberge: "Comprenons-nou enfin le sens de la formule de l'impératif catégorique?", *Etudes philosophiques*, n. 3, julho-setembro, 1978, que define o sujeito eticamente autônomo como "quem obedece à lei *como se ela fosse sua*, quer ela o seja ou não", ou "aquele para o qual a lei *pode ser apresentada como sua* [...], quer ele a obedeça ou não".

são".[24] Assim, o sujeito "autônomo" não é consciência de si, mas "consciência daquilo que é estranho à natureza do homem".[25] Põe-se então a questão de saber quem é esse Estrangeiro, *a quem* se dirige nossa submissão incondicionada. Para Krüger, não há dúvida alguma: na autonomia ética, "a consciência de si é fundamentalmente uma consciência de si *diante de Deus*".[26] A Lei da razão prática é "legislação divina" endereçada ao homem por meio de símbolos práticos e sua revelação coincide em Kant com a sua descoberta da "lei de Rousseau" graças à qual "Deus é justificado": a filosofia prática kantiana seria uma teodicéia moral, uma "ético-teologia".

Interpretação indefensável. Nada mais estranho à ética de Kant do que uma moral teológica que pretendesse derivar a Lei da vontade divina, o que seria "absolutamente oposto à moralidade".[27] Tendo descoberto, contra seu mestre Heidegger, que a Lei ética não é lei do Sujeito, da vontade humana, Krüger só pôde dar conta da alteridade, da estranheza inumana dessa lei ao consigná-la à vontade de Deus, sem compreender o paradoxo kantiano da ética, a ex-posição radical de uma Lei de que o próprio Deus não seria o autor. Se tem razão em considerar a autonomia do sujeito um tipo simbólico, uma quase-autonomia, não viu que também "Deus" poderia ser apenas um *als ob*, um símbolo erroneamente tomado como esquema. De que essa Idéia seria símbolo? Quem é o "Deus" de Kant? Ideal da razão pura segundo a primeira *Crítica*, postulado da razão prática de acordo com a segunda, ele quase não aparece como símbolo nesses textos bem conhecidos, mas

---

24 Krüger, *op. cit.*, p. 131, cf. J.-L. Nancy, *Dies Irae*, in *La faculté de juger*, Minuit, 1985, p. 43-4.

25 Krüger, p. 227.

26 Krüger, p. 267.

27 *FM*, 2, p. 312 (D, p. 175).

somente em *Lições* inéditas em que se enuncia a relação simbólica de "Deus" com a Lei: o que chamamos Deus "é por assim dizer a própria Lei moral, mas pensada como personificada [*gleichsam das moralische Gesetz selbst, aber personificirt gedacht*]".[28] Essa "personificação" simbólica só tem sentido porque a Lei nos atinge como uma voz estranha, um chamado vindo do Fora e do Outro, e porque, precisamente, "o conceito de Deus é o conceito de um sujeito que obriga fora de mim".[29] "Deus" seria o símbolo da alteridade da Lei, seu tipo analógico ou quase-esquema, requisito para se representar a obrigação ética: "Com efeito, não podemos nos tornar intuíveis [*anschaulich*] com relação a obrigação [a coação moral] sem pensar ao mesmo tempo em um *Outro* e em sua vontade [...], quero dizer, Deus. – Mas esse dever *relativo* a Deus [...] é um dever do homem para consigo mesmo".[30] Tomado nesse sentido, o recurso kantiano a "Deus" não contradiz sua concepção da autonomia – da autonomia autêntica do sujeito finito: ele a completa ao tornar sensível à dimensão de alteridade da Lei e à heteronomia simbólica que caracteriza nossa sujeição à Lei. Em contrapartida, é o recurso ao conceito de "autonomia que se torna problemático. Se a obrigação ética é a provação de uma Lei que "possui o homem", o coage a se submeter "como sob a ordem de outra pessoa", não se vê por que Kant se obstina a apresentá-la, ainda que simbolicamente, como uma *auto*-nomia, o ato de dar *a si mesmo* essa Lei.

---

28 *Philosophische Religionslehre* (Pölitz) (cerca de 1783-1784), XXVIII, 2-2, p. 1076 e 1090.

29 *Opus Postumum* (cerca de 1800-1801), XXI, p. 15, PUF, p. 201.

30 *Doutrina da virtude*, VI, p. 487, 3, p. 786. Certos textos do *Opus Postumum* irão mais longe, ao determinar o conceito de Deus não mais apenas como símbolo, mas como o próprio princípio da síntese prática (cf., por ex., PUF, p. 205-6).

Os textos no entanto são formais: mesmo quando age *como* sob a ordem de um Outro, na verdade o sujeito "só tem de se haver consigo mesmo" e trata-se de uma ilusão (uma "anfibolia") considerar "um dever para com outro ser" o que é apenas um "dever do homem para consigo".[31] A auto-heteronomia da obrigação ética não é uma quase-autonomia simbólica que mascara uma heteronomia real. Será portanto preciso, afinal de contas, dar razão a Ebbinghaus contra Arendt: é sempre por uma perversão do dever que o sujeito aliena sua vontade à de um outro, e tal alienação patológica aniquila totalmente sua autonomia. Ao obedecer a Hitler, um Eichmann "só tem de se haver consigo mesmo" e permanece eticamente (e juridicamente) responsável por seus atos criminosos.[32] Resta entretanto compreender essa estrutura paradoxal da sujeição ética em que se conjugam a autodoação da Lei pelo sujeito *e* a alteridade ou a exteriordade da Lei ao sujeito. Nossa análise nos permitiu afastar a tese clássica de uma autonomia absoluta (livre autoposição da Lei pelo Sujeito), assim como a de uma heteronomia absoluta (submissão total a uma "lei" transcendente), a primeira ocultando o horizonte de alteridade da Lei, a segunda aniquilando a possibilidade mesma da ética. Ambas tomam por um esquema o que é apenas um símbolo – seja a representação simbólica da "vontade autônoma", seja a de "Deus" – e desaguam numa metafísica do Sujeito absoluto ou numa moral teológica. A única saída concebível consistirá, portanto, em pensar *conjuntamente* a quase-autonomia do sujeito-à-Lei e sua quase-heteronomia: reconstruir o conceito

---

31 Cf. *Doutrina da virtude*, §§ 16-18, 3, p. 732-4 (Vrin, p. 117-9).

32 Afirmação particularmente importante: sabe-se que, de Nuremberg até a Bósnia ou Ruanda, os executores dos extermínios em massa sempre tentam, perante seus juízes, desencarregar-se de sua responsabilidade, prentendem ter "somente cumprido o seu dever" obedecendo aos seus chefes...

kantiano de autonomia, pensando-o como uma auto-heteronomia. O que requer, se não nos contentarmos com uma "solução" simplesmente verbal, articular a estrutura de auto-afecção imanente requerida pela síntese prática e o horizonte da transcendência, o elemento de alteridade = X que também ela requer.

Não devemos, sobretudo, renunciar à tese de uma auto-afecção transcendental constitutiva da autonomia prática. Tratar-se-á somente de não mais concebê-la como uma auto-afecção absoluta (e absolutamente imanente) do Si por si mesmo: introduzir na relação do si consigo, na imanência da auto-afecção, a marca de uma *transcendência na imanência*, isto é, de uma *alteração* que "produz a mesma relação consigo na diferença consigo, o mesmo como não-idêntico. [...] Tal processo é decerto uma auto-afecção pura na qual o mesmo não é o mesmo senão ao afetar-se com o outro, ao se tornar o outro do mesmo".[33] Toda a dificuldade consiste então em situar essa auto-alteração interna. Com efeito, pode-se encará-la: 1) como uma espécie de cisão do sujeito, em que o eu que (se) dá a Lei já não é o mesmo que aquele que a recebe (teoria do "duplo eu"); ou então, 2) como a (auto-)alteração do sujeito por uma alteridade transcendental, um Outro = X que o consititui como sujeito sem ser *realmente* distinto dele.

Examinemos inicialmente a primeira hipótese, a de um "duplo eu". O mesmo problema já se encontrava na *Crítica da razão pura*, quando se tratava de compreender a "influência sintética do entendimento sobre o sentido interno", a rela-

---

33 Derrida, *La voix et le phénomène* (1967), PUF, 1976, p. 92-6. Nessa obra não se trata de Kant, mas da concepção husserliana do sujeito transcendental em sua relação com a temporalidade. Parece-nos entretanto que o problema se põe nos mesmos termos que no caso de Kant.

ção entre o poder da apercepção transcendental "enquanto ato do sujeito" e o efeito que ele produz ao afetar o sentido interno, ao exercer, portanto, uma ação "sobre o sujeito *passivo* do qual ele é o *poder*".[34] Relação "paradoxal", escreve Kant, na medida em que nos supõe "*passivos* [*leidend*] perante nós mesmos", o que "parece ser contraditório". O paradoxo se desfaz a partir do momento em que se distingue dois modos de ser do sujeito, que se diferencia na auto-afecção, o sujeito afectante (consciência transcendental) e o sujeito que ele afeta (consciência empírica) – em outros termos, a partir do momento em que se representa "um duplo eu, o eu como sujeito e o eu como objeto".[35] Tal clivagem do eu, porém, não deve ser concebida como uma dualidade real: se "nessas condições o Eu nos parece duplo", de fato, isso "seria contraditório" e todo questionamento de sua unicidade e de sua identidade seria "inepto".[36] Nessas condições, só resta a Kant instalar-se na aporia, declarando serenamente que "o eu (transcendental), o *Eu penso*, é distinto do eu (empírico) [...], formando com este último um único e mesmo sujeito".[37] Solução puramente verbal, que repousa na simples *homonímia* do termo "eu" (ou de "sujeito"). O paradoxo constitutivo da auto-afecção não foi superado mas somente deslocado, reportado nessa exigência igualmente paradoxal de uma distinção necessária e de uma unidade igualmente necessária dos dois eu(s),

---

34 *CRP* (B), 1, p. 868, TP, p. 131.

35 *Os progressos da metafísica...*, 3, p. 1224-5.

36 *Antropologia*, § 4 (nota), 3, p. 952 (Vrin, p. 22). Trata-se de um paralogismo psicológico, uma ilusão da razão, que representa a existência do sujeito transcendental "como *separada*" na "*abstração* possível de minha existência empiricamente determinada" (*CRP* (B), 1, p. 1065 (TP, p. 317).

37 *CRP* (B), p. 868 (TP, p. 133).

"o que é inteiramente impossível de explicar, embora isso seja um fato [*factum*] indubitável".[38]

Ora, o mesmo paradoxo e as mesmas dificuldades são reencontradas com esse outro "fato" inexplicável, o *factum* da obrigação ética. Este último, ao se apresentar como uma (auto-) afecção do sujeito onde ele parece "coagido a agir como sob a ordem de outra pessoa", também nos leva a conceber um "duplo eu", uma "dupla personalidade": representar simbolicamente a sujeição [*sujétion*] ética como a cena de um tribunal interior onde o acusado (o sujeito) é confrontado com seu juiz (a Consciência). Sem essa clivagem interna do sujeito prático, quem se submetesse ao julgamento seria igualmente o seu próprio juiz, o "autor" do julgamento, e mesmo da Lei, situação "absurda" em que o julgamento ético se tornaria contingente e arbitrário; em que (solução hegeliana...) o acusado seria a cada vez desculpado e a Lei abrogada: "Conceber quem é acusado por sua Consciência como sendo *uma só e a mesma pessoa* que o juiz é uma maneira absurda de representar-se um tribunal, pois, se assim fosse, o acusador sempre perderia.[39] É por isso, para preservar a objetividade do juízo prático, que é

---

[38] *Os progressos da metafísica...*, 3, p. 1225. Perto do final de sua vida, Kant se esforçará para ultrapassar essa aporia (como Fichte, em sua *Doutrina da ciência*, desde 1794): no *Opus Postumum*, determinará a unidade das duas consciências como a de um ato constituinte em que "o próprio sujeito se faz objeto", se põe ativamente como eu passivo (cf. P. Lachièze-Rey, *L'idéalisme kantien* (1932), Vrin, 1972, p. 313-85). É interessante constatar que o *Opus Postumum* designa como "princípio de autonomia" esse ato transcendental "que consiste em "fazer-se a si mesmo como objeto".

[39] *Doutrina da virtude*, § 13, 3, p. 727-8 (Vrin, p. 112-4). O defeito desse texto é identificar a obrigação ética com uma *acusação*, o chamado indeterminado da Lei com a "voz terrível" de uma consciência moral. Não obstante, ele traz à luz, por meio da metáfora do "tribunal", certos traços essenciais da auto-heteronomia.

preciso conceber o *homo noumenon* "que é o acusador" como "um outro que não o homem sensível". Nesse contexto, a "diferença das faculdades [superiores e inferiores] que caracterizam o homem" – a oposição clássica da razão e da sensibilidade – substitui a distinção do transcendental e do empírico estabelecida pela primeira *Crítica* e assegura a mesma função, a de suportar a clivagem do sujeito. E, uma vez mais, sua aparente divisão pressupõe sua unidade essencial, isto é, aquilo mesmo que se tratava de evitar: "eu, o acusador mas também o acusado, sou o mesmo *homem*"; "esse duplo eu deve comparecer tremendo na cadeira dos réus de um tribunal cuja guarda paradoxalmente lhe é confiada". Identidade "paradoxal" do juiz e do acusado, que retira toda autoridade ao tribunal, aniquila as condições de um julgamento prático. Sem dúvida tal "absurdo" exprime o equívoco fundamental da autonomia, no qual (isso não escapou aos leitores perspicazes[40]), o mesmo sujeito deve se fazer ativo e passivo, *Subjekt* e *Untertan*, submetido originariamente a uma Lei instituída por ele próprio... Porém, se rompermos essa identidade do juiz e do acusado, do legislador soberano e do simples "sujeito", se o eu se expõe à acusação de um Outro *realmente* distinto dele, logo em seguida recaímos na heteronomia, em uma submissão patológica que é "absolutamente oposta à moralidade".

Ao querer fundamentar a autonomia em uma divisão interna do sujeito que (se) dá a Lei, reencontram-se, mais agravadas, as dificuldades inerentes à teoria da auto-afecção. Na primeira *Crítica*, se haveria de estabelecer a possibilidade da síntese transcendental, enquanto ela requer a alteridade radi-

---

40 Assim Kierkegarrd, na (já citada) passagem do *Diário*, Gallimard, III, p. 32-321 (sobre a "impossibilidade" da autodoação da Lei na autonomia kantiana em razão da ausência de um "Terceiro" que obriga); cf., igualmente, Schopenhauer, *O fundamento da moral*, § 7, Aubier, p. 58.

cal de seus elementos constitutivos *e* sua univocidade ontológica; dupla exigência à qual corresponde (ou tenta corresponder) a tese "paradoxal" da distinção e da identidade entre consciência transcendental e consciência empírica. Sabemos que a dedução da síntese prática é mais difícil ainda, que ela não chega a satisfazer a esse duplo requisito, pois o conceito de autonomia fracassa em abrir a distância de uma transcendência prática. A fim de escapar desse "círculo vicioso", a fim de introduzir alteridade nessa identidade tautológica, Kant recorre à distinção do mundo sensível e do mundo inteligível, redobrada no sujeito pela distinção da vontade pura e da vontade patológica, do *homo noumenon* e do *homo phaenomenon*. Mas tal demarcação de andamento "platônico" agrava a aporia que deveria suspender: a diferença *transcendental* da apercepção originária e do eu empírico, em que a consciência transcendental se põe como condição de possibilidade da consciência empírica, a constitui por meio de sua atividade, substitui doravante a diferença *metafísica*, rígida e intransponível, do eu sensível (impuro) e do eu inteligível que nada mais permitirá superar, a despeito das injunções patéticas que apelam para que sejam considerados como um único e mesmo eu. É que o "outro eu" nunca é suficientemente Outro, suficientemente diferente de "mim" para romper a clausura da auto-afecção, para que eu me afete por mim mesmo *como outro*, como diferente de mim. Se quiséssemos sair do impasse, seria preciso conceber uma auto-hetero-afecção em que o Outro = X, afetando o eu, já não seria eu mesmo, sem ser realmente distinto de mim. O que muito se parece com um círculo quadrado...[41]

---

41 De todos os comentadores, Cohen, na consciência mais aguda da dificuldade, é quem mais se aproximou de uma saída possível. Ele nota, com efeito, que a autodoação da Lei parece implicar "não uma

No entanto, esse círculo é apenas aparente e, de fato, corresponde às condições de possibilidade da síntese prática. Esta exige, com efeito: *a)* a posição de um *ganz Anderes*, de um "inteiramente-Outro" que se objeta à vontade do sujeito, mas *b)* no interior do Mesmo, na univocidade ontológica de um "meio" comum. Se deve satisfazer a essas duas condições, o Outro = X não poderia ser: *a)* nem o próprio sujeito ou um "outro eu" no eu (não seria Outro o bastante para limitar sua vontade como um fim em si); *b)* nem um Outro Sujeito realmente distinto de mim: nem outrem nem Deus (não seria Mesmo o bastante para permitir uma auto-afecção imanente). Esse inteiramente-Outro ou esse Fim-Limite é o fim-em-si, o *zuwider* da Lei, isto é, a própria Lei como pólo de alteridade da transcendência prática – diferente do eu, mas com uma diferença transcendental que não se reduz à distinção "real" (ôntica) de duas instâncias sepa-

---

simples separação psicológica, mas um duplo eu real, como se fosse preciso reconhecer, de fato, dois sujeitos no homem individual [...]. Mas não é nada disso. Pois esse outro sujeito é o conceito-limite de um número prático [...], a Idéia do livre número, do eu inteligível que não pode ser utilizado somente como meio mas sempre ao mesmo tempo como fim em si [...].Não deixa de ser nosso sujeito que, em uma vontade pura, aniquila ou limita a vontade sensível; que, na vontade dessa Lei ética formal, se eleva em pensamento à realidade objetiva prática de um sujeito numenal" (*Kants Begründung der Ethik*, p. 319). Assim, o "outro sujeito" da auto-afecção prática não é um sujeito real, mas um conceito limite, conceito do Limite, isto é, do fim em si, representado "em pensamento" (simbolicamente) como Sujeito. Cohen só chega entretanto a conceber esse Fim-Limite, em conformidade com sua orientação fundamental, ao ver nele uma simples Idéia, a visada da "autotélia" em que heteronomia efetiva dos sujeitos empíricos se transforma em autonomia ideal do Sujeito-número no reino dos fins. Ao contrário, nós tentamos situá-lo na existência *real* da pessoa: encarar o fim em si, "condição limitativa" de minha liberdade, como o Limite = X, o traço de objeção requerido pela estrutura da transcendência prática.

radas. A auto-afecção constitutiva da autonomia conduz, assim, à afecção do sujeito pela Lei, à sua auto-hetero-afecção transcendental: nem "transcendente" (no sentido metafísico), nem absolutamente imanente (de uma imanência indiferenciada, desprovida de toda alteridade transcendental); nem heterônoma (ela não é a lei de um Outro Sujeito) nem autônoma no sentido de uma autonomia absoluta (em que o sujeito seria o "autor" da Lei), ela se dá ao sujeito como *sua* lei, ao objectar-se a ele *como se* ela fosse Lei do Outro.

Mas em que sentido entendê-la? Como compreender essa diferença e essa identidade da Lei e do eu? Como pode ela ser simultaneamente "outra" e "mesma", quase transcendente e imanente, impor-se como Lei *para* o sujeito sem que se torne contudo lei *do* sujeito? Isso só é possível se a Lei é *aquilo que constitui* o sujeito: se a (auto)doação da Lei ao sujeito é também (auto)doação do sujeito pela Lei. A Lei seria a *condição* transcendental, outra e diferente dele como a condição difere daquilo que ela torna possível (quase transcendente nesse sentido), sendo simultaneamente a *sua* Lei, somente a ele destinada, *Urform* que lhe dá o seu ser – *forma dat esse rei* –, imanente ao sujeito como a condição àquilo que ela torna possível e como a forma àquilo que ela in-forma. A condição não sendo nada – nada de empírico e nada mais que o que ela condiciona – surge a aparência de que o próprio sujeito seja sua condição absoluta, crie livremente o seu Limite como uma autolimitação: ilusão da autonomia absoluta, onde a ex-posição da Lei se acha oculta. E como a condição que constitui o sujeito difere dele, diferença transcendental, nasce igualmente a aparência inversa, que ele recebe sua condição de fora, de um outro realmente distinto dele: ilusão da heteronomia que oculta a imanência da Lei ao sujeito. No lugar da demarcação metafísica do sensível e do inteligível, aqui reencontramos uma diferença transcendental, análoga à consciência empírica em que o primeiro constitui a segunda no ato de sua auto-afecção.

Com a diferença de que a Lei não pode ser assimilada a um sujeito, senão por analogia, na representação simbólica do Outro Sujeito que me obriga, do "tribunal da Consciência" que me acusa e me julga.

Se a Lei pode ser apresentada assim, como o *analogon* de um sujeito, não há dúvida de que ela *é* "sujeito", não no sentido de uma subjetividade mas de uma *subjectidade*, de um *hypokeimenon*, fundo sub-jacente que suporta, sustenta o sujeito em seu ser: nesse sentido, a Lei é o "sujeito" do sujeito. Esclarece-se então o enigma dessa "submissão" originária em que a Lei se impõe constante e necessariamente ao sujeito, mesmo quando ele escolhe desobedecê-la. Seria conveniente entender o *Unterwerfung* no sentido estrito, não mais como uma espécie de obediência, a livre submissão de um sujeito *já* constituído à Lei, mas como uma *subjecção* transcendental que constitui o sujeito e coincide com sua *sujeição* ética à Lei. Sujeição que equivale a uma submissão incondicionada a uma Lei de que o sujeito não é o autor (lei "do Autor" nesse sentido) e que ele nem mesmo compreende, embora ela seja em verdade a sua própria Lei, que o faz advir e o leva a existir. Assim, o sujeito mais radicalmente mau, no momento em que transgride a Lei, nem por isso deixa de estar sujeito-à-Lei, a uma Lei que aparece então estranhamente implicada no mal, de modo que o paradoxo de Eichmann aqui reencontra toda a sua pertinência crítica, nos obriga a nos interrogarmos sobre uma co-implicação possível da Lei e do mal. Pois a subjecção do sujeito, sua sujeição à Lei, é o mesmo que a "escolha do caráter inteligível", escolha "que precede todos os atos" e sempre radicalmente *má*, na qual se decide a Condição originária da qual nosso caráter empírico é o "signo" e o "esquema". Decisão sempre singular, enquanto constitui cada sujeito em sua singularidade mais própria, enquanto é a Lei de sua existência que, em uma enigmática ambivalência, a leva ao mal radical e deste também a liberta.

Com o exame do princípio de autonomia como terceira e última formulação do imperativo categórico, nossa análise da exposição da Lei deveria chegar a seu termo. Seria esse o caso se a abordagem kantiana se limitasse à pura *forma* da Lei, que os três modos do imperativo tentam esquematizar, ou melhor, figurar ao nos darem "tipos". Mas, como sabemos, essa exposição formal não é a única possível. Encontramos aquela passagem capital da segunda *Crítica* em que Kant precisa que, se a Lei é um "princípio formal de determinação da ação", ela é *também* um "princípio material de determinação", simultaneamente *objetivo* – enquanto ela determina esses "objetos da razão prática" que são o bem e o mal – e *subjetivo*, "isto é, um móbil para a ação", porque ela gera "no sujeito" um "sentimento favorável à influência da Lei sobre a vontade".[47] Esse sentimento é o do *respeito*, encarado como "móbile da razão prática", e é preciso se perguntar se ele não apresenta um outro modo de exposição da Lei, simultaneamente "material" e "subjetivo", mais próximo daquilo que seria *matéria pura* da Lei e em melhores condições de fazer-lhe concordar com uma subjetividade finita. É essa "materialização" subjetiva da forma-de-Lei no sentimento do respeito que convém examinar, antes de encarar sua "materialização" objetiva sob o nome de Soberano Bem.

---

42 *CRp*, 2, p. 699-700 (Vrin, p. 88). Texto decisivo, nunca levado em conta pelos inumeráveis detratores do "formalismo" kantiano.

O TRAÇO DO EXCESSO (DO RESPEITO)

Contrariamente à síntese teórica, em que o esquematismo temporalizante da imaginação desempenha o papel de "terceiro termo" que permite às catgorias do entendimento se unirem à intuição, a síntese prática não parece dispor de um mediador análogo. Não se vê, portanto, como uma Lei da razão pura poderia se impor às inclinações sensíveis, a uma vontade patologicamente afetada. A fim de que a Lei pudesse fazer lei para os desejos sensíveis, sem dúvida seria preciso que ela própria se fizesse sensível: que se desse como sentimento, como "móbil" (*Triebfeder*).[1] O jovem já o sabia, quando reatava a expperiência da Lei ao sentimento do sublime, ao sentimento da dignidade do homem como "princípio de respeito universal". Bem antes de ter sido tematizada como lei de autonomia, a "lei oculta de Rousseau" se revelara a Kant como "lei do sentimento". Logo em seguida, porém, para ele se manifestou o caráter aporético dessa lei: visto que "o Bem não pode afetar em nada a nossa sensibilidade", tratar-se-ia de "ter um sentimento daquilo que não é objeto de sentimento", o

[1] Termo que é preciso entender em seu sentido dinâmico, como se fala, por exemplo, de um "móbil" de Calder: ele designa a "mola" (*Feder*) da pulsão (*Trieb*), o que "mobiliza" a vontade, lhe dá sua *impulsão*.

que é "contraditório" e "incompreensível". E concluía: "para a espécie humana, é uma infelicidade que as leis morais, que estão aí para necessitar objetivamente, não nos necessitam também, ao mesmo tempo, subjetivamente".[2] É essa aporia, essa infelicidade do pensamento que a *Crítica* tentará conjurar: ao por que a necessidade da Lei é objetiva e *subjetiva*, que ela produz um "efeito subjetivo" sobre a vontade ao se dar como móbil no sentimento do respeito. Tese arriscada que obriga a pensar a Lei como um princípio simultaneamente objetivo e subjetivo, racional e sensível, formal e material, a admitir que ela possa se apresentar *em* um sentimento sem ser determinada *por* esse sentimento (o que faria dela uma pseudolei patológica e impura) e a conceber o próprio respeito como um sentimento muito singular, determinado *a priori* pela razão pura, um sentimento não empírico, quase um círculo quadrado.

Não faltam os que sublinharam a equivocidade da concepção kantiana do respeito,[3] ora apresentado como um simples "efeito" da Lei e ora identificado com ela, parecendo endereçar-se ora à Lei, ora à minha própria pessoa, ora à de outrem... Sem dúvida tais oscilações, tais aparentes ambigüidades eram inevitáveis, se a vocação do respeito é precisamente operar uma síntese entre elementos aparentemente incompatíveis. Pertencendo simultaneamente à sensibilidade (enquanto é sentimento) e à razão pura (enquanto é o puro sentimento da Lei), o respeito assegura, com efeito, a mesma função que o esquematismo da imaginação na dedução da síntese transcendental teórica:[4] ele seria a solução finalmente encontrada para o enigma da síntese prática. Ao se impor,

---

2 *Vorlesungen über die Metaphysik* (cerca de 1775-1780), Pölitz, p. 187.

3 Cf. notadamente a análise de M. Henry, *L'essence de la manifestation*, § 58, PUF, 1963, p. 650-66.

4 O que sugere notadamente Ricoeur, cf. *Finitude et culpabilité*, I: *L'homme faillible*, Aubier-Montaigne, 1960, p. 89-91.

"quer eu queira ou não",[5] portanto, no modo de uma receptividade pura, de uma passividade radical, o sentimento do respeito se dá a mim *como um fato* e sua facticidade é idêntica ao dom da Lei no *factum rationis*. Nessa maravilha de um "sentimento *a priori*", inconcebível no quadro do kantismo e no entanto indissociável da doação-de-Lei, a noção equívoca de "fato da razão pura" acha assim sua determinação concreta e seu sentido. Enfim, sendo simultaneamente *sentimento* para a consciência e *móbil* para a vontade, ele nos concede aquela revelação que obriga, aquela compreensão ética originária em que nossa acolhida da Lei é a mesma que nossa sujeição à Lei: ele seria a verdade da Lei, a Lei se dando em verdade na evidência primordial do Sentimento. Assim, a ética da Lei seria apresentada como uma ética "sentimental", uma *patética*.[6]

Cabe não se deixar levar pela terminologia de Kant, que, para nomear o sem-nome, recorre como sempre às categorias já dadas e notadamente àquela de causalidade. Se lhe acontece apresentar o respeito como um "efeito" da Lei, é antes de tudo para nos impedir de concebê-lo como sua causa ou como seu fundamento, o que nos conduziria de volta às teorias empiristas do "sentimento moral". Como uma causa deve ser necessariamente distinta de seu efeito, a designação do respeito como efeito da Lei se mostra particularmente inapropriada, e a ela Kant renunciará explicitamente a partir da terceira *Crítica*.[7] Na verdade, o respeito não é o *efeito*, mas

---

5 *CRp*, 2, p. 701-2 (Vrin, p. 90).

6 Em seu belo livro, *Kant, le ton de l'histoire*, Payot, 1991, F. Proust reconstrói todo o pensamento kantiano, compreendendo-o como uma "patética transcendental" (cf. notadamente as p. 27-34 e 39-73). Para ela, entretanto, o *pathos* maior dessa "patética" não seria o respeito, mas o sublime, que ela se esforça para dissociar do respeito pela Lei.

7 *CJ*, § 12, 2, p. 981 (Vrin, p. 65).

o *afeto* da Lei, isto é, a própria Lei enquanto ela se dá afetivamente. E, a despeito de sua terminologia "causal", a segunda *Crítica* já o havia reconhecido: "O respeito pela Lei não é um móbil da moralidade, é a própria moralidade considerada subjetivamente como móbil".[8] Quer isso dizer que o respeito se identificaria com a Lei em cada um de seus modos de doação, que a Lei se daria sempre como sentimento? Isso seria esquecer que somente uma vontade *finita*, uma vontade que "não é necessariamente já conforme à Lei", requer um móbil afetivo para lhe obedecer. Segue-se "que não se pode atribuir nenhum móbil à vontade divina".[9] Deus, se ele existir, é sem respeito, não carece de respeitar a Lei para a ela conformar a sua vontade. Torna-se então impossível identificar totalmente o respeito e a Lei: ele só coincidiria com um único de seus modos, com a Lei tal como ela se dá "subjetivamente", isto é, afetivamente, a uma vontade finita. Idêntico à Lei mas somente na finitude, o respeito é a Lei sem ser a Lei *como tal*, na integralidade de seus modos de doação. Portanto, ele designa, enigmaticamente, *aquilo que na Lei não é a própria Lei* e lhe permite fazer lei. Somente assim é que ele pode fundamentar uma síntese prática transcendental: se ele se identificasse absolutamente com a Lei, o terceiro termo da síntese já não se distinguiria do primeiro, não lhe permitiria transcender-se rumo a seu Outro e tal "síntese" seria tão ilusória quanto as tentativas abortadas da última seção da *Fundamentação*.

O que permanece difícil de compreender é o efeito *do* respeito, sua ação sobre a sensibilidade: por certo sentimento,

---

8 *CRp*, p. 700 (Vrin, p. 89). O que significa, como já notava Schleiermacher, que "esse respeito pela Lei constitui propriamente, em primeiro lugar, a Lei. Ele é a realidade da Lei" (Cf. *Über den Unterschied zwischen Naturgesetz und Sittengesetz*, in Schleiermacher, *Werke zur Philosophie*, t. II, p. 408-9.

9 *CRp*, p. 695 (Vrin, p. 85).

mas sentimento *puro*, inerente à Lei, um abismo o separa das inclinações sensíveis empíricas. E se ele não se distinguisse da Lei na finitude, o respeito quase não poderia acrescentar uma determinação positiva e suplementar à determinação da vontade pela Lei e parece perfeitamente inútil... É aqui, como em cada passagem capital da obra, que intervém a lógica das grandezas negativas. A ação do respeito sobre o sentimento seria simplesmente "negativa", isto é, *limitativa*: ao limitar a influência das forças que se opõem à Lei, ele "diminui o que constitui obstáculo à razão pura prática" e, assim, "pela supressão do contrapeso [*Gegenwicht*], (...) aumenta o peso da Lei". Essa negação equivale então a um "efeito positivo mas indireto da Lei sobre o sentimento".[10] Ao comparar a Lei a uma força física (simples analogia que não deve nos reter), Kant evoca a ontológica das grandezas negativas para determinar as condições de possibilidade de uma síntese prática pura. Diferentemente da síntese teórica, não é a temporalidade, nunca evocada nesse contexto, mas é a afetividade que parece constituir o "meio" ontológico da síntese prática, o sítio da Lei. Se as forças adversas, se os próprios oponentes do respeito são sentimentos – amor-próprio e presunção –, o "resultado" de sua limitação ou de sua supressão pelo respeito será também um sentimento, um dupo afeto simultâneo de prazer e desprazer, análogo ao "prazer negativo" que caracteriza o sublime. Ao "desprazer" (*Unlust*), à dor (*Schmerz*), e mesmo ao terror (*Schreck*) proveniente da "humilhação" da sensibilidade pela Lei, junta-se, com efeito, um sentimento oposto, que Kant dirá análogo ao "prazer" (*Lust*) ou mesmo ao "gozo" (*Genuß*),[11] e será preciso voltar a essa estranha aliança de pra-

---

[10] *CRp*, p. 699-700 (Vrin, p. 88-9).

[11] *CRp*, p. 752-3 (Vrin, p. 132-3).

zer e pesar, inesperada aparição numa ética "rigorista" de um prazer prático puro, um gozo da Lei.

Com o respeito, é a verdade da Lei que se revela afetivamente, escapando, por isso mesmo, ao cativeiro da Aparência. Como sabemos, falar de uma Consciência ou de um sentimento ético que "se engana" é um "*nonsense*",[12] e o mesmo ocorre com todo sentimento: paradoxalmente, é a opacidade do afeto, seu caráter "cego",[13] que lhe proíbe de se enganar. Não que ele sempre "seja verdadeiro", mas porque se situa aquém do verdadeiro e do falso ônticos, porque não dá ocasião a nenhum juízo suscetível de verdade ou de erro: decerto, o amor de Swann por Odette é o amor, e somente quando sua paixão houver refluído é que Swann poderá espantar-se de ter estragado sua vida por uma mulher que "nem mesmo era o seu tipo"... Se aqui é possível uma ilusão, ela só pode ser externa, só afeta *posteriormente* a evidência do sentimento, na significação que lhe atribuímos ou na determinação dos fins que ele evoca. É fato que a Lei se dá no respeito através de um duplo afeto de prazer-desprazer, mas continua sendo impossível enganar-se na interpretação desse fato, por exemplo, tomando o puro prazer do respeito que acompanha a ação ética pelo princípio determinante dessa ação, como se obedecêssemos à Lei unicamente *para* experimentar prazer: há nisso uma "ilusão de ótica", uma "falta de subrepção" que corre o risco "de rebaixar e desfigurar o verdadeiro móbil, a própria Lei, como em uma espécie de espantalho fictício".[14] E talvez Kant sucumba a outra subrepção, que já não se refere à relação de respeito à Lei mas à sua significação afetiva, quando interpre-

---

[12] Cf. o texto já citado da *Introdução* à *doutrina da virtude*, 3, p. 683 (Vrin, p. 72).

[13] "Todo afeto é cego" (*CJ*, 3, p. 1045 (Vrin, p. 108)).

[14] *CRp*, p. 751 (Vrin, p. 131).

ta o desprazer do respeito como uma "humilhação" da sensibilidade pela Lei ou quando liga o respeito ao temor do "Juiz interior" que acusa e condena.[15] Seria possível que esse masoquismo moral, com a exaltação narcísica que ele engendra no sujeito "humilhado", nada tivesse a ver com o autêntico respeito pela Lei, não se relacionasse com a Lei mas com aquela virtude fantasmática (*phantastisch*) que a desfigura. Tal interpretação "patológica" não é a única possível e, quando, na *Religião*, Kant voltar à dualidade afetiva de prazer-desprazer que caracteriza o dom da Lei, ele lhe dará um sentido muito diferente, reportando-a à brecha temporal da reviravolta ética, à nova escolha do caráter inteligível. Ao propor uma interpretação estreitamente moralizante, a segunda *Crítica* não teria suficientemente separado o fenômeno originário do respeito e os preconceitos que falseiam o seu sentido: ela não teria respeitado suficientemente o respeito. Com isso, não é apenas a sua significação afetiva e o seu modo de ação sobre a vontade – o modo de esquematização da síntese prática –, mas também o seu sujeito e a sua destinação que caem na indeterminação. Mal se vê, com efeito, *quem* experimenta o respeito e o que deve ser nossa vontade para se encontrar assim contrariada ou limitada por ele. Ao defini-la como uma vontade "patologicamente afetada", a *Crítica* parece incriminar nossa finitude, designar nossas inclinações sensíveis como o "contrapeso" a eliminar o oponente da Lei. Isso é esquecer que, segundo a lógica das grandezas negativas, a sensibilidade não poderia se opor diretamente à Lei: à vontade boa ordenada à Lei, só pode se opor uma outra vontade, uma vontade *má*. A parada ou o limite que o respeito impõe à vontade não concerne, portanto, senão a uma vontade *já*

---

15 Cf., nesse sentido, *CRp*, p. 703-4 (Vrin, p. 91-2); e, para o motivo do "tribunal da Consciência" e do "Juiz interior", a já citada passagem da *Doutrina da virtude*, § 13.

má, já desviada da Lei. A má decisão da vontade, o ato livre originário que a afasta da Lei, precederia o dom da Lei como respeito, tornando-o necessário e já não seria o respeito mas o mal que constituiria o *factum* inicial, o fenômeno originário da ética. Se a oposição ética não domina a sensibilidade e a Lei, se se trata de uma vontade má que enfrenta a boa vontade, então a busca de um móbil ético sensível, a exigência de uma esquematização da Lei no respeito passam para o segundo plano: de fato, quando Kant abordar a questão do mal radical, a problemática do respeito já não desempenhará nenhum papel nessa nova fase da ética.

Se a *Crítica* não chega verdadeiramente a determinar o "sujeito" do respeito, ainda é mais difícil compreender qual é o seu "objeto" ou a sua destinação, *a quem* se endereça e onde se situa o ponto de parada, o traço de objeção que, ao nos impor respeito, limita o nosso querer. À primeira vista, a tese kantiana parece clara: "O *objeto* do respeito é simplesmente a Lei".[16] Resultante da Lei e idêntico a esta na finitude, tal sentimento só se endereça à Lei, ele é o afeto que a Lei destina a si mesma numa pura auto-afecção. Ocorre no entanto que Kant designe o fim objetivo consignado pelo imperativo categórico, isto é, a *pessoa*, como "objeto do respeito".[17] Chega a afirmar que "o respeito nunca se endereça senão a pessoas",[18] como se a Lei já não bastasse para nos inspirar respeito; e afirma que seria preciso o encontro de uma pessoa para que em nós se despertasse o respeito pela Lei. Estaríamos, portanto, fundamentados para dizer que "todo respeito por uma pessoa não é propriamente senão respeito pela Lei [...] da qual essa pessoa nos dá o exemplo [*Beispiel*]" e, inversamente, que o respeito para com a Lei supõe

16 *FM*, p. 260 (D, p. 102).

17 *FM*, p. 294 (D, p. 149).

18 *CRp*, p. 701 (Vrin, p. 89).

o respeito para com essa pessoa que oferece como que uma carne ou um rosto para a Lei. É a relação da pessoa com a Lei, seu quiasma paradoxal, que será preciso elucidar.[19] Em que sentido é possível designar a pessoa como um "exemplo" da Lei em que esta se apresentaria quase intuitivamente (*anschaulich*) em uma muito estranha, muito pouco kantiana "intuição" (forçosamente sensível) de uma Lei supra-sensível?[20] Segundo Kant, uma apresentação intuitiva só pode ser esquemática (direta) ou simbólica (simplesmente analógica), e devemos nos perguntar se essa quase-apresentação da Lei no respeito pela pessoa nos dá diretamente um esquema da Lei ou somente um símbolo, uma figuração analógica do infigurável.

Ademais, seria preciso saber *quem* é a pessoa, "objeto imediato" do respeito: trata-se das pessoas humanas, da humanidade em geral, ou então da pessoa de outrem em sua proximidade singular, ou ainda, desta pessoa que eu mesmo sou? É esta última hipótese que Heidegger escolhe. Para ele, a *persona moralis* kantiana se identifica com o Si prático, mas com o Si "enquanto a cada vez ele é o meu", o "Eu ético".[21] Nessa perspectiva, "o respeito para com a Lei é respeito para

---

[19] Como nota Derrida, se o respeito "não se endereça senão às pessoas enquanto elas dão o exemplo de que uma lei pode ser respeitada", isso significa que, "portanto, nunca se tem acesso diretamente nem à lei nem às pessoas, nunca se está *imediatamente* perante qualquer uma dessas instâncias – e o desvio pode ser infinito" ("Préjugés devant la Loi", in *La faculté de juger*, Minuit, 1985, p. 114). Haveria acesso à Lei somente pela mediação da Pessoa e, inversamente... Ora, apesar desse "desvio" ("infinito", de direito), tal acesso *deve*, no entanto, ser possível *neste instante*: ele ocorre sem cessar, ele tem lugar no sentimento do respeito.

[20] *CRp*, 2, p. 702 (Vrin, p. 90).

[21] Cf. *Kant et le problème de la métaphysique* (1929), Gallimard, 1953, § 30, p. 213-7 e já em *Problèmes fondamentaux de la phénoménologie* (1927), § 13, Gallimard, 1984, p. 168-71.

consigo mesmo", ele é "o modo de ser-si do Eu que lhe proibe expulsar o herói de sua alma". Auto-afecção, uma vez mais, mas no sentido de uma auto-revelação de *mim mesmo a mim mesmo* em que se encontra, em sua espontaneidade receptiva, a estrutura da imaginação transcendental como essência da ipseidade finita, o que permite a Heidegger reconduzir a razão prática à própria razão teórica, identificada com a imaginação temporalizante. Disso ele conclui que, em sua concepção do respeito, Kant "centra toda a problemática no Eu", sem no entanto chegar a esclarecer o modo de ser do Eu.[22] Notável interpretação, mas estranha ao pensamento de Kant: para a *Crítica*, não é o respeito para comigo mesmo que me apresenta a Lei, mas o respeito para com outrem, enquanto ele se endereça ao "homem que eu vejo diante de mim [*der Mann, den ich vor mir sehe*]", cujo "exemplo [*Beispiel*] me lembra uma Lei que aniquila minha presunção".[23] Dos dois focos sublimes, o céu estrelado acima de mim e a Lei em mim, Kant escreve que não tenho de buscá-los "fora de meu campo-de-visão [*Gesichtkreise*]", que "eu os vejo diante de mim [*ich sehe sie vor mir*]",[24] e nos interrogávamos sobre a significação dessa evidência da Lei. Ela se esclarece com nova luz se nos aproximarmos da análise do respeito: compreendemos doravante que a Lei não está verdadeiramente "em mim", que ela *se expõe* a mim, me é mostrada aí-diante-de-mim, em outrem. Que sua visibilidade, seu horizonte-de-visão é o mesmo que o *Gesicht*, o *rosto* [*le visage*] do outro. Aqui Kant avança muito longe, para além dos limites do kantismo, ousando escrever

---

22 *Problèmes fondamentaux de la phénoménologie*, § 14, p. 173-4. Cf., sobre tudo isso, nosso estudo "Chasser le héros de notre âme", in *Penser après Heidegger*, L'Harmattan, 1992, p. 153-73.

23 *CRp*, 2, p. 702 (Vrin, p. 90).

24 *CRp*, 2, p. 802, (Vrin, p. 175).

que para mim outrem "torna intuicionável [*anschaulich*] a Lei",[25] como se a maravilha do rosto pudese realizar o impossível, apresentar em pessoa uma quase-intuição do supra-sensível, dar uma carne ao número, uma matéria ou um esquema para a Lei.

Não poderia se tratar, portanto, de uma auto-afecção no sentido estrito, mas antes uma espécie de *auto-hetero-afecção* onde dou a mim mesmo a Lei pela mediação de meu respeito por outrem. Determinação altamente paradoxal, e no entanto requisitada pela letra do texto kantiano. Ela solicita, em todo caso, esclarecer o estauto do outro como "objeto" do respeito e sua relação com o eu que o experimenta. A noção de uma auto-hetero-afecção parece, com efeito, contraditória: ainda tenho o direito de dizer que eu *me* dou uma Lei que me é apresentada pelo outro? E posso ainda dizer que ma dou *livremente* como uma lei de autonomia, ao passo que meu respeito por outrem sempre se impõe a mim como uma coação exterrior, "quer eu o queira quer não"? Se se quiser respeitar o fenômeno do respeito, com a dissimetria que ele parece implicar, será preciso renunciar à tese da autonomia, considerar a Lei como *lei do outro* no sentido de que a epifania de outrem, o rosto do "homem que vejo diante de mim" é aquilo que, para mim, faz lei? Nada é menos certo: que a Lei me atinja a partir *do* outro, a partir dele, não basta para disso fazer a lei "do" outro, erigindo outrem em sujeito ou em sítio da Lei. Porque a Lei *apresenta-se* em meu respeito por outrem não significa forçosamente que outrem me *dê* a Lei como se ele fosse o seu autor. A *Analítica do sublime* designará como uma ilusão – uma "subrepção, uma vez mais – esse gesto que consiste em substituir ao "respeito por nossa própria destina-

25 *CRp*, 2, p. 702 (Vrin, p. 90). Encontra-se expressão análoga na *Analítica do sublime.*

ção" o "respeito pelo" exterior que nos devolve tal destinação[26] como "por assim dizer intuicionável [*anschaulich*]". Talvez se esteja cedendo a uma subrepção análoga quando se confunde o puro respeito pela Lei com o reseito pelo outro que nunca será mais do que sua ocasião ou seu exemplo: confusão perigosa na qual o respeito (*Achtung*), que é somente um "dever negativo", uma limitação de meu querer, corre o risco de mudar para uma "reverência" (*Hochachtung*) para com outrem,[27] uma submissão servil em que eu me sujeito à "lei" do outro *como se* isso fosse a Lei. Ao paso que a autêntica sujeição à Lei exclui todo sujeitamento a outro sujeito, proíbe "como indigno de um homem humilhar-se e curvar-se diante de outro".[28]

Nesse sentido, a filosofia prática kantiana para quem "unicamente o respeito a que me acho naturalmente obrigado é o respeito para com a Lei"[29] difere profundamente de um pensamento como o de Lévinas em que a obrigação ética procede direta e unicamente da revelação de outrem, em que o respeito seria "respeito imediato do próprio outro", sem nunca ter de passar "pelo elemento neutro do universal e pelo respeito – no sentido kantiano – da Lei".[30] Ela se funda, com

---

26 *CJ* § 27, 3, p. 1026 (Vrin, p. 96).

27 Cf. a *Doutrina da virtude*, § 44, nota, 3, p. 765 (Vrin, p. 145).

28 "Quem se faz verme da terra não deve se lamentar em seguida quando lhe pisam nos pés" (*Doutrina da virtude*, § 12, p. 726 (Vrin, p. 111)).

29 *Op. cit.*, § 44, p. 765 (Vrin, p. 145).

30 Derrida, "Violence métaphysique", in *L'écriture et la différence*, Seuil, 1967, p. 142. Perspectiva "profundamente antikantiana", observa Derrida, visto que, para Kant, "sem o elemento formal da universalidade, sem a pura ordem da lei, o respeito do outro, o respeito e o outro não escapam à imediatez empírica e patológica. Como é que no entanto eles escapam em Lévinas?" (Cf. também p. 164, sobre a visada levinasiana, sem dúvida insustentável, de uma "ética sem lei").

efeito, num "misticismo da razão prática",[31] na visada de uma captação imediata do Bem que instalaria outrem no lugar do Bem e/ou da Lei. Isso equivale, de fato, a suspender a Lei, revogá-la em nome do Outro: a única "lei" que tal ética ainda poderia reconhecer seria a epifania do Outro, cujo rosto me julga e me considera errado. Mas tal rebatimento da Lei no Outro corre o risco de encerrar a ética num impasse. A partir do momento em que o conceito de "outro" qualifica simultaneamente (e equivocadamente) o inteiramente-Outro infinito da obrigação ética – o Outro *como Lei* – e este-outro-aqui em sua singularidade encarnada e finita, torna-se impossível, com efeito, estabelecer a diferença entre *Achtung* e *Hochachtung*, distinguir um autêntico respeito ético e a servidão patológica ao domínio do Outro. Notar-se-á, aliás, que Lévinas não fala do "respeito" para designar a relação ética originária, mas uma "exposição total" e "traumática" ao Outro, uma "obsessão" sem distância, uma "responsabilidade absoluta" que "me acusa" sem repouso nem recurso. O que aniquila a própria possibilidade de um *juízo* ético sobre outrem: a dissimetria originária entre outrem e mim significa que, perante outrem, sempre sou culpado, que o "narcisismo ontológico" do Eu é o princípio mesmo do mal, da violência, da injustiça. Pois Lévinas não hesita em assimilar o Outro ao Bem e à verdade, afirmando a "franqueza originária" do rosto de outrem, fundada na "autenticade absoluta" de sua expressão.[32] Assim, está proibido de encarar o caso no qual mentira

---

31 No sentido kantiano do termo: "enquanto pretende uma revelação direta do Bem, o 'misticismo' prático faz um *esquema* daquilo que só pode servir de *símbolo*, isto é, faz a aplicação dos conceitos morais repousar em intuições reais e, no entanto, não sensíveis [...], e se desgarra no transcendente" (*CRp*, p. 694 (Vrin, p. 84)).

32 Tese constantemente reafirmada por Lévinas, cf., por ex., *Totalité et infini*, M. Nijhoff, 1961, reed. 1984, p. 37-8, 70-1, 157-8 etc. Para

e violência seriam o fato do Outro – diferentemente da ética kantiana na qual a tese de um mal radical enraizado em todo homem respeita a ambigüidade fundamental de outrem ao considerá-lo simultaneamente "exemplo" da Lei e *mau* exemplo, fonte ou sítio possível do mal radical.[33] Ao recusar a *partilha do erro*, ao lançá-lo totalmente no Eu, a ética de Lévinas permite que nos orientemos concretamente em nossas relações com outrem? Ao nos impedir de revelar o mal no Outro, de nos liberarmos de seu mau domínio, ela não nos proíbe de operar com os outros com vistas a uma verdadeira comunidade ética?

Isso posto, não é certo que a concepção kantiana do respeito permita pensar melhor tal ambivalência ou operar uma demarcação mais rigorosa entre o puro respeito e a reverência patológica. Visto que o respeito pela Lei só se apresenta por meio do respeito por outrem, já não se trata simplesemente de opor sujeição ética à Lei e sujeitamento ao outro. A linha de partilha passaria antes entre dois modos opostos de relação com outrem e é *em* meu respeito pelo outro que seria preciso balizar o traço e analisar a gênese dessa *Hochachtung* que nunca é mais que um certo modo do *Achtung*, sua doação patológica, sua desfiguração. É essa análise que faz falta em Kant. Ele tem razão em rejeitar a concepção "comparativa" do respeito fundada na estima empírica do "valor" de outrem, afirmar que é ao outro *enquanto outro* que se endereça o respeito.[34]

---

ele, "o rosto é a evidência que torna possível a evidência, como a veracidade divina que sustenta o racionalismo cartesiano" (*op. cit.*, p. 179).

33 "Basta que [os outros] estejam aí, que o circundem, que sejam homens para que se corrompam [...] e se tornem maus uns para os outros" (*Religião*, 3, p. 113, (Vrin, p. 126)).

34 Cf. *Doutrina da virtude*, § 25 e §§ 38-39, p. 742 e 758-60 (Vrin, p. 126-7 e 140-1).

Mas é também isso que o impede de conceber a relação com outrem como uma apresentação *singular* da Lei, em que o respeito que devo ao outro se oferece, a cada vez, de maneira diferente. Se Kant tivesse respeitado suficientemente o respeito, se tivesse ousado tirar todas as conseqüências de sua determinação "sentimental" da Lei como respeito, sem dúvida teria sido conduzido a redefinir sua filosofia prática como uma *patética* fundamentada em "juízos por sentimento",[35] e como uma *ética reflexionante*, na qual o juízo prático nunca seria determinante (simples aplicação de regras universais já dadas), mas reflexionante, partindo a cada vez de um dado singular, do acontencimento de um encontro, para ali desvelar o dom da Lei.[36] De uma Lei que se dá, ela própria e a cada vez, de maneira diferente no campo do respeito, segundo modalidades singulares, algumas das quais me apresentam essa Lei em verdade, ao passo que algumas a desfiguram, me alienam a um outro que me impõe a sua "lei" no lugar da Lei. Assim, o que leva Eichmann a submeter-se sem reservas a uma lei criminosa seria, paradoxalmente, seu respeito, ou antes, seu *Hochachtung*, sua reverência servil à pessoa de Hitler (seria preciso dizer: ao rosto de Hitler? de onde vem essa certeza ingênua de que o mal sempre está desprovido de rosto?).

Mas é só o respeito – ou suas perversões patológicas – que está em causa, quando se trata do domínio do Outro?

---

35 Sobre o "juízo por sentimento" e suas pretensões – legítimas – a uma validade universal (embora "simplesmente subjetiva"), cf. a *Primeira introdução à Crítica da falculdade de julgar*, VIII, 2, p. 880 (Vrin, p. 50).

36 Sobre a distinção entre juízos "determinantes" (pela aplicação de uma regra ou de um conceito *já dados* a um caso particular) e juízos "reflexionantes" onde "somente o particular é dado" e em que "a faculdade de julgar deve encontrar o universal" que lhe corresponde, cf. *CJ*, Introdução, IV, 2, p. 933 (Vrin, p. 27-8).

Quando Kant tentava dar conta dessa alienação, dessa atração fascinada que me leva ao "abandono livre e total de todos os meus fins pelos fins de um outro ser",[37] ele apelava para um outro princípio que não o respeito. Pois tal "abandono" é obra do oponente do respeito, a magia do amor. Com efeito, a *Doutrina da virtude* define o respeito, segundo uma analogia newtoniana, como um "princípio de repulsão", oposto à força de atração do amor e que obriga os homens a *"manter a distância uns dos outros"*.[38] Diferentemente das morais da simpatia ou da piedade, ou da ética levinasiana, assombrada pela "proximidade obsedante" do próximo, a ética kantiana da Lei exige a distância do respeito, o traçamento de um limite, um ponto de parada = X que nos liberata de nosso cativeiro, de nossa alienação ao Outro. Longe de atestar uma aversão pelo Outro ou sua subordinação a um Neutro sem rosto, a distância do respeito abre, ao contrário, para o horizonte de um encontro possível com outrem, o espaço de liberdade em que eu posso acolhê-lo em sua dignidade de outro, sem ceder à dialética alienante do sacrifício ou à miragem de uma proximidade fusional em que sua alteridade estaria abolida. Para Kant, não se trata de revogar o amor, mas de fazê-lo concordar com o respeito numa síntese transcendental, na busca de uma boa distância, de um equilíbrio possível entre uma atração excessiva e uma repulsão sem limites: pois "se uma dessas duas grandes forças morais viesse a declinar, o nada [da imoralidade] engoliria em seu abismo todo o reino dos seres [morais] como uma gota d'água".[39] Assim, a essência do respeito consiste em manter a distância: *manter o respeito*. A *Analítica*

---

37 *Doutrina da virtude*, XII *(c)*, p. 684 (Vrin, p. 73).

38 *Op. cit.*, § 24, p. 741 (Vrin, p. 126).

39 *Ibid.* Notar-se-á que o § 48 da *Doutrina da virtude* define a amizade como "síntese" entre o respeito e o amor.

do sublime o definirá, precisamente, como o sentimento de nossa distância em relação à Lei, de nossa "impotência para atingi-la", em que se revela ao mesmo tempo nossa destinação, a elaboração de nossa sujeição à Lei.[40] O respeito seria o afeto do afastamento ou do excesso, o traço de uma Lei excessiva em relação a toda vontade finita.[41] Ele daria testemunho do irredutível afastamento entre a Lei e nossa vontade – e igualmente desse afastamento primordial entre os homens, necessário para que haja um mundo, para que esse mundo se desdobre como uma comunidade ética, um reino dos fins, sem desmoronar na atração fusional do amor. Visto que ele é o afeto da Lei, é portanto a própria Lei que prescreve tal afastamento, essa distância exigida para existência de um mundo: enquanto ela prescreve o respeito, a Lei ética se daria como Lei de comunidade, Lei do mundo e "Soberano Bem possível neste mundo". Eis o que será preciso interrogar a partir de agora: é à exposição da Lei que devemos dar acabamento, passando de sua determinação material subjetiva como respeito à sua determinação material objetiva, à sua materialização como Soberano Bem.

---

40 *CJ*, § 27, 2, p. 1026 (Vrin, p. 96). Examinamos a relação do sublime com a Lei em nosso estudo "Le don du monde", in *Du sublime*, Berlin, 1988, reed. em *Kanten*, Kimé, 1996.

41 Com efeito, ocorre a Kant evocar os "traços" (*Spuren*) deixados pelo respeito à Lei em nossas "ações nobres e sublimes": encarar o respeito, portanto, a partir do traço e como traço (cf. *CRp*, 2, p. 711-2 (Vrin, p. 97)). Sobre o "traço" do supra-sensível na beleza da Natureza sensível, cf. também *CJ*, § 42, 3, p. 1081 (Vrin, p. 132-3).

O equívoco do Soberano Bem
(da possibilidade do fim último)

A ética é, para Kierkegaard, uma esfera que deve ser ultrapassada: enquanto permanece uma ética da Lei escravizando o indivíduo, o Singular, à universalidade do dever e à sua "exigência negativa, infinita"; e enquanto encerrada na imanência, enquanto "socratismo" para o qual "todo homem não tem outro centro senão a si", ela traz em si sua verdade e a condição de sua liberdade.[1] A ultrapassagem da ética se consuma, como sabemos, por meio de passagem a outra esfera, salto na esfera da Fé em que a Lei universal e toda a ética se acham "suspensas", destituídas. A isso, todavia, a introdução do *Conceito de angústia* traz um corretivo: não se trataria de transpor completamente essa esfera, mas de passar de uma primeira para uma segunda ética. Entre ambas, é o conceito de mal, ou melhor, de pecado, que traça a linha de partilha: se "a primeira ética fracassava na pecabilidade do indivíduo", em compensação a "nova ética" se funda na Revelação "e, com ela, no pecado original, do qual em seguida ela se serve para explicar o pecado do indivíduo".[2] Com a hipótese do pecado,

---

1 Kirkegaard, *Riens philosophiques*, Gallimard, p. 52-4.

2 *Le concept d'angoisse*, Gallimard, p. 24-7. Esse texto sibilino se esclarece, em parte, se nos remetermos à oposição entre pensamento "socrático" e hipótese do pecado, exposta nos *Riens philosophiques*.

todos os pressupostos do "socratismo" se vêem revogados: não é mais com a liberdade do Sujeito autônomo que temos de nos haver, mas com uma liberdade prisioneira de si mesma, "escrava de seu pecado" e impotente para disso se libertar por si mesma, evocando um Redentor. Assim, a "segunda ética" conduz diretamente à Fé. Estamos diante de uma *superação* da ética que se consuma como um *deslocamento*, uma partilha interna entre duas vertentes da ética, autorizando uma extensão de seu campo rumo aos limites da outra esfera. Sob o termo "ética", Kierkegaard visa à orientação dominante da filosofia ocidental – da maiêutica socrática à *Sittlichkeit* hegeliana – da qual a ética kantiana representa, para ele, uma figura eminente. Em Kant, entretanto, ele reconhece o mérito de haver introduzido, ao encontro da *doxa* filosófica e de seu próprio sistema, o conceito de *mal radical*, porém, sem ter medido o seu alcance paradoxal.[3] É possível perguntar-se, portanto, se somente a aparecimento desse conceito já não seria o índicio de uma crise maior da filosofia prática, da passagem da ética da autonomia a uma "segunda ética".

Se seguirmos as interpretações tradicionais, a filosofia prática kantiana se expõe sob sua forma completa e definitiva na *Fundamentação* e na segunda *Crítica*, os escritos ulteriores trazendo apenas complementos de pouca importância. No entanto, é uma viragem decisivia a que se lança em 1792-1793 com o aparecimento de conceitos inéditos – o de mal radical, mas também os de conversão ou de comunidade ética –, acarretando que se reponha em causa a autonomia e que se leve em conta a dimensão temporal da Lei. Viragem tão radical, modificando a tal ponto as relações entre ética e religião e o

---

3 "A tese kantiana do mal radical tem um único defeito, o de não estabelecer firmemente que o inexplicável é uma categoria, que o paradoxo é uma categoria" (*Journal*, Gallimard, 1954, t. II, p. 92).

pensamento mesmo da Lei, que parece anunciar efetivamente a passagem para uma "segunda ética" kantiana, ou melhor, para uma segunda fase de sua ética. Aliás, revelou-se ilusório o caráter acabado e sistemático que ordinariamente se empresta à "primeira" filosofia prática: a problemática da *Fundamentação* e da *Crítica* nos apareceu como impotente para operar a dedução da síntese prática, agravada por uma série de equívocos que afetam todos os seus conceitos fundamentais, e legitimamente é possível esperar que uma nova fase da ética traga uma solução a tantas questões deixadas sem resposta. Na verdade, essa viragem já se esboçava antes do *Ensaio sobre o mal radical*, desde a segunda parte da *Crítica da razão prática* na qual conceitos e problemas novos apareciam em uma temática profundamente transformada. Com demasiada freqüência se subestima a imporância desses deslocamentos que se operam com a passagem da *Analítica* à *Dialética da razão prática*.[4] Com a *Dialética*, já não se trata de analisar o conceito de uma vontade *boa* para determinar sua Lei, mas o conceito de uma vontade *total* para determinar o seu objeto. "A razão pura sempre tem a sua dialética [...], pois ela exige a totalidade absoluta das condições para um condicionado dado". O único objeto da faculdade de desejar sendo o *bem*, a "totalidade incondicionada de[sse] objeto" será a Idéia de um máximo de bem possível, de um *Soberano Bem*. Aparece então um novo imperativo – "Faz do Soberano Bem possível neste mundo o teu fim último"[5] – e um novo problema –

---

4 Tal emergência de um "novo objeto em relação ao *faktum* da Lei" na *Dialética da razão prática* foi fortemente assinalado por Ricoeur (cf. *Le conflit des facultés*, 1969, p. 338-40 e 406-7).

5 Imperativo que só aparecerá sob tal forma na *Religião*, p. 20, nota (Vrin, p. 26). Mas a *Dialética da razão prática* já assinalava que "é um dever realizar o Soberano Bem enquanto estiver em nosso poder" (*CRp*, 2, p. 783, nota (Vrin, p. 157)).

como operar a síntese *a priori* da felicidade e da virtude, que são as condições do Soberano Bem? – apelando para uma solução inédita, a postulação de um "autor moral do mundo", capaz de assegurar idealmente tal síntese. Desse imperativo do Soberano Bem, Kant precisa que ele "ultrapassa" (*hinausgeht*) o imperativo do dever acresentando-lhe uma "conseqüência (um efeito) que não está incluso nas leis morais e que, portanto, não pode ser derivado analiticamente". Logo, trata-se de uma "proposição sintética *a priori*, introduzida pela própria Lei moral e pela qual, por assim dizer, a razão prática ultrapassa a esta última".[6] Ultrapassagem do formalismo (da determinação puramente formal da vontade pela Lei) por meio da introdução de uma matéria, de uma conseqüência da ação ética: diferentemente da primeira ultrapassagem do formalismo esboçado na *Fundamentação* com o conceito de fim em si, este último não se limita a uma re-formulação mais completa do imperativo categórico. Ele parece exceder o imperativo *e a própria Lei*, doravante inclusa no Soberano Bem, transbordada por ele.

Mede-se a importância do que está em jogo. Trata-se simplesmente de saber se a transição da *Analítica* à *Dialética* implica, sim ou não, uma ultrapassagem da Lei, se a ética kantiana, em seu estado mais acabado ainda permanece como uma ética da Lei. E de que natureza é esse *hinausgehen*: se aí a Lei está efetivamente ultrapassada, transposta em proveito de um outro princípio ou se, como em Kierkegaard, temos de nos haver com um deslocamento, uma transformação e uma extensão do primeiro conceito da ética, passagem de uma compreensão ainda restritiva (formalista) da Lei a uma compreen-

---

6 *Religião*, p. 18-9 (nota). Notar-se-á que tal noção de uma "ultrapassagem" (*hinausgehen*) do dever e da Lei reaparece por três vezes na nota citada.

são mais integral e autêntica. À primeira vista, bem se trata de uma deficiência da Lei atestada pela *Dialética*, uma limitação da primeira ética. Ao mandar que se conforme a máxima da ação à única forma da Lei, esta excluía toda consideração das conseqüências da ação (sucesso ou fracasso, recompensa das boas ações ou punição das más) e toda relação com um objeto da vontade, notadamente com aquela matéria sensível do querer que é o desejo de felicidade. Ora, tal determinação puramente formal de maneira alguma leva em conta a *finalidade* do homem, desejoso de atingir os fins que ele se propõe e dos quais a felicidade é "um inevitável princípio determinante de sua faculdade de desejar".[7] Paradoxalmente, a exclusão de toda matéria e de todo fim, que define o caráter ético da ação, desvia o homem dessa ação: a condição do dever se opõe ao cumprimento do dever. É a isso que responde a visada do Soberano Bem, ao reintroduzir o elemento material que faltava ao princípio formal do dever. Na filosofia prática kantiana, a noção de "matéria" é entendida de duas maneiras diferentes: seja como o elemento sensível, patológico, afetando a vontade – o desejo de *felicidade*, único princípio material da faculdade de desejar –, seja como o *fim* visado pela vontade. Por isso, o conceito do Soberano Bem designará, às vezes, a síntese incondicionada da virtude e da felicidade (é a perspectiva adotada pela segunda *Crítica*) e às vezes o *Endzweck*, o fim último de nossas ações e da existência mesma do mundo. É nessa perspectiva que se engajará a terceira *Crítica*, ao tomar o exemplo do ateu virtuoso que age por puro dever, sem reivindicar nenhuma recompensa, mas se choca sem cessar com a realidade do mal, a desrazão na história, a ausência de fim e de sentido da natureza que, indiferentemente, devora

---

7 "Ser feliz é necessariamente o que deseja todo ser racional porém finito" (*CRp*, p. 635 (Vrin, p. 37-8)).

todos os homens "no abismo do caos sem fim da matéria". Ele acaba desesperando da possibilidade de atingir o fim último, arriscando-se a "enfraquecer o seu respeito" pela Lei, a retirar todo móbil, toda razão subjetiva de agir por dever; e "se quiser permanecer fiel ao chamado de sua destinação", será preciso "admitir a existência de um autor moral do mundo, isto é, Deus".[8]

Deficiência da Lei, que parece doravante incapaz de afastar a ameaça do niilismo: de uma Lei formal que não consegue garantir a possibilidade objetiva da ação que ela prescreve, de uma Lei de autonomia entregue à vontade soberana de um sujeito. Ao visar um fim último para além de si mesmo, o sujeito tenta escapar ao querer-se-a-si-mesmo de sua vontade autônoma: evoca um Outro, "busca nesse fim algo que possa *amar*".[9] O limite da primeira ética é o do respeito, de uma Lei que só inspira respeito, não amor, ao passo que, "sem o concurso do amor, não se pode contar com essa Lei para servir de móbil",[10] ao passo que o jogo dessas forças é necessário para salvar o mundo do nada.[11] Hegel não estava errado: efetivamente, a introdução do Soberano Bem recoloca em causa o princípio de autonomia,[12] consignando um fim último cuja realização ultrapassa as forças do indivíduo isola-

---

8 *CJ*, § 87, p. 1258-9 (Vrin, p. 258-9).

9 *Religião*, p. 20 (nota).

10 *O fim de todas as coisas* (1794), 3, p. 322-3. Nesse texto tardio, já não é o respeito, mas o amor que está apresentado como o *único* "fundamento subjetivo das ações".

11 Sobre o jogo necessário entre a atração do amor e a repulsão do respeito, cf. a passagem já citada da *Doutrina da virtude*, § 24, 3, p. 741 (Vrin, p. 126).

12 É precisamente no "postulado" do Soberano Bem que se centra sua crítica dos *Verstellungen* da visão moral do mundo.

do e submetendo a vontade a um objeto exterior, um princípio heterônomo – seja o desejo de felicidade, a vida do *Endzweck*, seja aquele "abandono livre e total" ao Outro que é a lei do amor.[13] Em todo caso, seja concebido como ideal da felicidade, busca de um fim ou objeto de amor, a visada do Soberano Bem sempre reconduz a um "Soberano Bem originário", isto é, a Deus. A afirmação de sua existência se torna absolutamente necessária "para dar ao conceito de Soberano Bem uma realidade objetiva, isto é, para impedir que, *com toda a moralidade*, ele não seja tido como um ideal puro e simples".[14] Já não é, como na *Analítica*, o *factum* da Lei que dá consistência e realidade objetiva à Idéia de Deus, é a existência de Deus que confere sua realidade objetiva à Lei. A ruptura está consumada, não somente com a *Analítica da razão prática*, mas também com a destruição da Aparência teológica levada a cabo pela *Dialética transcendental*, que consiste precisamente em reduzir "Deus" a um ideal da razão pura, desprovido de realidade objetiva. Kant bem seria aquele Robespierre do pensamento, aquele assassino de Deus ironicamente descrito por Heine que, para não desesperar seu valete Lampe, se apressa em ressuscitar o Deus que ele havia matado, restaurá-lo sob o modo de um postulado. É claro, com efeito, que a teoria dos "postulados da razão prática" tem como função operar um compromisso entre as exigências contraditórias das duas *Dialéticas*, entre a crítica da Idéia teológica e sua reabilitação prática em nome do Soberano Bem. Frágil compromisso, onde é a realidade objetiva de toda a moralidade

---

13 Vimos que Kant, esse filósofo que disseram incapaz de amar, define magnificamente o amor como "o abandono livre e total de todos os seus fins pelos fins de um outro ser (mesmo de um ser sobre-humano)" (*Introdução* à *doutrina da virtude*, XII (*c*), p. 684 (Vrin, p. 73)).

14 *Que é orientar-se no pensamento?* (1786), 2, p. 537.

que doravante repousa numa asserção hipotética, um simples postulado; compromisso instável e insatisfatório, ao qual, rapidamente, Kant renunciará.[15]

Resta que, sob a cobertura do Soberano Bem, a *Dialética* reintroduz motivos – o ideal da felicidade como componente da moralidade e a existência de Deus como condição de seu cumprimento – que haviam sido expressamente rejeitados pela *Fundamentação* e pela *Analítica*. Tudo se passa como se a pretensa "ultrapassagem" da Lei, do princípio formal da autonomia, nos levasse para trás, até o princípio material, heteronomia (simultaneamente teológico e eudemonista) do *Cânon da razão pura*. São, pois, os princípios da filosofia prática e a coesão da obra que se acham ameaçados. Ao erigir o Soberano Bem à condição da Lei, renuncia-se à tese fundadora da ética, à reviravolta da relação entre o Bem e a Lei: é a exposição da Lei que se denega ao lhe impor um novo ponto de ancoramento no Céu. Por isso, a maior parte dos comentadores afasta essa hipótese extrema, reduzindo o Soberano Bem a um simples complemento, um "aditivo" exterior à moralidade, cuja introdução quase não modificaria a problemática de conjunto da filosofia prática. Interpretação tranqüilizadora, mas que infelizmente a letra dos textos contradiz. Talvez se consiga escapar dessa alternativa com o auxílio de uma terceira e arriscada hipótese, em que o Soberano Bem não seria nem uma condição nem um complemento da Lei, mas a própria Lei em seu desdobramento, sua extensão última.

O que aumenta a dificuldade e autoriza interpretações divergentes é o caráter indeterminado e flutuante desse

---

15 Na *Religião*, a afirmação da existência de Deus já não será apresentada como um postulado ligado ao desejo de felicidade, mas como a *condição* da conversão e da comunidade ética, e o *Opus Postumum* irá ainda mais adiante nessa direção ao colocar a realidade prática de "Deus", na afirmação mesma do imperativo categórico.

conceito, que se apresenta primeiramente sob o signo da ambigüidade: "O conceito de *soberano* já encerra um equívoco [*Zweideutigkeit*]", visto que ora significa a condição "suprema" (*oberste*), ora o acabamento "total" (*ganze*) ou "perfeito" (*vollendete*).[16] A esse *equívoco da soberania*, captado e delimitado por Kant, acrescenta-se o *equívoco do Bem*, ou, mais exatamente, uma série de equívocos, deslizamentos conceituais implícitos concernindo ao estatuto desse "Bem" supremo e/ou total. Uma vez mais, a sorte da ética se joga com uma noção que nunca será determinada de maneira fixa e definitiva.[17] A única coisa que quase não chega a mudar é a afirmação do caráter *sintético* do Soberano Bem, síntese *a priori* de elementos heterogêneos, exigindo, por conseguinte, uma "dedução transcendental" para fundamentar sua possibilidade objetiva.[18] Em contrapartida, os elementos engajados nessa síntese variam segundo os textos: inicialmente definido na segunda *Crítica* como união da virtude e da felicidade, o Soberano Bem aparecerá cada vez mais como o princípio de ligação sintética de um mundo, a "concordância perfeita do reino da natureza e do reino ético",[19] isto é, a criação de uma "segunda natureza" que daria ao mundo sensível a forma de um mundo inteligível. À medida que a referência à felicidade se esfuma, sem jamais desaparecer inteiramente, o conceito perde progressivamente sua significação inicial, a de um ideal de perfeição individual,[20] para designar uma comunidade universal, "a existência de seres raci-

---

16 *CRp*, p. 742 (Vrin, p. 125). Cf. já *FM*, p. 254 (D, p. 93).

17 A mais completa análise das flutuações e variações desse conceito se encontra em Y. Yovel, *Kant et la philosophie de l'histoire*, Méridien-Klincksieck, 1989, p. 33-67.

18 *CRp*, p. 746 (Vrin, p. 128). Cf. também *Religião*, p. 18-20 (nota) (Vrin, p. 24-7).

19 *CRp*, p. 785 (Vrin, p. 158). Definições análogas na terceira *Crítica*, a *Religião* etc.

onais sob leis morais",[21] ou ainda "a humanidade [...] em sua perfeição moral total".[22] A partir de então, já se tratará de um ideal transcendente a ser perseguido após a morte graças ao postulado da imortalidade, mas do "Soberano Bem possível neste mundo", de um fim imanente a realizar na história humana sob a forma de uma "comunidade ética". Esta, segundo a *Religião*, está antecipada, pré-esboçada por meio de uma instituição histórica, pela "Igreja invisível" que é o seu esquema. Com a demarcação cada vez mais acentuada que Kant opera entre o plano ético e o plano jurídico-político, o Soberano Bem universal se divide por sua vez e os últimos escritos (notadamente a *Antropologia* e o *Conflito das faculdades*) distinguirão desse Soberano Bem ético um "Soberano Bem político" ou *Respublica noumenon*, também ele pré-esboçado na história por repúblicas-fenômenos, afetivamente antecipado nesses "signos de história" que são as revoluções.

Nesse ponto, todavia, as variações significativas do conceito de Soberano Bem importam menos que o seu estatuto, sua relação igualmente equívoca e instável com a Lei. Estatuto que, aliás, depende em parte do equívoco do conceito, do duplo sentido da "soberania". Em sua significação restrita, "soberano" designa a condição incondicionada que se basta a si mesma. O Soberano Bem seria então a virtude suprema, a unidade incondicionada do querer e da Lei e, nesse sentido, a própria Lei é o fim último, o Soberano Bem: tal era a concepção da *Fundamentação*[23] e tal será, uma vez

---

20 "Juntas, numa pessoa, a virtude e a felicidade constituem a possessão do Soberano Bem" (*CRp*, p. 743 (Vrin, p. 125)).

21 *CJ*, § 56. p. 1249 (Vrin, p. 252).

22 *Religião*, 3, p. 75 (Vrin, p. 85).

23 "É somente nessa vontade [de um ser racional] que o Soberano Bem, o Bem incondicionado, pode se encontrar. É por isso que *repre-*

mais, a interpretação "rigorista" de Cohen. Mas o que é primeiro na ordem das condições pode ser parcial do ponto de vista do todo. A suprema virtude já não basta para o total acabamento do Soberano Bem, que ainda reclama um objeto, uma matéria, exige a felicidade suprema, a *beatitude*. Mais compreensiva, essa segunda definição não anula a primeira: do ponto de vista da condição, somente a virtude permanece soberana, "porque não há outra condição acima dela e porque a felicidade [...] não é absolutamente boa". Assim, o ponto de vista da condição e o da totalidade se justapõem sem que sua relação seja esclarecida e é possível afirmar simultaneamente a identidade *e* a não-identidade da Lei e do Soberano Bem. De fato, a *Crítica* defende simultaneamente duas concepções opostas e incompatíveis, uma que rejeita o Soberano Bem fora da Lei como uma *Ergänzung*, um complemento inessencial, e outra que nele vê, ao contrário, uma determinação indissociável da Lei. Inicialmente, ele é definido como o objeto da razão prática, subordinado à Lei como a seu princípio formal e a ela exterior como a matéria impura de que sua forma se abstraiu: visto que "essa Lei é simplesmente formal [...], ela faz abstração, enquanto princípio determinante, de toda matéria, e, por conseguinte, de todo objeto do querer. Segue-se que por mais que o Soberano Bem seja todo o *objeto* de uma razão pura prática, isto é, de uma vontade pura, nem por isso ele deve ser tido como o *princípio determinante*, e a Lei moral deve ser considerada princípio que a determina".[24] Concepção perfeitamente conforme às teses

---

sentar-se a Lei [...] e fazer dessa representação, e não do efeito esperado, o princípio determinante da vontade, somente isso pode constituir esse Bem [...], já presente na própria pessoa que age segundo esta idéia" (*FM*, p. 260 (D, p. 101)).

24 *CRp*, p. 741-2 (Vrin, p. 123).

da *Analítica*, mas que vai ser abandonada a partir do parágrafo seguinte: "Mas é óbvio", prossegue Kant, "que se o conceito do Soberano Bem já inclui a Lei moral como condição suprema, o Soberano Bem não é então unicamente o *objeto*, mas seu conceito e a representação de sua existência possível por nossa razão prática são também o *princípio determinante* da vontade: pois nesse caso, de fato, a Lei moral já está contida nesse conceito e pensada ao mesmo tempo que ele [co-pensada: *mitgedachte*]". Em algumas linhas, a perspectiva se inverteu inteiramente: o Soberano Bem já não é apresentado como objeto mas como princípio determinante, sob mesmo título que a Lei. No lugar de se deixar determinar por ela como um fim exterior que ela prescreve, a partir de agora é ele que a engloba, a inclui em seu conceito.

Essa brusca mudança de perspectiva, favorecida pela definição equívoca da soberania, nos obriga a reconsiderar o estatuto e o sentido da Lei, que agora aparece implicada *no* Soberano Bem, em uma visada que inclui também o ideal da felicidade ou de uma comunidade universal e que se realiza historicamente no mundo dos fenômenos: tantos e estranhos motivos perante uma Lei formal da razão pura, mas que devem ser "pensados ao mesmo tempo" que ela, como se pertencessem à sua doação. Claro, as interpretações correntes ignoram ou excluem essa hipótese, atêm-se à primeira perspectiva, mais estritamente "kantiana", a que faz do Soberano Bem um complemento exterior à Lei. Nessa ótica, a impossibilidade de realizar o Soberano Bem "não deve afetar a Lei",[25] mas no máximo o sujeito da ação, votado ao desespero e à imoralidade pela vaidade de seus esforços. Ora, não é nada disso: já não se trata desse mundo menor do niilismo ético que denega todo sentido e todo valor a nossas ações, mas de

---

25 Yovel, *op. cit.*, p. 37.

um niilismo mais radical. Negar a possibilidade objetiva do Soberano Bem não equivale somente a enfraquecer o respeito pela Lei (como no exemplo do ateu virtuoso): aniquila a própria Lei. Nesse ponto, os textos não permitem apelo: se se negam os postulados práticos, se o projeto de atingir o fim último se reduz a uma "esperança infundada e vã", então será preciso "considerar a própria Lei moral uma simples ilusão de nossa razão".[26] A possibilidade do Soberano Bem diz respeito à verdade da Lei e de sua não-verdade sempre possível, ameaçadora eventualidade de uma ilusão da Lei. O que revela, dramaticamente, a antinomia da razão prática: visto que uma síntese *a priori* da virtude e da felicidade parece impossível neste mundo, "como o advento do Soberano Bem [...] está indissociavelmente ligado à Lei moral, sua impossibilidade deve demonstrar igualmente a falsidade da Lei. Se, portanto, o Soberano Bem é impossível [...], a Lei moral que manda cumpri-lo deve ser também fantasmática [*phantastische*], tendendo para fins vazios e imaginários, por conseguinte, falsa em si".[27] A Lei não seria *nada* por si mesma, nada mais que um fantasma, se não estivesse sustentada pela possibilidade do Soberano Bem.[28] É para salvar a Lei, para afirmá-la *em verdade*, que é

---

26 *CJ*, § 91 (nota), p. 1282 (Vrin, p. 274).

27 *CRp*, p. 746-7 (Vrin, p. 128-9).

28 É o que nega, por exemplo, M. Guéroult: para o eminente historiador – preocupado em refutar a crítica hegeliana das "antinomias" da moral de Kant –, recusar os postulados e a possibilidade do Soberano Bem "não é ir contra o dever, é somente torná-lo incompreensível; não é cair na imoralidade, é cair no absurdo" (Cf. "Les 'déplacements' de la conscience morale selon Hegel", in *Hommage à Jean Hyppolite*, PUF, 1971, p. 74). Análise sem dúvida conforme à coerência abstrata de um kantismo ideal, mas desmentida pelos próprios textos de Kant. Aliás, um dever "incompreensível" e "absurdo" ainda permaneceria como um dever?

preciso postular a existência de um Deus moral, capaz de efetuar a síntese, recompensar a virtude, concedendo-lhe a felicidade que ela merece. A afirmação da existência de Deus seria requerida para depurar a Lei de sua deficiência, para lhe dar realidade objetiva e verdade. A *Dialética da razão prática* regressaria efetivamente aquém da *Analítica* e da *Fundamentação*, rumo à moral teológica e à heteronomia.

Quer o Soberano Bem se reduza a uma conseqüência extrínseca da Lei (hipótese desmentida pelos textos), quer ele se ponha como condição da Lei (hipótese regressiva que rompe com a coerência da segunda *Crítica*), a escolha se daria entre duas perspectivas igualmente insatisfatórias. Em ambos os casos, entretanto, pressupõe-se que o Soberano Bem ultrapassa verdadeiramente a Lei formal, comprometendo um *outro* princípio, material, seja como conseqüência, seja como condição. Talvez isso seja apenas uma aparência, proveniente de uma concepção restritiva (formalista) da Lei que opõe forma e matéria, exclui toda matéria da forma-de-Lei – concepção afastada pela própria *Crítica* que, como se viu, designa a Lei não somente como "princípio formal da determinação da ação", mas também como *princípio material objetivo* "de determinação dos objetos da ação sob o nome de bem e de mal".[29] Esses não são "objetos" empíricos exteriores à Lei, mas a matéria pura *da* Lei, o vir-a-ser-matéria de sua forma – *forma dat esse rei* – que "produz espontaneamente a realidade" de seus conceitos práticos.[30] E o que vale para o objeto da vontade boa, o conceito de Bem, vale igualmente para o objeto total da vontade, o Soberano Bem, cuja matéria pertence, assim, à própria forma da Lei. Não se dirá mais, portanto, que a visada do Soberano Bem ultrapassa a Lei, se por isso se entender

[29] Cf. *CRp*, p. 699-700 (Vrin, p. 88).

[30] *CRp*, p. 688 (Vrin, p. 79).

a passagem de uma esfera à outra, a um Princípio fora-da-Lei, mas antes, que ela desloca seus limites ao lhe dar uma matéria, oferecendo-lhe um desdobramento (uma extensão: *Erweiterung*), um acesso ao mundo dos fenômenos. A Lei não é verdadeiramente "ultrapassada": ao passar para além de si mesma, ela "se desdobra [se alarga: *erweitert sich*] [...] admitindo, entre os seus princípios de determinação, o fim último".[31] Nesse sentido, o Soberano Bem que inclui a Lei é também incluso na Lei: nem conseqüência, nem condição, o Soberano Bem é a própria Lei, desdobrando-se no mundo.

Cohen compreendera isso: a Lei *como tal* é o fim último, o Soberano Bem, isto é, a "comunidade absoluta dos fins" que "dá o seu conteúdo" à forma da Lei. Ele só estava errado ao excluir desse fim os elementos aparentemente heterônomos ou patológicos (o desejo de felicidade, comandando os postulados práticos) para não conservar senão a forma da comunidade universal, reduzindo-a, aliás, a um ideal regulador. Em verdade, também esse caráter "heterônomo" atribuído ao Soberano Bem é apenas uma aparência, provém de uma concepção metafísica da autonomia, determinada como autoposição imanente do Sujeito em que toda alteridade, todo horizonte transcendental, aparecem como "heterônomos". A partir do momento em que se compreende a autonomia como auto-hetero-nomia, torna-se possível reintegrar *todos* os elementos pretensamente heterônomos do Soberano Bem na autonomia originária da Lei. A afirmação da existência de "Deus", exigida pela síntese do Soberano Bem, reencontra então a sua significação autêntica. Ele já não é aquela garantia exterior da síntese, Senhor transcendente que recompensa e que pune: "Deus é a própria Lei personificada", uma figuração simbólica de sua alteridade, inerente à forma da Lei, a seu modo de

---

31 *Religião*, p. 20 (nota).

doação, que lhe permite apresentar-se a um entendimento finito. E isso valeria para os outros elementos e para as diferentes versões do Soberano Bem: a *Erweiterung* da Lei implicada pela segunda ética significa que ela "produz espontaneamente a realidade" do Soberano Bem, em todas as suas dimensões e todos os seus aspectos, como símbolo divino, forma da comunidade, visada de um mundo melhor, e mesmo como ideal da beatitude.

Será preciso perguntar-se como a forma da Lei pode assim se fazer matéria, se "materializar" permanecendo Lei da razão pura; qual pode ser sua relação com o desejo de felicidade que ela deveria excluir e que no entanto reaparece em sua visada; e como ela se investe em comunidades históricas determinadas ("repúblicas" ou "igrejas") que a esquematizam. Que deve ser essa Lei "supra-sensível" para se desdobrar assim na natureza sensível? E que deve ser essa própria natureza para acolher a Lei, para concordar com a possibilidade do fim último? Questões onde se decidem a possibilidade da passagem à segunda ética, a de uma ultrapassagem do niilismo. Mais do que nunca, será preciso pensar com Kant para além de Kant, procurando as pistas dessa outra ética em textos aparentemente marginais ou estranhos à filosofia prática. O equívoco da soberania e o peso do formalismo o impedem, com efeito, de reconhecer abertamente a identidade da Lei e do Soberano Bem em todas as suas implicações. Assim como a matéria do Soberano Bem é rejeitada fora da forma da Lei, a análise de seus diferentes modos de desdobramento será rejeitada fora da filosofia prática, por exemplo, em uma *Crítica do juízo* ou em escritos sobre a filosofia da história e a religião, que não pertencem mais ao "sistema da Crítica" mas ao que Kant chama a "Doutrina", aplicação dos princípios puros da Crítica ao dado empírico da natureza humana. Esses textos não deixam de concernir à questão da Lei da qual eles descrevem o modo de doação em suas formas mais "alargadas", mais radicalmente que os desenvolvimentos bem conhecidos da primeira ética. Para a maior parte dos comentadores, tais escritos ulteriores só trazem à filosofia prática complementos secundários, bastante semelhantes àqueles ornamentos decorativos que Kant denomina *parerga*.[32] Um "*parergon* da moral": é assim que um fragmento inédito qualifica a questão da felicidade,[33] e a Religião, ao evocar tais questões estranhas ao domínio da razão prática que ela reencontra em seus confins, na fronteira da "esfera mais larga da fé", também propõe chamá-las *parerga*.[34] Segundo nossa hipótese, esses *parerga da Lei* não são "aditivos" exteriores ao *ergon*: atestam limitação, inacabamento da primeira ética e a reconduzem à sua verdade, àquele foco de enigma que Kant por vezes designa como a "Lei de todas as leis", o "núcleo de todas as leis".[35]

---

32 *CJ*, § 14, p. 986 (Vrin, p. 68). A essa altura, é preciso remeter à análise de J. Derrida que conferiu sua dignidade de conceito ao motivo kantiano do *parergon*. Cf. "Le parergon", in *La vérité en peinture*, Flammarion, 1978.

33 Cf. *Vorarbeiten*, XXIII, p. 99-101.

34 *Religião*, p. 70, nota, (Vrin, p. 76-7); sobre as "duas esferas concêntricas" da religião da razão e da fé, cf. o prefácio da segunda edição, p. 25 (Vrin, p. 31).

35 Um "núcleo de todas as Leis" (*Kern aller Gesetze*), uma "Lei de todas as leis (*Gesetz aller Gesetze*" (*CRp*, p. 709 (Vrin, p. 96)): tais expressões estranhas, jamais levantadas pelos comentadores, designam o imperativo do *amor prático*, mandamento estranho à primeira ética, em que se reconhecerá o imperativo de visar ao Soberano Bem como objeto de amor. Kant nota, com efeito, que essa "Lei das leis" apresenta o "ideal de santidade" (condição objetiva do Soberano Bem) de que devemos nos aproximar por meio de um progresso contínuo. É somente do ponto de vista da segunda ética que essa "Lei das leis" pode se identificar com a própria Lei ética em seu desdobramento integral.

A exploração dos confins e das margens nos reconduz, assim, ao centro da ética, a seu núcleo oculto: sua segunda fase relança as interrogações fundamentais que a primeira deixava sem solução e tenta lhes trazer uma resposta. Ao abordar a análise do mal radical, é sempre da Lei que se trata. São as aporias da primeira ética que se tentará remover, aquelas aporias da síntese prática e da temporalidade prática que a atravessam de um lado ao outro e a precipitam no equívoco. A possibilidade transcendental da Lei repousa na dedução da síntese prática, lançada na última seção da *Fundamentação*. Viu-se, entretanto, que ela fracassa, na falta de um terceiro termo mediador, na falta de uma temporalidade prática capaz de assegurar uma esquematização da Lei. Fracasso denegado na segunda *Crítica* graças à noção equívoca de *factum* da razão, mas que continuará a assombrar a problemática, "elaborá-la" em uma série de tentativas abortadas visando a retomar a dedução inacabada, constituir um autêntico esquematismo prático. Com a temática do respeito, esse esforço parece mais próximo do sucesso; porém, mesmo reelaborado a partir da *Anlítica do sublime*, esse motivo se mostra decididamente insuficiente, demasiado restrito para sustentar a possibilidade objetiva da síntese prática. Decerto, o respeito é a própria Lei, considerada princípio material de determinação da vontade. Entretanto, é apenas um princípio material *subjetivo*, produzindo somente, escreve Kant, um efeito prático "no sujeito". A análise da possibilidade real subjetiva da Lei no respeito não basta mais: para integrar as condições de sua possibilidade real objetiva, ela deve "alargar-se" àquele "princípio material objetivo" de determinação que é o Soberano Bem.[36] Desse conceito,

[36] Sobre essa distinção entre "possibilidade real subjetiva" e "possibilidade real objetiva" da Lei, cf. B. Rousset, *La docrtine kantienne de la subjectivité*, Vrin, 1967, p. 531-3.

sabemos que ele sempre é sintético, exige uma "dedução transcendental"[37] em que importa a possibilidade da Lei, e sobretudo que a síntese por ele assegurada não se opere somente entre a Lei e a vontade do sujeito: que ela se estende à forma de uma comunidade universal, de um reino dos fins encarado em sua concordância possível com o reino da natureza. O que está em jogo na síntese é essa ligação última do mundo que a terceira *Crítica* designará como a "unidade do substrato supra-sensível", a passagem (*Übergang*) do domínio da natureza ao da liberdade. A *Dialética da razão prática* representa assim, após a típica e a teoria do respeito, a última tentativa da *Crítica* para dar acabamento à dedução da síntese prática, sua tentativa mais ampla e mais radical, em que a Lei já não se põe somente enquanto Lei para o sujeito, em que ela se dá como Lei do mundo, Lei de comunidade.

Ora, uma vez mais, esse esforço não vai muito longe: pela falta do preconceito formalista que expulsa para fora da Lei a matéria pura da Lei, um abismo se abre entre o princípio formal e o princípio material, entre a Lei como tal e a Lei como Soberano Bem, tão profundo que somente o recurso a um *Deus ex machina* parece capaz de o preencher. Devido a essa cisão, a significação da síntese prática do Soberano Bem se acha gravemente alterada: rejeitada para além da Lei, ela aparece como um *Ergänzung*, um "complemento" que ultrapassa totalmente a esfera da ética e cuja possibilidade ou impossibilidade já não a afetaria em nada. Transferida do plano da *possibilidade* transcendental da Lei ao das *conseqüências* empíricas da ação, ela deriva rumo ao problema tradicional da retribuição moral, de uma justa recompensa da virtude pela felicidade, impossível nesta vida. Por isso mesmo, a possibilidade objetiva de realizar o Soberano Bem *neste mundo* se

---

[37] Cf. *CRp*, p. 746 (Vrin, p. 128).

perde completamente de vista e "nós nos vemos obrigados a procurar muito longe a possibilidade do Soberano Bem",[38] na esperança de uma vida *post mortem*, garantida pelos postulados da imortalidade e da existência de Deus. Fuga no ideal, que (como já o fazia a *Fundamentação*) pretende fazer repousar sua síntese transcendental em uma simples Idéia, no conceito vazio de um *ens rationis*. Com isso, a temporalidade prática não é encarada como a temporalização originária *da* Lei e se reduz a uma progressão linear indefinida rumo a um ideal inacessível.

São esses limites da *Dialética da razão prática* que ameaçam o projeto de uma segunda ética e que os escritos ulteriores permitirão ultrapassar: ao afastar, sempre e com mais nitidez, a referência à felicidade concebida como recompensa da virtude e os postulados tidos como suas garantias; ao reinstalar o Soberano Bem neste mundo, como seu fim último imanente; e ao acentuar cada vez mais as condições históricas de seu advento, os obstáculos que o entravam – a ausência de finalidade da natureza sensível, a existência do mal – e os traços ou os signos que o anunciam. E isso modificará profundamente a compreensão da temporalidade prática, doravante recobrada a partir do Instante, como brecha temporal, cesura sublime. O que desenha o plano da seqüência de nossa pesquisa: a questão da Lei permanece como o seu objeto, mas Lei visada, de agora em diante, em seu desdobramento integral, em todas as dimensões do Soberano Bem. Após ter examinado as relações equívocas da Lei e da felicidade, condição sub-

---

38 *CRp*, p. 748 (Vrin, p. 130) – "muito longe", isto é, num mundo supra-sensível e pela mediação de Deus: pois a possibilidade do Soberano Bem "pertence inteiramente à relação supra-sensível das coisas. Ela não pode de maneira alguma ser dada segundo as leis do mundo sensível" (p. 753) (Vrin, p. 133). É com essa problemática que vão romper a terceira *Crítica* e a *Religião*.

jetiva do Soberano Bem, passaremos à análise de seu Outro, oposto da Lei que é o mal radical, e análise da conversão individual, e em seguida comunitária, capaz de o transpor, o que nos conduzirá a encarar o Soberano Bem ético como comunidade. *A religião nos limites da simples razão* nos apresentará, com efeito, a dedução mais acabada da síntese prática e o esboço mais elaborado da segunda ética. São assim as condições de possibilidade últimas da síntese prática que tentaremos extrair, as condições dessa passagem que "deve tornar real, no mundo sensível, o fim imposto pela Lei".

TERCEIRA PARTE

OS *PARERGA* DA LEI

Para além do princípio de felicidade (equívoco do prazer)

"O homem nunca se satisfaz com o que ele possui e sempre aspira a outra coisa. A morte nos atinge quando estamos em busca da meta esperada. Que se dê ao homem tudo a que aspira e, no mesmo instante em que o obtém, ele se dá conta do quanto tudo isso era vão [...]. Ao me lembrar atualmente das alegrias experimentadas no curso de minha existência, já nenhum prazer experimento com isso; mas se penso nas circunstâncias nas quais agi em conformidade com a Lei moral inscrita em meu coração, sinto a alegria mais pura. Chamo isso a Lei moral [...]; pouco importa o nome que lhe é dado, pois isso existe verdadeiramente."

Kant, *Conversa com Karazine*[1]

O desejo de felicidade "nunca pode dar uma lei" a nossa faculdade de desejar.[2] De todos os enunciados kantianos, nenhum nos parece mais estranho ou repugna tanto ao espírito

1 Citado por A. Goulyga, *Kant, une vie* ; Aubier, 1985. Trata-se de uma conversa entre Kant e um jovem russo que veio interrogá-lo sobre o sentido da existência.

2 *CRp*, 2, p. 363 (vrin, p. 38).

deste tempo. Tempo que faz do direito à felicidade sua exigência mais imperiosa, que por vezes parece não mais conhecer outra "lei" que não seja seu *bel prazer*: prazer aqui e agora, que já não sofre a espera de um Bem por vir, única regra de uma época cansada dos imperativos universais e dos fins transcendentes; puro prazer sem objeto, que, na cintilância das aparências, desperta o jogo das belas formas, como uma liberdade separada de toda lei. Tal seria o último refúgio, o ideal de quem não tem mais ideal, na ponta extrema do niilismo, quando a própria perda do sentido deixa de fazer sentido, reavivar nossa nostalgia, quando o tempo se retrata no puro presente e o Si e o Corpo permanecem os únicos deuses para os quais prestar culto. Donde vem que essa felicidade soberana pareça às vezes atormentada por uma surda angústia, como se experimentasse esse sentimento de vazio – tédio e desgosto de viver – que segundo Kant afeta o homem que "tentou todas as formas de prazer e já nenhuma delas é nova para ele"? Devotada à busca da felicidade, a época pressentiria obscuramente que já não sabe o que é feito de seu desejo, que lhe escapa o sentido último da alegria e da dor.

"Outrora todo o mundo era louco" – "Nós inventamos a felicidade", dizem os últimos homens... Quer dizer, os homens de uma época, a nossa, que consideram a busca da felicidade seu ideal supremo e sua lei, homens que se comprazem com o fato de estarem emancipados de uma tradição milenar fundada no desprezo do prazer e do corpo: tradição "repressiva" da moral platônica e cristã de que Kant seria um dos últimos representantes. Freud não dizia outra coisa quando interpretava a "consciência moral" kantiana como um "imperativo do supereu". E Nietzsche, ao denunciar nela uma "ameaça para a vida": "Uma ação à qual coage o instinto de vida sempre encontra no prazer a sua *legitimidade*: e eis esse niilista com tripas cristãs-dogmáticas que considerava o prazer uma *objeção* [...]. É justamente a *receita* da *decadência*, da própria idiotia [...] Kant acaba idiota".[3] Dessa *hipótese repressiva* tornada lugar-comum – de bom grado a *doxa* hoje se crê "nietzschiana" ou "freudiana" –, deve-se perguntar se ela não repousa em um duplo equívoco: inicialmente, contra-senso sobre a tradição ocidental, condenada erroneamente como hostil à felicidade, ela que nunca deixou de ver na felicidade o Bem supremo e o que é próprio ao ser; mas igualmente contra-senso sobre Kant, considerado um herdeiro fiel dessa tradição, quando ao contrário dela tenta se libertar, escapar à metafísica do prazer que ainda nos domina a fim de pensar a Lei para além do princípio de felicidade. Sem que por isso se possa acusá-lo de erigir a Lei *contra* o desejo e o prazer: sua evicção do prazer não podia ser mantida, pois a Lei ética é lei do desejo.

Todo mundo sabe, no entanto, que a filosofia prática kantiana é, por princípio, hostil ao desejo de felicidade e, freqüentemente, apressam-se em condenar esse terrível "rigorismo"... Tese bem conhecida, que não leva em conta as hesitações de Kant, a ambigüidade de sua posição. À questão de saber se sua ética concede um lugar ao desejo de felicidade ou o exclui, é difícil, com efeito, dar uma resposta unívoca. A *Dialética da razão prática* nos deixou na ambigüidade, visto que apresenta o Soberano Bem, do qual a suprema felicidade é uma das condições, simultaneamente como um simples "aditivo" ao dever e como uma exigência essencial, indissociável da Lei. Seria possível que essa situação já se encontrasse no nível da *Analítica*, na síntese *a priori* do querer e da Lei: ali também o prazer se veria excluído da razão pura prática *e* reintegrado como uma componente fundamental do sentimento ético, na posição equívoca de um suplemento ou de um *parergon*. Aliás, este é o termo que comparece sob a pluma de Kant,

---

3 *O Ante-cristo*, § 11.

quando se pergunta se o dever é compatível com o prazer: tal questão, escreve ele em um fragmento do *Nachlass*, não pertence ao problema da moralidade; ela não é senão um *parergon der Moral*.[4] Derrida nos ensinou a captar o sentido preciso que Kant dera a esse termo:[5] o prazer é certamente o *parergon* da ética, expulso como uma ameaça na matéria impura dos desejos sensíveis e logo em seguida chamado de seu exílio, nem simplesmente fora nem simplesmente dentro, *simultaneamente* dentro e fora – no limite da Lei. Assim Kant nunca chegou a *fixar* seu estatuto e não deixou de oscilar entre a aceitação e a exclusão do prazer, isto é, da felicidade.[6] Se considerarmos o movimento de conjunto de sua obra, a decisão de proscrever a felicidade da ética aparece como tardia e mal garantida. Ela rompe violentamente com sua orientação inicial que, ainda na época da primeira *Crítica,* tendia a fazer da felicidade a pedra angular da filosofia prática, e teremos de investigar os motivos dessa ruptura. Apenas afirmado, esse "rigorismo" se vê rapidamente desautorizado e mesmo, em certo sentido, abandonado; ademais, será igualmente preciso interrogar-se sobre as razões dessa reviravolta. Que deve ser o desejo de felicidade para que uma ética da Lei só pudesse se intaurar ao se esforçar para revogá-lo? Qual deve ser sua potência própria para que retorne, assim, em um pensamento que pretendia afastá-lo?

"Chamo [...] moral a Lei que só tem por móbil indicar como é possível tornar-se digno de ser feliz". – "Por conseguinte, o sistema da moralidade está inseparavelmente ligado

---

4 *Vorarbertein*, XXIII, p. 99-101.

5 Cf. *La vérité en peinture*; Flammarion, 1978, p. 63-9, etc.

6 Visto que, para Kant, o ideal da felicidade se identifica com o prazer mais interessado e mais durável (cf. *CRp*, p. 631 (Vrin, p. 34) e já *FM*, p. 281-2 (D, p. 131-2).

ao da felicidade". – "Portanto, a felicidade, exatamente proporcional à moralidade [...] constitui o Soberano Bem".[7] Tais proposições de andamento "pré-crítico" se encontram na primeira *Crítica*, no *Cânon da razão pura*. "Faz o que puderes para tornar-te digno de ser feliz": eis o único imperativo prático que ele enuncia. Mede-se novamente toda a distância que o separa da *Fundamentação* e da segunda *Crítica*. No lugar de ser postulada no ideal, aqui a união da felicidade e da virtude constitui a própria Lei, e portanto não é a Lei que decide acerca do Bem, mas, em conformidade com a tradição, o Soberano Bem identificado com a felicidade é que funda a Lei. A afirmação de um vínculo indissolúvel entre a Lei e o Soberano Bem, que descobrimos com surpresa na *Dialética da razão prática*, está justificada nessa perspectiva. É que ali a Lei ainda é concebida como uma lei impura, lei de heteronomia que só pode comandar o sujeito ao agir patologicamente sobre o seu sentimento de prazer e dor, por meio de "promessas e ameaças" concernentes à sua vida futura.[8] Forçosamente, tal "lei" carece de um ponto de apoio no Céu: por isso, a Idéia de um Deus "gozando a suprema beatitude" e "causa de toda felicidade no mundo" é, simultaneamente, o *modelo* do Soberano Bem e seu *garantidor*, a condição de possibilidade da Lei. É por isso que leis práticas não poderiam nos obrigar "se não residissem em um Ser necessário como no Soberano Bem".

Enquanto Kant dava prosseguimento à redação da *Crítica*, essas teses do *Cânon* devem ter-lhe aparecido como dogmáticas. Tentou então edificar sobre outras bases sua filosofia prática, apoiando-se na *Analítica transcendental*, tentati-

---

7 *CRp*, p. 1367-72 (TP, p. 544-7).

8 Recorde-se que, na época da primeira *Crítica*, Kant ainda não considera a possibilidade de uma razão prática *pura*, fundada no *factum* não empírico da Lei.

va abortada de que dá testemunho uma longa e inédita *Reflexão*.[9] Nesta, a moralidade ainda é definida como o "princípio regulador *a priori* da felicidade", mas uma distinção inédita aparece entre a "matéria sensível da felicidade" e sua "forma intelectual", que não é outra senão "a liberdade sob leis *a priori* de seu acordo consigo mesma". Tal unidade *a priori* da liberdade é o "fundamento de uma satisfação necessária" e constitui a "forma originária da felicidade". Esta última não depende então da Idéia transcendente de Deus, mas deve ser concebida "como uma espontaneidade da satisfação", "o prazer [*Lust*] proveniente da consciência de, por meio de seu próprio poder, ter acesso ao contentamento". O "alicerce fundamental" da moralidade reside nesse "princípio de autocontentamento [*Selbstzufriedenheit*] *a priori*" que é "como uma *aperceptio jucunda primitiva*", a "condição formal de toda felicidade (paralela à apercepção)" e, dessa maneira, o "Bem absoluto". Esse texto, que acaba se interrogando sobre o estatuto das "leis práticas", representa a primeira tentativa de Kant para pensar a Lei a partir de uma síntese prática pura, que ele concebe como a forma da unidade *a priori* da liberdade, dada numa espécie de apercepção originária de prazer. Todavia, não chega a apreender essa síntese calcando-a na apercepção originária do sujeito transcendental da primeira *Crítica*. A moralidade é então compreendida como a aplicação externa (heterônoma) de uma forma de unidade com a matéria sensível da felicidade, por analogia com a síntese teórica da matéria sensível da intuição sensível sob o princípio da unidade da apercepção.[10] Desse ponto de vista, a Lei não é nada mais que a condição ou

---

9 *Reflexão* n. 7202, XIX, p. 276-82 (cerca de 1780-1783).

10 Traços dessa concepção subsistem na segunda *Crítica*: cf. a teoria das "categorias da liberdade" que submetem "a diversidade dos desejos à unidade da consciência de uma razão prática"; desta feita, porém, sem nenhuma referência à felicidade, cf., *CRp*, 2, p. 687-9 (Vrin, p. 78-9).

a forma da felicidade, o princípio regulador de uma "liberdade ordenada ao bem-estar".

Essa unidade última da felicidade e da virtude, que o *Cânon* ainda buscava em Deus, vê-se aqui repatriada no Sujeito. Apesar desse deslocamento, a orientação permanece intacta: qualquer que seja o lugar, é sempre ao prazer que a Lei fica submetida. É com o mesmo gesto que Kant pretende fundar a Lei sobre o Bem, ele próprio assimilado à felicidade, e submetê-la a um princípio supremo, Deus ou Sujeito. E será com um único gesto que ele romperá com essa problemática: ao libertar a Lei de sua subordinação ao Bem, ele vai dissociar o Bem da felicidade e declarar o prazer fora da Lei. Revolução copernicana da ética, começada na *Fundamentação* e exposta no "paradoxo do método" da segunda *Crítica*: "Se o conceito do Bem não deve ser derivado de uma lei prática anterior, mas, ao contrário, deve servir de fundamento para essa lei, ele só pode ser o conceito de algo cuja existência promete prazer".[11] A impossibilidade de uma intuição suprassensível do Bem conduzia os pensadores da tradição a determinar esse conceito vazio unicamente com o auxílio do "bem" que nos fosse dado em nossa sensibilidade: sentimento empírico do bem-estar, isto é, do prazer, sensação contingente, "limitada a objetos particulares" e dependente da receptividade própria de cada indivíduo, o que impede de determinar objetivamente o conceito do Bem. No limite, já não há nada de mal, a não ser minha dor, nada de bem, exceto meu bel prazer. E seria possível mostrar que o mesmo gesto e a mesma cegueira são reencontrados nos adversários dessa moral, como Espinosa e Nietzsche. O que favorece tal assimilação do bem ao bem-estar é *a homonímia do bem*, a "ambigüidade" (*Zweideutigkeit*) das noções de bem e de mal, que "dá um

---

[11] *CRp*, p. 678 (Vrin, p. 71-2).

aspecto equívoco" aos princípios práticos. Uma feliz distinção da língua alemã vai nos auxiliar a suspender o equívoco. Graças a um privilégio filológico, ela dispõe, com efeito, de termos distintos (*Gute-Wohl, Böse-Übel*) para exprimir o que as línguas latinas confundem em uma única oposição (*bonum/malum*), e isso permitirá marcar a diferença, desconhecida pela tradição, entre o bem (*Gute*), conceito puro da razão prática, e o bom (*Wohl*), conceito empírico de um fenômeno sensível. Distinção proibida de reduzir a oposição do bem e do mal à do prazer e da dor, dissolver a ética na afetividade. Torna-se possível, de agora em diante, conceber uma *felicidade no mal*, em que se anuncia, como perceberá Lacan, a revisão freudiana da ética. Também se deveria reconhecer, inversamente, uma *dor do bem*, esse sofrimento que no respeito acompanha a abertura à Lei.

A reviravolta copernicana da segunda *Crítica* supõe, portanto, uma disjunção da felicidade e do bem, uma demarcação entre o princípio formal do dever e o conjunto dos princípios materiais que "situam a causa determinante do livre-arbítrio no prazer e na dor" e assim dizem respeito ao *princípio da felicidade*.[12] Todavia, a *distinção* desses dois princípios não implica necessariamente a sua *oposição*. Do fato de que o princípio não seja mais o indício do bem, não se segue que seja o do mal: o que é estranho ao dever não lhe é forçosamente hostil, mas pode lhe ser simplesmente indiferente. No entanto, Kant parece adotar, sobretudo na *Fundamentação*, uma posição extrema que tende a fazer do princípio da felicidade o oposto da Lei. Posição que será dita "rigorista", no sentido em que para ele esse termo significa não haver instância etica-

---

[12] *Prinzip der Glückseligkeit* (cf. *CRp*, p. 630-1, 649, 651...). Kant também fala, às vezes, do "princípio de prazer" (*Wohllustprinzip*) (cf. *Antropologia*, § 62, 3, p. 1051 (Vrin, p. 97).

mente indiferente, nenhum meio-termo entre a Lei e o mal radical.[13] Como princípio fundamental da *heteronomia*, não somente o princípio da felicidade, "não funda nenhuma obrigação, mas antes ele se opõe ao princípio da obrigação e à moralidade da vontade".[14] Como princípio *material* da faculdade de desejar, ele erige em princípio determinante do querer a matéria do desejo, isto é, as inclinações sensíveis, em sua resistência ao imperativo do dever.[15] Tal oposição à Lei, adoção de um móbil patológico *no lugar* do móbil racional, é *ruim*: aquilo mesmo que definirá o mal radical. É por isso que o princípio da felicidade é a regra d' "a vontade ruim que é a nossa no mundo sensível",[16] e deve ser condenado como o principal obstáculo ao dever, a potência adversa com a qual se enfrenta a Lei.

Se há antagonismo entre a Lei e o princípio do prazer ou da felicidade, concebe-se que a submissão ao imperativo categórico provoque um intenso desprazer, que a dor esteja no coração do respeito pela Lei. Isso não quer dizer que seja preciso procurar por tal sofrimento ou que o prazer deva ser totalmente eliminado como uma "objeção" ao dever. À primeira vista, o rigorismo ético não interdita que se experimente prazer como *efeito*, como uma seqüência da decisão ética; não proíbe agir *com* prazer, mas *por* prazer, fazendo do desejo de felicidade o móbil da ação.[17] Mas tal aceitação do prazer como conseqüência ou *parergon* ainda é em demasia: se as

---

13 Cf. *Religião*, 3, p. 33 (Vrin, p. 40-1).

14 *CRp*, p. 647 (Vrin, p. 47).

15 *FM*, p. 289 (D, p. 143).

16 *FM*, p. 326 (D, p. 195).

17 "Pode acontecer que com prazer [*mit Lust*] realizemos ações que o dever prescreve, mas não que nós as realizemos com prazer por dever [*mit Lust aus Pflicht*], porque isso é contraditório" (*Vorarbeiten*, XXIII, p. 101).

inclinações sensíveis são forçosamente impuras, se o princípio da felicidade, é o oposto da Lei, o menor sentimento de prazer e mesmo a menor emoção deverão ser banidos. O rigorismo vem logicamente recomendar o "princípio da *apatia*", designar a ausência total de afetos (*Affektlosigkeit*) como a forma "mais sublime" da disposição ética[18] e aqui as críticas de Nietzsche parecem justificadas. Esse rigorismo extremo se mostra, aliás, insustentável: comandar a eliminação de toda sensibilidade é demandar o impossível para um existente finito; no limite, é aniquilar a própria Lei ao suprimir seu lugar afetivo, a condição subjetiva de sua manifestação no sentimento do respeito, e é notável que o mesmo princípio de apatia, a recusa de toda compaixão ou respeito para com outrem, é também o que sustenta a vontade do mal do libertino sadiano.[19] Se a filosofia prática kantiana chega a esse rigorismo extremo, é porque ela reduz o prazer ao prazer *sensível*, forçosamente impuro e patológico, recusando admitir a possibilidade de um *prazer puro*, de uma alegria ética inerente ao respeito pela Lei. Conseqüência inevitável de uma problemática simultaneamente *formalista* e *dualista* que rebate a alternativa entre a Lei e seu Outro, a decisão ética entre o bem e o mal, na rígida oposição metafísica da matéria e da forma, do sensível e do inteligível. Sem se aperceber – e no entanto Kant acabará por reconhecê-lo na *Religião* – que a sensibilidade não tem "nenhuma relação direta com o mal", "contém

---

18 Cf. *CJ*, p. 1045 (Vrin, p. 109) e *Antropologia* § 75, 3, p. 1069-70 (Vrin, p. 110-1). Trata-se certamente de textos tardios, mas a mesma idéia aparece na *Fundamentação* e na segunda *Crítica*: os afetos e as inclinações sensíveis "são sempre penosos para um ser racional e, embora deles não possa se desfazer, obrigam-no a que deseje estar desembaraçado delas" (*CRp*., p. 752 (Vrin, p. 132)).

19 Sobre a apatia sadiana, cf. o recente estudo de C. Millot, *La vocation de l'écrivain*, Gallimard, 1991, p. 127-48.

demasiado pouco" para constituir o princípio de uma *vontade* ruim:[20] que nessa última é preciso uma decisão livre de se opor à Lei, uma escolha do mal radical.

Aliás, a *Religião* só faz confirmar uma evolução iniciada anteriormente: pois essa posição rigorista da *Fundamentação* não se mantém. Desde a *Analítica* da segunda *Crítica*, ela vai ceder progressivamente o lugar a uma posição "eudemonista" que reintroduz a felicidade na ética, que dela faz um princípio determinante e necessário da vontade, o eleva ao mesmo nível de um dever, de uma missão da razão prática: "Ser feliz é necessariamente o que deseja todo ser racional porém finito; é, portanto, um inevitável princípio determinante de sua faculdade de desejar".[21] "A razão pura prática não pede que se *renuncie* a toda pretensão à felicidade [...]. Em certa relação, é mesmo possível que seja um dever velar por sua felicidade".[22] Enquanto na *Fundamentação* e ainda no início da *Analítica* Kant sustentava que o princípio da felicidade é "oposto" (*entgegen*) à Lei, agora ele declara que a relação dos dois princípios não consiste em uma oposição (*Entgegensetzung*), mas em uma simples distinção (*Unterscheidung*).[23] Se se trata somente de escolher entre dois tipos de dever, duas vocações complementares da razão prática, já não se trata de uma decisão ética radical em que, "na encruzilhada dos caminhos", se trate da Lei. À alternativa rigorista entre a Lei e o princípio da felicidade se substitui uma *coexistência* sincrética dos dois princípios em que o que está em jogo consiste unicamente em saber qual deles está subordinado ao outro. "Assim, a matéria da máxima" – o desejo de felicidade – "pode certamente subsistir, mas

---

[20] *Religião*, p. 48 (Vrin, p. 55-6).

[21] *CRp*, p. 635 (Vrin, p. 37-8).

[22] *CRp*, p. 721 (Vrin, p. 106).

[23] *Ibid.*

não deve ser a sua condição, do contrário essa máxima não teria a qualidade necessária para ser uma Lei".[24]

Posição ambígua que resulta de um compromisso entre duas exigências contraditórias, entre o desejo de romper com o rigorismo da *Fundamentação*, restaurando a felicidade em meio aos princípios determinantes da vontade, e o de manter a demarcação dos princípios, evitando inclui-la no imperativo ético, para não recair na temática do *Cânon*. O que sustenta esse compromisso e o dissimula é o jogo equívoco da matéria e da forma. O desejo de felicidade sendo a matéria de todo desejo, a forma pura da Lei se demarca dessa matéria, a rejeita e a exclui, chega a se opor a ela como a seu princípio adverso (posição rigorista). Mas a matéria da Lei é indissociável de sua forma, que permanece como a forma *de* sua matéria, "acrescenta" a si tal matéria deixando-a "subsistir" a seu lado (posição eudemonista). Instável e frágil, o compromisso esboçado pela *Analítica* se desfaz rapidamente no sentido de um eudemonismo que é cada vez mais afirmado: viu-se que aparentemente a *Dialética* volta à perspectiva do *Cânon* ao reinstalar a felicidade no ideal último da razão prática; sua reabilitação prosseguirá na terceira *Crítica* (com a descoberta e análise dos sentimentos de *prazer puro*); em seguida, na *Religião* (em que não é mais o desejo de felicidade mas a livre escolha do mal que constitui o oposto da Lei). Notar-se-á, aliás, que os últimos escritos de Kant multiplicam as reservas contra o "moralismo despótico" e sua "virtude fantasmática" que recusa "a alegria que acompanha a virtude" e sempre supõe um "ódio oculto da Lei".[25] Se se faz questão de ultrapassar essa antinomia, essa oscilação entre rigorismo e eudemonismo, sem

---

24 *CRp*, p. 649 (Vrin, p. 48).

25 Cf. *Religião*, p. 35 (nota) (Vrin, p. 43). *Doutrina da virtude*, Introdução, XVII, 3, p. 694 e § 53, p. 784 (Vrin, p. 81 e 163). *Antropologia*, § 88, p. 1097 (Vrin, p. 131).

dúvida será preciso retomar a relação do prazer com a Lei *para além do formalismo* e dos deslocamentos equívocos que ele acarreta: a partir de outro pensamento da forma, em que a própria Lei formal se faz matéria, em que a matéria do desejo nasceria da forma que a limita como um prazer puro surgindo da dor.

Resta que, opondo a Lei ao princípio de felicidade, o rigorismo radical com o que demasiado freqüentemente se identifica a "moral kantiana" só representou uma fase provisória, ruptura inconseqüente com o eudemonismo, seguida de um retorno à posição anterior que afirma a ligação indissolúvel da Lei e do desejo de felicidade. O que nos assinala como tarefa, e para melhor compreender a relação da Lei com o prazer, investigar os motivos dessa ruptura e as razões de seu fracasso. Aparentemente, a reavaliação da felicidade se explica facilmente: em razão do caráter insustentável da posição rigorista, pressões do senso comum moral e da tradição. Com efeito, seria incorreto acreditar que esta última ensine o desprezo do prazer. Ao contrário, desde os gregos, todos os pensadores da filosofia ocidental concordam em fazer da felicidade, à qual sempre o prazer se entralaça, o fim último e o Bem supremo. Se há litígio, ele se atém, no interior desse acordo unânime, aos que, após Aristóteles e Epicuro, pensam que só a felicidade constitui o Soberano Bem, assim como aos que, como Platão ou os estóicos, nela vêm apenas uma componente ou um complemento desse Bem, seu "enfeite", como dizia Crisipo.[26] E se é verdade que o ser do ente e o Bem são idênticos (segundo a tese da teodicéia), o prazer que é o Bem será também o que é próprio ao ser: simultaneamente o que cada vivente procura como sua essência, seu fim mais próprio, e o

[26] Cf. Platão, *Filebo*, 20 *b* – 21 *a;* inversamente, Aristóteles, *Ética a Nicômaco*, I-2, 1095 *a*, X-7, etc.

atributo eminente do mais elevado ente, do Primeiro divino que "goza perpetuamente de um prazer puro e simples"[27] ou da Substância infinita que ama a si mesma eternamente na beatitude de seus modos finitos. Não se verá, então, no rigorismo kantiano, o último representante de uma longa tradição "repressiva", inimiga do prazer: ao libertar a Lei do princípio da felicidade, ele tenta ao contrário romper com a orientação dominante da filosofia ocidental. Em vão, pois ela ainda se impõe a ele como uma evidência do senso comum, com esse preconceito (nunca posto em dúvida por Kant) segundo o qual a felicidade é a única matéria do desejo, o fim que cada homem deseja acima de tudo. A partir de então, já não se trata de afastar esse todo poderoso princípio, mas de firmar compromisso com ele, reintegrá-lo ao conceder-lhe um lugar subordinado junto à Lei.

Basta, entretanto, a pressão externa dos preconceitos do senso comum, da metafísica do prazer, para explicar o abandono do rigorismo? O retorno do princípio da felicidade a uma problemática tida como capaz de exclui-lo não depende, inicialmente, de razões intrínsecas? É o que Hegel afirma: "A consciência moral não pode renunciar à beatitude; não pode deixar que se escape esse momento de sua meta absoluta", porque já traz consigo a realidade efetiva da felicidade, o gozo de ter atingido o que ela visava. "Esse momento na meta que se tornou *objetivo*, no dever *cumprido*, é a consciência de si singular que intui a si mesma como atualizada, isto quer dizer que ele é o gozo [*Genub*]".[28] Esse gozo é o sinal de que a moralidade se une à virtude não mais apenas no ideal longínquo do Soberano Bem, mas no próprio instante da ação. Ao gozar com seu ato, a consciência moral kantiana "confere presença ao

---

27 *Ética a Nicômaco*, VII-15, 1154 *b*.

28 *Fenomenologia do espírito*, Aubier, II, p. 145-6.

que não deveria estar presente",[29] ela tem, a partir de agora, acesso ao Soberano Bem, ela própria já é o Soberano Bem. Porém, o formalismo da moralidade abstrata recobra os seus direitos: incapaz de assumir seu próprio gozo, de reconhecer em si mesma a identidade absoluta da felicidade e da virtude, a consciência moral a rejeita fora de si, em um Outro transcendente em que contemplará como um ideal inacessível sua perfeição e beatitude perdidas. Bastará que pare de alienar-se dessa maneira, que reencontre em si a unidade da moralidade e da ação, para superar seus deslocamentos equívocos e ter acesso à certeza de si imediata da boa consciência agente.

Acentuando esse gozo inerente à ação moral, Hegel desvela uma dimensão da filosofia prática kantiana completamente desconhecida pelos comentadores tradicionais. Uma leitura atenta não pode senão lhe dar razão: pois o princípio da felicidade não reaparece somente no fim último da razão prática, mas já na determinação prática da vontade, "na" Lei de que esse princípio é a matéria, como se a determinação da vontade pela Lei engendrasse por si mesma prazer, um *prazer prático puro* que Kant designa efetivamente como gozo (*Genuß*), que "se assemelha à beatitude [...] atribuída ao Ser Supremo". Afirmação muito pouco "kantiana", estranha, em todo caso, à problemática da segunda *Crítica*, que identifica sistematicamente o prazer ao prazer *sensível*, patológico, sem conceder direito a esse "prazer intelectual" da liberdade, a essa "apercepção originária" de prazer de que falavam as *Lições de metafísica* e as *Reflexões*. No entanto, se a *Crítica*, sobretudo em sua *Analítica*, ainda permanece cativa do formalismo, se continua excluindo a matéria sensível da felicidade da pura forma da Lei, a superação do formalismo já começa na *Analítica*, e vimos que ali a Lei é igualmente apresentada como

---

29 *Ibid.*, p. 158.

princípio material, simultaneamente objetivo (na determinação do bem e do mal) e subjetivo (no sentimento do respeito).[30] O respeito é a própria Lei quando sua forma se faz matéria, quando essa Lei da razão pura afeta "subjetivamente" a sensibilidade. É em dois sentidos diferentes – correspondendo à dupla significação prática do conceito de matéria – que o respeito pode ser dito "material": como fim-limite da vontade, simbolizado pela pessoa de outrem que me impõe respeito, e também como materialidade sensível do afeto, do sentimento. A "matéria do desejo", tomada no segundo sentido, sempre é determinada pelo princípio da felicidade: que relação há entre a materialidade pura do respeito e a da felicidade? Haveria um prazer do respeito, puro prazer do limite em que conjuminariam os dois sentidos da matéria prática?

Quando ela evoca o teor afetivo do respeito, a *Analítica* insiste em seu "efeito negativo sobre o sentimento", no desprazer, na dor, na "humilhação" que necessariamente ele provoca. Pois esse respeito "aterrorizador" é o afeto da Lei como limite, enquanto ela "restringe" nossas inclinações sensíveis, enquanto "aniquila nossa presunção". Ainda prisioneira do formalismo, a *Analítica* não concebe a forma-limite da Lei senão como coação (*Zwang*), restrição negativa (*Einschränkung*) em que a razão se opõe de fora à sensibilidade. Tal sofrimento, tal pavor que a Lei inspira se acompanha entretanto de uma estranha fascinação: "O respeito é *tão pouco* um sentimento de *desprazer* que [...] não se pode deixar de admirar a majestade [a Glória: *Herrlichkeit*] dessa Lei, e que a alma chega a crer que ela própria se eleva [*erleben*] quanto mais ela vê essa santa lei mais sublime [*erhaben*] acima de si".[31] Aliás, não se trata de uma simples "crença": por meio de um curioso deslizamento,

---

30 Cf. a passagem já citada de *CRp*, p. 699-700 (Vrin, p. 88).

31 *Crp*, p. 702 (Vrin, p. 90-91).

essa veneração religiosa, esse respeito para com a sublimidade da Lei, coincide com o sentimento de *sua própria* elevação. "Em uma palavra, o respeito pela Lei é, portanto, também um sentimento positivo" e "compreende também a *elevação*".

Como qualificar essa vertente "positiva" do respeito? Enquanto a *Analítica* se recusa a ver nele um prazer – "ele não pode ser relacionado nem com o prazer, nem com a dor" –, ao contrário, a *Dialética* dirá que ele é "análogo" ao prazer ou à felicidade. Quase inconcebível no quadro estrito da *Crítica*, esse quase-prazer engendrado pela Lei só será admitido com a maior reticência, introduzido com uma série de reservas, negações, analogias hesitantes que sublinham sua estranheza: ele "é quando muito um análogo do sentimento de prazer", representa "não um gozo como a palavra felicidade", mas somente "um análogo da felicidade"; ele "não pode ser chamado de felicidade [...] nem de beatitude", embora seja "análogo à beatitude".[32] É que o respeito é o afeto da Lei, ele próprio é a Lei considerada afetivamente como móbil. Quando aflora a matéria do respeito, aproxima-se do coração do enigma, do "núcleo" afetivo da Lei, e para dar nome a isso, as palavras fazem falta. É então tentador *identificar* o Sem-Nome, rebatê-lo para uma noção bem conhecida: "Não se dispõe todavia de um termo que designe não um gozo como a palavra felicidade, mas no entanto uma satisfação [*Wohlgefallen*] que deve necessariamente acompanhar a consciência da virtude? Claro que sim! Tal termo é o autocontentamento (*Selbstzufriedenheit*)". Ele caracteriza uma imutável satisfação *negativa*, a consciência de não ter necessidade de nada, ser independente de toda inclinação sensível e nesse sentido é que se dirá "análogo da beatitude", à absoluta autarquia atribuída a Deus. Ataraxia ou

32 Cf. a passagem essencial da "solução da antinomia", 2, p. 751-3 (Vrin, p. 132-3).

apatia de parentesco estóico, de que mal se vê em que ela se acompanha de prazer e menos ainda como pode ela se aliar ao sofrimento inerente ao respeito. A paz (*Frieden*) aparente dessa *Zufriedenheit* não dissimula a verdade mais turva e dilacerada do respeito? Que é desse afeto que não é nem felicidade, nem prazer, nem beatitude propriamente dita, embora seja seu análogo?

Após recusar por duas vezes designá-lo como um gozo, Kant acaba admitindo esse termo: "A própria liberdade se torna dessa maneira (ou seja, indiretamente) capaz de um gozo que não pode se chamar felicidade [...], nem beatitude [....], mas que no entanto se assemelha à beatitude". Aparição inesperada, para nomear o puro prazer da Lei, com um nome que evoca o asco, a aversão, a "mácula de si mesmo", termo sempre conotado negativamente em Kant.[33] À exceção notável de uma *Lição* inédita em que se instala a rede de conceitos – satisfação, felicidade, autocontentamento, beatitude, gozo – que sustentará a análise da *Crítica*. Nessa lição, Kant distingue dois tipos de felicidade, a que consiste na satisfação dos desejos e das inclinações e, portanto, os pressupõe com o sofrimento que forçosamente os acompanha; a que é *Genub*, puro gozo sem necessidades nem desejos. Apenas essa última permite que se represente "a Idéia de uma totalidade absoluta de bem-estar e de contentamento supremo".[34] "Se esse autocontentamento se estendesse à totalidade da existência, ele seria chamado de *beatitude*", mas esta só pertence a Deus: em razão de sua autarquia absoluta, e sobretudo porque "em Deus tudo é permanente". Liberto do sofrimento vinculado às mudanças de estado, só Ele pode gozar constantemente com uma total felicidade e nisso, enquanto Ele experimenta um gozo soberano,

[33] Cf. *CJ*, § 48, e sobretudo *Doutrina da Virtude*, § 7.

[34] *Lições sobre a filosofia da religião* (1783-1784), XXVIII, 2-2, p. 1080.

"Deus" pode personificar simbolicamente a Lei, isto é, nós começamos a entendê-lo, a Lei *como* gozo, o gozo como a Lei: "Ele é consciente de si mesmo como a fonte de toda beatitude [*Seligkeit*]. De certa maneira, ele próprio é a lei personificada; é por isso que Ele é o único bem-aventurado".[35] União da santidade e da beatitude: assim se define o Soberano Bem, de que "Deus" não é apenas o *garantidor* (o Juiz moral que recompensa a virtude), mas também o modelo, *Urbild* do gozo ético. A analogia entre o gozo do respeito e a beatitude do Soberano Bem seria uma analogia *constituinte*, um "esquematismo da analogia" ampliando ao infinito o gozo atual da Lei para produzir a Idéia do gozo total de um Ser santo. Hegel tinha razão ao relacionar o ideal do Soberano Bem ao gozo efetivo da ação moral. Estava errado somente por ver nisso uma alienação e uma denegação, a projeção no Outro de um gozo que a consciência moral kantiana não chega a assumir em si: ao menos uma vez, nesse texto da *Dialética*, Kant terá reconhecido o enigmático gozo com a Lei no sujeito, no coração do respeito. Visto que esse gozo é análogo à felicidade e ao prazer, isso equivale a reintegrar a felicidade na ética como a matéria da Lei e como a condição de seu fim último. E tal reconstrução transcendental do conceito de felicidade – enquanto gozo puro da Lei – bastaria para justificar o abandono do rigorismo por Kant.

Entretanto, o que se perdeu nessa amplificação, nessa idealização do gozo em beatitude, é sua vertente negativa, o sofrimento e o pavor do limite em que se aniquila a presunção do Sujeito. Enquanto a *Analítica* silenciava o prazer do desprazer, o gozo do respeito, a *Dialética* não deixa nenhum lugar à dor, ao desprazer desse prazer. Nunca a segunda *Crítica* conseguirá superar essa oposição *exclusiva* (lógica ou psicológica) do prazer e do desprazer, para pensar sua oposição real (transcen-

---

[35] *Ibid.*, p. 1089-1091.

dental), o quiasma de sua co-pertinência em que, sob esse nome de gozo, a mais extrema dor se coaduna à mais elevada alegria.[36] Entretanto, a *Dialética* arrisca uma hipótese paradoxal e que parece reatar com um rigorismo radical. Para explicar que a limitação de nossas inclinações sensíveis pela Lei, que forçosamente acarreta dor, engendra ao mesmo tempo uma intensa satisfação, é preciso supor que tais inclinações são por si mesmas fontes de desprazer: por isso, sua supressão ou restrição provocará um alívio, o "prazer negativo" resultante da supressão de um sofrimento.[37] O que tenderia, em nome do próprio princípio de prazer, do desejo de evitar a dor, a justificar a oposição rigorista do princípio de prazer... A esse vazio que se escava no coração do prazer para modificá-lo como sofrimento e desejo de morrer, a *Antropologia* dará o nome de *tédio*: sentimento "angustiado" ligado ao escoamento monótono dos afetos sensíveis no tempo, à "uniformidade" de um tempo vazio em que nada de novo, nem de diferente, pode sobrevir. Para a escapar disso, o detentor do prazer se lança em uma busca desgarrada de sensações novas, sem conseguir apaziguar o tédio que o corrói, que é um só com a trama temporal de sua vida: "O homem de volúpia experimentou todo tipo de gozo (*Genub*) e já nenhum tem para ele o gosto da novidade; como se dizia em Paris de Lord Mordaunt: "Os ingleses se enforcam para

---

36 Ocorre a Kant, em escritos pré-críticos e em textos tardios, apresentar a relação do prazer e do desprazer como uma oposição real, mas sempre num plano psicológico, como uma relação simplesmente quantitativa. Cf. *Ensaio sobre as grandezas negativas*, 1, p. 275-7; *Antropologia*, § 60, p. 1047 (Vrin, p. 93).

37 "Pois as inclinações mudam [...] e deixam sempre um vazio [*Leeres*] ainda maior que o que se acreditou preencher. É por isso que são sempre *penosas* para um ser racional e embora não possa se desfazer delas, obrigam-no a que deseje estar desembaraçado delas" (*CRp*, 2, p. 752 (Vrin, p. 132)).

passar o tempo". O vazio das sensações percebido nele mesmo provoca um frêmito de horror (*horror vacui*) e, de certa maneira, "o pressentimento de uma morte lenta que é tida como mais penosa que a brusca ruptura do fio da vida pelo destino".[38] Triunfo da melancolia, do niilismo, em que o valor da vida, de uma existência apegada unicamente ao prazer sensível, "cai abaixo de zero".[39] Sua vitória seria inevitável se a temporalidade se identificasse absolutamente com esse tempo nivelado em que toda novidade se escuma e se anula.

O passo para além do niilismo, a decisão ética pela Lei, exige assim uma decisão a favor do tempo, de um outro modo de temporalidade, que poderia superar a sucessão incessante e monótona do prazer e do desprazer, conjurar o vazio da existência, o eterno retorno do tédio. Não é certo que a concepção do gozo ético proposta pelas *Lições* e pela *Crítica* permita pensar essa temporalidade prática: determinada pela oposição à mudança constante das afecções sensíveis, ela se identifica com o contentamento "invariável" do Sábio, beatitude "permanente" de Deus, sem se afastar da concepção tradicional da felicidade (consciência "ininterrupta" do agradável da vida) e da compreensão da temporalidade por ela implicada. Pois essa persistência imutável não difere verdadeiramente do tempo do niilismo, da duração nivelada e homogênea que engendra o

---

38 *Antropologia*, § 61, 3, p. 1050 (Vrin, p. 95-6). Ver também o § 14, p. 970 (Vrin, p. 35). Esses textos deveriam ser confrontados com as análises de Heidegger sobre o "existencial" do tédio e com as recentes pesquisas que as tomaram por objeto. Uma confrontação se imporia também com Kierkegaard, que não relaciona o tédio à nadificação do ser e/ou à indiferenciação do tempo, mas ao pecado, à "angústia do Bem" do "demoníaco". Esse ódio da existência que supõe o tédio (*ennui, inodium*: *in odio esse*, "manter-em-ódio") teria parte com o mal radical?

39 *CJ*, § 83, p. 1237 (nota) (Vrin, p. 243).

tédio, e nada garante, que por sua vez, esse *cúmulo* de felicidade não naufrague na angústia, não se extenue em uma letargia mortal. É que o ideal da felicidade, concebido como "máximo de bem-estar", satisfação total e constante, evacua o sofrimento, que é a condição mesma da vida: "A dor é o aguilhão da atividade e é nela antes de tudo que sentimos nossa vida; sem ela se instalaria a letargia". "Na vida, ser absolutamente satisfeito [*zufrieden*] significaria o repouso inativo, a parada dos móbiles, ou a paralisia das sensações [...], parada inevitavelmente seguida da morte, se [por meio da dor] não adviesse nenhuma nova excitação".[40] Assim, o princípio de prazer, expressão essencial da vida, paradoxalmente se engaja a serviço da morte.

Outra abordagem, no entanto, seria possível. Ela chegará a ser esboçada duas vezes, a primeira quando a *Crítica do juízo* descrever o sentimento do sublime como "um prazer que só é possível pela mediação de um desprazer", "prazer negativo" resultante de uma oposição real, de uma alternância violenta de atração e de repulsão "em um instante" (*augenblicklich*).[41] Em seguida, quando a *Religião* se esforçar para pensar, no Instante da conversão ética, o entrelaçamento do sofrimento engendrado pela "morte do velho homem" (abandono do mal) e da alegria de renascer como sujeito-da-Lei.[42] Por meio do respeito, "a própria liberdade se torna capaz de gozo": agora aparece que essa "liberdade" evocada pela *Dialética* não se reduz à independência em relação às inclinações sensíveis, que nela é preciso ver a marca do "livre-arbítrio

---

40 *Antropologia*, § 60-1, 3, p. 1048 e 1051 (Vrin, p. 94 e 66).

41 *CJ*, § 27, p. 1030 (Vrin, p. 98) e § 23, p. 1010 (Vrin, p. 85). Essa noção de *negative Lust* já aparecia em 1763 no *Ensaio sobre as grandezas negativas*, 1, p. 275.

42 *Religião*, p. 91-4 e nota (Vrin, p. 100-3).

inteligível", faculdade de decidir entre o mal e a Lei; essa nova escolha do caráter inteligível, cesura em que a existência está novamente em jogo, é simultaneamente dor e alegria, fonte de um gozo sublime. O abandono do rigorismo se esclarece assim sob nova luz: a reabilitação do princípio da felicidade era chamada pela própria doação da Lei, levada pelo estranho gozo que ela implica, sobretudo quando se permanece, como na *Dialética*, em uma concepção restritiva desse gozo, excluindo todo sofrimento e, por conseguinte, "análogo à felicidade".

Em compensação, o que se torna difícil de compreender é o rigorismo. Como dar conta dessa ruptura de 1785, em que Kant renuncia bruscamente à sua concepção da *apperceptio jucunda primitiva*, um gozo com a Lei simbolizado pela beatitude divina, que ele professava pouco tempo atrás? A crítica do princípio de prazer como portador de angústia e de morte nos parece demasiado marginal e tardia para explicar tal ruptura. Se se busca o que justifica a posição rigorista, os argumentos já dados parecem insuficientes. Kant se contenta em incriminar o princípio da felicidade, designando-o como um "ideal da imaginação", subjetivo e contingente, incapaz de fundar a objetividade prática. Isso basta decerto para explicar que ele não possa "nunca dar uma lei", mas não explica que ele se *oponha* necessariamente à Lei como o princípio de uma vontade *ruim*. O que motiva seu rigorismo deve ser buscado em outro lugar, numa exigência imperiosa que ele não consegue explicitar inteiramente, mas que se impõe a seu pensamento como um fato, sem dúvida porque ela se origina no próprio *factum*, no modo de doação da Lei. Que deve ser o *factum* da Lei para se opor assim ao princípio da felicidade? Segundo a *Crítica da razão prática*, a demarcação dos dois princípios é dada numa evidência imediata, "perceptível mesmo para o homem mais vulgar". Ela pede, entretanto, para ser estabelecida "pela experiência", por meio de uma "experimentação da razão", única capaz de dissociar a Lei e seu oposto.[43] Desse estranho *Experimento*, a *Crítica* só fornece três exemplos, os da forca, do depósito e da falsa promessa (ou do mau intendente), dos quais os dois últimos se reduzem, aliás, a uma simples aplicação do princípio lógico de não-contradição. Somente o exemplo da forca nos oferece uma autêntica "experiência" da Lei, uma experimentação ontológica em que a Lei ética se defronta com o princípio adverso e se afirma como Lei ao triunfar sobre ele.[44] Põe em cena um detentor do prazer, tão apegado à sua paixão a ponto de pretender que nunca lhe poderá resistir. Apresenta-se a ele uma forca posta diante da casa do objeto amado, com a promessa de ali enforcá-lo, assim que sua paixão tiver sido satisfeita, e lhe é perguntado se nesse caso ele conseguirá refrear seu desejo: "Não levará muito tempo para se adivinhar o que ele responderia". Entra então em cena o tirano "ordenando-lhe, sob a ameaça da mesma morte imediata, de levantar falso testemunho contra um homem de bem". Pergunta-se a nosso homem se estaria pronto a sacrificar sua vida: dessa vez, "ele concederá sem hesitar que isso é impossível para ele. Julga portanto que pode algo, porque tem consciência de que o deve e nele reconhece a liberdade que, sem a Lei moral, teria permanecido desconhecida para ele".

O objeto da apologia parece claro: trata-se, ao reafirmar a primazia da Lei sobre o princípio da felicidade, de mostrar que o poder "insondável" da liberdade nos é revelado pelo *factum* da Lei. Ora, o conflito inicial da Lei e da felicidade se acha deslocado pela intervenção de uma terceira instância cuja aparição, simbolizada pela forca, desvela uma oposição mais radical e confere um sentido inteiramente distinto ao primado da Lei: é perante a *morte*, a "ameaça de uma morte imediata", que os princípios rivais experimentam seu valor, sua aptidão para

---

[43] Cf. o texto supreendente de *CRp*, p. 720-1 (Vrin, p. 106).

[44] *CRp*. p. 643 (Vrin, p. 43-4).

erigir-se em Lei. Em primeiro lugar, o princípio da felicidade se apresenta como um imperativo irresistível, apto para se elevar ao nível de uma lei universal. No entanto, ao pé da forca, logo desmorona: instalado na escolha entre o prazer dos sentidos e a vida, não há nenhuma dúvida de que o apaixonado renunciará ao seu desejo – ao menos aos olhos de Kant, que sequer imagina que seja possível situar a paixão mais alto que a vida... Para ele, porém, o importante é mostrar que o princípio da felicidade, que não se sustenta diante da morte, fracassa em impor-se ao desejo como uma lei. Quase não podia sustentar a provação de morte, não somente em razão dessa evidência trivial de que é preciso permanecer vivo para poder sentir prazer, mas, de maneira mais profunda, porque o prazer é uma expressão essencial da vida: que o sentimento de prazer é o próprio sentimento vital,[45] que ele nasce do "acordo do objeto ou da ação com as condições subjetivas da vida".[46] Assim, o princípio da felicidade se submete inevitavelmente ao imperativo mais poderoso, de evitar a morte a todo custo como à sua condição. Uma existência entregue à busca do prazer só pode abdicar de sua liberdade diante do medo de morrer, e a morte se apresenta a ela, para retomar uma expressão de Hegel, como o "Senhor absoluto". O *defeito* do princípio da felicidade, sua falha e sua falta, seria entregar a existência à dominação da morte.

Mas a Lei ética pode ser mais forte que o medo de morrer. O imperativo do dever que proíbe levantar falso testemunho revela um poder novo, um outro horizonte de existência, a

---

45 *CJ*, § 1, p. 958 (Vrin, p. 49).

46 *CRp*, *Prefácio*, p. 616 (nota) (Vrin, p. 20). As *Lições de metafísica* eram ainda mais explícitas ao definir o "prazer intelectual" resultante da liberdade: "A liberdade é o mais alto grau da atividade e da vida [...]. O que está de acordo com a liberdade está de acordo com a vida inteira. Ora, o que está de acordo com a vida inteira causa prazer" (Pölitz, p. 173).

possibilidade "ainda desconhecida" de dar livremente sua vida por respeito à Lei, isto é, também por respeito pela pessoa de outrem (do "homem de bem" injustamente acusado) que é símbolo dessa Lei. A alternativa se desloca, rejeitando o desejo de felicidade, o medo da morte, o conjunto dos princípios patológicos, no pólo oposto à Lei: o da não-liberdade, simbolizada aqui pelo tirano, da obediência servil, da mentira e do mal. Pois o princípio da felicidade, se em si não é mau, torna-se mau quando o temor da morte o faz voltar-se contra a Lei. Por isso, o desejo de felicidade, incapaz de fazer frente à morte, não poderia elevar sua máxima à universalidade de uma lei, a essa universalidade transcendental que não se reduz mais à *validade* de uma função lógica, que qualifica, como dizíamos, a *valência* de uma provação, a prevalência de um princípio, mais poderoso que a própria morte. A universalidade soberana a que a Lei ética tem acesso aqui significa que a morte não é o Senhor absoluto.[47] As lições do apólogo não vão portanto no sentido do rigorismo, ao menos na forma que lhe era dado pela *Fundamentação*: longe de aparecer como uma "força de resistência" ruim, como o Adversário da Lei, o princípio da felicidade se revelou inconsistente. Na mais alta provação, a Lei não se achou confrontada com o atrativo do prazer, mas com a morte, com o medo de morrer que bem representa, assim como o queria Hobbes, a mais poderosa paixão, o primeiro princípio material da faculdade de desejar. Ao privilegiar o conflito subalterno da Lei e da felicidade, Kant teria interpretado erroneamente a sua própria experiência de pensamento. Entretanto, esse texto nos ensina também que, posto à prova, o princípio da felicidade se deixa voltar contra a Lei, sempre pronto a ceder em seu desejo, inteiramente desarmado diante da ameaça de morte e diante do mal, como se fosse apenas um dócil auxiliar do Senhor ab-

[47] No que Lacan concorda finalmente com Kant. Cf. *Subversion du sujet et dialectique du désir*, in: *Ecrits*, Seuil, 1966, p. 810.

soluto. O argumento da força defenderia então um rigorismo mais conseqüente, ainda mais "rigoroso" que o da *Fundamentação*, ao rejeitar toda concessão à metafísica do prazer, todo apego da Lei à matéria da felicidade... Quanto a saber se a submissão do princípio de prazer à morte é inevitável ou simplesmente contingente; se, uma vez identificado o verdadeiro Adversário, seria possível subtrair o princípio de prazer à sua hegemonia para consigná-lo a serviço da Lei e de seu fim último; se afinal levar em conta o gozo, e não somente o prazer, modifica ou não o que está em jogo – a abordagem dessas questões ultrapassa os limites deste trabalho.

O apólogo não deixa de permitir que se responda a uma objeção maior endereçada a Kant. O que, segundo Hegel, retém sua filosofia prática no formalismo da moralidade abstrata, a condena aos deslocamentos equívocos, à heteronomia, à imoralidade, é o seu medo da morte: sua recusa de enfrentar a provação do negativo em que a consciência de si tem acesso ao reconhecimento mediante a luta até a morte, em que o espírito conquista, na absoluta dilaceração, sua liberdade de Sujeito. E, em uma temática diferente, é o mesmo motivo que se encontraria em Heidegger, a mesma censura endereçada a Kant, haver desconhecido a significação fundamental da liberdade como liberdade-para-a-morte, prescrevendo a existência finita para sua autenticidade na decisão-resoluta.[48] Acusações apressadas demais: segundo o argumento da força, a provação de morte é requerida para que seja reconhecida a liberdade e, longe de se desviar dela, pelo contrário, a ética kantiana a supõe como uma "experimentação da razão" em que se revela o dom da Lei. Sem que essa liberdade mais forte que o medo de morrer se identifique, no entanto, com uma liberdade-*para*-a-morte, erigindo o poder-morrer em possibilidade absoluta, a mais apropriada e a

[48] Cf. as análises que apresentamos em *Kanten*, Kimé, 1996.

mais autêntica da existência. Para além da liberdade que só visa à morte, que a ela se submete como ao Senhor absoluto ou à *Arqué* do ser, está a liberdade de morrer *pela Lei*; e esta última, no apólogo, manda morrer inseparavelmente pela *verdade* e pelo *outro*, esse "*homem de bem*" perseguido que o falso testemunho punha a perder[49]. Possibilidade última, desvelada pela Lei do dever ("tu deves, logo tu podes"), que sempre implica uma decisão livre, chega mesmo a atestar uma conversão ética no caso de nosso libertino que renuncia ao primado do prazer para tornar-se sujeito-na-Lei. O que deixa entrever uma escansão da temporalidade prática muito diferente da "satisfação invariável", a prometida pela *Crítica*... Mas talvez solicitamos de maneira excessiva o que afinal é somente um "exemplo" marginal: a revelação da liberdade-pela-Lei na provação de morte que ele descreve continua sendo uma afirmação isolada, um *hapax* na obra. Se os escritos ulteriores confirmam a inconsistência do princípio da felicidade, se ratificam assim o abandono do rigorismo da *Fundamentação*, não é a *morte* mas é o *mal* que eles vão designar como o Oposto da Lei, descobrindo uma outra dimensão da temporalidade prática.

---

[49] Será preciso reconhecer, nesse morrer-pelo-outro, a abertura ética de um além do ser? "A relação para com outrem, no sacrifício em que a morte do outro preocupa o ser-aí humano antes de sua própria morte, não indica precisamente um além da ontologia – ou um aquém da ontologia –, ao mesmo tempo em que determina – ou revela – uma responsabilidade pelo outro, assim como, mediante esta responsabilidade, um 'eu' humano que não é nem a identidade substancial de um sujeito nem a *Eigentlichkeit* na 'minhidade' [*mienneté*] do ser?" (E. Levinas, "Morrer por....", in: *Heidegger, questions ouvertes*, Osiris, 1988, p. 263-264). Estaremos desculpados de não responder, aqui, a esta questão.

Addendum: de Freud a Kant?

Que o princípio da felicidade, a tendência de buscar o máximo de prazer, se apresente como um princípio fundamental da faculdade de desejar, uma manifestação originária da vida; que no entanto tal princípio se mostre inconsistente, incapaz de fazer Lei face à morte, posto a seu serviço como ao Senhor absoluto; que o ideal de uma satisfação absoluta, de um cúmulo de prazer se revele contraditório e nocivo à vida, se inverta no tédio em angústia mortal – eis o que ensinou nossa leitura de Kant. E doravante se compreende melhor o que subjaz à revolução copernicana da segunda *Crítica*: o projeto de reconstruir a ética para além do princípio de prazer. O título de um de seus textos mais conhecidos o mostra suficientemente: é numa mesma direção, a contrapelo de toda tradição, que Freud ia se engajar. Talvez seja oportuno confrontar brevemente sua problemática com a de Kant. Decerto, "a teoria psicanalítica admite sem reservas que a evolução dos processos psíquicos é regida pelo princípio de prazer", que as experiências psíquicas de desprazer ou as instâncias como o princípio de realidade que parecem se lhe opor "não contradizem em nada a sua dominação".[1] Todavia, tal predominância encontra seu limite, seu "além": outra instância mais poderosa, o obscuro, o silencioso trabalho

---

1 Freud, *Au-delà du principe de plaisir* (1920), *Essais de psychanalyse*, Payot, 1972, p. 7-12.

da morte. Longe de posar como Senhor absoluto ou como Lei, "o princípio de prazer [está] a serviço das pulsões de morte".[2] Tese bastante próxima, aparentemente, do que trouxemos à luz em Kant, embora Freud ali chegue por vias diferentes. No lugar de exprimir uma intensificação das forças vitais, o prazer manifestaria, ao contrário, uma tendência ao "rebaixamento", à supressão das excitações, à "equalização das tensões" e das "diferenças vitais", "isto é, à morte". Mais primitiva e mais forte que o princípio de prazer é, com efeito, a tendência a reproduzir um estado anterior, "restabelecer um estado perturbado pela aparição da vida", a saber, a morte. Orientado para o passado, sujeitado a ele, o princípio de prazer se submete à onipotência da compulsão de repetição.[3]

O que Freud descobre, "além do princípio de prazer", não é portanto, como se poderia acreditar, a repetição ou a morte. Pois o princípio de prazer não difere essencialmente da pulsão de morte à qual está submetido: se esta parece desdobrar-se "além" dele, é porque ela é a sua *condição* e o seu *fim*. O verdadeiro além do princípio de prazer – seu oposto-real, seu Outro radical – só poderia ser a pulsão de vida, o Eros, como o denomina Freud, isto é, o desejo, cujas exigências introduzem "novas diferenças vitais", prolongam o prazo, o desvio, interrompendo por um instante esse "deslizamento na morte" que define toda vida. Poderia parecer que o caminho de Kant e o de Freud divergem irremediavelmente, visto que sua visada em comum de um além do princípio de prazer se orienta, em um deles para a Lei, no outro para o desejo. Para Freud, não há nenhuma dúvida de que a "consciência

---

2 *Ibid.*, p. 80.

3 *Ibid.*, p. 51-2. Sobre as pulsões de vida como "repetição", cf. p. 70-4. Sobre tudo isso, é preciso referir-se à análise de Derrida, *La carte postale*, Aubier-Flammarion, 1980, p. 277-437.

moral" se enraiza no *supereu*, no "imperativo categórico do supereu", cuja função é justamente recalcar o desejo. Daí o paradoxo da moralidade, o cruel *double-bind* em que ela arma cilada para o sujeito: como o sentimento de culpa do qual ela se alimenta não é senão agressividade inconsciente que se volta contra o Eu, quanto mais um homem se torna "moral" e refreia sua agressividade, mais ele sente crescer sua culpa, endurecer-se as injunções tirânicas de seu "dever".[4] Crueldade da moral, loucura da Lei. O supereu sendo apenas um "reservatório" da pulsão de morte, seu agente na "luta contra Eros", é finalmente a morte que se põe como lei última de toda lei. Por isso, uma "lei moral" não poderia, de maneira alguma, passar além do princípio de prazer, seu velho cúmplice, seu acólito, devotado como ela ao serviço da morte.

Dir-se-ía mesmo que ela se submete, como agente auxiliar, à autoridade subalterna do princípio de prazer. Freud nota, com efeito, que a renúncia à satisfação do desejo imposta pelo supereu se faz acompanhar, "ao lado de um desprazer inevitável", de um "ganho de prazer", acarretando mesmo uma "exaltação" do eu.[5] E não se trata somente do prazer próprio ao supereu – onde a "lei moral" brincava sadicamente de interditar o gozo –, mas também de uma satisfação narcísica do eu, de um estranho *prazer do desprazer* – onde o eu tem prazer ao se interditar todo prazer –, o que nos reconduziria, afinal de contas, ao enigma do masoquismo primário. Por trás da máscara austera da "lei", uma astúcia do princípio de prazer... Seria a fonte da dualidade afetiva do respeito, em que se conjugam, segundo Kant, prazer e desprazer, "humilhação" e "elevação" do eu? Mas o respeito pela Lei se reduz, como Freud

4 *Malaise dans la civilisation* (1929), PUF, 1973, p. 79-87.

5 *Moïse et le monothéisme* (1938), Gallimard, 1948, p. 174-6. É nos mesmos termos, como se há de recordar, que Kant descrevia a dualidade afetiva do respeito.

parece acreditar, nessa ambivalência patológica? Redução que supõe um forçado lance metonímico, a assimilação arbitrária de *toda* lei, da Lei *como tal* à "lei" do supereu, isto é, a uma lei de heteronomia – legado de morte, o supereu é o representante inconsciente de uma autoridade exterior, a do pai pré-edipiano ou, mais exatamente, do supereu do pai; a uma lei impura, que se funda no medo (da castração) e na demanda de amor; enfim, a uma lei "louca", que pune sadicamente a virtude e ignora ou absolve o crime. O que Freud toma como sendo a Lei não seria senão a sua careta, a sua doação patológica, desfigurada: a pseudolei do moralismo despótico que sempre supõe, dizia Kant, um "ódio oculto da Lei". Com essa dupla redução – da Lei ao supereu, da ética a uma "moral" neurótica ou perversa –, entre a psicanálise e a visada kantiana da ética, todas as pontes parecem cortadas.

O mesmo vale para o que está em jogo no trabalho de Lacan, quando este empreende enunciar *a ética da psicanálise*, ética irredutível a todo moralismo, e que não seria o suplemento compensatório da prática analítica, mas a sua condição de verdade. O que o leva a separar a Lei de sua redução abusiva ao supereu, àquela "figura obscena e feroz" do supereu, cujo "imperativo paradoxal e mórbido" não tem "nada a ver com a Lei".[6] Torna-se então possível expor uma "ética radical do desejo" que possa medir-se com os princípios kantianos. Em uma época e em um meio em que era bom tratar Kant como um cachorro morto, é notável que Lacan lhe tenha prestado a homenagem de saudá-lo como o "ponto de viragem" de uma "subversão" que prepara a descoberta freudiana.[7] Essa

---

6 Lacan, *Séminaire*, t. VII, *L'éthique de la psychanalyse* (1959), Seuil, 1986, p. 14-6, 228, 358.

7 *Kant avec Sade* (1963), in *Écrits*, Seuil, 1966, p. 765. Notar-se-á que o seminário sobre *L'éthique de la psychanalyse* refere-se freqüentemente a Kant, cf. as p. 68, 89, 93, 363...

viragem não é outra senão o "paradoxo do método" da segunda *Crítica*, que libera a ética do ideal do bem-estar, isto é, do princípio de prazer, e nos permite compreender "que se esteja mesmo no mal", que haja um gozo em transgredir a Lei, no que Sade revelaria a verdade da *Crítica*. Tal seria o sentido do formalismo kantiano: substração do objeto do desejo, "rejeição radical do patológico, de toda consideração para com um bem [...], por onde Kant libera o campo da moral" e a verdade como "trama significante pura", enxertada no significante vazio de uma abertura ou de uma falta. Assim, a *Crítica* se apresenta como um ponto de passagem obrigatório para a ética, por tê-la instituído como ética da Lei, de uma Lei a que todo sujeito se acha submetido precisamente quando a desobedece. Desse modo, Lacan concorda com Kant para marcar os limites dessas posturas de desafio perverso, rebelião contra a Lei que, para ele, o nome de Sade ilustra. Limites que são os do princípio de prazer: em sua "vontade de gozo", o libertino já "parte vencido, prometido à impotência", "visto que parte submetido ao prazer", a sua inevitável desintumescência.[8] A *visada* de um máximo de prazer entra assim em conflito com a *condição* de prazer, com sua tendência à homeostase, à redução das excitações vitais. Assim como, segundo Kant, a busca de um gozo sempre novo naufraga na angústia do tédio, assim também o projeto sadiano de um gozo ilimitado se desmorona, ou não se sustenta senão como fantasma que faz com que recue indefinidamente seu ponto de desmoronamento. Ao sujeito que deseja, o gozo é, portanto, duplamente proibido: enquanto esse gozo é *ruim* – como sublinha Lacan, "o gozo é um mal [...] porque comporta o mal do próximo";[9] e enquanto esse gozo é *impossível*. Hoje, quando "a liberação

---

8 *Kant avec Sade*, p. 773-5.

9 *Séminaire*, VII, p. 217.

naturalista do desejo fracassou historicamente",[10] atesta-se a impossibilidade de atingir, por meio de um distanciamento absoluto, uma suspensão total das proibições, um gozo fora-da-Lei. Concluir-se-á "que é necessária uma transgressão para aceder a esse gozo",[11] que a vontade de gozo não vai longe, salvo se se basear em uma Lei de que possa gozar por transgredir. Já era esse o caso de Sade: "A apologia do crime não o leva senão até a confissão desviada da Lei".[12] Aí estamos nós, de volta à tese kantiana de uma sujeição originária do sujeito à Lei. É a Crítica que então se faria o juiz do fantasma sadiano, assim como da impostura contemporânea de uma "liberação" do desejo.

Ao menos, se Kant pudesse tomar a sua medida, se não houvesse sucumbido a um mesmo desconhecimento: se ele próprio não houvesse perdido o nó do desejo e da Lei e deixado escapar o registro do gozo. Duplo erro, o primeiro dos quais faz dele o cúmplice de Sade pelo avesso, ao passo que o segundo o faria recair muito aquém do saber libertino. Ao liberar a Lei de sua ordenação ao Bem, o defeito de Kant terá sido deixar vazio o campo assim liberado, sem "reconhecer que se trata do lugar ocupado pelo desejo". Teria desconhecido que "a lei e o desejo recalcado são uma única e mesma coisa",[13] no sentido de que a Lei é lei *do* desejo, nada proibe ao sujeito daquilo que ele na verdade deseja, só lhe prescreve não ceder sobre tal desejo, pois o desejo *é* a Lei. Cegueira que Kant partilha com Sade, embora de forma invertida. Segundo a autonomia exposta por *Kant com Sade*, o Velho de Königsberg teria cometido o erro de *opor a Lei ao desejo*, ao

---

10 *Ibid.*, p. 16.

11 *Ibid.*, p. 208.

12 *Kant avec Sade*, p. 790.

13 *Ibid.*, p. 782.

passo que o Divino Marquês, simetricamente, *opõe seu desejo (de gozo) à Lei*, ambos vítimas de um mesmo contra-senso, do mesmo desbaste da Lei à pseudolei do supereu. Ambos se detêm aí, "no ponto onde o desejo se ata à Lei" e onde se desvela, síntese soberana, o ensinamento da psicanálise.

Caso fiquemos nisso, o argumento de Lacan parece bastante fraco. Sabemos que Kant concebe, pelo contrário, a Lei ética como Lei do desejo, "princípio determinante da faculdade de desejar", mesmo que a concepção freudiana do desejo seja muito diferente da sua. Mas o essencial não está aí: para Lacan, o erro capital de Kant não está relacionado ao desejo, mas ao *gozo*. É no mais avançado ponto da *Crítica* que ele o surpreende – fala de corda em casa de enforcado. Naquela provação última, quando o princípio da felicidade abdicava, a liberdade ordenada à Lei se mostrava capaz de manter-se perante a ameaça de morte, revelando assim que a morte não é o Senhor absoluto. Toda argumentação de Kant repousava nessa evidência banal: que, cansado de optar entre sua paixão e sua vida, forçosamente o defensor do prazer renunciará a ele. Kant sequer considera que o apaixonado possa escolher a forca, quer por colocar seu amor mais alto que a vida, quer ainda, como sugere Lacan, "pelo prazer de cortar a sua dama em pedaços".[14] Esses dois motivos, sobrevalorização do objeto e passagem ao ato perverso, desvelam uma vontade de gozo mais poderosa que o medo de morrer. Se é verdade que o gozo implica a aceitação da morte – da morte do sujeito nas proezas do amor cortês ou do assassinato do outro –, basta que "façamos passar a noite com a dama da rubrica do prazer para a rubrica do gozo [...], para que o exemplo seja aniquilado. Em outros termos, basta que o gozo seja um mal, para que a coisa mude completamente de aspecto e para que

---

[14] *Séminaire*, VII, p. 130-1.

o sentido da lei moral seja completamente mudada [...]. Eis o que, nessa ocasião, Kant simplesmente ignora".[15] Tal seria o limite da ética kantiana, seu ponto cego. Ignorante em matéria de gozo, deixou-se encerrar na alternativa demasiado simples do prazer e da Lei, sem dúvida porque, no momento de desatar o laço secular da felicidade e do Bem, deixou-se ficar no "eixo antigo da ética que nada mais é do que o egoísmo da felicidade":[16] nunca deixou de identificar o ideal da felicidade com a visada de um máximo de prazer e de levar o próprio prazer ao acordo com as condições da vida. O desprezo de Kant para com o patológico, sua certeza hobbesiana de que o medo de morrer seja a mais poderosa paixão o impediram de pensar a negra exaltação onde a própria vida se enamora da morte. Dos dois trajetos possíveis rumo à morte a que se refere na *Antropologia* (por decréscimo ou por intensificação extrema das forças vitais), Kant só quis considerar o primeiro, a extenuação do prazer na inércia do tédio, sem jamais levar em conta esse elã insensato que o arrebata rumo à morte por excesso de alegria.[17] Teria perdido o enigma do gozo, seu exagero, onde ele passa, assim como a Lei, para além do princípio de prazer.

É por isso que *A filosofia na alcova* vale como suplemento à *Crítica* e, desta, "fornece a verdade". Quando a paixão criminosa do libertino enlouquece a ponto de que deseja gozar sua própria morte – "o cadafalso", declara um herói de Sade, "seria para mim o trono das volúpias" – e se descobre

---

15 *Ibid.*, p. 222-3.

16 *Kant avec Sade*, p. 784-6.

17 "Pois poderia a progressão contínua da força vital, que entretanto não pode ultrapassar certo grau, ter outro resultado do que uma morte rápida sob o efeito da alegria? Por isso, nenhum prazer pode suceder-se imediatamente a outro; mas é preciso que, entre ambos, a dor se insira" (*Antropologia*, § 60, 3, p. 1048 (Vrin, p. 94)).

um horizonte da liberdade, de uma liberdade para o mal, que teria sido desconhecida por Kant. Ao forçar pela dor e pelo ultraje os limites da Lei, a experiência trágica do Rebelde sadiano estaria em condições de desvelar o seu avesso, o abismo de uma liberdade fora-da-Lei e o gozo mortífero que a anima. A objeção lacaniana, uma das mais fortes jamais endereçadas a Kant, obriga assim a reconsiderar o estatuto da Lei. Perante a forca, a liberdade-para-a-Lei se revelara mais forte que o princípio da felicidade, até mais poderosa que a morte, uma superpotência soberana que dá sua significação transcendental à forma lógica da universalidade e fundamenta a prevalência incondicionada da Lei. Tudo isso vacila quando já não é somente ao desejo de felicidade que a Lei se acha confrontada, mas ao gozo. Se a provação de morte é o que confere o poder de fazer lei, esta incide igualmente na vontade de gozo e, por isso mesmo, a torna capaz de elevar sua máxima à universalidade.[18] Sabe-se que Lacan designa como a *Coisa* esse foco opaco de gozo, esse buraco negro do real no qual o cúmulo de prazer se funde no sofrimento mais atroz. Ora, a Coisa se apresenta "como aquilo que já faz a lei", mas "uma lei de capricho, de arbítrio", "onde o sujeito não é garantido por nada".[19] Paradoxal homonímia, vizinhança equívoca dessa "lei" do real e da Lei do simbólico que tem a vocação de "preservar a distância da Coisa". Paradoxo de um quiasma, enlace da Lei na Coisa, que Lacan dramatiza ao retomar a *Epístola aos romanos*: "Será que A Lei é a Coisa? Não. Todavia, eu só tive conhecimento da Coisa pela Lei [...] pois, sem a Lei, a Coisa é morta".[20]

---

18 Cf. *Séminaire*, VII, p. 95 e 364.

19 *Ibid.*, p. 89.

20 *Ibid.*, p. 100-1.

A doutrina paulina, que vê na Lei a condição do pecado por ela desperto e por ela atiçado, pecado que me "seduz" graças à Lei, se mostra mais lúcida que a de Kant. Ele, que soubera resolver a velha homonímia do Bem, não teria captado a *homonímia da Lei*, sua divisão originária, a partilha que a enlaça ao simbólico tanto como ao real. Kant não soube reconhecer a implicação da Lei no gozo perverso, postura de desafio em que a Lei é chamada a "servir de apoio a esse gozo, fazer com que o pecado se torne o que São Paulo chama desmesuradamente de pecador".[21] É precisamente porque o gozo exige uma transgressão que ele precisa de uma Lei. Nesse ponto, o argumento de *Kant avec Sade* passa por reversão: a mesma problemática que permitia concluir pela sujeição da vontade rebelde à Lei, agora leva Lacan a declarar que "não há lei do bem senão no mal e pelo mal". Nisso, nenhum elogio da transgressão – o gozo continua sendo designado como um mal, enquanto implica "o mal do próximo" –, mas a insistência de uma questão: a de uma possível desfiguração da Lei, de sua doação patológica. Pois essa "lei", tomada como refém pelo gozo, não é a Lei, mas antes, a sua representação imaginária, a regra arbitrária de um *Urvater* despótico, que o perverso se encarniça em *provocar*, em todos os sentidos da palavra: desafiar, mas para reinvocá-la, conferir-lhe novamente consistência. É a pseudolei impura e louca do supereu que ele desafia ao mesmo tempo em que se regula por ela. Demarcação decisiva do supereu e da Lei, deixada na sombra por Freud e que é a condição de uma ética da psicanálise. Talvez seja justamente essa linha de partilha que se esfuma quando vacila a verdade da Lei e ela se deixa desencaminhar "no mal e pelo mal", a partir do momento em que o imperativo do gozo pretende erigir sua máxima em lei univer-

---

21 *Ibid.*, p. 223.

sal.[22] É que o supereu já é a Lei, ou antes, um de seus modos de doação, sua face "obscena e feroz", à qual, entretanto, ela não se reduz, embora sempre corra o risco de ser confundida com ele, na transgressão perversa ou no fantasma do neurótico. Com efeito, o supereu "tem uma relação com a Lei, mas ao mesmo tempo é uma 'lei' insensata", um "desconhecimento da Lei"; ou ainda, como abruptamente anota Lacan, ele é "simultaneamente a Lei e sua destruição".[23] Por meio dessas formulações paradoxais em *double-bind*, encontramos novamente a mesma dificuldade que já havíamos indicado em Kant, a mesma ambigüidade ou duplicidade inerente ao dom da Lei, Lei que às vezes se apresenta como uma pseudolei, patologicamente desfigurada. Que a psicanálise nos permita nomear, com o nome de supereu, esse simulacro da Lei, isso não basta, sem dúvida, para esclarecer o mistério dessa dupla doação.[24]

Assim, ao trajeto inicial que o reconduz *de Freud a Kant*, – do "lapso" freudiano que reduz a Lei ao supereu até a descoberta kantiana da sujeição do desejo à Lei –, em Lacan se sobrepõe um percurso inverso, *de Kant a Freud*, do "lapso" kantiano que omite o registro do gozo até que a experiência da psicanálise o leve em conta. Caso acreditemos em Lacan, o engano de Kant estaria no fundo do engano de toda filosofia moral, antes e depois dele: ter perdido o gozo, ter permaneci-

---

22 Cf. *Séminaire*, XX, *Encore* (1973), Seuil, 1975, p. 10: "O supereu é o imperativo do gozo."

23 *Séminaire*, I, *Les écrits techniques de Freud* (1953), Seuil, 1975, p. 119; cf. também p. 122.

24 Tudo isso haveria de ser retomado no belo livro de A. Didier-Weil, *Les trois temps de la Loi*, Seuil, 1995, que tenta determinar, mais precisamente, o conceito de supereu em suas múltiplas faces ou fases e apresentar uma série de critérios que permitam diferenciar o mandamento superegóico e o mandamento "metafórico" da Lei.

do submissa ao ideal clássico da felicidade. Ora, não é nada disso. Com uma leitura mais atenta (por exemplo, a de Hegel), parece que Kant, longe de desconhecê-la, reinstala o gozo no coração da ética, no sentimenteo de respeito pela Lei; e tal sentimento, em que se conjugam *Lust* e *Unlust*, em que se enlaça o quiasma do gozo e do horror, é muito próximo daquilo que Lacan vai captar na abordagem da Coisa.[25] Se está errado em acreditar que a ética kantiana deixara escapar o nó do *desejo* e da Lei, é igualmente falso que ele ignore o enlace da Lei com o *gozo*, isto é, com a abjeção e com o mal: atestam-no não somente as referências de Kant à *Schadenfreude*, "alegria sádica em ver outrem sofrer" e, mais profundamente, a análise do sublime, com a "alternância de atração e repulsão" pelo objeto que ele implica, e sobretudo o pensamento do mal radical, esse erro originário em que é a própria doação da Lei, a escolha do caráter inteligível, que parece inverter-se, infletir-se no mal. Como se vê, as questões suscitadas pela psicanálise, as da relação da Lei com a Coisa, com o gozo e com o mal, sua distinção e proximidade quase indiscernível com a pseudolei do supereu – tais questões já haviam sido invocadas pelas fontes e aporias da ética kantiana. Entre Kant e Freud, Kant e Lacan, permanece aberta a exigência de um diálogo de pensamento.

---

25 Aliás, o próprio Lacan o reconhece: cf. *Séminaire*, VII, p. 97.

Um mal demasiado humano (do mal radical I)

Existe o mal. Irrecusável, injustificável, o fato do mal se impõe a nós. Desde sempre é contado nos relatos da história, no dizer do poema e do mito religioso. "Que o mundo se acha no mal", escreve Kant no início do *Ensaio sobre o mal radical*, "é um lamento tão velho quanto a história e mesmo a mais velha poesia, tão velho que o mais velho de todos os poemas, a religião dos sacerdotes"[1] – e talvez seja ele o único pensador de nossa modernidade a ter ouvido esse lamento imemorial, tentando lhe fazer justiça. Se é exigida uma Lei ética, é precisamente para traçar uma demarcação objetiva entre o bem e o mal que permitiria resistir a seu domínio. Que não haja nem bem nem mal – ou, o que dá no mesmo, que somente o mal seja "bem" –, tal é, ao contrário da tese do niilismo ético, a de uma modernidade extenuada, incapaz de dar conta de sua própria experiência do mal e, assim, fazer justiça ao lamento. Mas sem dúvida nosso niilismo não é senão a consumação de uma longa tradição de desconhecimento e de esquecimento. Ao evocar o indizível horror dos campos

---

[1] *A religião nos limites da simples razão*, 3, p. 29 (Vrin, 1972, p. 37). Lembremos que Kant inseriu o *Ensaio sobre o mal radical* de 1792 nesse livro, publicado no ano seguinte, considerando-o sua primeira parte.

de extermínio que "marcam a aparição de um mal radical anteriormente desconhecido", Arendt sublinha que "é um traço inerente a toda nossa tradição filosófica não podermos conceber um 'mal radical': isso é verdade tanto para a teologia cristã, que atribuía ao próprio diabo uma origem celeste, como para Kant, o único filósofo que, na expressão por ele forjada a esse respeito, deve ter ao menos suspeitado da existênca desse mal, embora tenha se apressado para racionalizá-lo mediante o conceito de uma 'vontade perversa', explicável a partir de móbiles inteligíveis. Assim, não temos, de fato, nada a que nos referir para compreender um fenômeno cuja realidade acabrunhante não deixa de nos interpelar e quebra todas as normas por nós conhecidas".[2] Os nomes de Agostinho e de Kant assinalariam um abertura pela qual o pensamento do mal tentará escapar ao seu ocultamento, sem consegui-lo verdadeiramente. A tarefa de uma ética radical seria então retomar, prosseguir sua tentativa, tentar romper a tripla cadeia – metafísica, lógica, moral – que barra o acesso à questão.

Ao evocar, no início do *Ensaio sobre o mal radical*, aquele lamento de "que o mundo seja mau", reprovação "tão antiga quanto a religião dos sacerdotes", Kant parece conceder ao relato religioso um valor de verdade, o de um testemunho mais antigo, o mais antigo de todos, em que se atesta o fato do mal. Nem por isso ele deixa de ser um "poema", simples ficção simbólica, e sempre ameaçada de desaguar em uma concepção "terrorista" da história, por ser revogado sob o mesmo título que sua antítese otimista. Desde as suas primeiras frases, marca-se a ambigüidade do andamento da *Religião*, a de uma obra que se propõe a circunscrever o religioso "nos limites da simples razão", conforme ao projeto das Luzes, mas para incluir naquela pura religião racional os ensinamentos

---

2 H. Arendt, *Le système totalitaire* (1951), Seuil, 1972, p. 201.

de uma religião revelada. O que a torna duplamente escandalosa, tão inaceitável para o crente como para o *Aufklärer*. Com essa noção de um "mal radical", é aparentemente o velho dogma do pecado original que se reintroduz na religião da razão: daí a indignação dos defensores das Luzes – Schiller, Herder ou Goethe – diante dessa apostasia, recaída do velho Kant nos preconceitos da superstição.[3] No entanto, o mal radical não pode ser assimilado ao pecado, ao dogma teológico de um pecado "hereditário", que Kant rejeita expressamente como "a mais inadequada de todas as maneiras de representar [...] a origem do mal moral no homem",[4] e isso não escapará aos defensores do trono e do altar, que também se apressaram para condenar a obra.[5] Se não há pecado hereditário, o mal radical kantiano poderia ao menos concordar com a tese paradoxal – a do primeiro Agostinho – de um pecado "original" mas livremente contraído novamente por cada um de nós? De maneira alguma: em nada o mal radical é pecado, não sendo a marca de nosso erro diante de Deus: um autêntico pensador cristão como Kierkegaard não se enganará a esse respeito, indicando que tal conceito ainda continua sendo ético, incapaz de exprimir plenamente o paradoxo do pecado. Prisioneiro da esfera ética, ele assinala, no entanto, a abordagem de uma "nova ética" que pressupõe a Revelação "e com ela o pecado original, de que em seguida ela se serve para explicar o pecado do indivíduo".[6]

---

3 Sobre tais reações dos contemporâneos, cf. os textos citados por J.-L. Bruch, *La philosophie religieuse de Kant*, Aubier-Montaigne, 1968, p. 75-6.

4 *Religião*, 3, p. 55 (Vrin, p. 61).

5 Kant evoca esse conflito com a censura prussiana no prefácio do *Conflito das faculdades*, 3, p. 806-12.

6 Cf. os textos citados do *Concept de l'angoisse*, p. 24-5; cf. também os do *Journal*, t. II, p. 92.

Mas pode essa "segunda ética" coincidir, em Kant, com a segunda fase da filosofia prática, a que se esboça a partir da *Dialética da razão prática*, com a exigência de "alargar" a Lei para nela integrar a visada do Soberano Bem? Nessa *Erweiterung* da Lei, não é a questão do mal que encontramos inicialmente, mas a da felicidade, da beatitude, "condição subjetiva" do Soberano Bem cujo defeito faria a Lei desfalecer. Decerto a visada do fim último, a busca da Passagem é que poderia inscrever no mundo sensível esse fim, levando Kant a examinar as *condições* de possibilidade dessa Passagem no "domínio da natureza" em geral (*Crítica do juízo*) e na história humana (escritos histórico-políticos); em seguida os *obstáculos* que a entravam, suas condições de impossibilidade, e assim é que ele reencontra a questão do mal e redige a *Religião*.[7] Esta pertence, portanto, à ética da Lei, à segunda fase dessa ética que ela "alarga" ao lhe abrir um novo horizonte; conferindo uma significação inédita, forma de uma comunidade ética universal, ao ideal do Soberano Bem. É a aparência de unidade e de coerência da primeira ética (aparência enganadora, como se viu), é a certeza ilusória de seu acabamento na segunda *Crítica* que conduzem os comentadores a representar a questão do mal radical como um complemento exterior e o *Ensaio* que o aborda como um escrito de circunstância sem grande importância. Para Kant, em contrapartida, a elaboração de uma "filosofia pura da religião" era tida como resposta à terceira questão do pensamento, ao *"que posso esperar?"*.[8] O mesmo ocorre

---

7 Entre a terceira *Crítica* (1790) e o *Ensaio sobre o mal radical* (1792), o ensaio de 1791, *Sobre o insucesso de toda teodicéia*, constitui uma transição. Cf., nesse sentido, a análise de B. Rousset, *La doctrine kantienne de l'objectivité*, p. 562-6.

8 Numa carta a Stäudlin, Kant precisa que a *Religião* está destinada a responder a tal questão. Cf. carta de 4 de maio de 1793, XI, p. 429, trad. francesa in: *Lettres sur la morale et la religion*, Aubier-Montaigne, 1969, p. 189.

quanto ao acabamento da Crítica, à própria possibilidade da ética: pois o desespero é a doença mortal, e a existência do mal poderia fazer com que desesperássemos de nossa destinação e da própria Lei. A dificuldade entretanto continua, o enigma dessa viragem de 1792, em que a questão última escapa subitamente à jurisdição da Crítica para invocar os antigos símbolos da Queda e da Redenção. Se o próprio movimento do pensamento kantiano o impelia a se confrontar com a questão do mal, nada o obrigava a encará-lo como um mal *radical*, que já não é a simples conseqüência das inclinações sensíveis e do desejo de felicidade, mas a expressão de uma decisão livre; que já não se reduz a uma culpa contingente, histórica, mas procede de uma escolha inicial, intemporal ou pré-temporal; que não suprime a si mesma pelo jogo da "insociável sociabilidade", simultaneamente obstáculo e condição de progresso, mas que persiste e está incenssantemente de volta, não podendo ser ultrapassada "unicamente por nossas forças humanas", sem a assistência de um Outro transcendente. É significativo que Kant, após haver terminado o "sistema da Crítica", não tenha passado imediatamente a uma "metafísica dos costumes" no sentido estrito (doutrina da virtude e do direito), mas a uma filosofia da religião, como se a aparição súbita e imprevista desse conceito de mal radical, irredutível às demarcações e às categorias da filosofia prática, o obrigasse a se confrontar com o seu Fora: como se o pensamento que tenta pensar o mal devesse portar-se em seu Limite, coação de ultrapassar não somente o saber, mas também a pura crença prática, para dar acolhida aos símbolos da fé, abrir-se a essa outra esfera na qual ocorre a Kant reconhecer o "núcleo" da ética, a "Lei de todas as leis".

Outra esfera, mais ampla, envolvendo a esfera da ética: é no prefácio da segunda edição da *Religião* que ele recorrerá a essa metáfora tópica para descrever as relações entre a filosofia prática e a Revelação cristã.[9] Ademais, é preciso notar que a esfera central não se limita à filosofia prática propriamente dita, mas compreende também certos dados da Revelação, integrando-os "aos limites da simples razão", "após depuração de tudo o que era empírico". É nessa zona intermediária, fronteira movente entre a crença racional e os mistérios da fé, que se situa o conceito de mal radical, impossível de se deduzir da filosofia prática, impossível de se reduzir ao dogma do pecado original, nem culpa moral nem pecado no sentido teológico. É que o avanço da razão se choca com a resistência da fé, de seus elementos rebeldes que constituem os "*parerga* da religião nos limites da pura razão", questões-limite que já não pertencem à área da razão, "mas que ali confinam".[10] Notar-se-á o estatuto ambivalente desses *parerga*, dispostos nos confins da obra como postos avançados, linhas de defesa do sistema, que se apresentam também como barreiras, assinalando o perigo que a "loucura religiosa" faz pesar sobre a pura crença da razão, essa ameaça, esse paradoxo insensato que simboliza, para Kant, o nome de Abraão. Tratar-se-á, então, de separar os *paradoxos* da fé, excluídos sem recurso, simples *parerga* que se deixam integrar na esfera da religião racional onde podem "concordar com os princípios morais universais". Assim, a figura de Cristo, "depurada" da loucura da Encarnação e da Cruz, encontrará o seu lugar como ideal humano de perfeição moral.[11] Assim, o mal radical, aliviado de toda referência ao pecado – ao Mistério de iniqüidade, a um erro mais originário que a humanidade no homem –, tenderá a ser re-

---

9 *Religião*, p. 25 (Vrin, p. 31).

10 *Religião*, p. 80 (nota) (Vrin, p. 76): "Na consciência de sua impotência para satisfazer a sua carência moral, a razão se estende até Idéias transcendentes, que poderiam preencher esse vazio, sem todavia apropriar-se delas como uma possessão que alargasse o seu campo."

11 *Religião*, p. 75-9 (nota) (Vrin, p. 85-9).

duzido a uma culpa moral "que deve ser possível dominar, visto que ela se encontra no homem". O que parecia anunciar uma viragem maior se limitaria, afinal de contas, a confortar as certezas tranqüilizadoras da antropodicéia, completar com um adendo sem importância a moral do Sujeito autônomo... Ou então o *Ensaio sobre o mal radical* seria mais profundamente dividido, texto "parergonal" sob o mesmo título que esse conceito de mal radical de que ele faz o seu objeto, equívoco e instável tal como todo *parergon*: obra de ruptura e de crise, na qual a radicalidade do mal e seu inevitável retorno desafiam a segurança da razão, reintroduzem o paradoxo no coração da ética, o risco da heteronomia, a cesura temporal, o gozo e a angústia – tudo aquilo que a ética rejeitava para as suas margens, na periferia de sua esfera e que agora lhe é preciso reconhecer, como o seu "núcleo" secreto, nessa aventura a que lhe arrasta a descoberta do mal radical.

Que o homem possa ser dito mau, nisso é preciso ver, segundo Kant, um fato primeiro, inexplicável, irrecusável. Assim, o *Ensaio* de 1792 apresenta o mal radical como um "fato inteligível" que estaria no fundamento de toda culpa empírica, do *factum phaenomenon* da culpa. Facticidade transcendental em que aprendemos a reconhecer o dar as cartas da Lei. Impossível, entretanto, considerá-lo um modo de doação da Lei, visto que a ela se opõe e só se define por meio dessa oposição. Logo, ele encontraria o seu lugar no supra-sensível, mas sem dizer respeito ao *factum rationis*, tal como um fato da desrazão pura, entranho à razão em seu próprio domínio: nem empírico nem puramente racional, irredutível às oposições canônicas do kantismo e impossível de situar em seu sistema. Ainda mais opaco do que o *factum* do respeito, mais difícil de apreender, pois já não se trata de pensar a inscrição sensível de uma Lei supra-sensível, mas um tipo de contra-Lei no mais próximo da Lei.

Situação paradoxal, atópica, do mal, de que o *Ensaio* não conseguirá verdadeiramente dar conta. Veremos Kant hesitar entre dois procedimentos contraditórios, entre uma dedução *a priori* do mal radical e uma análise "antropológica" *a posteriori*. Duas vias divergentes se cruzam no texto, não cessam de se encavalar, de suplantar uma à outra, a primeira conferindo ao mal uma dimensão transcendental, a segunda relegando-o a um estatuto subalterno, ao desvio da lei. Como se Kant devesse repetir o motivo inicial de seu pensamento, a descoberta do mal como grandeza negativa e seu recobrimento imediato – mas sem que o gesto de denegação pudesse, dessa vez, triunfar totalmente (como em 1763) e restabelecer a ontodicéia. Entre o trabalho de verdade da obra e as resistências do sistema, o *Ensaio sobre o mal radical* apresenta uma formação de compromisso em que as duas lógicas rivais se enfrentam, por assim dizer, a descoberto. Tanto que seu conflito atravessa todo o texto, fazendo com que cada conceito se volte contra si mesmo, obrigando Kant a multiplicar os lances forçados e as demarcações arbitrárias, desacreditar cada tese no próprio momento em que a enuncia. Ora veremos Kant afirmar que todas as nossas disposições naturais são boas, ora que, não obstante, o homem é "mau por natureza"; sustentar a tese de uma "origem racional do mal" e, arisco, negar que ele possa se enraizar na razão; definir a inclinação para o mal como um fato "contingente" e no entanto universal; como uma tendência "inata", mas que terá sido livremente contraída; "inextirpável", mas que, no entanto, precisamos dominar por nós mesmos. Tantas noções instáveis e ambíguas, paradoxos ou oxímoros conceituais – mas esse é o preço a pagar por quem tenta dizer o indizível.

O *Ensaio* se abre com o enunciado de uma antinomia, próxima da antinomia do juízo histórico exposto em *O conflito das faculdades*:[12] a questão do mal, com efeito, é ali abor-

---

12 Cf. *O conflito das faculdades*, IIª seção, 3, p. 887-906, e notadamente p. 890-1.

dada em sua relação com a história, no horizonte do tempo. Sua tese, "terrorista" se quisermos, é o poema ou a queixa secular a clamar que o mundo é mau, que a idade de ouro fugiu "como um sonho", que a história se confunde com uma "queda no mal". "Recente e bem menos difundida se acha a heróica posição contrária", a dos "pedagogos" e dos moralistas, "de Sêneca a Rousseau": para eles, "a marcha do mundo iria em sentido inverso, do mal para o bem", o que eles atribuem a uma feliz disposição da natureza humana. Kant afinal se apressa em dispensar a "lei de Rousseau", a da antropodicéia, para dar razão ao velho poema dos sacerdotes? Ou então considera ele, como tentara em *O conflito das faculdades*, estar revogando a tese terrorista com sua antítese eudemonista? Por ora, é difícil responder: logo após ter posto a antinomia, o *Ensaio* se desvia para concentrar-se no exame da relação entre o bem e o mal. Uma alternativa, com efeito, subjaz à antinomia: *"O homem é (por natureza) ou bom ou mau moralmente"*. Não será preciso colocar em causa essa disjunção exclusiva? A experiência comum estaria inclinada a uma "solução intermediária", seja uma síntese "indiferentista" por neutralização dos contrários (o homem não seriam nem bom bem mau), seja uma síntese "sincretista" por "coalizão" (o homem seria em parte bom e em parte mau). Admirável sabedoria do senso comum! Seguindo sua própria queda, ei-lo que penetra ingenuamente no segredo da ontodicéia, sua verdade niilista. Tal é, como sabemos, o termo de seu trajeto: a indiferença do bem e do mal, a noite do niilismo onde tudo dá no mesmo.

É para esse nivelamento, para essa elisão da diferença ética, que responde o "método de resolução rigorista",[13] isto é, a implementação da lógica da oposição-real. Posta de lado durante trinta anos, condenada a uma persistência quase clan-

---

13 p. 33-4 (Vrin, p. 41-2).

destina, a problemática não mudou. Nisso se verá também uma prova suplementar de que o trabalho de seu pensamento não se detém após o acabamento das três *Críticas*, que o "sistema da Crítica" só representa uma etapa provisória, relativamente limitada, que não exclui a retomada ulterior de um motivo mais antigo. A afirmação de um "mal positivo" realmente oposto à Lei, que acompanhava o aparecimento da questão da Lei, terá então contornado a primeira fase da ética para ressurgir subitamente em sua segunda fase e precipitar a passagem à "outra ética". Segundo a regra da oposição-real, o conflito não admite o meio-termo, a neutralização dos opostos, o estado de indiferença (= 0), que seja o efeito de uma contra-tendência (– A) anulando a ação de + A. "Se a Lei moral em nós não fosse um motivo do arbítrio, o bem moral (o acordo do arbítrio com a Lei) seria = A, o não-bem [*Nichtgute*] = 0, simples conseqüência da carência de um motivo moral: A x 0. Porém, como o motivo em nós é = A, segue-se que a culpa de acordo da vontade com este último (= 0) só é possível como conseqüência de uma determinação do arbítrio oposto *realiter*, isto é, de um repúdio deste último = – A; aqui, a possibilidade só depende de um arbítrio mau". Texto capital no qual se descobrem os baixios ontológicos do "rigorismo" kantiano. A falta de bem, o simples fato de *não* obedecer, aparece como o indício de um mal positivo. Negar a existência desse mal seria negar a realidade do "motivo moral (+ A)", denegar toda realidade para a Lei – e, assim, o mal existe *porque existe a Lei*. Nessa problemática, é preciso admitir que a relação com a Lei não é "jamais indiferente".[14] Pois a lógica das grandezas negativas proscreve tanto a neutralização da oposição quanto a justaposição "sincrética" dos opostos. Sem indiferença: desde sempre a liberdade já se decidiu pelo bem ou pelo mal, a

---

[14] p. 35 (Vrin, p. 43).

favor da ou contra a Lei. Sem sincretismo: essa decisão inicial a engaja totalmente na unidade indivisa de uma "intenção", e esta "só pode ser única e, de maneira geral, se aplica a todo o uso da liberdade".[15] O que torna particularmente problemática a tese, no entanto defendida por Kant, de uma "coabitação do bom e do mau princípio". Quando nossa liberdade opta pelo mal, sua má intenção a domina totalmente, "corrompe pela raiz o fundamento de todas as máximas", sem deixar nenhum lugar para a Lei e para o Bem.

Regra de causalidade por liberdade, essa intenção define nosso *caráter inteligível*, o projeto fundamental que subjaz a cada um de nossos atos e de nossas escolhas empíricas. Em uma perspectiva "rigorista", esse caráter só poderia ser radicalmente bom ou radicalmente mau, sem meio-termo. Torna-se então possível "inferir *a priori* de várias, e mesmo de uma só má ação consciente, uma máxima má que lhe serve de fundamento e desta última a um primeiro fundamento no sujeito de todas as máximas morais más".[16] O fenômeno da culpa remete, assim, a uma culpabilidade *a priori* que o torna possível. Esse enigmático *Grund des Bösen* é aquilo mesmo que Kant chama de mal radical. "Radical", o que inicialmente quer dizer enraizado na liberdade. Assim deve ser, se o mal é potência positiva que se opõe à Lei de liberdade. Uma oposição real é impossível entre princípios heterogêneos, por exemplo, entre a Lei da razão pura e um móbil sensível ou uma inclinação empírica. Por isso, um mal verdadeiramente radical só pode enfrentar a Lei sob o horizonte da Lei, isto é, da liberdade: máxima contra máxima, mau caráter contra bom caráter. O Fundo último desse fundamento do mal, é o que surge da liberdade. Mas em que sentido? Se uma vontade li-

---

[15] p. 36.

[16] p. 31.

vre e uma vontade submetida à Lei são uma única e mesma coisa, como a livre vontade (*Wille*) poderia se desviar da Lei? A transgressão deve dizer respeito a um outro modo de liberdade, desse poder de escolher, de se decidir a favor ou contra a Lei que Kant denomina o "arbítrio" (*Willkür*). "Da vontade procedem as leis; do arbítrio, as máximas":[17] nossas culpas provêm da livre escolha de máximas más pelo arbítrio empírico (*libertas phaenomenon*), porém, tais decisões más pressupõem uma arque-decisão inicial, a escolha originária de uma máxima suprema e má, livremente adotada pelo arbítrio inteligível (*libertas noumenon*).[18] Radical se diz desse "ato de liberdade", a *escolha do caráter inteligível,* que decide nosso caráter empírico, todas as nossas ações no mundo sensível. Segundo uma decisão *única* (ele engaja "todo o uso da liberdade"), *originária* (é "um ato que precede todos os atos") e *intemporal,* o que deveria torná-la irrevogável. Reencontramos a teoria do caráter inteligível, esboçada nas duas primeiras *Críticas* e aqui desenvolvida até as suas mais rudes conseqüências. Ela implica que, em sua raiz, o mal sempre nos terá precedido, como uma dívida irremissível, um Fundo opaco que está fora de nosso alcance e que é, no entanto, *por nossa culpa* e deve nos ser imputado: qualquer que seja o peso das circunstâncias, o encadeamento da necessidade, se transgredimos o imperativo, é porque *já* éramos maus e havíamos livremente decidido nos tornarmos maus, por uma decisão *sempre em ato,* reiterada novamente a cada instante como se da inocência recaíssemos sem tréguas no mal; decisão que, no entanto, deveria permanecer irrevogável, pois ela se mantém fora do tempo, única, imutável... Notemos, enfim, embora Kant não insista

---

17 *Introdução* à *metafísica dos costumes,* IV, 3, p. 473 (Vrin, p. 100).

18 Sobre a definição do "livre-arbítrio inteligível", como *libertas noumenon,* cf. *Opus Postumum,* XXI, p. 470, PUF, p. 276.

nisso, que tal decisão do mal é sempre *singular*: ela é a "escolha da máxima suprema" – de uma *máxima*, isto é, de uma regra de ação particular – e concerne ao "caráter" próprio de cada sujeito, seu estilo de vida. Ela constitui, assim, "nossa dívida [*Schuld*] a mais pessoal",[19] uma culpa ou uma dívida a cada vez diferente em que se joga, para cada um de nós, sua relação singular com a Lei. Assim, mais claramente do que a primeira ética kantiana, a segunda se apresenta, como uma ética reflexionante que nos obriga a julgar sem regras, sem normas morais pré-estabelecidas, para sempre tentar novamente demarcar o bem do mal.

Desse modo, o *Ensaio* elabora uma doutrina do mal, áspera mas coerente, deduzida *a priori* sem nenhuma referência à experiência, à natureza humana, ao senso comum. O papel da experiência se limitaria, então, a confirmar empiricamente a existência desse mal, cuja possibilidade já terá sido estabelecida e cuja estrutura já teria sido exposta segundo uma dedução de estilo transcendental. Efetivamente, Kant começa por "inferir *a priori*" um fundamento positivo do mal a partir do princípio da oposição real; em seguida, na segunda seção, o conceito de uma "inclinação para o mal"; e somente na terceira seção é que se passa à "investigação antropológica". Esboça em linhas gerais um quadro bastante aceito da maldade humana, desde as cenas de carnificina nas tribos de Atabasca até as torpezas do Parlamento britânico, para enfim concluir que "o homem é mau por natureza". Todavia, toma o cuidado de precisar que a natureza da inclinação para o mal não pode ser elucidada "por meio de provas provenientes da experiência", mas deve ser conhecida *a priori*, a partir do conceito do mal. Nesse ponto, apesar dessas precauções, um deslizamento se opera e vai modificar profundamente o an-

---

19 *Religião*, p. 90 (Vrin, p. 99).

damento do *Ensaio*: "Que tal inclinação perversa deva estar enraizada no homem, podemos *nos dispensar de oferecer uma prova formal*, em razão de numerosos exemplos gritantes que a experiência nos apresenta."[20] E decerto, se se trata somente de constatar a existência do mal, basta a observação empírica; porém, para afirmar que esse mal é *radical*, enraizado no caráter inteligível, uma dedução *a priori* se impõe, do que a "investigação antropológica" pretende nos dispensar. Não temos de nos haver com um simples problema de método, mas com o conflito de duas posições incompatíveis, uma que deduz diretamente o mal radical do *factum* da Lei como seu Oposto-real, consignando-lhe, assim, um lugar transcendental; a outra que o reduz a uma determinação empírica da natureza humana. Redução perfeitamente arbitrária, que não deixará de infletir a compreensão do mal, limitar sua radicalidade, humanizá-lo. Ela permitirá, por exemplo, rejeitar a hipótese de uma vontade absolutamente má, sob pretexto de que esse caso "não é aplicável ao homem"; ou ainda, assegurar-nos de que é possível dominar o mal "somente por meio de nossas forças humanas", "visto que ele é encontrado no homem". Mas veremos que esse movimento de redobro, recaída na antropodicéia, será incessantemente contrariado por um movimento inverso, radicalização da questão do mal que prossegue e se acentua na seqüência da *Religião*.

Não é o menor paradoxo de um *Ensaio sobre o mal radical* começar pela afirmação de uma "disposição originária para o bem na natureza humana" (título da primeira seção), para declarar em seguida que "o homem é mau por natureza" (título da terceira seção)... O que suporta essa aparente contradição é a distinção entre a "disposição" originária (*Anlage*), inerente à nossa natureza, e a "inclinação" (*Hang*), tendência

20 p. 46 (Vrin, p. 53).

contingente e livremente contraída. Ao assimilar o mal radical a tal inclinação, põe-se que ele não pertence originariamente à natureza humana, que o homem "não está corrompido em seu fundo [*vom Grund*], em sua disposição primeira para o bem".[21] No entanto, esse mal é *radical*, pertence ao caráter inteligível, o que implica que ele não seja "adquirido no tempo", sendo preciso dizer que ele é "inato" (*angeborne*), "existente no homem desde o seu nascimento",[22] e se encontra "de maneira universal" em nossa espécie.[23] Simultaneamente "inato" e "livremente contraído", estranho à natureza humana (a suas "disposições" essenciais) e universalmente presente na humanidade, o conceito de "inclinação" é o *factótum* do *Ensaio*, noção inconsistente que se encarrega de todas as contradições para mascarar as aporias com as quais Kant se debate. Assim, ela permite esquivar a questão de fundo, a da "coabitação" dos princípios, coexistência da Lei e do mal em sua oposição. Toda a dificuldade consiste, com efeito, em compreender a estranha relação que se estabelece entre tais disposições necessárias para o bem e aquela inclinação contingente para o mal, que no entanto *sempre* consegue pervertê-las, desviá-las para um "uso contrário ao seu fim".[24]

A essa altura, uma metáfora ambígua assumirá o lugar da análise, a do *enxerto*. Com efeito, Kant declara que, sobre nossas disposições originariamente boas, "vícios podem decerto se enxertar", mas eles "não sobrevêm por si mesmos a partir daquela disposição que seria sua raiz".[25] Tida como aquilo que dá conta da exterioridade contra-a-natureza do mal *e* de

---

21 *Religião*, 3, p. 60 (Vrin, p. 66).

22 p. 32, 36, 44...

23 p. 32 e 53.

24 p. 40 (Vrin, p. 17-8).

25 p. 38-9.

sua interiorização em nossa natureza, tal metáfora se revela, no entanto, perigosamente equívoca e instável. Equívoca, pois, para vingar, o enxerto depende tanto da enxertadura quanto do suporte que a acolhe, e nossas disposições para o bem já são culpadas por ter acolhido o enxerto do mal.[26] E instável visto que, uma vez implantado, o enxerto é o mesmo que o seu suporte e se torna impossível distinguir o corpo próprio e o corpo estranho, a boa natureza e o mal que a ela se incorporou. Importa restabelecer a partilha, barrar a inquietante proliferação do enxerto: é por isso que Kant o limita a nossas disposições inferiores (disposições para a animalidade como ser sensível, para a humanidade como ser racional). A mais elevada, a disposição ética para a personalidade, "aptidão para sentir o respeito pela Lei", deve ser preservada de toda contaminação: nela, "absolutamente nada de mau pode ser enxertado". Afirmação peremptória mas perfeitamente injustificada. Visto que o mal deve nos ser imputado, tudo conduzia, ao contrário, a enxertá-lo na única disposição que nos tornasse responsáveis por ele, como a mais radical perversão de nossa disposição mais pura[27] – mas é isso que deve ficar excluído.

Nessas condições, a questão da origem do mal se torna cada vez mais obscura. Não podendo mais ser remetido à sensi-

---

[26] O mesmo problema se põe com a figura mítica de um Tentador diabólico: "Não teríamos sido tentados por ele se não estivéssemos em secreto acordo com ele" (p. 74).

[27] Cf. *Religião*, 3, p. 48 (Vrin, p. 55-6). Kant chega a precisar (p. 43) que "uma inclinação para o mal só pode ser vinculada à faculdade moral do arbítrio". Daí, a interpretação proposta por E. Weil: "Se há um mal moral, ele só pode provir da disposição para a ação responsável. As duas primeiras podem ser desviadas de seu fim, somente a terceira pode desviá-las desse mal" (*Problèmes kantiens*, Vrin, 1970, p. 156). O problema é que o *Ensaio* exclui explicitamente esse tipo de interpretação, proibindo todo enxerto do mal na disposição moral...

bilidade, que (tese capital do *Ensaio*) "não tem nenhuma relação direta com o mal", só poderia provir da razão,[28] encontrar seu lugar na razão pura prática, tão universal, tão originária quanto o *factum* da Lei. Isso não seria enraizá-la na própria Lei, justificar o mal pela Lei, comprometer a Lei no mal? Chegou o momento de conjurar, de uma vez por todas, essa assombração que atravessa, obsedante, cada página do *Ensaio*, revogar a hipótese de uma *vontade diabólica*: "O fundamento do mal tampouco pode ser posto em uma *corrupção* da razão moral doadora-de-Lei: como se esta pudesse destruir em si a autoridade da própria Lei e negar a obrigação que dela decorre; o que é manifestamente impossível".[29] O que é preciso recusar a todo preço é a hipótese de uma "razão por assim dizer *maléfica* [*boshafte*] (uma vontade absolutamente má) que libera da Lei moral", pois então "a oposição à Lei seria erigida como motivo [...] e o sujeito seria transformado em um *ser diabólico*". Ora, esse caso "não é aplicável ao homem". Se a razão doadora-de-Lei pudesse se "liberar" de sua Lei, seria preciso reconhecer nela o inquietante poder de se opor "como rebelde" à Lei, sem com isso deixar de ser razão e livre vontade. Teríamos de nos haver, então, com o próprio Impossível, o abismo do kantismo: a insustentável hipótese de uma vontade "absolutamente má" que poderia se decidir intencionalmente para o mal "enquanto mal", mobilizar ao serviço do mal toda a potência da razão, toda a energia da vontade. É isso que convém rejeitar fora das fronteiras do humano, como a "simples Idéia de um máximo de mal que ultrapassa a humanidade",[30] e finalmente rejeitar para o nada, na nulidade

28 Kant fala de sua "origem racional" (*Vernunfturspruną*) (cf. p. 54 e 59) e chega a designá-lo como "um Inimigo invisível que se esconde atrás da razão" (p. 72 (Vrin, p. 81)).

29 p. 48-9 (Vrin, p. 55-6).

30 p. 39 (Vrin, p. 47).

lógica do *nihil negativum*. Pois esse mal extremo não é somente inumano como também logicamente impossível: "Concebê-lo como um ser que age livremente e, ao mesmo tempo, separado da Lei que lhe é conforme, equivaleria a conceber-se como uma causa eficiente fora de toda lei [...]; mas isso é contraditório".[31] Argumento provisório em uma demonstração *ab absurdo*, a hipótese de uma razão maléfica pertence às Idéias-limite do sistema, enunciadas para logo serem refutadas e que, *negativamente*, circunscrevem o campo do pensável. O mal radical não é, portanto, um mal absoluto, ele só manifesta a "maldade" (*Bösartigkeit*) da natureza humana", sem atingir a "malignidade" (*Bosheit*) de uma intenção diabólica.[32]

Ademais, seria preciso que o Monstro se deixasse levar tão facilmente para o nada. Com a hipótese de um mal diabólico, o *Ensaio* não opõe, com efeito, senão um único argumento, bastante frágil. Toda a refutação se fundamenta na assimilação da liberdade a uma "causalidade eficiente" de que a Lei seria a regra, assim como as leis naturais são regras de causalidade no mundo sensível. Mas nada é mais contestável, como se viu, do que a identificação da Lei de liberdade com uma lei de natureza, a qual no máximo só pode apresentar um tipo simbólico; e nada é mais problemático do que essa representação equívoca ("anfibólica") da liberdade como uma "causalidade supra-sensível". Se a liberdade não se reduz a um modo de causalidade, sua relação com a Lei já não será uma identidade *analítica*, a relação lógica do conceito de causa com uma regra-de-causalidade: torna-se a aposta de uma conexão *sintética*, de uma síntese prática *a priori*, e então é inteiramente concebível encarar a possibilidade de uma vontade absolutamente má, originando-se em uma síntese perversa da liber-

---

31 p. 49.

32 p. 51 (Vrin, p. 58).

dade e da Lei. Aliás, vai-se rápido demais quando se assimila a oposição à Lei de uma vontade rebelde ao absurdo lógico de uma liberdade "fora de toda Lei": pois a decisão livre de sempre agir *contra* a Lei não tem nada a ver com a afirmação de uma liberdade *sem* Lei; ao contrário, supõe uma relação essencial com a Lei, na própria decisão de transgredi-la constantemente; e a universalidade da Lei não proibe, de maneira alguma, conceber uma vontade diabólica que adotaria uma "lei" de se opor universalmente à Lei. Logo, a hipótese diabólica não foi verdadeiramente refutada e é possível espantar-se, visto a importância do que está em jogo, em vê-la expedida por uma "demonstração" tão indigente. É que se trata menos de uma análise filosófica que de um tipo de exorcismo: se esse mal monstruoso fosse possível, se viesse a se apresentar na experiência, teria acabado a humanidade do homem, toda esperança de um retorno ao bem, de um avanço rumo ao fim último que a Lei prescreve. E quando, apenas alguns meses depois da redação do *Ensaio*, esse mal extremo *parece* apresentar-se, quando a Convenção, ao votar "nas formas legais" a execução de Luís XVI, parece cometer um "crime inexpiável", quase diabólico, "que rejeita a autoridade da própria Lei", é o mesmo gesto de conjuração e denegação que se repete em Kant, visto que a *Doutrina do direito* só evocará a possibilidade de tal crime para logo em seguida recusá-lo, como um ato "impossível de o homem cometer".[33] Portanto, a lição do *Ensaio* continua a se impor como um dogma no próprio momento em que a experiência parece desmenti-la.

O Diabo kantiano preencherá o mesmo ofício que o Gênio Maligno na economia das *Meditações metafísicas*: sim-

---

[33] *Doutrina do direito* (1796), 3, p. 587-9 (nota) (Vrin, p. 203-4). Sobre a análise kantiana do regicídio, cf. nosso estudo "Um crime inexpiável", *Rue Descartes*, n. 4, 1992.

ples artifício metodológico, destinado a se apagar após ter servido para confortar a evidência do Princípio. Visto que de agora em diante parece estabelecido que o mal não se funda na razão, já não se vê onde poderia ele encontrar a sua fonte. Embora possa se originar somente na sensibilidade ou na razão, não deve provir, no entanto, nem de um motivo sensível (hipótese "platônica") nem de um motivo racional (hipótese "diabólica"). Em outros termos, é preciso sustentar ao mesmo tempo que o mal provém de uma escolha livre, de uma decisão voluntária *pelo* mal (senão ele não poderia nos ser imputado), sem que essa vontade-para-o-mal seja vontade *do* mal, não se decida pelo mal "enquanto mal" (senão ela seria "diabólica"). A solução que Kant oferece a esse dilema marcará simultanemente o grande avanço do *Ensaio* – enquanto consegue pensar o mal como forma pura – e sua recaída na ontodicéia. Ela consistirá em afastar o problema da *escolha* das *máximas* para se concentrar unicamente no problema da *relação* entre os *motivos*. Segundo sua "matéria", nem o motivo racional nem o motivo sensível são maus em si: logo, o mal só pode provir da relação *entre* esses dois motivos, de sua relação "formal" de subordinação, e "toda questão é saber *de qual desses dois motivos o homem faz a condição do outro*".[34] Um sujeito será mau quando, mantendo o motivo racional, continuando a reconhecer a autoridade da Lei, ele "inverte [*umkehrt*] a ordem ética dos motivos" e subordina o seu respeito pela Lei ao motivo sensível, ao egoísmo e ao desejo de felicidade. Tal seria o grau mais elevado do mal: para além da "fragilidade" e da "impureza", uma "perversão" (*Verkehrung*) concebida como pura forma, distorção formal da relação com a Lei.[35] Essa torção culpada é o nosso *erro*, a raiz do mal no

---

34 *Religião*, 3, p. 50 (Vrin, p.57).

35 Sobre os "três graus" da inclinação para o mal, cf. as p. 41-2.

homem, que seria preciso compreender como uma perversão num sentido radical, um desvio, *no* mal, de nossa disposição originária para a Lei, em que essa disposição se altera e se desfigura. Nisso, Kant não podia se resolver: ele reduz a *Verkehrung* a uma *Umkehrung*, à *inversão* de uma relação exterior de subordinação, que não afeta os termos dessa relação e deixa intacta a bondade de nossas disposições originárias. Com essa concepção redutora da perversão, assimilada a uma simples inversão, são os maiores avanços do *Ensaio* que, um após o outro, vão sendo abandonados. Como, de agora em diante, a vontade racional está fora de causa, é a sensibilidade, o princípio da felicidade, que se apresenta novamente como a fonte (ao menos indireta) do mal. Deixando subsistir como um "germe de bem", o motivo racional "sob" o motivo sensível que a ele se subordina, volta-se ao sincretismo denunciado no início do *Ensaio*. Identificadada ao legalismo hipócrita e à má-fé, a "maldade" (*Bösartigkeit*) dos homens se mostra "compatível com uma vontade que é geralmente boa vontade". Tal é o resultado no mínimo paradoxal desse *Ensaio sobre o mal radical*: ele termina denegando toda "radicalidade" do mal. Os escritos ulteriores acentuarão ainda essa volta à ontodicéia: assim, a *Introdução* à *metafísica dos costumes* recusará explicitamente considerá-lo uma grandeza negativa e uma decisão voluntária para nele ver apenas uma "limitação" negativa no sentido leibniziano, o grau zero da moralidade, a fraqueza de uma vontade impotente para resistir às inclinações sensíveis.[36] E Kant chegará a declarar, pouco tempo antes de sua morte, que a própria noção de "mau princípio" é contraditó-

---

36 2, p. 474 (Vrin, p. 101): a possibilidade de afastar-se da Lei é uma "impotência" (uma "não-faculdade": *Unvermögen*). Sobre o crime como "fraqueza", cf. também a *Introdução* à *doutrina da virtude*, II, p. 662-3 (Vrin, p. 54).

ria.[37] Fecha-se o círculo. As últimas páginas de sua obra parecem nos levar de volta ao otimismo leibniziano de seus primeiros escritos.

Regressão que já se armava no próprio movimento da descoberta, com a determinação do mal como uma inclinação *contingente* da natureza *humana*, incapaz de enxertar-se em nossa disposição ética. A parada decisiva é marcada pela "refutação" da hipótese diabólica, depois da qual o *Ensaio* não cessará de recuar, redobrar-se na antropodicéia: com a rejeição (talvez justificada) de um mal *absoluto*, é a própria possibilidade de um mal *radical* que se acha excluída. A partir do momento em que a tese de uma oposição-real do mal à Lei, que no *Ensaio* fundamenta o próprio conceito de um mal radical, acha-se identificada subrepticiamente à hipótese do mal diabólico, toda oposição-real de uma vontade má à Lei será declarada impossível[38] e volta-se então à concepção da *Fundamentação* em que o mal não é mais do que uma *contradição lógica*, transgressão particular de uma Lei universal da qual o culpado "reconhece a autoridade ao violá-la". Desde o início, os dados estavam marcados: nunca nos deixam escolher senão entre a *Bosheit* e a *Bösartigkeit*, entre a perspectiva "impossível" de uma rebelião diabólica e a redução do mal a essa maldade humana e ordinária que nada tem de muito mau. Talvez seja apenas uma falsa alternativa: talvez, para retomar os termos de Kant, a *Bosheit* contenha "demais" e a *Bösartigkeit*

---

37 *Opus Postumum*, XXII, p. 123 (cerca de 1800), PUF, p. 175.

38 Cf., nesse sentido, a nota sobre o regicídio, *Doutrina do direito*, 3, p. 588-9, na qual esse "crime inexpiável" é explicitamente designado como uma "contradição" em que o mal seria "diametralmente oposto [*entgegen*] à Lei (= – A)", o que deve permanecer "impossível", e não como uma simples "falta" à Lei (= 0). É por certo a lógica da oposição-real e a subjacente concepção do mal que aqui se acha rejeitada no abismo do *nonsense*...

"demasiado pouco". Revolta luciferiana ou infração anódina: essas duas perspectivas antitéticas obedecem, de fato, a um modelo único em que o mal se apresenta como transgressão deliberada de uma norma jurídica ou moral, violação pontual no caso de nossas malfeitorias cotidianas, violação geral no caso do Rebelde que se dá a lei de sempre agir contra a Lei. É essa lógica da transgressão (que a hipótese diabólica generaliza levando-a ao absoluto) que seria o caso de interrogar. Seria possível que a alternativa em que pretendem nos encerrar nos impedisse de apreender uma perversão mais temível, um mal mais diabólico qua o Diabo kantiano, assim como a primeira *Meditação* deixava entrever, por trás da ficção metodológica do Gênio Maligno, a careta diversamente inquietante de um Deus Enganador. Antecipada para logo ser recusada, a noção de uma vontade maléfica é um cômodo repelente que nos desvia do essencial, daquele paradoxo de uma livre escolha do mal que no entanto não pode escolher o mal "enquanto mal", liberdade que toma como regra opor-se à Lei permanecendo ao mesmo tempo submetida a ela.

É possível remover tal aporia: recorrendo à distinção kantiana entre "obediência" e "submissão" à Lei. Vimos que a sujeição originária do sujeito à Lei não implica necessariamente obediência, isto é, conhecimento do que ela prescreve e decisão de conformar-se com isso. Vimos que pode ocorrer que o sujeito se engane sobre o sentido da obrigação: acreditando obedecer à Lei, ele se dobra de fato a uma injunção patológica, uma desfiguração da Lei. A escolha do mal se identifica então com a sujeição à Lei, à *sua* "lei", desfigurada e má. Nessas condições, nada nos proíbe de agora em diante de conceber uma vontade absolutamente má que não deixaria de permanecer submetida à Lei, a qual optaria pelo mal, por um mal extremo e inumano, *em* sua decisão pela Lei. Vontade "perversa" decerto, mas cuja perversão já não se limitaria a inverter a ordem dos motivos privilegiando o desejo de felicidade e o amor de si. É a sua própria disposição para a Lei que teria sido pervertida, desviada no mal, e esse enxerto (que Kant declarava impossível) faria que erigisse a máxima do mal como Lei. Não consumaria portanto o mal *pelo* mal, no sentido do Rebelde que adota a lei de desafiar incessantemente a Lei: é a própria Lei, a voz estranhamente deformada do dever, que lhe mandaria praticar o mal. Tal é o *Abgrund* da ética, esse "abismo no qual tudo é devorado sem retorno", o que Kant acreditava entrever no "crime inexpiável" dos jacobinos e cuja possibilidade seria mostrada pela experiência sanguinária do século XX. Pois o mal mais extremo sempre se consuma em nome da "lei", pretende obedecer fielmente às "leis" imanentes da História ou da Vida que se encarnam na vontade inflexível de um Sujeito – Partido ou Guia, Classe ou Raça – e prescrevem o imperativo do terror e do extermínio. Hipóstases metafísicas de uma "lei de natureza", pseudoconceitos teóricos erigidos dogmaticamente como princípios práticos incondicionados, tais "leis" já não teriam nada em comum com a Lei ética. A menos que seja sempre a mesma Lei, patologicamente desfigurada, à qual a vontade má permaneceria sujeitada? O cúmulo do mal não seria obra de uma "razão maléfica", capaz de se "liberar da Lei" – obra, porém, da própria Lei se voltando contra a Lei... Que subsistiria entretanto da Lei nessa desfiguração? Uma Lei que assim se deixasse alterar, ser capturada pelo mal, não seria radicalmente má, não seria ela o mal radical?

Isso Kant não podia aceitar. Ele precisava, para manter a Lei a salvo, recusar a possibilidade de sua deficiência, de uma Aparência prática encarada como doação patológica da Lei; rejeitar o mal para longe do lugar da Lei, em uma inclinação contingente da natureza humana, impossível de ser enxertado em nossa disposição-para-a-Lei; impor-nos, enfim, a alternativa insustentável de uma maldade anódina e de uma malignidade inconcebível. Todo o andamento do *Ensaio*, com seus deslizamentos, seus lances forçados, seus recuos, se esforçaria para conjurar uma insustentável ameaça, a de um mal mais radical que o "mal radical". A visada essencial da ética – assegurar a guarda da Lei, salvá-la de sua má postura – juntase aqui aos interesses da Lógica e da Moral. Como apreender, no quadro da Lógica, esse mal que já não seria simplesmente o contrário do bem, nem se oporia à Lei senão em nome da Lei? Como imputá-lo moralmente enquanto culpa se é a própria Lei, desfigurada, que desgarra o juízo, se a decisão do mal não diz respeito nem a uma transgressão deliberada nem a uma falta de vontade, escapando, assim, a todos os nossos critérios de juízo? Se tal mal fosse possível, ele revelaria um fundo inumano no homem, uma vontade de nada no coração do querer e como que uma parte maldita na bondade do ser. Deveríamos "abandonar toda esperança", renunciar à esperança de um retorno ao bem: pois isso seria nossa própria disposição para bem, nosso respeito pela Lei que estaria pervertido, perdido no mal, "e se o tivéssemos perdido, nunca mais o poderíamos reconquistar".[39] E tal "sombria exaltação" do desespero, essa angústia de "sempre recair no mal", "como escorregando por um declive", apreender sua vida como uma "miséria a perder de vista", é a versão kantiana do inferno.[40]

Isso não *deve* ser. A visa ética está de acordo com o mais poderoso motivo da ontodicéia: apesar de nossa queda, a Lei sempre nos manda nos voltarmos para ela, retornarmos ao bem, e o que nós devemos fazer nós também podemos fazêlo.[41] Se a Lei existe, se é preciso Lei, nosso mal não pode ser absoluto, nem nossa queda algo sem volta. A "desolação"

---

[39] *Religião*, p. 63 (Vrin, p. 69).

[40] p. 86 (Vrin, p. 94-5).

[41] Princípio básico da filosofia prática, muitas vezes relembrado, p. 61 e 68.

(*Trostlosigkeit*) seria "a inevitável conclusão do juízo racional sobre nosso estado moral"; apesar de tudo, "a natureza do homem [...] cuida por si mesma para que tal desolação não degenere em selvagem desespero".[42] É para preservar essa dimensão de esperança no coração da desolação que o *Ensaio* afirma que sempre é possível uma conversão, uma *Bekehrung* que nos liberta da má *Verkehrung*. O que supõe que o mal não seja, em sentido estrito, *radical* – originário, total, irreversível; que ele resulta somente de uma queda, "reviravolta" da ordem inicial que bastaria "restaurar"; que um "germe de bem" sempre subsiste e que somos capazes de dominar o mal "unicamente por nossas forças humanas". Kant poderia ter se limitado a essa concepção de um mal não originário, limitado e provisório; aliás, é nessa perspectiva que tem acabamento o *Ensaio*. No entanto, essa visão consoladora seria posta em causa nas partes seguintes da *Religião*, na prova de um mal mais radical: de um mal que *já* está *sempre aí*, antes do Bem, antes de toda vontade humana, um mal que *sempre retorna*, recaída inevitável que compromete nossas chances de salvação.

---

42 p. 89 (Vrin, p. 98).

O mal do mal (do mal radical II)

"Impotência moral. Somos impotentes para nos tornarmos bons por nós mesmos; pois, para tanto, já deveríamos ser bons."[1] Não se colocava tal problema à moral teológica, para a qual o homem não tem que se tornar bom por si mesmo, devendo sua salvação apenas à Graça. Tampouco se põe na perspectiva da antropodicéia moderna, para a qual o homem já é bom por natureza. Esse problema surge somente quando – em uma ética da autonomia na qual "aquilo que o homem é ou deve tornar-se, bom ou mal, ele deve tê-lo feito ou deve fazê-lo *por si mesmo*"[2] – é introduzida a tese de uma "natureza má" do homem, um mal radical. Ao situar a origem do mal em um "ato de liberdade", o *Ensaio* reata com a abordagem do primeiro Agostinho, a dos tratados antimaniqueus, que reconheciam apenas um mal voluntário e atual pelo qual a liberdade humana é inteiramente responsável, tanto como de sua salvação. Entretanto, ao defini-lo como uma escolha "inteligível", isto é, intemporal, Kant encontra logo os limites dessa visão ética do mal, o enigma de um mal que está sempre-já-aí, que parece provir do mais longínquo passado,

---

1 *Reflexão* n. 7170, XIX, p. 262.

2 *Religião*, p. 60 (Vrin, p. 67), o grifo é do próprio Kant.

mais antigo que toda vontade humana, surgindo "no começo do mundo, mas não ainda no homem". Assim, ele reencontra aquela outra face do mal, mistério de uma Queda originária que precede nossa falta pessoal, a que recorrera Agostinho em seu combate contra Pelágio, mas sem poder, como o bispo de Hipona, invocar as certezas do dogma, a tese do pecado hereditário e da predestinação. Daí a aporia final do *Ensaio*, para o qual o mal *deve* ser culpa minha e permanecer em meu poder, embora pareça me atingir do Fora e do Antes.

A decisão do bem deve no entanto ser possível, como uma "explosão" no meio da vida, senão o sujeito não poderia demarcá-lo do mal e a Lei seria apenas uma ilusão de nossa razão. Na verdade, para que o pensamento descubra a radicalidade do mal, é preciso que ela já tenha escapado ao seu domínio. Por isso, a análise só pode ser recorrente, e apenas posteriormente desvela nossa perversão inicial, a partir de uma *Bekehrung* em que , em um mesmo movimento, o mal se desvela e ao mesmo tempo se apaga: ele se descobre como passado. Por meio desse nome *Bekehrung*, Kant não entende uma "conversão" no sentido tradicional, adesão a uma doutrina religiosa ou moral, mas a reviravolta na qual uma existência desviada no mal se volta para a Lei. A essa "brecha", ruptura de uma "revolução ética", convém o termo *cesura* ao qual recorrerá Hölderlin em suas *Notas* sobre as tragédias de Sófocles.[3] E decerto, se se concebe a disposição para o bem como a única disposição originária e o mal como uma queda ou um enxer-

---

[3] J. Beaufret sugere, com efeito, que o motivo hölderliniano da cesura trágica se inspira na *Religião* de Kant, em sua concepção da "revolução ética" como "escolha do caráter inteligível" (cf. *Hölderlin et Sophocle*, 1964, reed. G. Monfort, 1983, p. 33-4). Sem dúvida, também seria preciso dar conta da influência da *Analítica do sublime* no pensamento de Hölderlin.

to ulterior, é possível representar essa Reviravolta como um *volta* ao bem, a restauração de uma ordem inicial ou o desenvolvimento gradual de um "germe de bem", encoberto embora jamais aniquilado. Porém, se o mal é verdadeiramente radical, se ele engaja totalmente o caráter inteligível sem deixar nenhum lugar ao desejo do bem, só pode ser vencido por meio de uma ruptura igualmente radical: não "por meio de uma *reforma* progressiva [...] mas [por meio de] uma *revolução* na intenção do homem".[4] Convém então abandonar as metáforas enganadoras da queda e da volta, do enxerto e do germe, incapazes de figurar esse salto rumo ao inteiramente-Outro e o absolutamente-Novo. É melhor recorrer ao poema da fé, aos símbolos do novo nascimento, da criação *ex nihilo*: o homem mau, o "velho homem", "só pode se tornar homem novo por meio de uma espécie de regeneração [renascimento: *Wiedergeburt*], por assim dizer, por meio de uma nova criação".[5]

Com tal apelo aos símbolos da fé, a ética da autonomia atinge os limites de sua esfera: por meio de que milagre um homem mau seria capaz de se re-generar, reengendrar-se a si mesmo para renascer transfigurado? Como representar-se um nascimento sem um Outro que fecunde e engendre? Ao mistério do mal se acrescenta outro mistério, de que Kant reconhece o caráter "insondável": "Que um homem mau por natureza faça de si mesmo um homem bom, é o que ultrapassa todos os nossos conceitos", e entretanto "deve poder *esperar,* pelo uso de suas *próprias* forças, chegar ao caminho que a isso conduz".[6] Quanto à possibilidade de uma "assistência so-

---

4 *Religião*, p. 64 (Vrin, p. 70).

5 *Religião*, p. 64 e 92. Nesse ponto, Kant refere-se explicitamente ao *Evangelho* de São João e às *Epístolas* de São Paulo.

6 *Religião*, p. 60 e 68 (Vrin, p. 67 e 75).

brenatural" (da Graça), ela nada mais é que um ajudante exterior, um *parergon* chamado a completar, defender a obra de sua própria liberdade sem a pretensão de a substituir: na esfera da ética, a única questão é "saber o que [cada um] *deve fazer por si mesmo* para se tornar digno desse recurso".[7] É com essas palavras que o *Ensaio* termina. É de se crer que tal conclusão, conforme à ética da autonomia, não devia satisfazer o seu autor, visto que, alguns meses mais tarde, ele publica a *Religião* (nela inserindo o *Ensaio* como sua primeira parte) e retorna longamente ao problema da conversão e da Graça.[8] Aqui, devemos seguir a análise de Ricoeur, reconhecer que a "redução moralizante" do mal operada pelo *Ensaio* fracassa diante do "mistério último do pecado" em que se manifesta sua "dimensão trágica"; admitir que a meditação kantiana do mal não se acaba no *Ensaio*, mas se aprofunda na análise da falsa religião em que, para além do mal moral como transgressão da Lei, se perfila o *mal do mal*.[9]

Com efeito, aos problemas postos pela doutrina da conversão – dificuldade de conceber uma "revolução" intemporal, reaver seus traços no tempo da existência, dar conta da persistência do mal "após" a conversão –, acrescenta-se uma dificuldade ainda mais temível. A possibilidade de suplantar o mal radical por meio de minhas próprias forças supõe que o fundamento do mal em mim, a má escolha de *meu* caráter inteligível, seja a única fonte do mal para mim. Se houvesse outro fundamento do mal, se o mal radical pudesse me advir do Outro, apenas a reforma de meu caráter inteligível não

---

7 *Religião*, p. 70 (Vrin, p. 76), grifo de Kant.

8 Na segunda parte, p. 83-97 (sobre a dimensão temporal da conversão); em seguida, na quarta parte, p. 229-42 (sobre os "meios da Graça").

9 P. Ricoeur, *Le conflit des interprétations*, Seuil, 1969, *passim*.

bastaria para que dele eu me preservasse. É precisamente esta a tese antecipada pela terceira parte da *Religião*: uma conversão puramente individual não chega a suplantar o mal em seu princípio. O que quer que o indivíduo "tenha podido fazer, isolado, para subtrair-se à dominação do mal, este o manteria constantemente no perigo de nele recair".[10] Se permanece "sempre exposto aos assaltos do mau princípio", isso provém "menos de sua própria natureza grosseira, conquanto permaceça isolado, que dos homens com os quais se relaciona".[11] Descobre-se então um outro lugar do mal, um *segundo mal radical*.[12] Com efeito, Kant sublinha que esse mal não provém de "maus exemplos", de uma relação empírica de imitação, mas somente da presença de outrem: "Mesmo que cada indivíduo seja de boa vontade", logo o mal desperta nele, "quando ele se encontra entre os homens" – "basta que estejam aí, que o circundem, que sejam homens, para que eles se corrompam em sua disposição moral". As palavras empregadas por Kant nesta passagem são quase as mesmas da Análise do respeito, que é sentimento *a priori*: endereça-se à presença do outro enquanto outro, para além de toda "reverência" empírica. Essa pura alteridade de outrem que me apresenta a Lei e rompe com minha má arrogância seria também, paradoxalmente, o que me precipita novamente no mal – um mal que agora parece ressurgir *no lugar mesmo da Lei*. A essa altura, longe daquela pia ingenuidade, daquele "misticismo prático" que afirma a bondade ou a franqueza originária do Outro

10 *Religião*, p. 112-3 (Vrin, p. 125-6).

11 O tom e os termos dessa passagem evocam, evidentemente, o *Discurso sobre a origem e os fundamentos da desigualdade*; aqui, porém, a perspectiva de Kant é profundamente diferente da adotada por Rousseau.

12 Cf. F. Marty, *La naissance de la métaphysique chez Kant*, Beauchesne, p. 441-4.

e a culpabilidade do Eu, é a ambigüidade ética de nossa relação com outrem que a *Religião* nos ensina.

A *Bekehrung* descrita no *Ensaio* aparece, de agora em diante, inacabada e precária, incapaz de nos libertar da angústia de recair sem fim no mal. A descoberta de um segundo mal radical evoca assim uma segunda revolução ética, que possa enfrentá-lo em seu próprio terreno, na dimensão comunitária da existência: evoca uma cesura histórica "produzindo brecha na dominação do mau princípio". Não poderíamos esperá-la, como precisa Kant, de uma revolução *política*, ainda prisioneira do "estado de natureza ético" e que agrava o mal que se esforça por erradicar, tal como mostra o exemplo da Revolução Francesa, desviada no Terror no momento mesmo em que Kant redige a *Religião*. Portanto não poderia se tratar somente de uma revolução *ética*, da fundação de uma "comunidade ética". Aliás, sem que se saiba se tal comunidade só faz reunir os homens *já* libertos do primeiro mal radical para confortá-los em seu re-nascimento, ou se a instauração dessa comunidade é a condição *prévia* de uma autêntica libertação do indivíduo. O mal radical será vencido quando ela tiver se estendido a toda a humanidade, e esse ideal de uma comunidade universal reunindo todos os homens em um "Todo ético absoluto" define o *Soberano Bem ético*. "Soberano Bem" a ser atingido nos dois sentidos que lhe dava a *Crítica*: como o objeto último *e* como condição da Lei, sem o que ela seria "fantasmática e vazia"; e sem o qual, cabe agora acrescentar, a possibilidade de uma conversão ética, o advento de um sujeito-da-Lei, estaria comprometida. O Soberano Bem seria a forma-de-comunidade da Lei ou, mais exatamente, o seu esquema: ele é a própria Lei que se esquematiza no tempo e no espaço sob o modo de uma comunidade ética.

A *Religião* é, portanto, a obra na qual as diferentes perspectivas da filosofia prática convergem e encontram seu ponto culminante: o Soberano Bem ético é o *Corpus mysticum* do

Canon, o "reino dos fins" da *Fundamentação*, mas considerado a condição do imperativo categórico e o seu esquema, e não mais somente sua representação simbólica. Retoma o ideal do Soberano Bem da segunda *Crítica*, mas afastando sua relação equívoca com a beatitude e o elevando à dimensão comunitária que lhe fazia falta. Por fim, ele precisa o conceito de *Endzweck* da terceira *Crítica*, oferecendo ao "fim último da criação" a possibilidade de inscrever-se na história. E sobretudo nos permite remover a ambigüidade maior da filosofia prática, decidir enfim entre as duas concepções adversas de autonomia – como autodeterminação absoluta do Sujeito ou como auto-hetero-nomia. Nesse litígio, é o mal que faz a diferença, e, ao longo do *Ensaio*, assistimos a uma *crise da autonomia*, visto que nele a possibilidade de triunfar sobre o mal por si mesmo se vê ao mesmo tempo reafirmada e comprometida. É essa crise que se debela, última resistência do Sujeito autônomo que se desfaz quando a conversão do indivíduo fracassa diante do mal do mal: mostra-se agora que "o Soberano Bem ético não pode ser realizado pelo esforço de uma pessoa singular em vista de sua própria perfeição, mas exige a união dos indivíduos para o mesmo fim em um todo", o que é "uma Idéia inteiramente distinta de todas as leis morais (que concernem ao que sabemos estar em nosso poder)".[13] Sob a Lei da comunidade ética, o sujeito "autônomo" parece dobrar-se a uma heteronomia radical, pois sua libertação pessoal evoca uma libertação universal que de muito longe ultrapassa a obra de uma única liberdade. Nesse ponto se julgará altamente significativo que Kant defina o estado de natureza, seja ele jurídico ou ético, como aquele em que "cada um dá a si mesmo a lei e [em que] não há instância exterior à qual, com todos os outros, ele se reconheceria como submeti-

---

[13] *Religião*, p. 118 (Vrin, p. 132).

do".[14] O mesmo poder de dar a si mesmo a Lei, que parecia definir a autonomia do Sujeito, caracteriza agora o estado mais exposto ao mal: do ponto de vista da *Religião*, tal autonomia é o mal radical. E os mesmos termos que qualificavam a heteronomia (submissão do sujeito a uma "instância exterior") vêm designar a conversão ética. É que, como bem viu Kierkegaard, a ética da autonomia não pode aceder ao acontecimento de uma conversão, de um re-nascimento, à radicalidade do Instante onde se decide minha libertação: pôr a categoria do mal radical equivale, portanto, a destituir o Sujeito autônomo e a afirmar a plenitude do Instante.[15] Compreende-se então que, para Kant, a instauração da comunidade ética requeira "a pressuposição de outra Idéia", um inteiramente-Outro que não o Sujeito; que a estrutura dessa comunidade, seu modo de *Gesetzgebung*, não possa consistir em uma democracia, nem mesmo em uma "república" no sentido kantiano, ordenada pela Idéia do Pacto originário onde o povo contrata (idealmente) consigo: que "deva ser Outro que não o povo o que possa ser indicado como dando-a-Lei publicamente para uma comunidade ética".[16] Notar-se-á que, diferentemente dos escritos anteriores, esse Outro transcendente já não é simplesmente *postulado* para sustentar o *ideal* futuro do Soberano Bem, mas *pressuposto*

---

14 *Religião*, p. 115 (Vrin, p. 129).

15 O que caracteriza a hipótese "socrática" – a ética da autonomia na qual "todo homem não tem outro centro senão a si mesmo" e por si se liberta – é que o Instante "perde toda importância decisiva", "foge para o eterno". Em compensação, a hipótese do pecado própria à "segunda ética" exige outro "libertador" que não o sujeito e eleva o Instante da libertação à "plenitude dos tempos" (Cf. *Riens philosophiques*, Gallimard, p. 52-62).

16 *Religião*, p. 119-20 (Vrin, p. 133-4). Kant precisa, entretanto, que "as leis éticas não podem ser concebidas como derivadas *originariamente* da vontade desse Ser superior". Pois trata-se – será preciso lembrá-lo? – de um simples *símbolo*.

para constituir a *realidade* efetiva da comunidade ética, o que marca o abandono definitivo da doutrina dos postulados e da "teologia moral" que eles escoravam.

Se a esfera ética – a da primeira ética – se dobra à "lei" do Sujeito autônomo, a experiência do mal radical e de sua volta inevitável obriga a passar para além dessa esfera, em um *parergon* que ela já não consegue conter. Nele, o sujeito-da-Lei se descobre como presa dos outros que o expõem a um acréscimo de mal, votado ao Outro do qual depende sua libertação: passa pela prova da Lei na estrutura paradoxal de sua auto-heteronomia. Esse paradoxo, o pensamento só pode acolhê-lo com o auxílio de símbolos: ao conferir uma figura à alteridade da Lei, ao personificá-la sob o nome de "Deus". Assim se explica que a comunidade ética se vê designada como "povo de Deus" ou "Igreja invisível", e o advento do Soberano Bem ético, como o do "Reino de Deus na Terra". No entanto, trata-se apenas de símbolos: assim como a Idéia de "Deus" personifica a *alteridade* da Lei, a Idéia da Igreja invisível apresenta simbolicamente a forma-de-comunidade da Lei. É possível perguntar-se, entretanto, se Kant não comete um paralogismo ao identificar imediatamente o *esquema* da comunidade e o *símbolo* da Igreja invisível[17] que nada mais é do que uma figuração analógica; paralogismo agravado pelo privilégio que ele confere a *esse* símbolo, a essa religião positiva que é o cristianismo, ao apresentá-la como a *única* figuração possível à Comunidade. Ademais, é preciso notar que a *Religião* insiste na distância que separa a pura Idéia da Igreja invisível e aquelas "comunidades parciais", as "Igrejas visíveis" que

---

[17] Cf. os títulos dos §§ 3 e 4 desta seção: "O conceito de uma comunidade ética é o de um povo de Deus sob Leis éticas" (p. 119) – "A Idéia de um povo de Deus [...] só pode ser realizada na forma de uma Igreja" (p. 121).

representam essa Idéia, realizam-na ao desfigurá-la: "A Idéia sublime, jamais plenamente realizável, de uma comunidade ética, se retrai nas mãos humanas [...]. Mas como esperar que seja possível carpintejar a partir de tão retorcida madeira [*aus so krummen Holze*] algo perfeitamente correto?".[18] Metáfora, freqüente em Kant, a da torção (*Krummung*), má torção da natureza humana: aqui, ela designa uma *distorção* fundamental que desvia as Igrejas visíveis, tão profunda, tão radical, que põem em questão a promessa do Reino, a possibilidade de uma libertação ética universal.

A pura religião racional consiste unicamente em "considerar nossos deveres como mandamentos divinos", em respeitar a Lei *como se* ela nos viesse de "Deus". A esse núcleo de racionalidade prática podem ser acrescentados os elementos de uma "fé histórica", Revelação sobrenatural de que as Igrejas se dizem depositárias, com o "culto estatutário" – ritos, preces, instituições sacerdotais – que a acompanha. Se não é condenável em si, apenas representa entretanto um *parergon* e deve subordinar-se à pura fé prática como a seu fim: é essa relação de subordinação que caracteriza o "verdadeiro culto da Igreja sob a dominação do bom princípio". As Igrejas históricas deixam de ser fiéis à sua Idéia quando invertem essa relação, quando impõem a adesão a seus dogmas estatutários como o princípio e o fim supremo da fé, o que constitui a *Afterdienst*, o *"falso culto* pelo qual a ordem ética é totalmente invertida [*umgekehrt*]":[19] culto patológico (no sentido kantiano), fundamentado no primado dos motivos sensíveis, no medo do castigo e na esperança de um recompensa: "Loucura religiosa", "idolatria", "despotismo espiritual" dos padres: "Tudo isso é a inevitável conseqüência da interversão [...] dos

[18] *Religião*, p. 121-2 (Vrin, p. 135).

[19] *Religião*, p. 197 (Vrin, p. 217).

princípios da fé religiosa, ao passo que se tratava precisamente de saber a qual dos dois princípios se concederia o lugar superior como condição suprema".[20] É a mesma inversão-perversão da relação de subordinação entre motivos sensíveis e motivos racionais que, no *Ensaio*, definiam o mais elevado grau do mal: a "loucura religiosa" possui assim a mesma estrutura do mal radical, ela *é* o mal radical que ressurge no seio das Igrejas para desviá-las da fé autêntica.[21] Novo retorno do mal, nova recaída, mais inquietante que as precedentes, pois ela já não afeta o indivíduo isolado nem as instituições políticas, forçosamente prisioneiras do estado de natureza ético, mas aquelas comunidades mais elevadas que dele deveriam nos libertar. Essa nova versão do mal radical se define, pela primeira vez, como um desgarramento ou como um delírio da razão prática: ela se funda em uma "ilusão que consiste em considerar a simples representação de uma coisa como o equivalente da própria coisa",[22] o que corresponde exatamente, no plano da fé, à definição crítica da Aparência transcendental. Mostra-se que, sob sua forma mais perversa, o mal radical está ligadoà Aparência transcendental, que a destruição da ilusão metafísica corresponde à cesura da revolução ética. Tomando por um esquema o que é apenas um símbolo, a loucura religiosa representa a personificação simbólica da Lei como uma pessoa real, que ela erige como Sujeito criador (como "Autor") da Lei – e assim é que "fazemos, para nós, um Deus".[23] É essa reviravolta originária da ordem ética, em que a Lei se acha sujeita à sua figuração hipostasiada, que engendra nas

20 *Religião*, p. 217 (Vrin, p. 236).

21 Sobre esse "mal radical da Igreja", cf. Bruch, *La philosophie religieuse de Kant*, Aubier-Montaigne, 1968, p. 189-90.

22 *Religião*, p. 201 (Vrin, p. 221-2).

23 *Religião*, p. 202 (Vrin, p. 222).

comunidades religiosas uma perversão da relação entre a fé ética e as crenças estatutárias. A oposição da Lei e do mal radical reaparece, assim, no próprio seio da comunidadade dos sujeitos-da-Lei, como uma demarcação *interna*, um conflito entre duas figurações da Lei. Diferentemente da *Aufklärung* dogmática, Kant não concebe a loucura religiosa como uma simples "superstição" inconsistente: nela, vê uma perversão essencial da autêntica fé ética, que a inverte e a afasta no mal. É preciso considerá-la *um serviço do bom princípio no falso culto*",[24] e um modo paradoxal de respeito pela Lei *na* ilusão e *no* mal radical. É sempre a Lei que o *Schwärmer* reverencia sob o véu do ídolo: é o esquema da Lei, a promessa da Comunidade e o ideal do Soberano Bem, dos quais as Igrejas falidas ainda se esforçam, em suas piores errâncias, por apressar a vinda. Mas de uma Lei desfigurada, sujeitada às hipóstases, cativa do mal radical.

Nesse ponto, descobre-se a existência de um mal diversamente mais "radical" que o descrito no *Ensaio*, um mal enxertado em nossa mais elevada disposição, em nosso respeito pela própria Lei e em nossa visada do Soberano Bem, que perverte a própria Lei em sua doação, suas figurações simbólicas, seu ideal supremo. Um mal, enfim, que já não se reduz a uma transgressão deliberada, seja ela particular (*Bösartigkeit*) ou generalizada (*Bosheit*), por que é sustentado pela *ilusão prática* de uma submissão à Lei:; que já não se limita a uma simples obediência porque ele afeta a sujeição originária do sujeito-da-Lei e porque o sujeito será tanto mais "mau" quanto mais fielmente obedecer à sua "lei". A crise do mal radical aberta pelo *Ensaio* não é suplantada, portanto, mas progressivamente agravada na *Religião*, quando parece inicialmente que a conversão ética do indivíduo não basta para libertá-lo do

24 *Religião*, p. 210 (Vrin, p. 230).

mal, visto que a conversão comunitária exigida para fortalecê-la e dar-lhe acabamento, por sua vez, fracassa: assim, a cada novo avanço rumo à Lei, responde uma Recaída sempre mais grave no mal. Ao término desse percurso, estamos perante um mal tão extremo e ao mesmo tempo tão próximo da Lei, tão implicado em sua doação, que já não vemos como as comunidades ético-religiosas conseguiriam escapar dele, libertar a pura fé ética da Aparência perversa que simula a Lei; como conseguiriam, segundo as palavras de Lutero, reconhecer Deus sob a máscara do diabo e o diabo sob a máscara de Deus.[25] De fato, também a *Religião* tem seu acabamento na aporia, ao descrever as diferentes formas da ilusão religiosa sem deixar que se espere uma renovação das Igrejas desviadas ou, fora destas, a emergência de uma nova figura da Comunidade. Aliás, os escritos ulteriores parecem ratificar esse fracasso, renunciando à perspectiva de uma revolução *ética* coletiva, para buscar os sinais de uma cesura histórica apenas no plano *político*.[26] O que equivale, do ponto de vista da *Religião*, a abandonar toda esperança de suplantar o estado de natureza ético em que o homem permanece para sempre exposto ao mal. Se quisermos conceder a esses "sinais" que a história nos

---

25 "E assim é que Deus entende ser reconhecido sob a máscara do diabo, e quer que o diabo seja reprovado sob a máscara de Deus" (Lutero, citado por J.-L Chrétien, *Lueur du secret*, L'Herne, 1985, p. 242).

26 Cf. *O conflito das faculdades* (1798), p. 902-3, ao recomendar que não se espere dos progressos do gênero humano "uma quantidade crescente da *moralidade* na intenção, mas uma multiplicação dos produtos de sua *legalidade*": não se deve acreditar que "a fundamentação moral da espécie humana deva ser minimamente ser acrescido", pois isso exigiria "uma espécie de nova criação (uma influência sobrenatural)" – aquilo mesmo que, em 1793, a *Religião* designava como "revolução ética" e que, de agora em diante, Kant parece considerar impossível.

endereça uma dignidade distinta de simples paliativos, talvez seja preciso ultrapassar a demarcação operada por Kant entre os dois estados de natureza, entre a instauração da república e a da comunidade ética, pôr em questão a *recusa do político* que ela supõe e aquela clivagem rígida da legalidade "exterior" e da moralidade "interior" que lhe é subjacente: reconhecer, enfim, nas cesuras do político, a chance de uma comunidade libertada. Com a ameaça que a acompanha, pois trata-se de uma mesma desfiguração da Lei, uma mesma "patologia da esperança" que reencontramos na aventura das revoluções políticas, em uma época em que a política se tornou a nossa religião; em que, transgredindo seus limites, ela esposa a visada da revolução ética, pretende implementar a regeneração moral dos cidadãos, apressar o advento do Homem Novo e da Boa Sociedade donde o mal teria sido para sempre extirpado. E, como o espetáculo da Revolução Francesa ensinava a Kant, é na mesma aporia que ela tropeça, na mesma volta ao mal em revoluções que tinham como missão realizar o Soberano Bem na história. Assim, a experiência do século XX confirma a lição final da *Religião*, a dificuldade ou a impossibilidade de suplantar o mal radical pela instauração de uma Comunidade. Ora, sem essa cesura, sem esse ponto de não-retorno de uma conversão histórica coletiva, nenhuma conversão individual será mais irreversível e todos os nossos esforços terão sido vãos: prensados entre um mal que está sempre-já-aí e um mal que está sempre de volta, constantemente ameaçados de uma recaída no mal, nada poderia nos impedir de "naufragar num selvagem desespero".

É esse *mal do mal* que é preciso tentar pensar, esse redobro do mal radical que a cada vez reaparece *mais perto da Lei*: na revolução da Virtude, a comunidade da Fé ou já na pura presença de outrem, no lugar do respeito, como se fossem indissociáveis, só podiam se enfrentar enlaçados em um estranho abraço. Onde reencontramos, na relação da Lei com o mal radical, as duas condições da oposição-real, os dois requisitos de toda síntese *a priori*: o afastamento de uma alteridade, de uma obstância – conflito irredutível do mal e da Lei – e o laço de uma copertinência, de uma co-implicação – captura da Lei no mal, retomada do mal na Lei. Se quisermos compreender a enigmática proximidade da Lei e do mal, é preciso voltar à ontológica da oposição-real. Brevemente ressuscitada no início do *Ensaio*, ela não aparecerá mais na seqüência da *Religião*, exceto em uma nota da segunda parte na qual Kant evoca uma "particularidade da moral cristã", que ele aprova como "filosoficamente exata". Se concede tal privilégio ao cristianismo, se o julga tão próximo de sua filosofia prática, é que tal religião se fundamenta na oposição-real: "É uma particularidade da moral cristã representar o bem ético não como diferente do mal ético como o céu da *terra*, mas como o céu do *inferno*. Essa representação, decerto imagética, e como tal revoltante, não deixa de ser, em seu sentido, filosoficamente exata. Serve precisamente para proibir que se encare o bem e o mal, o Reino da luz e o Reino das trevas como próximos [*grenzend*] um do outro e paulatinamente se perdendo um no outro por graus (de maior ou menor clareza), porém, convida a representá-los como separados entre si por um incomensurável abismo. A heterogeneidade total dos princípios segundo os quais se pode ser um sujeito num ou noutro desses impérios, e, ao mesmo tempo, o perigo ligado à representação de um próximo parentesco das qualidades que designam o homem em um Reino ou no outro, justificam esse modo de representação que, a despeito do que ele contém de horrível, é, ao mesmo tempo, muito sublime".[27] Texto admirável no qual tudo está dito. Contra a extenuação da oposição ética na ontodicéia, contra toda neutralização do

---

[27] *Religião*, 3, p. 74-5 (nota) (Vrin, p. 84).

negativo, toda identificação gradual (leibniziana) de um bem e de um mal "próximos um do outro" até se confundirem, a afirmação abrupta, revoltante, do abismo que os separa, seu inconciliável desacordo. A decisão ética, como salto sublime por sobre o abismo, alternativa radical entre o Céu e o Inferno. Apesar da "heterogeneidade total dos princípios", apesar de sua *obstância* ontológica, apesar do perigo: a ameaça do indecidível, de uma confusão sempre possível, evocada por seu "parentesco próximo" – o próprio horror. E a despeito de toda certeza de que nunca se perderão um no outro, de que sua *copertinência*, sua univocidade ontológica nunca se dissolverá em in-diferença; de que o afastamento sublime, de que o traço de sua diferença não se perderá, pois ele é o afastamento *de* sua proximidade, a própria Oposição que rejunta o que ela dilacera e disjunge o que ela reata em sua unidade esquartejada. Simultaneamente sublime e horrível: horrível como o redobro do mal na maior proximidade da Lei, sublime como a manutenção da Lei distorcida no mal.

Pode-se achar que é forçada tal apologia ontológica de um cristianismo reconduzido à oposição do bem e do mal, do Céu e do Inferno, que ela não leva em conta o drama da kenose, de tudo o que, na figura de Cristo, reintroduz o paradoxo absoluto no seio da oposição absoluta. Talvez a abordagem de Kant concorde, entretanto, com um texto fundador dessa fé, com aquela passagem da *Epístola aos romanos* (que Kant não cita jamais) onde o Apóstolo considera a relação entre a Lei e o pecado:[28] relação de proximidade, de implicação – diríamos quase: de cumplicidade –, visto que o pecado "se serve" da Lei que ele "transgride", o "utiliza" para me seduzir e me matar. "Sem a lei, o pecado é coisa morta": assim a própria Lei é o "aguilhão" do mal e da morte. Porém, uma Lei cuja prescri-

---

28 São Paulo, *Epístola aos romanos*, 7, *Bible de Jérusalem*, p. 1499-501.

ção desperta e reaviva o pecado "a fim de que ele exerça todo o seu poder de pecado" não é a Lei do mal? O Deus de Moisés, o Senhor da Lei, se oporia então ao Deus de Amor do Evangelho como o Príncipe deste mundo ao verdadeiro Deus: tal será, um século mais tarde, a tese da gnose, a heresia de Marcion. É essa tentação gnóstica, essa revolta contra a Lei, designada como "lei" do Diabo, que a posição paulina se esforça para afastar: "Que diremos, então? Que a Lei é pecado? De modo algum! [...] A Lei é santa, e santo, justo e bom é o preceito. Portanto, uma coisa boa se transformou em morte para mim? De modo algum!" Mas ele só conseguia salvar a Lei, afastar toda implicação da Lei no mal, dissociando-a de si mesma, opondo a "santa Lei de Deus" a essa "outra lei", a lei de minha carne "que peleja contra a Lei de minha razão e me acorrenta à lei do pecado". O ódio gnóstico da Lei só é afastado ao preço de um gesto quase platônico que rejeita a Lei para o lado da carne; sem que no entanto essa clivagem se fixe num dualismo absoluto que antecipasse, dessa vez, a heresia de Mani, rejeitando o mal na exterioridade de uma substância má. A carne, portanto, não será condenada como a fonte do pecado, mas somente designada como seu "instrumento": como afirma a *Epístola aos Efésios* (citada por Kant), "não tínhamos de combinar a carne e o sangue, mas os príncipes e os poderosos, os maus espíritos". A ambigüidade inicial da Lei se reporta então a essa noção de "carne", altamente ambivalente visto que esse "corpo de morte" que "me acorrenta ao pecado" é também o "templo do Espírito Santo". Impossível situar a causa do pecado na carne (como fará Mani, herdeiro remoto do platonismo) nem na Lei (como fará Marcion). Nem a Lei nem a carne se acham na *origem* do mal, embora sejam a "ocasião do pecado", a *condição* de sua manifestação, isto é, *também* a condição da Salvação, naquela paradoxal proximidade da Lei do pecado e da Graça que está no coração do kerigma paulino: pois "a Lei interveio para que a falta se multiplicasse;

mas onde o pecado se multiplicou, a Graça foi abundante". Então é a própria Lei, implicada demais na lógica do pecado, que se acha abrogada. Com essa revogação da Lei, loucura do amor, a ética kantiana não poderia consentir.[29] Nunca Kant aceitará considerar o mal ético como a *condição* da reviravolta para o bem, integrá-lo – *felix culpa* – na misteriosa economia do resgate, o que correria o risco de justificar o mal, fazer dele um "momento" necessário do bem.[30] O que ele aceita em São Paulo e na tradição cristã é, inicialmente, sua recusa do dualismo platônico ou gnóstico, velho anátema contra a carne e contra o sensível: o Apóstolo não faltaria com a verdade, quando representasse simbolicamente "aquele Inimigo *invisível* que perverte os princípios [...] como *espírito* maligno",[31] má decisão de uma liberdade. A tentativa de clivar a Lei, opor a "outra lei" da carne à "Lei da razão", aparece, em contrapartida, como uma inconseqüência, um último sobressalto de platonismo: na verdade, a carne não é má e não há "outra lei". Se for preciso encarar uma divisão interna, uma oposição-real na doação da Lei, ela não poderia ser reconduzida à clivagem metafísica do sensível e do inteligível. Afastada toda tentação dualista, permanece o escândalo inicial, a exigência de pensar o mal "em espírito", como decisão livre que se opõe à Lei no plano da Lei, no mais perto da Lei: "parente" tão "próxima"

---

[29] Aliás, seria preciso se perguntar se tal revogação não pressupõe, em São Paulo, uma desfiguração da Lei: se o Apóstolo não confunde a Lei de Aliança – que é lei de vida – com a injunção mortífera do supereu (cf., nesse sentido, A. Didier-Weill, *Les trois temps de la Loi*, Seuil, 1996, p. 190-4). É esse engano paulino sobre a Lei que, para nós, a ética kantiana permitiria dissipar.

[30] Isto vale para o mal *ético*. O mesmo não ocorre no plano histórico-político, em que Kant sempre admitiu a possibilidade de uma redução "teleológica" do mal.

[31] *Religião*, p. 74 (Vrin, p. 84).

que, apesar do abismo de sua obstância, a Lei parece implicada no mal, cativa ou serva do pecado sem que ela própria seja pecado. Uma ética da oposição-real concordaria, portanto, com a ética paradoxal da *Epístola aos romanos*, mas somente em seu primeiro paradoxo em que se revela a proximidade da Lei e do mal, sem poder aceitar o paradoxo da Graça na qual o primeiro se desata. Tal é o limite de uma ética que se proíbe o salto na fé: se consegue aproximar-se da *Verkehrung* da Lei no mal, não é certo que possa dar conta da *Bekehrung*, libertação do mal pela graça da Lei.

Aliás, é possível se perguntar se Kant toma inteiramente a medida do primeiro paradoxo, o do "parentesco próximo" dos princípios, uma "coabitação" em seu extremo afastamento, brevemente evocados sem nunca serem tematizados. Vimos que o *Ensaio* acabava renunciando à ontológica das grandezas negativas, que se recusava a considerar o mal radical como o Oposto da Lei que a enfrenta no mesmo plano, no horizonte de co-pertinência exigido por sua oposição-real. Essa perspectiva conduzia, com efeito, a conceber o fundamento do mal como um princípio quase transcendental, uma disposição *objetiva* (necessária) e *originária*, com um mesmo estatuto que a disposição para o bem. Estando excluído todo "sincretismo" pela lógica da oposição-real, dever-se-ia concluir pelo caráter único e *total* – comandando "todo uso da liberdade" – da suprema máxima má: por isso, sua adoção originária não deixava nenhum lugar para a máxima do bem, o que parecia proibir um sujeito tão inteiramente pervertido de libertar-se por si mesmo. Ao reduzir essa perversão das máximas a uma simples inversão da ordem inicial dos motivos, esperava-se limitar a radicalidade do mal, deixar subsistir pelos seus lados um "germe de bem", que pudesse ser restaurado em sua plenitude primeira. Assim, ao afirmar o caráter *não originário* e *limitado* do mal, o dispositivo conceitual do *Ensaio* visava a fazer dele um mal *provisório*: remetê-lo ao poder do Sujeito, capaz de suplantá-lo por meio de uma conversão autônoma. A seqüência da *Religião* nos mostrou que tais esforços eram vãos: a experiência de um mal do mal, de um segundo mal radical impossível de se ultrapassar por uma conversão individual ou comunitária vale como uma refutação por absurdo do andamento do *Ensaio*. Ela nos reconduz a seu ponto de partida, ao enigma de um *fundamento do mal* realmente oposto à Lei e dotado do mesmo estatuto que ela: mal *originário*, sempre de volta porque está sempre-já-aí; mal *afirmativo*, "fundamento positivo da oposição à Lei"; mal *total*, sem "germe de bem" justaposto a ele. O mal do mal seria esse *mal transcendental*, condição *a priori* de toda manifestação do mal na existência e na história, inclusive daquele mal falsamente "radical" descrito no *Ensaio*.

Aqui estamos de novo no coração do enigma: se for preciso sustentar, com Cohen, que "*a origem do mal* se acha no próprio *bem*", que ele surge "no fundamento da disposição moral",[32] deve-se perguntar como uma "disposição originária" para o bem se deixa *originariamente* desviar no mal e o que *resta* do bem ou da Lei em uma tão profunda perversão, que ainda preservaria a chance de uma reviravolta. Como conceber a "coabitação" de dois princípios dotados de mesmo estatuto transcendental, ambos tão radicais mas absolutamente opostos, os quais não podem coexisitr "sincreticamente" (um ao lado do outro) no caráter inteligível? Será possível, afinal, sustentar a tese de uma "positividade" originária do mal, de um mal tão real, tão afirmativo quanto a Lei, ao passo que o próprio conceito de mal não deixou de ser definido em toda a

---

32 *Kants Begründung der Ethik*, p. 339-41. Afirmação bastante notável, infelizmente enfraquecida pela problemática de Cohen, que logo reduz o mal radical a um *als ob*, símbolo e condição de nosso retorno ao Bem.

tradição ocidental como negação, limitação ou privação de bem? É a nulidade ontológica desse conceito que impede de afirmar a mais elevada potência do mal, que conduz a representar sua oposição *transcendental* ao princípio do bem como uma contradição *lógica* e sua copertinência como a inerência lógica de um predicado em seu sujeito. É ela, por fim, que permite determinar o mal como não-originário, "posterior à potência" e ao ato puro do Bem.[33] Se quisermos nos manter fiéis à orientação inicial do *Ensaio*, àquela ontológica da oposição-real que exige que "as grandezas negativas não sejam negações de grandezas, sejam "ambas positivas", sem dúvida será preciso renunciar ao conceito equívoco de um "mal positivo" ou de um "mal radical". Impossível, com efeito, conceber o mal de outra maneira que não fosse como negação do bem, "bem negativo", dependente e solidário daquele bem que ele nega. Predicado contrário *do bem*, o mal não poderia se opor *à Lei*, salvo ao assimilar a Lei ao bem, dela fazer a "lei" do Bem, voltando à doutrina tradicional revogada pela *Crítica*. A partir da reviravolta da relação entre a Lei e o Bem, o Oponente da Lei não pode ser o mal, pois esse conceito é *derivado* – assim como o seu contrário, o bem – a partir da Lei. Parece difícil manter nossa hipótese de um "mal transcendental", situado no mesmo nível que a Lei: nenhum mal é radical o bastante para se opor, afirmativa e originariamente, à Lei.

Do fato de que a diferença entre o bem e o mal não seja originária, não se segue, entretanto, que *nada* mais se oponha à Lei no plano da Lei: que não se possa conceber, *aquém do bem e do mal*, uma oposição transcendental em que se funde sua diferença, um conflito entre a Lei e um Outro Oposto,

33 Cf. Aristóteles, *Metafísica*, 1051 *a* (Vrin, 1970, p. 518-9), assim como 1075 *a* etc.

que já não seria o mal mas a sua condição *a priori* ou o seu fundamento. Perspectiva esboçada no início do *Ensaio*, quando Kant distinguia, da máxima do mal, o "princípio no sujeito de todas as máximas más", ao designar esse princípio como "fudamento do mal" (*Grund des Bösen*), "fundamento supremo" do caráter inteligível, "fundamento positivo da oposição" à Lei.[34] Porém, tal tentativa será rapidamente abandonada, desde que o enigmático fundamento do mal for identificado com o mal como tal, àquele mal pretensamente "radical" descrito no *Ensaio*, simples inclinação contingente da natureza humana. Tentanto conceber o fundamento do mal como um mal transcendental, mais radical que o mal radical, chegamos a remover a aporia: considerando o princípio *do* mal um princípio *mau*, só se faz reportar a mesma oposição derivada do bem e do mal para um nível quase transcendental no plano da Lei, com o risco de representar o *Grund des Bösen* como um sobre-mal transcendente, risco de o hipostasiar ou diabolizar, caindo finalmente em um dualismo de tipo maniqueu. Não se avançará sem dar um passo suplementar: enquanto não se reconhecer que *o fundamento do mal não é um mal.* Na raiz do mal, não é o mal que descobrimos, nem um princípio maléfico, nem uma natureza decaída, nem uma vontade má, mas, para retomar os termos de Kant, uma "potência de aversão" afirmativa,[35] ou ainda, a forma pura de uma *Verkehrung*, uma perversão originária que desvia e distorce a Lei no mal. Versões de uma curvatura, torção inicial de nossa destinação, dessa *Krümmung* da "madeira da qual é feito o ho-

---

[34] Cf. *Religião*, p. 31, 33, 36...

[35] "Os únicos objetos de uma razão prática são, portanto, o *bem* e o *mal.* Pois pelo primeiro se entende um objeto necessário da faculdade de desejar, pelo segundo, um objeto necessário da faculdade de aversão, conforme, para ambos, a um princípio da razão" (*CRp*, 2, p. 678 (Vrin, p. 71).

mem";[36] figuras de um erro primordial. Se fizermos questão de marcar a diferença entre o fundamento do mal e o mal que ele funda, pode-se designar, de agora em diante, o *Grund des Bösen* como um *erro*: se o mal existe – *es gibt Böse* –, é porque existe erro, porque isso nos desaprova.

De onde pode nos vir esse erro? Para onde sua curvatura nos faz desviar? Como aquilo que não é um mal pode constituir o mal sem ser desde logo, por si mesmo, mau? Para tentar responder a essas questões, em que se reconhecerá uma retomada transcendental das interrogações clássicas da ontodicéia, a *Religião* de Kant já não nos oferece nenhum socorro, ao terminar com o enigma de uma Recaída, mal do mal, sem conseguir elucidá-lo. Ao colocar que o fundamento do mal ainda não é um mal, já demos um passo para além de Kant, rumo ao único dos pós-kantianos que captou o que estava em jogo na doutrina do mal radical e que tentou reelaborá-la ontologicamente. Esse recurso a Schelling nos permitirá voltar a Kant, correr o risco de uma reconstrução transcendental de seu pensamento do mal, ou melhor, do erro: daquilo que, na transcendência da Lei se opõe a ela para abrir o horizonte onde se decidem o bem e o mal. Põe-se, então, o problema da implicação da Lei no erro, sua co-pertinência, nessa síntese perversa que constitui o primeiro modo da síntese prática, e deveremos, com Kant e para além de Kant, reexaminar a possibilidade de uma doação patológica da Lei, abordar, enfim, a questão da temporalidade prática, a partir do Instante sublime da cesura onde se dissociam o sujeito-em-erro e o sujeito-da-Lei.

---

36 Essa metáfora, que já aparecia na *Idéia de uma história universal* (§ 6, 2, p. 195), é reencontrada na *Religião*, nas *Reflexões sobre a educação*, na *Doutrina da virtude* e em numerosas *Reflexões*. Ela não é do próprio Kant: pode-se encontrar ocorrências em Lutero e em Santo Agostinho.

A cesura do instante (do erro)

> "Ali onde se está quando se muda, não é coisa estranha? [...] O instante; pois o instante parece significar algo como o ponto de partida de um momento nas duas direções. [...] Há essa estranha entidade do instante que se coloca entre o movimento e o repouso, sem ser em tempo algum."
>
> Platão, *Parmênides*.

> "O tempo não tem duração alguma. Seu *ser* (agora, futuro, ao mesmo tempo, antes, depois) é um instante".
>
> Kant, *Opus Postumum*.

Que o fundamento do mal não seja como tal um mal, que a diferença entre o bem e o mal seja apenas uma oposição derivada, originando-se em uma relação mais inicial entre princípios, mas que no entanto seja preciso conceber o mal como uma realidade efetiva, sem atenuar nem apagar sua oposição ao bem, eis o que nos ensinam as *Investigações sobre a liberdade humana* de Schelling. Nesse escrito e nas *Conferências de Stuttgart*, que expõem tal problemática de forma mais sistemática, Schelling ultrapassa, sem dúvida alguma, os limites do pensamento kantiano sobre o mal, aquela dupla limitação do *Ensaio* que enfraquecia seu alcance inicial e o fazia recair na ontodicéia: a redução do "fundamento do mal" a uma inclinação subjetiva da natureza humana e a assimilação da perversão constitutiva do mal radical a uma simples inversão da relação entre motivo racional e motivo sensível. É, ao contrário, a uma *Verkehrung* primordial em que a sensibilidade já não desempenha nenhum papel, que Schelling atribuirá a origem do mal, e ele já não vai situá-la no homem, mas no "ser de Deus", na própria revelação do ser. Esse passo para além de Kant será dado, entretanto, a partir de Kant, por meio de uma retomada, uma reinterpretação do *Ensaio sobre o mal radical* (ao qual as *Investigações* se referem expressamente[1]), por meio de uma redescoberta de seu motivo essencial, a ontológica da oposição-real. É a temática kantiana da oposição, copertinência dos opostos em seu inconciliável conflito, que reencontramos em Schelling, profundamente reelaborada, como "lei fundamental da oposição", chamada a dar conta da relação entre o bem e o mal.[2] Com a lógica das grandezas negativas, suas principais implicações ontológicas reaparecem, a instância do *nihil privativum* kantiano, um Nada-que-existe (*me on* distinto do *ouk on*)[3] e a posição de um mal afirmativo que não se reduz mais a uma privação de ser, um mal realmente-oposto ao princípio do bem como o Inferno se opõe ao Céu.[4] Isso expõe sua problemática ao mes-

---

1 Schelling, *Investigações filosóficas sobre a essência da liberdade humana* (1809), *Sämtliche Werke*, Stuttgart, 1860, t. VII, p. 388; trad. fr., *Oeuvres métaphysiques*, Gallimard, 1980, p. 172. Ao que se acrescentam numerosas alusões implícitas, disseminadas nas *Investigações*.

2 *Conferências de Stuttgart* (1810), *SW*, t. VII, p. 435, trad. fr., p. 216; cf. também p. 250.

3 Cf. a *Exposição do empirismo filosófico* (1836), in *Essais*, Aubier-Montaigne, 1946, p. 518-20. A mesma tese já fora enunciada, sob formulação diferente, nas *Conferências de Stuttgart*, p. 217.

4 *Investigações*, p. 156, alusão à nota já citada da *Religião* de Kant.

mo perigo que Kant: a "objeção de Mani", a ameaça de um dualismo radical. A isso e às inevitáveis acusações de "maniqueísmo" – Schelling, declarava Fries, é um "Mani ressuscitado" –, as *Investigações* oferecem a mesma resposta de Kant em 1792: ao fazer do mal o efeito de uma decisão de liberdade (e não de uma "natureza" má) e ao situar sua origem na distorção da relação entre dois princípios, nenhum dos quais sendo "maus" em si. Tal é a "única noção correta do mal, segundo a qual ela repousa em uma perversão [*Verkehrtheit*] positiva, ou uma inversão dos princípios";[5] ademais, será possível até designar um desses princípios como o fundamento do mal "sem no entanto supor que se trate de uma *má* essência-fundamental [*einem bösen Grundwesen*]".[6]

Este princípio é o *Grund*, o Fundamento como tal, ou melhor, o *Fundo*. O principal avanço realizado por Schelling consiste em que ele já não concebe a relação pervertida como a relação entre a razão e a sensibilidade, mas como ajuntamento e conflito do Fundo e da Existência. O Fundo é "aquilo que em Deus não é o próprio Deus", é a "natureza em Deus", o ser (*Seyn*) de Deus, sua ipseidade (*Selbstheit*) ou a sua cólera, "uma essência sem dúvida inseparável d'Ele, mas no entanto distinta"[7] que se opõe à revelação de Deus, ao mesmo tempo em que permite a Deus revelar-se através dessa oposição. Sem dúvida, pode-se interpretá-lo em um sentido transcendental:[8] o Fundo seria a condição originária de toda manifestação, seu "resto que nunca irrompe", que permanece latente no aparecer do fenômeno e resiste, assim, a vir à luz, à

5 *Id.*, p. 152.

6 *SW*, p. 274, *Oeuvres*, p. 159 (trad. modificada).

7 p. 144.

8 Segue-se aqui a interpretação de M. Vetö, *Le fondement selon Schelling*, Beauchesne, 1977.

desenclausura que no entanto ele torna possível. Nas *Investigações*, o Fundo se apresenta inicialmente como "aspiração" ou "nostalgia" (*Sehnsucht*), esforço cego visando reter a explosão de luz que surge no Fundo, en-cobri-lo novamente em sua latência inicial. A história da Criação divina, o esclarecimento do mundo, é o jogo do descobrimento e do encobrimento no qual o Fundo, ao se iluminar, se dispersa, se difrata ao infinito na explosão singular de cada fenômeno, nesse campo de ruínas de uma Criação inacabada. Tal revelação não segue uma progressão linear em que cada vez mais luz acarretaria cada vez menos obscuridade: mais o próprio Fundo obscurso se arranca no esclarecimento, mais ele se redobra em si mesmo, tanto que a mais elevada unidade do Fundo e da Existência na finitude, a liberdade do homem, abre ao mesmo tempo o abismo da mais profunda cisão e a possibilidade de uma distorção perversa de sua relação, por onde o mal surge no mundo.

Enquanto ela se desdobra na história, enquanto ela *é* a História, a relação dos dois princípios tem um sentido eminentemente *temporal*. Pois o *Grund* é princípio de temporalização, de sucessão temporal: ele é, com Fundamento, o *passado* do que ele funda, e a nostalgia que "se engata ao passado e aspira à unidade primeira"[9] manifesta a potência de um passado jamais ultrapassado, a "resistência do Fundo" recusando-se a deixar advir o que ele funda, tal como Cronos devorando os seus filhos: "Com isso se esclarece igualmente aquela sentença de Platão, de que o mal provém da *velha natureza*, pois tudo o que é mal tende para o caos, isto é, aspira a retornar àquele estado no qual o centro inicial ainda não estava subordinado à luz: é uma suscitação do centro da nostal-

9 Cf. O texto des *Weltalter* citado e comentado por J.-P Marquet, *Liberté et existence*, Gallimard, 1973, p. 475.

gia".[10] Ao situar a origem do mal na atração do Fundo, Schelling ataca a tese capital da ontodicéia, a identidade do ser e do bem. Com efeito, a demarcação do Fundo e da Existência coincide com a diferença ontológica do ser e do ente,[11] e, nesse sentido, pode-se dizer que o mal provém *do ser*. É preciso admitir – conseqüência decisiva da descoberta kantiana das grandezas negativas – que o mal não é "nada", carência de ser ou nada absoluto do *nihil negativum*, que ele é um dos modos do Nada, desse Nada que é o "não-*ente* e, justamente por isso, o *próprio Ser*".[12] Na modernidade, em que o Sujeito humano se põe enquanto supremo, a ontodicéia toma a forma de uma antropodicéia (um "filantropismo", escreve ironicamente Schelling) e tal absolutização do Homem culmina no vir-a-ser-absoluto do Sujeito autônomo, da vontade humana que se quer como livre vontade. Ao romper com a ontodicéia, as *Investigações* abalam, de um só golpe, essa metafísica do Sujeito Absoluto que o próprio jovem Schelling contribuíra para edificar:[13] pois a autonomia (ilusória) do sujeito é *má*, ela é a suscitação da vontade egoísta do Fundo, a inversão da relação por meio da qual o Homem se esforça para "elevar sua ipseidade ao nível de princípio dominante e de vontade universal", "a fim de que ele próprio se torne Fundo criador e a

---

10 *Investigações*, *SW*, p. 374, *Oeuvres*, p. 159.

11 *Conferências*, p. 216. Sobre a interpretação ontológica da diferença *Grund/Existenz* enquanto *Seynsfüge*, "ajuntamento do ser", cf. a análise de Heidegger em seu *Schelling* (1936), Gallimard, 1977, p. 186-94 etc.

12 *Conferências*, p. 217 e 244.

13 Sobre a "destruição da metafísica da subjetividade" operada nas *Investigações* pela dissociação do fundamento e da manifestação (da subjetidade e da subjetividade), cf. J. Rivelaygues, "Schelling: du Système à la Critique", *Études philosophiques*, n. 3, julho-setembro, 1976, p. 367-77.

fim de que assente sua dominação sobre todas as coisas graças à potência do centro que tem no seu interior": então, "o Deus invertido [*der ungekehrte Gott*] [...] se lança para o lugar onde Deus deveria estar".[14] Assim, a rebelião metafísica do Sujeito contra Deus supõe uma inversão perversa da relação entre o centro e a periferia, que se exprime filosoficamente na reviravolta copernicana operada por Kant e por Fichte. Paradoxalmente, a retomada de conceitos fundamentais de Kant – sua teoria da oposição-real e do mal radical – se volta aqui contra o sistema kantiano... Ou melhor, contra uma das vertentes de seu pensamento: sabemos agora que a elevação do Sujeito autônomo ao nível de princípio supremo não é a última palavra de Kant, que será frustrada pelo trabalho da obra, pela introdução do mal radical que consigna o seu limite à autonomia do Sujeito. Ao apoiar-se na concepção da oposição e do mal para subverter a metafísica da subjetividade, Schelling talvez repetisse, sem o saber, o gesto mesmo de Kant relançando no plano ontológico a visada da segunda ética.

Com a diferença de que, em Kant, esta última permanecia centrada na existência humana finita, na exigência de cumprir em nossa vida individual a reviravolta, a nova escolha do caráter inteligível. Ao transpor o esquema da perversão em Deus, ao conceber o caráter inteligível como uma "necessidade eterna",[15] Schelling tende (assim como o segundo Heidegger) a despossuir o existente finito de seu erro e de sua liberdade. Não poderia ser de outro modo, visto que o esclarecimento da Existência está assimilado à "vontade universal" e a atração do Fundo, fonte última do mal, ao egoísmo da "vontade própria". Quando o mal se define como "finitude

[14] *Investigações*, *SW*, p. 390, *Oeuvres*, p. 173.

[15] Assim, "dizemos que o homem age *hic et nunc* como age por toda a eternidade, e desde o começo da criação" (*Investigações*, p. 171).

elevada à ipseidade", é a própria ipseidade finita, a existência objetiva do indivíduo, que corre o risco de aparecer radicalmente má e nossa única libertação consistirá em nos perdermos no fogo devorador da vontade divina. É, ao contrário, na finitude da existência, no curso singular de uma vida, que sempre se vive como a história de uma ipseidade finita, que devemos reinscrever como *existências éticas* os motivos schellinguianos do duplo-movimento originário, a atração do Fundo e a resistência da nostalgia, o esclarecimento da Existência na angústia da vida e a linha de partilha, a reviravolta possível de uma segunda criação. Retorno a-Kant, ou antes retomada, releitura de sua obra com Schelling (e Kierkegaard), para preparar uma reconstrução transcendental da ética a partir do quiasma da Lei e do erro.

Desde que Kant se engajou em seu caminho de pensamento, desde sua descoberta das grandezas negativas, a ele se impôs a exigência de pensar a Lei em sua oposição-real a um outro princípio. Com a dificuldade dessa tarefa, que em parte explica o seu longo adiamento: visto que se trata de pensar o Outro da Lei, a instância adversa que está no princípio do mal, como *seu* Outro, indissociável dela e implicado em sua doação. Dificuldade por muito tempo esquivada em razão do preconceito "platônico" que identifica o princípio adverso com o desejo de felicidade e reduz a oposição ética ao dualismo metafísico da razão pura e da impureza sensível, ao passo que a alternativa do bem e do mal se reduz a uma contradição lógica entre a universalidade da Lei e sua transgressão particular. Essa dupla redução lógico-metafísica persistirá enquanto nos obstinarmos a manter a objetividade prática no quadro da Lógica geral, no lugar de reconstrui-la em uma perspectiva transcendental. Para tanto, "só nos resta a analogia": trata-se, portanto, de tematizar a transcendência prática em analogia com a estrutura da síntese transcendental teórica, onde a orientação da transcendência rumo ao objeto não consegue abrir um horizonte de objetivação senão ao afetar-se com um *Dawider*, ao opor-se a objeção do objeto transcendental = X, que não é nada de ente, que é o Nada como *nihil privativum* da oposição-real. Esse oponente da transcendência finita, esse Outro do fora ao que ela se expõe, no entanto, *nada mais* é que a própria transcendência, a parada ou o limite que ela se impõe, que objeta a si mesma como seu Outro. Tentáramos abordar desse ângulo a transcendência da síntese prática, interpretar nesse sentido o *Zuwider* do fim em si, "condição limitativa" da vontade do Sujeito no respeito-pelo-outro em que se apresenta a Lei: assinalando, aí, um Fim-Limite transcendental, um traço de objeção ética análogo ao do objeto = X no horizonte de transcendência da síntese teórica. Interpretação que se deparava, entretanto, com uma dificuldade: para assim opor-se a Lei, para encontrar seu limite no fim em si, aniquilar-se sob o golpe do respeito, a vontade do Sujeito *já* devia lhe ser contrária, orientada ao encontro da Lei, radicalmente má. É precisamente isso o que lhe proíbe de dar-*se* a Lei em sua autonomia, obrigando-a a receber como Lei do Outro, na passividade originária de uma auto-heteronomia.

O que nos conduz a considerar, aquém da objeção ética do respeito onde uma vontade que *já é má* recebe a Lei, uma objeção *inversa* mais originária, uma *arquiobjeção* transcendental em que a transcendência prática orientada para a Lei teria tropeçado em um Outro = X, em uma forma-limite de oposição à Lei que já a teria desviado dela, distorcido, posta em erro. Essa potência de aversão, "fundamento positivo da oposição" e "princípio formal de todos os atos contrários à Lei", é o *Grund des Bösen*, o erro originário que se objeta à liberdade e faz com que se volte contra a Lei. A primeira *Crítica* sugeria que se representasse o caráter inteligível em analogia com o objeto transcendental = X:[16] tal analogia assume

16 *CRP*, 1, p. 1173 (TP, p. 368).

todo o seu sentido após a viragem de 1792, a partir do momento em que o caráter inteligível diz respeito a uma decisão de liberdade, uma decisão que desde sempre *já é má*. Ao conceber assim o erro como arquiobjeção da transcendência prática, pode-se compreender que a oposição originária da Lei e do erro funda a *objetividade prática* (uma "objetividade" que de agora em diante concorda com a singularidade da decisão, com o caráter "reflexionante" dos juízos éticos): que ela constitua esse "único objeto" da razão prática que é a diferença do bem e do mal. Somente assim é que se poderá elucidar os principais enigmas do mal radical, desse mal sempre-já-aí porque encontra seu fundamento num erro originário, mais originário até que a disposição para o bem, que o respeito pelo outro, que não teria de se objetar à liberdade se esta última já estivesse em erro. Desse mal que está sempre de volta para o mais próximo da Lei, enquanto esse erro é o oponente da Lei, sua o-posição primordial, seu Outro ou sua Coisa = X que ela objeta a si para opor-se a isso e pôr-se em Lei: nesse sentido, ele é *o erro da Lei*, aquilo que na autodoação da Lei não é a própria Lei mas lhe permite se dar e fazer lei. Antes mesmo de me "desaprovar", acusar minha arrogância de Sujeito na objeção do respeito, a Lei me *desaprova*, um erro mais originário que toda falta e todo mal. Ela me faz a oferenda desse Fundo, dessa Coisa sem nome cujo traço sustenta meu desejo e me faz vir à luz da existência.

O mais difícil, nesse ponto, é compreender a arquidoação do erro *à* Lei como auto-objeção *da* Lei. O horizonte da Lei, no entanto, não poderia se abrir sem o traçado de um limite, sua transcendência não poderia se desdobrar sem esse traço de objeção que arresta sua visada, assim como o objeto transcendental = X, ao objetar-se na auto-afecção da transcendência ontológica, forma o horizonte da objetividade teórica, ou ainda, a nostalgia do Fundo, ao resistir ao esclarecimento, permite a revelação da Existência. Esse *Anstoss* que a

Lei opõe a si mesma, a escora inicial de sua transcendência, sem o que ela seria "ilusória e vazia", é isso que denominamos o *erro*. Equivale isso a dizer que a Lei é o erro? De maneira alguma: nada mais oposto à Lei que o erro, a contra-Lei que constitui obstáculo à transcendência da Lei, lhe dá uma ordem de arresto. Porém, esse limite é o que lhe dá forma, esse arresto é um ponto de partida: o erro só pode se opor à Lei na abertura de sua transcendência e para torná-la possível. A Lei não é o erro, mas ela se expõe ao erro, ela *se* dá o erro para se dar como Lei, e assim é que o erro constitui a transcendência prática. Nem por isso ele deixa de ser o erro *da Lei*, a objeção que ela endereça a si mesma. Somente no atentado da Lei é que o erro se revela, manifesta toda sua potência de erro. É meu respeito pela Lei que desperta e reaviva em mim a angústia de meu erro. São Paulo nos ensinara: sem a Lei, não haveria erro. Agora compreendemos também que sem o erro a Lei não é nada. Se não houvesse o erro para circunscrever seu horizonte, não haveria Lei *para nós*. Ela se abismaria no menos-que-nada, na nulidade do *ens rationis* ao qual se reduz a meta-Lei de um ente infinito. Porque ela encontra uma vontade finita e radicalmente má – porque estamos em erro –, a Lei pode se apresentar a nós num imperativo categórico, impor-se no respeito, comandar a cesura de uma reviravolta ética. Assim, o erro orienta a Lei rumo à finitude, para fazê-la concordar com nossa existência finita. Não que a finitude como tal seja o erro ou o mal, nem sequer a "finitude elevada à ipseidade": não estamos em erro porque somos finitos, nossa vontade é eticamente "finita" porque ela *pode* se opor à Lei, porque ela é um erro. Ao desviar o sujeito da Lei, o erro constitui a sua finitude prática, ele lhe impõe essa torção, esse distanciamento que o afasta infinitamente da Lei, o expõe a progredir sem fim rumo ao bem, sempre recomeçar o seu avanço: a finitude da liberdade é a marca do erro que a Lei revela ao sujeito quando lhe faz lembrar a "infinidade de [sua] dívida".[17]

E essa dívida, como precisa Kant, não é herdada, transmitida, não é um pecado hereditário: é a "dívida mais pessoal de todas", porque constitui a personalidade mesma do sujeito, na singularidade de sua decisão e de sua vida. Tomado no sentido psicológico, o conceito de personalidade designava, na *Dialética transcendental*, a identidade permanente do sujeito "em diferentes tempos", a aparência de sua "continuidade ininterrupta" ao longo de toda a sua vida. Trata-se bem de uma *aparência*, um paralogismo que recobre, sob sua identidade ilusória, uma descontinuidade radical, uma multiplicidade de Egos que se sucedem "em cada tempo". É possível, então, perguntar-se o que constitui essa aparência de ser Si, como se mantém, apesar de sua divisão temporal, a sua disseminação em inumeráveis Egos sucessivos, a persistência de um eu unívoco. Segundo a *Dialética*, a solução da aporia só podia ser prática; porém, não encontrávamos nenhuma resposta na filosofia prática, no conceito ético de "personalidade" como disposição-para-a-Lei e fim-limite da vontade de onde toda dimensão temporal parecia ausente. A chave do enigma se acha na *Religião*: na tese da escolha do caráter inteligível, arquidecisão única e singular que engaja todas as escolhas empíricas do sujeito durante sua existência. Kant sublinha, com efeito, que esse "ato inteligível" não está submetido ao tempo dos fenômenos, que "o princípio moral subjetivo da *intenção*, segundo o qual a vida de um homem deve ser julgada" não implica "que sua existência seja divisível em seqüências temporais, mas ao contrário [que ela] só possa ser concebida como uma unidade absoluta": desse ponto de vista, só podemos "olhar a vida como uma *unidade temporal*, isto é, um

---

[17] *Religião*, 3, p. 90 (Vrin, p. 99).

todo".[18] A escolha da máxima suprema, do projeto fundamental que define o caráter inteligível em sua relação singular com a Lei, constitui, assim, a unidade temporal da existência, a subjetividade do sujeito – sua "personalidade", simultaneamente no sentido psicológico (em sua identidade permanente) e no sentido prático (em sua disposição para a Lei).

Porém, essa máxima suprema é *má*, ela é a escolha do mal radical, e a arquidecisão que nos constitui em sujeitos identifica-se com o erro inicial que nos desvia da Lei. Não é a Lei mas o erro é que seria o "sujeito" do sujeito, o Fundo subjacente da existência. Sua torção afetaria cada um de nossos atos a cada instante e deveríamos representar a unidade temporal de nossa vida como uma recaída constante, como aquela decaída do ser-em-erro "que freqüentemente tentou decidir-se pelo bem e [...] que sempre recaiu no mal, que deveria perceber-se no próprio desenrolar de sua vida como deslizando por um declive [...], numa miséria *a perder de vista*".[19] O que põe novamente a questão da possibilidade da conversão, da reviravolta que poderia nos libertar desse erro de origem. Existir como sujeito, é já estar em erro: a Reviravolta exige que nossa subjetividade seja rompida, que a aparência de nossa identidade pessoal seja aniquilada para que possamos renascer como sujeitos-à-Lei. Uma liberdade cativa de seu erro não pode liberar-se por si mesma, não pode sequer desejar tal libertação: por isso advém-lhe a Lei *como* de Fora e do Outro, como uma Graça que já não está no poder do sujeito autônomo.[20] Ela não deixa de ser a sua *própria* Lei – não a de "Deus" ou de um "Outro" ente – cuja forma imanente lhe dá o seu ser, constitui o sujeito em sua auto-afecção. Uma

---

18 p. 88 (nota) (Vrin, p. 97).

19 p. 86 (Vrin, p. 94-5).

20 Às vezes Kant entende "por *Graça* a inconcebível disposição moral que está em nós, isto é, o princípio da *pura moralidade*" (*O conflito*

subjetividade sem Lei é uma impossibilidade absoluta, um *Unding*. O que implica que a Lei vem transir a existência, atravessá-la e sustentá-la ao longo de toda a vida, inclusive no mal radical: que o ser-em-erro já está, desde sempre, sujeito-à-Lei. Mas em que sentido? Isso não equivale, de novo, a identificar a Lei e o erro ou torná-los indiscerníveis? Se quisermos compreender a possibilidade da Reviravolta, será preciso dar conta dessa estranha insistência da Lei no erro, antes de abordar a questão ainda mais difícil de suas condições temporais, da possibilidade de marcar uma cesura na "unidade absoluta" da vida.

Começamos a entender o que significa a oposição transcendental da Lei e do erro, o afastamento de sua obstância. É o seu "parentesco próximo" que agora se trata de elucidar, recobrando, na oposição, a unidade daquilo que se opõe, o quiasma de sua co-pertinência que os mantém enlaçados. A atração do Fundo não resiste de fora ao esclarecimento, mas sua nostalgia, como dizia Schelling, se esforça para "nela reter" o brilho de luz que ela encerra, "de tal modo que, a partir dos dois princípios, é agora um todo único que advém" na falsa unidade do "Deus invertido". Em outros termos, já não é somente a objeção do erro à Lei que convém descrever, mas a captura da Lei no erro: um erro que já não é apenas *Abkehrung*, aversão de um liberdade que se afasta da Lei, mas também *Verkehrung*, perversão da própria Lei pelo erro. Tomar-se-á o cuidado de não se deixar abusar por uma analogia, representando a arquiobjeção do erro no modelo (invertido) da objeção ética da Lei no respeito.[21] Aqui, toda simetria seria

---

das faculdades, 3, p. 846). Uma "graça" que já não é a de "Deus", mas da Lei: que é o dom gracioso da Lei.

21 Com efeito, é a uma vontade *já* má que a Lei impõe o respeito, ao se lhe opor como de fora, a partir do rosto de outrem. Em contraparti-

enganadora, correria o risco de reduzir o erro a um *Zuwider*, uma condição limitativa ou um obstáculo à transcendência da Lei, ao passo que ele é o erro *da* Lei, a torção em que ela desvia de si mesma. Não basta mais dizer que a Lei causa erro a si mesma como seu Outro, seu Oposto = X, nem sequer que haja proximidade ou parentesco entre a Lei e o erro, como se se tratasse de duas instâncias distintas: na verdade, é a Lei que se dá no erro, que se dá *como erro*. Sem que o erro se identifique totalmente à Lei (hipótese "marcionita") e sem que se possa opor à Lei a "outra lei" do erro (hipótese "paulina"): só há uma única Lei de que o erro é um dos modos. O erro é aquilo que no dom da Lei não é a própria Lei, que no entanto pertence à sua doação e só poderia ser, portanto, um certo modo de doação da Lei. Que haja "formas caricatas de virtude", que essa "virtude fantasmática" suponha um "ódio oculto da Lei", este é um tema que já encontramos freqüentemente em Kant.[22] O paradoxo é que esse ódio da Lei se apresenta "sob a aparência do dever", sob a forma da submissão à Lei, e o mesmo ocorre com o mal mais radical, crime inexpiável que se realiza na história em nome da "lei". Esse paradoxo se desata se deixarmos de confundir a sujeição à Lei e a simples obediência, se admitirmos a possibilidade de uma desfiguração da Lei, de uma sujeição perversa em que o sujeito é tanto mais "mau" quanto mais rigorosamente ele se submeter à sua "lei". Ademais, é preciso evitar considerá-la uma espécie de simulacro em que uma potência adversa assumiria falsamente a aparência da Lei: chegou o momento de reconhecer sob a

---

da, não é a uma vontade *já boa* que se objeta o erro, mas à Lei, e a disposição-para-a-Lei (a transcendência prática originária) não é disposição "para o bem", assim como o erro não é "mau".

22 Cf. também aquele "mal do mal", extrema desfiguração da Lei que representa o "serviço no falso culto do bom princípio".

careta que a desfigura o próprio rosto da Lei, sua doação patológica, seu erro. A Lei desfigurada, desviada da Lei, o foco *na* Lei de um "ódio oculto da Lei": eis o que é o erro. A *Bekehrung*, a decisão ética em que retifica o ser-em-erro já não seria apenas conversão do sujeito *à* Lei: nisso, seria preciso enxergar a reviravolta *da* própria Lei, sua cesura onde a Lei rompe com a Lei, a libertação pela Lei da Lei pervertida e cativa de seu erro. Por isso, o instante da Decisão é "sempre uma loucura", loucura de uma Lei cujo apelo transgride a evidência imediata da Lei, "suspende" ou destitui os deveres e os interditos da primeira ética, como aquele apelo insensato que vem transir Abraão de angústia e se retoma, vira subitamente Lei de vida e de amor revogando a sua própria arrestação de morte.

É essa cesura da Lei, implicação da Lei no erro, que Kant se recusa a encarar. Ela é, no entanto, conseqüência necessária de sua tese de uma sujeição originária do sujeito à Lei, persistindo até no mal. A decisão má exige, com efeito, a escolha de uma máxima, isto é, uma ligação sintética da vontade (ou melhor, do *Willkür*) e da Lei, síntese em que a Lei está sempre implicada, pois não há liberdade, não há subjetividade sem Lei. O fundamento do mal, o erro, é a *síntese prática originária*, síntese perversa da liberdade e da Lei onde, num único movimento, num único salto no mal, o livre-arbítrio se liga perversamente à Lei, ao passo que a Lei desvia de si mesma, se dá perversamente ao livre-arbítrio como a "lei" de seu erro. Essa arquidecisão é o que constitui o sujeito em sua livre sujeição à Lei: como sujeito-em-erro, radicalmente mau, decidindo-se pela Lei desfigurada no erro. A essa síntese originária, doação primeira da Lei ao sujeito, deve suceder uma síntese segunda em que, por meio de nova escolha do caráter inteligível, uma vontade boa concordará sinteticamente com a Lei transfigurada, liberta do erro. A própria relação dessas duas sínteses é sintética, relacionando dois modos de doação *opostos* de uma *mesma* Lei. Síntese de duas sínteses, do sujeito-em-erro e do sujeito-à-Lei, a cesura da Reviravolta implementa a *síntese prática suprema* e a tarefa mais elevada da segunda ética seria operar sua dedução transcendental.

Toda a dificuldade consiste em pensar o quiasma da Lei e do erro simultaneamente em sua unidade originária – a de dois modos de doação de uma mesma Lei – e seu extremo afastamento, como conflito igualmente originário desses dois mundos. Atinge-se aquilo que Schelling designava como o "ponto mais elevado de toda a investigação", quando se perguntava pelo que pode suportar a unidade dilacerada dos princípios, "o que estava aí, antes mesmo de o Fundo e a Existência terem sido separados":[23] um Amor que "ainda não era enquanto amor", que todos os nomes fracassam em nomear e que ele chamava o Protofundo (*Urgrund*), o Sem-fundo (*Ungrund*), "a absoluta indiferença de ambos". Estamos frente à possibilidade de uma in-diferenciação da Lei e do erro, o que suscita novamente a questão de saber o que, entre esses dois modos de doação, faria a diferença, traçaria a linha de partilha entre o desastre e a promessa, entre a Lei pervertida no erro e a Lei liberta de seu erro. Se a tese do "mal radical" tem um sentido, ela implica que essa partilha, essa cesura, seja de ordem temporal: que o erro seja originário, "anterior a todo bem que me seja possível fazer", a todo respeito pela Lei – que ele constitua a primeira doação da Lei, sua pré-doação, o que da Lei *ainda não* é a Lei. Trata-se de um grande enigma essa *precessão* do erro em relação à Lei: será preciso contentar-se, com Kant, em constatar como um fato inexplicável que a escolha primeira do caráter inteligível é sempre mau? Ou então seria ele "mau" *porque ele* é primeiro, porque o erro se identifica com a doação inicial da Lei, sua doação passada? O que

---

23 *Investigações*, p. 187-8.

não significa que encontre sua fonte *no* passado, em uma Queda original, mas que ele advém *como* passado, como o passado da Lei, a "lei" do Passado: pois "o mal provém da *velha natureza*", da nostalgia do Fundo que "se engata ao passado" e se recusa a de deixar ultra-passar. Sabe-se que, para Kant, o tempo não pode ser representado diretamente, mas apenas por meio de uma figuração espacial: as metáforas tópicas do erro, da curvatura, do desvio seriam os símbolos de uma distorção temporal, exigência que se redobra rumo à origem, se põe a serviço de seu passado sem conseguir libertar-se dele. O quiasma do erro e da Lei manteriam sob domínio a pré-doação patológica da Lei e sua doação ética, a Lei que ainda não é a Lei e a própria Lei, a verdade da Lei. Equivale isso a dizer que ambos os modos de doação da Lei se diferenciam como dois horizontes do tempo, ou melhor, dois modos de temporalização? A Lei como tal, a doação ética da Lei, se orienta rumo ao futuro, quando a Reviravolta retifica uma exigência infletida no rumo de seu passado para abri-la ao seu fim último e sempre-por-vir? Constatamos que a instauração kantiana da ética tropeça na aporia da temporalidade prática: à exigência de uma determinação temporal da Lei que permitiria fundar a síntese e o esquematismo práticos, opõe-se a exigência contrária, incessantemente reafirmada, de subtrair o domínio prático à temporalidade. A doutrina do mal radical e da conversão ética conseguiria, enfim, remover a aporia, pensar o tempo da Lei?

Nada é menos certo. Com efeito, a recusa de admitir uma temporalidade prática encontra sua fonte em uma tese essencial da Crítica, na demarcação entre o mundo dos fenômenos sensíveis, submetido à necessidade da natureza, e o mundo inteligível que é o "domínio da liberdade". Visto que o tempo é forma *a priori* da sensibilidade, a sucessão temporal só concerne à conexão natural dos fenômenos e não às coisas em si, ao caráter empírico do homem e não ao seu caráter inteligível. Lei de causalidade supra-sensível, este último se situa fora do tempo, e é isso (segundo a solução da terceira antinomia) que permite "salvar a liberdade". Pois "o tempo passado já não está em meu poder" e se eu estivesse inteiramente imerso no fluxo temporal dos fenômenos, minha ação estaria inserida no encadeamento causal necessário que não deixa nenhum lugar para a liberdade: como fenômeno no tempo, "eu não sou livre no momento em que ajo".[24] Nem poderia ser de outra maneira, desde que se aceite a concepção kantiana do tempo, a da primeira *Crítica*: tempo ordenado pela síntese transcendental da imaginação e pelas analogias da experiência, em que "há somente mudança e não origem *ex nihilo*, em que "a criação não pode ser admitida como acontencimento dentre os fenômenos, visto que sua possibilidade bastaria para destruir a unidade da experiência".[25] Tanto é assim que a possibilidade de um acontecimento originário, um "primeiro começo" independente da série causal passada, a própria possibilidade da *liberdade* transcendental, está excluída do mundo dos fenômenos, rejeitada (segundo a "solução" da terceira antinomia) no caráter inteligível.[26] O que já não deixa lugar algum para o Instante de uma cesura, nem no tempo dos fenômenos – que não tolera nenhum hiato, nenhuma ruptura em seu encadeamento causal –, nem na intemporalidade do númeno, em que "não *nasceria* nem *pereceria* nenhum *ato*".[27] O *Ensaio sobre o mal radical* permanece fiel a essa orientação fundamental, opondo a "origem racional" (*Vernunftursprung*) do mal, "ato inteligível, cognoscível

---

[24] *CRp*, 2, p. 723 (Vrin, p. 108).

[25] *CRP*, 1, p. 938 (TP, p. 192).

[26] *CRP*, 1, p. 1102-19 (TP, p. 348-53).

[27] *CRP*, 1, p. 1173 (TP, p. 398).

somente pela razão sem nenhuma condição de tempo", à "origem temporal" (*Zeitursprung*) das ações empíricas tendo uma "causa no tempo".[28] É essa atemporalidade da escolha do caráter inteligível, a impossibilidade de situá-lo em tal ou qual momento da existência, que conduz a que ele seja representado como pré-temporal, como uma inclinação "inata", que "existe no homem desde o seu nascimento". Por conseguinte, visto que se trata de uma decisão única e imutável, visto que essa escolha parece irrevogável, ela engaja "todo o uso da liberdade", do nascimento até a morte. Desde a origem, isso nos terá desaprovado, e esse dom é sem perdão.

No entanto, a tese da intemporalidade do caráter inteligível se revela insustentável, simultaneamente contraditória e contrária à visada da ética. Contraditória, enquanto é a própria condição da liberdade (sua intemporalidade) que destrói a liberdade, a põe a serviço de um caráter inato invariável, necessidade mais tirânica que a causalidade natural. Oposta a toda visada ética, pois se segue que todos os homens são radicalmente maus, para sempre. Porém, se a escolha do mal fosse irreversível, o imperativo que manda que nos libertemos disso demandaria o impossível e a Lei seria ilusória e vã. Se há a Lei, se é preciso haver Lei, uma reviravolta deve ser possível, uma nova escolha do caráter inteligível em que o ser-em-erro se faz sujeito-à-Lei. Ora, na concepção kantiana do caráter inteligível em que nada acontece, em que não há "nem antes nem depois",[29] a possibilidade de uma nova escolha, de uma *nova doação* da Lei, parece excluída: fora do tempo e de toda sucessão temporal, a "segunda" decisão não pode sobrevir após a primeira. A escolha do erro e a da Lei seriam absolutamente simultâneas, como as duas faces de um único ato e, no limite,

28 *Religião*, p. 54 (Vrin, p. 61).

29 *CRP*, p. 1173 e 1182 (TP, p. 398 e 405).

tornar-se-iam indiscerníveis. Aliás, a própria noção de uma *decisão* de liberdade – de uma *Bekehrung*, uma "revolução ética" – que está desprovida de sentido, porquanto "implica a dualidade radical do velho homem e do homem novo, uma reviravolta de atitude e de ser entre o que ele era outrora e o que ele é a partir de então, uma separação, pelo *Übergang*, entre o antes e o depois, isto é, o próprio tempo em sua essência e raiz".[30] Já o havíamos constatado: justamente quando se pretende subtrair a ética ao tempo, ela só pode ser definida em termos temporais e todas as suas determinações fundamentais pressupõem a temporalidade, quer se trate da anterioridade do mal radical em relação ao bem, do imperativo de progredir rumo ao fim último sempre por vir ou, como aqui, da divisão temporal implicada pela decisão ética; e até nessa noção de uma "origem racional" do mal, tida como a que se opõe à sua "origem temporal", mas que ainda supõe a *Ursprung*, o surgimento originário do tempo. Nós nos deparamos novamente com a aporia: para tornar possível a Decisão, para salvar a liberdade e a Lei de liberdade, é preciso admitir uma temporalidade da ética, o que corre o risco de aniquilar a liberdade, nos cravar sem esperança na cadeia da causalidade natural. Se o erro se dá fora do tempo, é de toda a eternidade que ele nos predestina; se ele se dá no tempo, ele já não é nosso erro, nossa livre decisão, mas o simples efeito de uma conexão causal necessária. A única solução, a única saída da aporia consiste em dissociar a temporalidade prática do tempo dos fenômenos, regidos pelas leis da causalidade empírica; apelar para aquilo que Kant denomina às vezes como *duratio*

---

30 L. Brunschvicg, L'idée critique et le système kantien, in *Études sur Kant*, A. Colin, 1924, p. 194. O caráter contraditório, inconsistente, da noção de "conversão intemporal" lhe aparece como aporia essencial "que o sistema não conseguirá resolver" e que precipita a ética kantiana em uma "crise profunda e inextricável".

noumenon,[31] uma "duração numenal" que seria o *tempo da liberdade*. Sem concebê-la, entretanto, como um outro tempo, que viesse duplicar a série temporal dos fenômenos: só pode haver, lembra a *Crítica*, um único tempo. O tempo da Lei, tal como ele se revela na reviravolta ética, não é uma temporalidade paralela ou supletiva, mas "o próprio tempo em sua essência e raiz". O dom da Lei, sua dupla doação no erro e na libertação, seria a oferenda do tempo e a própria Lei deveria ser pensada como temporalidade pura, lei do tempo.

Percebe-se então a fonte das aporias e dos equívocos que pesam sobre a filosofia prática e a fazem descaminhar num impasse: provêm da ausência de demarcação (ou de demarcação insuficiente) entre temporalidade originária e intratemporalidade. O que acarreta uma ruinosa confusão entre o caráter *não-intra-temporal* da temporalidade ética originária e uma por assim dizer "intemporalidade", concebida como permanência imutável de um eterno presente. Em outros termos, é preciso reconhecer que o tempo como tal não é (intra)temporal, não passa, não escoa "no" tempo, sem ser no entanto in-temporal: que a Decisão ética não se insere *no* tempo, porque ela decide para o tempo, a favor do tempo. Esse tempo de liberdade, como qualificá-lo? De qual horizonte do tempo procede a Decisão e como nomear o seu lugar? Quando ele evoca o tempo dos fenômenos, o tempo da não-liberdade, Kant o descreve como uma sucessão linear contínua de "pontos-de-tempo": visto que "toda ação que se passa num ponto-de-tempo (*Zeitpunkte*) é necessariamente sob a condição daquilo que era no tempo precedente", "eu nunca sou livre no momento [no ponto de tempo: *Zeitpunkte*] em que

---

31 Cf. o escrito sobre *O fim de todas as coisas* (1794), 3, p. 309. Kant designa com isso a hipotética "eternidade" da vida após a morte. Mas seria possível aplicá-la à temporalidade do caráter inteligível.

eu ajo".[32] Em contrapartida, quando se trata da temporalidade prática, do tempo da decisão, "a ação assim como o seu contrário deve estar sob o poder do sujeito, no instante [*in dem Augenblicke*] em que o ato se realiza".[33] No caso de uma mentira, e quaisquer que sejam as causas no caráter empírico, "a ação é atribuída ao caráter inteligível do autor: ele é inteiramente culpado no instante [*in dem Augenblicke*] em que ele mente".[34] Assim, a série dos pontos-de-tempo cuja sucessão contínua forja a cadeia da necessidade vem cruzar *a cada instante* com a falha do *Augenblick* em que o tempo se dilacera ao libertar o possível, quando a liberdade se decide a cada vez pelo erro ou pela Lei. Somente no final de sua vida, no canteiro inacabado do *Opus Postumum*, é que Kant saberá se desfazer das representações metafísicas da "permanência" invariável do tempo, para compreender sua unidade originária como Instante, descobrir no *Augenblick* o próprio ser do tempo: "O tempo não tem nenhuma duração. Seu *ser* (agora, futuro, ao mesmo tempo, antes, depois) é um instante".[35]

Esclarece-se então a enigmática nota da *Religião*, prescrevendo que consideremos nossa vida "uma *unidade temporal*, isto é, um todo [*Ganzes*]": se a existência não é "divisível em seqüências temporais, mas só [pode] ao contrário ser concebida como uma unidade absoluta",[36] essa totalidade indivisa se ata ao Instante: é a doação do tempo que se decide no *Augenblick* e volta a jogar incessantemente através da existên-

32 *CRp*, 2, p. 723 (Vrin, p. 108).

33 *Religião*, 3, p. 67 (nota) (Vrin, p. 74).

34 *CRP*, p. 1184 (TP, p. 406).

35 *"Die Zeit hat kein Dauer. Ihr Seyn (jetzt, künftig, zugleich, vordem, nachdem) ist ein Augenblick"* (*Opus Postumum* (1800), XXII, p. 5, PUF, p. 122).

36 Cf. a nota já citada da *Religião*.

cia; é a escolha do caráter inteligível que determina o *Lebenweise*, o estilo singular de uma existência, o *leitmotiv* de uma vida. Quando Kant designa a Decisão como um "ato que precede todos os atos", sobretudo não se deve entendê-lo como um ato *original*, anterior a *toda série* de nossas ações no tempo: ela é decisão *originária*, precedendo *a cada vez* cada uma de nossas ações, segundo uma única escolha sempre reiterada como a estranha liberdade do Deus cartesiano na criação contínua. Sempre nova, a Decisão se retoma e recomeça continuamente em um único Instante que *é* todos os instantes, porque ela manifesta o traço fundamental da temporalidade, seu "continuum", sua "infinitude". Que não se reduzem à continuidade linear, à infinidade indefinida (antinômica) da série temporal dos fenômenos, simples soma de pontos-de-tempo indênticos se sucedendo "ao infinito": se o tempo é *quantum continuum*, é que ele "não é composto de elementos simples",[37] é que ele é a forma pura da sensibilidade, isto é, *universitas*, "totalidade absoluta das co-partes [...] postas conjuntamente", captada numa única intuição formal.[38] Dessa determinação do tempo como captação singular (*conceptus singularis*) do todo, como infinitude simultânea, contemporânea (*infinitum simultaneum*),[39] segue-se que "um tempo qualquer não pode ser pensado senão como parte desse mesmo tempo único e imenso", ou melhor, como o seu limite, estouro de tempo, escansão de sua partição infinita.[40] Dife-

---

37 *Dissertação de 1770*, 1, p. 648 (Vrin, p. 55).

38 *Ibid.*, p. 635-6 (Vrin, p. 31-3).

39 *Ibid.* Sobre esta noção de *conceptus singularis* (distinto do "conceito universal", isto é, lógico), cf. p. 645 (Vrin, p. 51). Ela reaparecerá trinta anos mais tarde no *Opus Postumum*, com inúmeros outros motivos da *Dissertação*.

40 *Dissertação*, p. 648-9 (Vrin, p. 55-7 e 73).

rentemente dos pontos-de-tempo, dos agoras sucessivos, cada um dos quais se distingue dos outros agoras passados e por vir devido a seu lugar particular na série temporal, o instante é o *exaiphnés* do *Parmênides* que "não é no tempo" porque lhe dá o seu ponto de partida. É o Limite do tempo, em que a cada vez se repõe em jogo *todo* o tempo, em que se repete continuamente, infinitamente, o mesmo motivo inicial na unidade singular de uma intriga ou de uma melodia. Unidade qualitativa, transcendental, traçando o fio condutor de um pensamento ou de uma vida, esboçando a coerência de uma obra, de um mundo. A *Dissertação de 1770* designava essa "forma essencial" e "constante" do mundo como um nexo, um ato, uma lei: "*o conceito de tempo só repousa numa lei*"[41] – em que se reconhecerá, de agora em diante, a própria Lei, o *Nomos* como partilha, morada, escansão do tempo, o *ethos* originário como lugar do Instante.

Se o Instante sempre dá todo o tempo, em seu *continuum* e em sua unidade absoluta, já não é possível reconduzir a oposição do erro e da Lei à de dois horizontes temporais, um passado mau e um futuro redentor. Foi um engano dos pós-kantianos (Schelling, Schopenhauer) rejeitar a origem do mal no protofundo do passado, na "necessidade eterna" de uma vontade primeira irrevogável. Foi um erro inverso de certos neo-kantianos repelir a conversão ética em um futuro fora de alcance, dela fazer uma simples Idéia, o termo ideal de um progresso indefinido. Sem perceber que todo o passado e todo o futuro confluem no Instante, tal como os dois caminhos do tempo que se cruzam e se chocam sob o pórtico chamado *Augenblick*.[42] *Continuum* Infinito ou Eterno Retorno, o pen-

---

41 *Dissertação*, p. 650 (Vrin, p. 61); grifo nosso.

42 Nietzsche, *Assim falou Zaratustra*: "Da visão e do enigma". Sobre a exigência de recobrar a unidade dos três horizontes do tempo a par-

samento secreto de Zaratustra e o do Chinês de Königsberg enunciam o mesmo imperativo de suster a prova do Instante, partilha do tempo em que se decide aquilo que volta, a maneira pela qual tudo volta. Pois todo o tempo voltará segundo a Decisão: seja como o peso mais pesado, como a serpente negra do niilismo, seja como o grande Meio-Dia da libertação. A *Religião* kantiana não dizia outra coisa, ao afirmar que a unidade temporal total da existência se determina segundo a escolha do caráter inteligível. A decisão do erro não é somente uma decisão passada, sequer uma decisão *para* o passado – a do sujeito sujeitado àquilo que era –, mas volta a estar em jogo no Instante, por um salto imediato do estado de inocência no mal,[43] e a cada vez ela engaja todo o futuro como uma recaída sem fim, uma "miséria a perder de vista". A decisão da Lei não é somente decisão por vir e a favor do porvir, mas ela deveria também refluir no passado para o libertar de seu erro, assim como a outra decisão jorra no futuro e o desespera. Dessa maneira, cada uma das duas decisões adversas abraçaria, desde a doação do Instante, a unidade total do *Continuum* temporal, o ser do tempo.

Não é, porém, o que ocorre: enquanto o erro se desdobra efetivamente do passado rumo ao futuro para comprometê-lo, parece, em contrapartida, que a reviravolta não consiga

---

tir do Instante como "síntese do eterno e do temporal", cf. também o texto essencial de Kierkegaard: "A determinação dos conceitos de passado, futuro, eterno, permite ver como se determinou o instante. Na falta de instante, o eterno aparece para trás, como o passado [...]. Se o instante é posto, mas como simples *discrimen,* o futuro é o eterno. Se o instante é posto, o eterno também o é, mas igualmente o futuro que volta como o passado" (*Le concept d'angoisse*, Gallimard, p. 93).

43 Cf. *Religião*, p. 56 (Vrin, p. 63). Mais uma vez, é preciso remeter ao *Conceito de angústia*, p. 34-7, 67 etc.

voltar para o passado, resgatá-lo da "infinidade de sua dívida". Tal é, como nos diz Kant, "a *dificuldade* mais temível de todas": que o homem novo, o sujeito liberto pela Lei, "por mais constante que seja em perserverar numa maneira de viver conforme [à Lei], *começou nada obstante pelo mal* e para sempre lhe é impossível apagar essa dívida. Mesmo se, desde a mutação de seu coração, não tivesse cometido faltas, não pode, ao fazê-lo, considerar que pagou as faltas antigas" e "segue-se que todo homem poderia esperar uma *pena eterna* e ser expulso do Reino de Deus".[44] A essa dificuldade, a *Religião* só responde, de maneira confusa e embaraçada, ao invocar o ponto de vista do Escrutador dos corações, do "Juiz divino para o qual a intenção se substitui ao ato". Também essa "solução" só concerne ao problema moral do castigo da falta, sem remover a aporia maior: a persistência após a Reviravolta de um passado impossível de ultrapassar, uma Dívida irremissível. Questão que permanecerá sem resposta até o final, até os últimos desenvolvimentos do *Opus Postumum*: "Dentre todos os perigos", escreverá Kant por volta de 1800, "aos quais alguém pode se expor ou nos quais pode cair, o de infringir o dever, quando a isso se expõe, é de longe o maior; [...] devido ao fato de que ele não pode ser compensado e apagado por nenhum mérito e, assim, de certa maneira, é moralmente imortal".[45] Visto que a unidade total da existência se concentra em um único Instante, a decisão do erro se desdobra sem remissão nem esquecimento através de todo o *Continuum* do tempo, com o conjunto das faltas por ele geradas. De agora em diante, já não é somente o mal mais radical, a "reviravolta total dos princípios", mas mesmo a menor falta, a simples transgressão do dever que se apresenta como um *crime imor-*

---

44 *Religião*, p. 89-90 (Vrin, p. 98-9).

45 *Opus Postumum*, PUF, p. 285.

tal, inexpiável. É a mesma aporia, a mesma aflição reencontrada por Zaratustra quando ensinar o *Erlösung*, a redenção do passado que deveria libertar os homens do espírito de vingança, do ressentimento para com o irrevogável. Que a vontade não se volte para o "assim é" do passado, que ela o transfigure em um "assim eu o quis" e o queira uma vez mais, eternamente, tal seria a grande libertação. "Mas alguma vez ela falou assim? Quem portanto lhe ensinou a querer remontar o passado?".[46] É neste momento de seu discurso que Zaratustra se interrompe, "semelhante a alguém tomado de extremo pavor", olha os seus discípulos "com olhos espantados" – como se entrevisse subitamente a impossibilidade da redenção, a deficiência última da vontade de potência e do Eterno Retorno, impotentes para curar o espírito de vingança, suplantar o irreversível do tempo...

A esta altura, o que causa problema não é somente a persistência do passado *como passado*, com seu erro irremissível, mas também o retorno do mal, seu ressurgimento *atual* após a cesura, ameaça de uma recaída no erro que volta incessantemente a assombrar o sujeito-à-Lei. Semelhante ao *signum* da revolução política, a conversão ética marca bem o ponto de não-retorno que nos proíbe "recair no ramerrão do passado", nos permite considerar nossas recaídas ulteriores como simplesmente aparentes. Ela não deixa de ser uma escolha do caráter inteligível, impossível de se situar *no* tempo, em algum momento da existência, e nada jamais nos garante que ela *já* tenha tido lugar, ou que possamos somente esperar atingi-la nesta vida. É isso que nos entrega à "exaltação doce ou angustiada",[47] nos condena a oscilar entre a euforia da cura – a louca presunção de nos "sabermos em posse do Reino" – e

---

[46] "Da redenção". *Assim falou Zaratustra.*

[47] *Religião*, p. 85 (Vrin, p. 94).

"a mais sombria exaltação", o desespero de uma recaída sem fim. A ética da *Religião* será, portanto, uma ética da desolação (da *Trostlosigkeit*), que tenta nos preservar daquela presunção e desse desespero, nos chama para reinscrever em cada decisão empírica o traço ou o esquema da cesura, *como se* ela já tivesse tido lugar: fundar, nesse deciframento arriscado, uma "constância em perseverar" em nosso avanço rumo à Lei, na paradoxal "repetição" empírica de uma Decisão transcendental que talvez jamais aconteça. O que nos deixa na incerteza e na desolação, à beira do desespero, é a impossibilidade de inserir o Instante da decisão ética no tempo dos fenômenos, no encadeamento contínuo da série causal. Particularmente decepcionante é a resposta dada pelo *Ensaio*: ela consiste em limitar o acontecimento da cesura ao mundo inteligível, supondo que ela se traduz, que se amoeda no plano dos fenômenos por meio de uma reforma gradual, um "progresso contínuo do mal rumo ao melhor". Somente do ponto de vista de Deus – "Deus" cujo nome aqui nada mais é do que asilo da ignorância, confissão de fracasso do pensamento – é que tal progressão indefinida seria reunida na unidade do Instante.[48] Assim, a velha clivagem dos dois mundos e dos dois caracteres serve para justapor duas perspectivas incompatíveis: relegar o pensamento novo da revolução ética em "Deus", na opacidade do número, restaurando *de fato* a concepção tradicional da "reforma moral", do progresso ao infinito rumo ao Bem inacessível, isto é, a perspectiva da *Crítica da razão prática*, que a abertura do *Ensaio* tentara, em vão, suplantar.

O ato livre da Decisão ética, "morte do velho homem" e nascimento do sujeito-à-Lei, permanece portanto impensável

---

48 "Somente na ação continuada e no vir-a-ser é que [o homem] se tornará um homem de bem". Mas "para quem essa infinidade do progresso é uma unidade, quero dizer, Deus [...] a transformação pode ser enxergada como revolução" (*Religião*, p. 64-5 (Vrin, p. 71).

no quadro do sistema kantiano, em uma problemática para a qual nenhuma cesura, nenhum surgimento *ex nihilo* é possível, nem no tempo contínuo dos fenômenos, nem na intemporalidade do númeno. Mesmo quando Kant acede a uma compreensão mais radical da temporalidade originária em sua infinitude, sua *universitas*, mal se vê como uma cesura temporal poderia se inscrever nesse *Continuum* incomposto, como o *infinitum simultaneum*, a totalidade contemporânea das copartes, daria consistência à partilha dos tempos, à diferença do Antes e do Depois posta pela decisão. Se quisermos pensar a possibilidade da Reviravolta, será preciso evocar o único texto kantiano que encara a deficiência da síntese temporalizante da imaginação e, nessa síncope "instantânea" (*augenblicklich*), descobre a efração da liberdade, a única figuração possível da Lei: será preciso recorrer à *Analítica do sublime*.[49] Kant, de sua parte, nunca terá recorrido a isso. Assim, ele se condenava a desconhecer a temporalização imanente da Lei: rejeitar o Instante da decisão na transcendência metafísica do "Deus" moral e apagar a ruptura da revolução ética. São outros pensamentos que deveríamos então convocar, com Kant e para além de Kant – por exemplo, a meditação de Hölderlin sobre a cesura como "desvio categórico" no "defeito de deus" ou a de Kierkegaard sobre o Instante, ou então, o enigmático anúncio do Eterno Retorno.

Atingimos aqui o "ponto mais elevado de toda a investigação", o enigma maior da ética kantiana. Com a possibilidade da cesura, com esse duplo-movimento "instantâneo" do luto e do renascimento, acordo discordante de dor e de alegria onde se trama a unidade de uma existência, ocorre a doação da Lei: da síntese prática suprema como quiasma do

---

49 Precisamos, uma vez mais, remeter à análise da temporalidade do sublime que esboçamos em *Kanten*.

sujeito-em-erro e do sujeito-à-Lei. Ocorre passagem à segunda ética, a que supõe a radicalidade do mal, a impotência do Sujeito autônomo para se libertar disso, a verdade do Instante em que se decide a libertação. Reconheceremos aí a experiência primeira do pensamento e seu último recurso, se é verdade que o desespero é doença mortal também para o pensamento, que um pensamento no desespero só pode desesperar de sua própria potência de pensar: que precisa atravessar a cesura a fim de renascer para si mesmo segundo a Lei, nesse despertar matinal que rende graças pelo simples fato de pensar.

Conclusão
Diante da Lei

"Diante da Lei está o guardião da porta..." Ao término deste trabalho, pode parecer que nossa interrogação chega a seu acabamento sem elucidar o enigma da ética kantiana, assim como o homem do campo não soubera passar pelo limiar da Lei. Sem dúvida, esse enigma não se deixa penetrar: pois a Lei ética só se apresenta ao retirar-se em sua ex-posição, e quando seu retraimento abre o espaço da representação, dos "guardiães" (esquemas ou símbolos) que a distância figuram o sem-figura da Lei, com o risco sempre presente de uma desfiguração, impostura ou mentira do guardião ou mesmo da Lei que ele representa. Porém, essa longa estação no limiar não foi inútil. Ao menos sabemos, de agora em diante, que o guardião não mentira, que há a Lei, que em verdade ela se dá aquém da Aparência e que sua doação permanece absolutamente singular, tal como uma porta "destinada unicamente a você". Sem que essa doação, esse dom da Lei, nunca suspenda o enigma de sua ex-posição. Era preciso toda a ingenuidade do homem do campo para acreditar que seria possível "entrar na Lei", desvelar seu mistério, submetê-la à sua vontade. O apólogo de Kafka nos ensina, ao contrário, que o apelo da Lei não responde à livre decisão de um Sujeito autônomo, que o homem do campo só consegue ouvi-la em sua extrema despossessão, em seu despojamento: somente então, na véspera de sua morte, é que percebe nas trevas a "gloriosa cintilância" que passa pela porta da Lei. Estaria errado quem acreditasse que sua espera tenha sido em vão ou, como imagina Joseph K., que o guardião lhe houvesse dado a "mensagem libertadora" quando era "tarde demais". Pois a Lei se dá, desde sempre já se deu a ele. Se há um tempo da Lei, não poderia se tratar de um mau infinito da espera, da progressão indefinida rumo a um ideal inacessível – antes, porém, daquela cesura do *Augenblick* que volta a se jogar e se repete em cada instante de nossa vida. O engano sobre a Lei consiste em pensar que ela poderia se apresentar no término da espera ou que seria possível atingi-lo ao passar para além do guardião e do limiar, sem compreender que a porta, "aberta como sempre", já é o Aberto da Lei; que a promessa do guardião não é a marca do interdito, mas o apelo do Possível; que seu limiar é o *limen*, o lugar ou o instante *sublime* de sua doação.[1] Que o seu retraimento não é a "transcendência" metafísica de um trás-mundo, nem a de uma norma moral que acusa e condena, sem dúvida porque ela é a Lei da existência, a existência como Lei, que "não quer nada" mas capta cada existente quando ele vem ao mundo e o deixa quando ele se vai.

Experiência paradoxal de um retraimento da Lei em sua destinação singular: a ela farão eco outros paradoxos, outras aventuras do pensamento. Que encenem a louca divisão

---

1 Como observa M. Cacciari em seu comentário do apólogo, "nada nem ninguém pode proibir o acesso do Aberto; mas decerto isso não tem nenhum valor para quem continua imaginando respostas "secretas" para além do limiar, para quem acredita que, a nós, um deus ciumento o subtrai". Porque o homem do campo "ignora totalmente a dimensão do Aberto" – a imanência radical da Lei – é que ele se mantém ingenuamente diante dela, "como diante de uma porta fechada" (cf. *Icônes de la Loi* (1985), Bourgois, 1990, p. 81).

da Lei ou a provação de uma obrigação singular para além de toda lei, em comum com Kafka, elas têm de se explicar com Kant, opor-se, de maneira mais ou menos direta, a uma certa *doxa* kantiana que define o princípio supremo do dever como lei moral universal. No entanto, ao explorarem os paradoxos da ética e os limites ou as deficiências da Lei, talvez se achem mais próximas de Kant do que acreditam, da vertente mais paradoxal de seu pensamento, "paradoxo do método" em que a Lei se põe, se ex-põe ao se libertar de toda consignação prévia ao Bem, de toda determinação por um princípio supremo do ente. É essa dimensão paradoxal da ética kantiana que tentamos, neste trabalho, explorar. Se aqui não tentamos ler Kant com Kafka, talvez se encontre em nossa releitura de Kant certos traços da Lei kafkiana, a rejeição de toda interpretação moralizante ou judiciária em que ela seria concebida como instância de acusação, o retraimento da Lei na imanência, o caráter sempre singular de sua destinação, sua doação na cesura do Instante e, antes de tudo, aquela ameaça incessantemente presente de uma "mentira do guardião", Aparência transcendental prática em que a verdade da Lei se ata a uma não-verdade originária, em que ela corre o risco de aparecer como uma "simples ilusão de nossa razão". Nesse ponto, o paradoxo de um Eichmann "kantiano" encontra o seu alcance crítico, deixando entrever uma desfiguração da Lei que a perverteria, a desviaria a serviço do mal o mais radical. O que torna ainda mais premente e difícil a tarefa de uma crítica da razão prática *pura*, a investigação do critério, do traço de verdade que poderia demarcar a Lei *como tal* dessa pseudolei desviada no mal.

Assim, ao admitir a existência de uma Aparência prática, tentamos subtrair o pensamento da Lei à ofuscante evidência que, em Kant, a mantém *fora de questão*. Essa hipótese, no entanto, é expressamente rejeitada pela *Crítica*, para a qual a evidência da Lei se impõe à razão "como um fato", excluindo a própria possibilidade de uma ilusão prática, uma dissimulação da Lei *no* esclarecimento da revelação. Certeza partilhada pela maior parte dos comentadores, fascinados pelo brilho de uma verdade sem véus – e desmentida, entretanto, pela letra dos textos, que várias vezes evocam a eventualidade de uma deficiência ou de uma "sub-repção" da Lei. Devemos portanto nos perguntar se a Crítica consegue subtrair-se inteiramente à Aparência ou se esta última perdura no trabalho da obra, condenando-a a *retomar*-se constantemente, a subverter as posições conquistadas na esperança de atingir, enfim, a sua verdade. São estas oscilações de um pensamento sempre em busca de seu alicerce o que tentamos descrever. Vimos que a obra nunca se acaba na evidência apaziguada de uma certeza última, não deixa de balançar entre a tese e a antítese de antinomias irredutíveis, por exemplo, entre a afirmação da facticidade quase empírica ou "sentimental" da Lei e aquela de sua pureza racional; ou ainda entre a exclusão rigorista da felicidade e sua reabilitação como condição necessária do Soberano Bem; ou, enfim, para tomar a mais vasta oscilação cuja amplitude atravessa toda a obra, entre a descoberta, em 1763, de um "mal positivo" em sua oposição real à Lei, sua ocultação durante o período das três *Críticas* e seu reaparecimento súbito em 1792, no *Ensaio sobre o mal radical.*

A partir de então, já não é somente a ilusão de um acabamento da filosofia prática, mas também a aparência de sua coesão sem falhas, coincidindo exatamente com a armação visível de sua arquitetônica, que nossa interpretação terá posto em questão. Tais viragens e reviravoltas atestam, com efeito, um equívoco persistente, ou melhor, uma série de equívocos afetando continuamente, em sua revelação, sua exposição e seus *parerga*, a questão da Lei. No limite, não há uma única tese da filosofia prática, nenhuma formulação do imperativo categórico que não seja afetada por semelhante ambigüidade, quer se trate do *estatuto* dessas fórmulas (que se pode interpretar como expressões diretas do imperativo *e* como figurações simbólicas por analogia) ou das *determinações* conceituais de cada fórmula: assim, o "fim em si" se identifica com a vontade do Sujeito que põe todo fim *e* com a condição restritiva que limita essa vontade; ao passo que a "autonomia" aparece ao mesmo tempo como autoposição da Lei pelo Sujeito *e* como a imposição ao Sujeito de uma Lei de que ele não é o autor, de modo que o Sujeito humano autônomo pode ter a pretensão de ocupar o lugar do Soberano no reino dos fins, embora desse também esteja excluído. De modo igual, o mal radical será apresentado simultaneamente como uma "inclinação" contingente, livremente contraída e que é possível dominar, *e* como um erro originário e "inato", enraizado no caráter inteligível e "impossível de extirpar apenas por nossas forças humanas". Equivocidade que não é simplesmente o indício de uma deficiência, que antes dá testemunho da insistência de uma questão jamais elucidada.

Para nós, essa questão é a da possibilidade da *síntese prática*, remetendo ao problema capital de toda a Crítica, o da possibilidade dos juízos sintéticos *a priori*: questão evocada pela exigência de pensar a doação da Lei, pré-esboçada pela exposição do imperativo categórico em suas diferentes formulações; porém, questão *não resolvida* ou mal resolvida, ali onde Kant pretende dar resposta (notadamente na terceira seção da *Fundamentação*), essencialmente em razão de uma aporia persistente, a da *temporalidade prática*; votada, por conseguinte, a voltar à filosofia prática como sua obsessão, repetir-se em surdina sob os seus conceitos maiores dos quais ela afeta tanto o sentido como aquilo que está em jogo neles. O que suscita o problema da unidade da obra. No entanto, nos pareceu possível extrair sua coerência implícita, captar a continuidade de um único motivo a despeito de suas reviravoltas, a despeito de sua essencial ambigüidade. Não nos contentamos, portanto, em fazer o levantamento de suas antinomias: é o seu equívoco fundamental que tentamos pôr em relevo. A cada vez, portanto, precisamos decidir por uma ou por outra das hipóteses rivais, optar, por exemplo, pela concepção "limitativa" do fim em si, isto é, igualmente pela interpretação "simbólica" da autonomia, considerada a partir de então auto-heteronomia, doação ao Sujeito de uma Lei que a ele se impõe como do Fora e do Outro; ou ainda, pela concepção mais "radical" do mal radical, determinando-o como um erro quase transcendental, inerente ao modo de doação da Lei. Tratava-se de passar do simples comentário para a interpretação, com a violência que ela implica: tomando o risco de afastar tal hipótese de leitura, no entanto confirmada pela letra dos textos, opor tal enunciado "kantiano" a outro, pensar com Kant para além de Kant.

Se fosse preciso designar com uma única palavra o procedimento deste trabalho, de bom grado o designaríamos como uma tentativa de *reconstrução* transcendental da ética kantiana, que se esforça para libertá-la de suas interpretações tradicionais: estender aos principais conceitos da filosofia prática – à "forma" e à "universalidade" da Lei, ao "fim em si"e à "autonomia", ao "Soberano Bem" e ao "mal radical"... – esse mesmo gesto de retomada, de releitura que a *Crítica da razão pura* aplicava às categorias lógico-metafísicas para reinterpretá-las em um sentido transcendental. Aos poucos, um novo rosto da ética kantiana seria assim esboçado, o de uma ética *paradoxal* cujo imperativo ordena que nos subtraiamos às certezas do senso comum moral e a toda determinação tradicional do bem; uma ética *reflexionante* em que a indeterminação da Lei torna equívoco ou impossível todo juízo determinante, nos obriga a julgar sem regra a partir de uma prescrição ou de uma decisão sempre singular; uma ética *transcendental*, que nos reconduz da busca dos critérios do juízo prático à questão da possibilidade da síntese pura que os fundamenta. E uma nova versão da Lei se desenhava, uma Lei *imanente* ao desejo, que não lhe objeta de fora para refreá-lo ou para recalcá-lo, mas o liberta para si mesmo ao lhe dar a sua forma; uma Lei imanente *ao mundo*, que é sua *Urform*, o "liame" inicial, a codoação de sua *"communité"*, e assim a própria Lei de nossa comunidade; uma Lei, enfim, imanente *a si mesma* em sua autodoação, que já não se deixa subjugar por princípios transcendentes, não é nem lei de Deus ou do Bem, nem a do Sujeito humano, mas a Lei de toda lei – *Lex index sui*.

Quanto mais progredimos em nossa tentativa de reconstrução, mais nossas questões iniciais se deslocavam, nos levando sempre mais longe das representações dominantes da "moral kantiana". Ao constatarmos o fracasso da esquematização da Lei pela típica do juízo prático, ao privilegiarmos uma interpretação "simbólica" do fim em si e da autonomia, fomos levados a buscar em outro lugar a possibilidade de um autêntico esquematismo prático. A análise do Soberano Bem ia marcar uma viragem, preparar a passagem para uma segunda fase da ética kantiana, capaz de ultrapassar as limitações e as aporias da primeira. Com o nome de "Soberano Bem", reconhecíamos a própria Lei se desdobrando no mundo e, para dar conta dessa *Erweiterung*, devíamos nos voltar para *parerga*, textos aparentemente estranhos à filosofia prática. Afinal de contas, não é ali onde tantos haviam procurado, na terceira *Crítica* ou nos escritos histórico-políticos, que descobrimos a fonte última da obra: é na *Religião* que a "pedra angular de todo o sistema", a revelação da Lei, encontra sua elaboração mais conseqüente. É ali que o motivo inicial do pensamento kantiano, a descoberta de uma oposição real entre a Lei e o mal, se vê retomado e radicalizado; é ali que a universalidade da Lei se esquematiza historicamente no modo de uma comunidade ética, cuja instauração é explicitamente apresentada como auto-heteronomia. É ali, enfim, que a exigência de pensar uma temporalidade prática é expressamente tematizada como nova escolha do caráter inteligível, como a reviravolta de uma revolução ética.

Nem por isso se deve concluir que a ética da Lei só possa ter acabamento por meio de um salto na esfera da fé. Seria desconhecer o paradoxo de sua exposição, a má postura de uma Lei privada de todo ponto de apoio assim na Terra como no Céu. Ao entregá-la ao Nada, a uma radical indeterminação, sua ex-posição é a chance da Lei, a virtude de uma ética que sustenta que o dom da Lei só pertence à Lei, que não deixa de consignar à "metafísica da subjetividade", sem que por isso se escore num fundamento ontoteológico. Se com o nome de "Deus" se designa um ente transcendente que se colocaria como autor da Lei, a ética kantiana é, então, rigorosamente atéia, ou antes, *a-teológica* – e até mesmo em sua *Religião* – visto que nela todo recurso a esse "Deus" permanece apenas como simbólico, chamado para "personificar" analogicamente o *ganz Anderes* da síntese prática, a alteridade exposta da Lei.[2] É somente nesse sentido que foi possível falar de uma "transcendência" da Lei: trata-se de uma transcendência puramente imanente, isto é, transcendental, a do Outro = X exigido pela síntese prática, ponto de parada que o desejo objeta a si mesmo e desaprova. Desse Limite interno, desta autolimitação que encontramos *como se* nos adviesse do Fora, de um inteiramente-Outro, e que constitui a subjetividade do sujeito e a verdade do desejo. Não mais do que o "Deus" da ontoteologia, o Sujeito humano não poderia, com efeito, erigir-se enquanto criador da Lei: pois a própria posição moderna ("kantiana", se quisermos...) do Sujeito autôno-

---

2 Seria possível, entretanto, que o pensamento de Kant – quando designa o Soberano Bem originário como "objeto de amor" e o "imperativo do amor" como "núcleo da Lei" – nos desse acesso a uma outra dimensão do divino, em que ele já não se reduziria a um Ente supremo ou a uma personificação da Lei? Tal pensamento acede então a uma "segunda fase" de sua ética, ou então nos conduz para além da ética e da Lei? Aqui, nós nos permitimos deixar tais questões sem resposta.

mo capaz de dar-se à Lei é apenas uma representação simbólica da autonomia originária *da Lei*, de sua autodoação – e uma representação culpada que inverte a ordem das determinações ocultando a constituição do sujeito *pela Lei*. Quer se pretenda fundar a Lei em Deus ou na vontade do Sujeito, em ambos os casos "toma-se por um esquema aquilo que é apenas um símbolo". Ao adiantarmos essa noção (por certo problemática) de *auto-heteronomia*, entendíamos marcar inicialmente o que, na ética de Kant, frustra aquela dupla subrepção solidária. E assim se subtrai ao plano heideggeriano da história do ser, em que a filosofia prática kantiana só teria ratificado, em uma errância sempre crescente, o passadouro metafísico do Bem platônico ou de "Deus" até o Sujeito dos Modernos.

"Auto-heteronomia" ou "transcendência imanente": com esses oxímoros conceituais,[3] também esperávamos pôr em questão a aparente antinomia que opõe as éticas da transcendência – e antes de tudo a ética levinassiana do Rosto – aos pensamentos que se reclamam de uma imanência absoluta. Por ter elevado o Outro ao lugar da Lei, oposto sua bondade original à culpabilidade do eu, por não ter sabido demarcar *Achtung* e *Hochachtung*, o autêntico respeito para com outrem e a reverência patológica que a ele me escraviza, o "misticismo prático" de Lévinas nos entrega sem recurso ao domínio do Outro, avesso obscuro de sua epifania. Ao nos proibir toda partilha de nosso erro, ele paraliza o juízo e nos proíbe de trabalhar por uma verdadeira comunidade ética. Ora, a mesma perda de critérios, a mesma deficiência do juízo prático é reencontrada nas filosofias da imanência que às vezes são apresentadas como a única alternativa à ética da Lei. Erroneamente, se reconhecermos que também a "transcendência" trans-

[3] Dos quais o segundo remete implicitamente a Husserl e à noção (nele decisiva) de "transcendência na imanência".

cendental da Lei é imanente ao campo que ela constitui – Lei do desejo, forma que liga o mundo e a comunidade. De modo que o litígio põe em causa duas compreensões diferentes da imanência, uma que admite a possibilidade de uma alteridade radical *na* imanência e outra que a recusa.[4] Quer invoquem o *conatus* espinosano ou a vontade de potência, a intensidade do Desejo ou a auto-afecção da Vida, as ontologias da imanência absoluta se mostram freqüentemente atentas às multiplicidades, às mais finas diferenças, mas rebatendo-as sempre em um campo em que os princípios de diferenciação e os critérios de avaliação permanecem puramente intrínsecos, homogêneos à dinâmica interna dos afetos, das forças ou dos acontecimentos próprios a esse campo. Toda posição transcendental de uma alteridade que escapasse ao jogo dos afetos e ao cálculo das forças se acha então desqualificado como ilusório, piedoso, reativo. Se quisermos introduzir um critério de juízo, só poderá tratar-se de uma diferenciação interna, variações inerentes ao princípio que se desdobra no plano de imanência: assim, em Espinosa, as variações de intensidade de nossa potênca de ser, das quais as paixões alegres manifestam o crescimento e as paixões tristes, o refluxo. Logo, tristeza, ódio, inveja seriam apenas meras privações, exprimiriam apenas a im-potência da potência, sua inflexão rumo ao nada. Aí se reconhece a tese fundadora da ontodicéia: que o mal não é nada e nada mais que o bem. A oposição ética do bem e do mal se reduz, então, à diferença do bom e do mau, a uma distinção contingente (relativa a cada natureza singular) e simplesmente quantitativa (relativa aos graus de intensidade da potência). Redução do mal a uma grau-menor de perfeição ou de essência, ao grau zero do bem: aquilo mesmo que

4 Deixamos aberta a temível questão de saber o que é dessa imanência subjacente à transcendência prática da Lei.

Kant, desde 1763, condenava em Leibniz e a que opunha sua lógica das grandezas negativas, sua concepção de um mal "afirmativo" objetando-se realmente à Lei. Entre as duas orientações, a questão do mal faz a diferença: incapazes de apreender a radicalidade do mal, sua potência afirmativa de oposição, os defensores da imanência absoluta rebatem freqüentemente a demarcação do bem e do mal na diferença afetiva do prazer e da dor, da alegria e da tristeza. Ao pôr, com Espinosa e com muitos outros, que "tudo o que dá alegria é bom", esse empirismo prático submetido ao princípio da felicidade só consegue conceber que se possa sentir "bem" no mal, que haja um gozo no ódio e no crime.[5] Para tanto, é preciso romper com a velha homonímia do Bem, que se distinga, com Kant, o bom e o bem, o mau e o mal. Para diferenciar o bem do mal, é necessário, então, um critério que não seja reduzido às variações imanentes da afetividade sensível, princípio capaz de determinar a vontade sem se reduzir a uma diferença de estado interno ou de grau de intensidade dessa vontade: uma Lei ética. Não é verdade que toda crítica das doutrinas da imanência absoluta nos reconduza forçosamente à transcendência de uma moral teológica. Todo esforço de Kant tendia, ao contrário, para ultrapassar a antinomia do misticismo e do empirismo práticos, aquela mesma antinomia que hoje reaparece entre os pensamentos da imanência integral e a ética do Rosto, e que seria permitido suplantar mediante uma reconstrução transcendental da ética da Lei.

Neste trabalho, nos contentamos em mostrar a necessidade dessa tarefa e esboçar algumas de suas diretrizes: empreender tal reconstrução ultrapassava o quadro deste trabalho.

---

[5] Seria o lugar de reconsiderar a famosa controvérsia entre Espinosa e Blyenbergh sobre a questão do mal. Por mais que isso desagrade a Deleuze, não é certo que a vantagem esteja forçosamente do lado de Espinosa...

Sequer pretendemos ter respondido exaustivamente à questão que constituía o seu objeto. Com efeito, reconhece-se uma questão de pensamento por ela remeter a todo o horizonte do pensamento, e sobretudo porque o próprio questionador se acha tomado na questão. Se em Kant a Lei ética é bem o que está em jogo em tal questão, seria vão declarar acabada a nossa leitura: não somente porque a incessante remissão dessa questão para além de si mesma impede sua circunscrição de uma vez por todas, mas também porque a implicação de quem questiona lhe proíbe a segurança de uma posição de sobrevôo onde o enigma da Lei seria posto à distância para ser tratado como um simples "problema" e, enfim, "resolvido". A Lei está para Kant assim como o tempo está para Agostinho: quanto mais a interrogamos, mais sua evidência se obscurece na reserva cada vez mais retirada de um Segredo. O retraimento da Lei, que é o traçado mesmo de sua ex-posição, relança incessantemente o movimento da interrogação, não oferece respostas, provisórias e precárias, senão ao levantar questões novas.

Assim, a noção de *auto-heteronomia* corre grande risco de dar apenas uma "solução" simplesmente verbal para uma dificuldade real, enquanto não analisarmos a sujeição transcendental do sujeito à Lei, isto é, a constituição do sujeito pela Lei, a experiência sempre singular de sua subjetivação, o que exigiria reelaborar, reconstruir a categoria de *sujeito*, apelando notadamente para a psicanálise. O mesmo ocorre com nossa tentativa de pensar um fundamento transcendental do mal que já não seja como tal um mal, remontando aquém da oposição entre bem e mal até o quiasma originário da Lei e do erro. Essa tentativa peramencerá como letra morta (e se arrisca mesmo a aparecer como uma variante sutil de ontodicéia), enquanto não tivermos tematizado a arquiobjeção do erro à Lei e mostrado como ela determina a oposição derivada do bem e do mal; e como, por meio de que traço de verdade, a Lei se distingue daquelas pseudoleis desfiguradas pelo erro. O que põe em jogo a *verdade* da Lei e a não-verdade dessa verdade. No momento de empreender a dedução da síntese prática, ao declarar que se tratava, simultaneamente, de mostrar que "o imperativo categórico é verdadeiro" e "como a Lei nos obriga", Kant com efeito ligava, indissoluvelmente, o dom da Lei a uma busca da verdade. Verdade não teórica, que nunca é pura adequação e se deixa implicar no velamento de uma não-verdade, de uma Aparência prática transcendental nunca inteiramente dissipada. Qual pode ser o estatuto (nunca analisado por Kant) dessa verdade ética e sua relação com a Lei? É preciso ver nela a verdade *da* Lei, seu descobrimento, a abertura de sua revelação – isto é, a própria Lei *como verdade*? Ou então será a Lei que pressupõe a verdade como sua condição, como aquilo que poderia demarcá-la de suas desfigurações e assim lhe permitir fazer lei: nesse sentido, verdade mais originária que o dom da Lei?[6] A menos que a questão esteja mal colocada, que a imanência do *index sui* não o liberte de toda condição, que de maneira alguma a verdade e a Lei sejam condição uma da outra e que, portanto, seja preciso considerar sua relação de maneira inteiramente outra. Tais interrogações ficarão sem resposta enquanto a questão da verdade não tiver sido retomada de maneira mais radical. O mesmo se pode dizer das questões suscitadas pela exigência de uma esquematização da Lei, de sua apresentação sensível – simultaneamente temporal e espacial. Exigência nunca satisfeita em Kant: se a questão da temporalização da Lei permanece como a aporia

6 Em trabalho recente – *Ethique, essai sur la conscience du mal*, Hatier, 1993 –, A. Badiou propõe-se a enunciar uma *ética das verdades*, da fidelidade aos acontecimentos de verdade, que passaria sem qualquer referênica à Lei. Não estamos certos de que tal projeto possa ser levado a bom termo: que, evocada pela ambigüidade de todo acontecimento e a não-verdade de sua verdade, uma Lei ética não seja necessária para fundar uma fidelidade *justa*.

central da filosofia prática, incenssantemente exigida e esquivada, a perspectiva de seu *espaçamento*, de seu desdobramento "espacial" no mundo dos fenômenos, não foi sequer considerada. Como se viu, no entanto, ocorre a Kant designar o dom da Lei, o lugar de sua doação, como um *Einverleibung*, uma incorporação, ou melhor, uma *encarnação*.[7] Simples metáfora, sem dúvida, mas que acena para o enigma de uma doação carnal da Lei, sua inscrição na própria carne *e como carne*. Havíamos notado igualmente que a revelação da Lei, o paradoxo de sua ex-posição, supunha como condição historial sua *desincorporação*, a desconstituição daquelas hipóstases do Corpo político ou místico, em que a Lei sempre está consignada à vontade soberana de um Sujeito (real ou "divino"). Como seria possível pensar conjuntamente o acontecimento histórico da desincorporação da Lei e o enigma de sua encarnação? Para tanto, o pensamento de Kant não basta.[8] É à fenomenologia que deveremos recorrer se quisermos elaborar uma analítica da carne e do corpo, da encarnação e da incorporação, que possa, ao longo de seu trajeto, reencontrar a questão da Lei, ou revogá-la finalmente como estranha à sua visada.[9] Somente então é que começaremos a entrever qual imanência estranha ao horizonte do mundo subjaz à ética da

---

7 Cf. as passagens já citadas da *Crítica da razão prática* – 2, p. 802 (Vrin, p. 175) – e da *Doutrina da virtude*, § 13, 3, p. 727 (Vrin, p. 113).

8 Embora o motivo de uma arquiespacialidade carnal não lhe seja estranha, atravesse em surdina toda a sua obra, do escrito de juventude sobre *A diferença das grandezas negativas* até os últimos desenvolvimentos do *Opus Postumum*.

9 Começamos a traçar as primeiras balizas de uma tal analítica em "*Comme les paroles d'un homme ivre...*, chair de l'histoire et corps politique", *Cahiers de philosophie*, n. 18, 1994-1995, assim como em "Étranger parmi nous", *Césure*, n. 9, 1996.

Lei, sustenta esse liame do mundo que nos apareceu como a própria forma da Lei.

Inquirir-se sobre a verdade da Lei, sua temporalização e seu espaçamento, sua encarnação, tudo isso equivale, afinal de contas, a interrogar-se sobre a Lei *em seu ser*: sobre a relação da questão da Lei com a questão do ser. Bem parece que a ex-posição da Lei contravenha à concepção heideggeriana da história do ser em que a filosofia prática de Kant se acha redobrada, como simples fase da errância, na metafísica moderna da subjetividade. Essa Lei que não é a lei do Sujeito ou do Homem, assim como não é a lei do Bem ou de Deus, pode-se ainda dizer que ela é a lei *do ser*, no sentido de que, para Heidegger, o nome "lei" designa a "consignação oculta no decreto do ser"? Ao por que o dom da Lei só pertence à Lei, a revolução copernicana da ética a subtrai a toda pré-consignação ôntica, à dominação dos princípios supremos do ente. Nem por isso ela deixa na indeterminação o seu estatuto ontológico, sua situação perante o ser. É preciso reconhecer na Lei kantiana "um outro nome para o ser"? Ou então captar, entre o ser e a Lei, o "abismo de uma diferença",[10] arriscar-se a situar o dom da Lei para além do ser? E se fosse o caso, se fosse preciso despedir-se do pensamento heideggeriano do ser (e mesmo de *todo* pensamento do ser?), não seria preciso reelaborar mais profundamente nossa concepção da temporalidade prática, da transcendência da síntese prática, da verdade ética? Rumo a que abismo a questão da Lei nos conduz, a que "sombrio oceano sem margens e sem faróis?" Para

10 "Sob a proximidade, sob a metonímia talvez (a lei, um outro nome para o ser, o ser, um outro nome para a lei; em ambos os casos, o "transcendente", como diz Heidegger, do ser) talvez ainda se oculte e se guarde o abismo de uma diferença" (J. Derrida, "Préjugés, devant la Loi", in *La faculté de juger*, Minuit, 1985, p. 124).

tudo isso, aqui, não podemos dar resposta. Apenas tentamos tornar possível a abordagem da questão. Abrir um caminho ao que deve vir, ao que vem e ao que se dá no Instante – o dom da Lei.

<u>*Ficha técnica*</u>

Mancha 11,5 x 19 cm

Formato 14 x 21 cm

Tipologia AGaramond 12 e 16

Número de páginas 447